LA COMPIL DU BREVET

Ont contribué à la réalisation de cet ouvrage :

Hortense Bellamy, Marie-Antoinette Bissay, Philippe Lehu
et Mathilde Schuhmacher
(français)

Caroline Bouloc et Pauline Thomas
(physique-chimie)

Sylvie Grécourt (sciences)

Aurélie Cronier, Pierre Larivière et Jean-Marc Ravier
(mathématiques)

Cyril Richard (technologie)

Julien Ruffinatto et Christophe Clavel
(histoire-géographie-enseignement moral et civique)

Laurie Tassy
(sciences de la vie et de la Terre)

rue des écoles

https://compilbrevet.ruedesecoles.com

Éditions rue des écoles – 15, Boulevard Bourdon, 75004
EAN : 9782820815736
Achevé d'imprimer en République Tchèque par Mazarine Networks en décembre 2023
Dépôt légal : janvier 2024

FSC
www.fsc.org
MIXTE
Papier | Pour une gestion forestière responsable
FSC® C014138

Français

Distinguer les phrases verbales et non verbales, simples et complexes

Une phrase peut être **verbale** ou **non verbale** (ou nominale) ; elle est aussi **simple** ou **complexe.** Comment les distinguer ?

- La **phrase verbale** comporte au moins un **verbe conjugué.**

Ex. : *La foule **criait** de plus en plus fort. Le nouveau single de Maître Gims, « Ma Beauté », **est** disponible depuis hier ; il **rencontre** déjà un franc succès.*

- La **phrase non verbale** ne comporte aucun **verbe conjugué,** mais un **nom** (ou un **groupe nominal**), un **adverbe** ou un **adjectif qualificatif.**

Ex. : *Nouvelle médaille d'or française ! Pluies torrentielles sur le Sud-Ouest. Magnifique !*

- La **phrase simple** ne comporte qu'**un seul verbe conjugué.**

Ex. : *L'autocar **s'arrêta** à l'entrée du village.*

- La **phrase complexe** comporte **plusieurs verbes conjugués,** noyaux des différentes propositions.

Ex. : *Alors il la **regarda,** mais il **sentit** entre eux un fossé infranchissable.*

Distinguer la juxtaposition, la coordination et la subordination dans une phrase complexe

La **juxtaposition,** la **coordination** ou la **subordination** permettent de composer une **phrase complexe.** Comment distinguer ces trois procédés de composition ?

- Une phrase est complexe par **juxtaposition** grâce à l'emploi de la **ponctuation** interne : virgule, point-virgule, deux-points :

Ex. : *L'armée ennemie était aux portes de la ville : la vie semblait s'être arrêtée ; les magasins étaient fermés ; la rue se taisait. Les habitants ne sortaient plus, se terraient dans les caves, attendaient l'assaut final.*

- Une phrase est complexe par **coordination** grâce à l'emploi de **conjonctions de coordination** (mais, ou, et, donc, or, ni, car) ou d'un **adverbe** de liaison (puis, ensuite, ainsi, etc.).

Ex. : *Le navire quitta le port du Havre **et** mit le cap sur Marseille **mais** une violente tempête ralentit sa progression.*

- Une phrase est complexe par **subordination** grâce à l'emploi :

– d'une **conjonction de subordination** (quand, puisque, afin que, parce que, que, bien que, si, etc.). Ex. : ***Quand** le facteur frappa à la porte, une étrange inquiétude le saisit ;*

– d'un **relatif** (qui, que, dont, lequel laquelle, etc.). Ex. : *Les volets, **qui** d'habitude étaient ouverts, bizarrement restaient fermés ;*

– d'un **mot interrogatif** (qui, quel, quelle, pourquoi, comment, etc.). Ex. : *Il se demanda **pourquoi** le vieux Boniface ne les avait pas ouverts.*

La proposition **subordonnée** dépend de la proposition **principale.**

Reconnaître une subordonnée d'opposition et une subordonnée de concession

• Les subordonnées exprimant l'**opposition simple** sont introduites par *alors que, tandis que, quand, lorsque* + indicatif.
Alors qu'*il aime la musique, Jean ne peut jamais en écouter.*
Attention à ne pas confondre ces subordonnées avec celles de temps introduites par les mêmes conjonctions.
• Les subordonnées exprimant la **concession** sont en général au **subjonctif.**
Elles sont introduites par :
– *bien que, quoique* ; Exemple : ***Bien qu'****il soit débutant, il joue très bien du violon.*
– *qui que, quoi que, quel que* ; Exemple : ***Quoi qu'****il en dise, il a l'oreille d'un musicien.*
– *si… que, quelque… que*. Exemple : ***Si*** *modeste* ***qu'****il soit, il réussira.*
Attention à ne pas confondre cet emploi avec *si… que* introduisant une subordonnée de conséquence (à l'indicatif).

Reconnaître une subordonnée de condition

• La subordonnée de condition introduite par *si* est toujours à **l'indicatif.**
Le **mode de la principale,** lui, varie :
– si la condition est considérée comme sûre, la principale est à l'indicatif (ou à l'impératif) ; Exemple : *Si tu* ***pars,*** *je* ***t'accompagnerai.***
– si la condition est incertaine, la principale est au conditionnel. Exemples : *Si tu* ***partais,*** *je te* ***suivrais.*** (indicatif imparfait + conditionnel présent) *Si tu* ***étais parti,*** *je* ***t'aurais suivi.*** (indicatif plus-que-parfait + conditionnel passé)
• Il y a d'autres subordonnées de condition :
– les subordonnées introduites par *à condition que, pourvu que* ont leur verbe au **subjonctif** ; Exemple : *Il gagnera <u>à condition qu</u>'il* ***soit*** *bien entraîné.*
– les subordonnées introduites par *au cas où* ont leur verbe au **conditionnel.** Exemple : *J'ai pris mon agenda <u>au cas où</u> j'****oublierais*** *un rendez-vous.*

Reconnaître et analyser des paroles rapportées

• Quand on rapporte les paroles comme elles ont été prononcées, en faisant référence à la situation d'énonciation d'origine, on produit du **discours direct.** Celui-ci se caractérise par une ponctuation particulière : deux-points, guillemets, tirets.
Il advint un jour que le père voulut se rendre à la foire. Il demanda à ses filles ce qu'il devait leur rapporter :
***« Mais toi, Cendrillon, que désires-tu ?** dit-il.*
– Père, le premier rameau qui, sur le chemin du retour, heurtera votre chapeau, cueillez-le moi. »
Dans un récit, on appelle **dialogue** les paroles des personnages rapportées au discours direct. Leur présence rend le récit plus vivant.
• À l'inverse du discours direct, le **discours indirect** est intégré au récit initial.
– Il ne comporte aucune marque de la situation d'énonciation dans laquelle les paroles rapportées ont été dites.
– Deux-points, guillemets et tirets disparaissent. Les paroles sont rapportées dans des subordonnées complément d'objet, commandées par des verbes de déclaration ou d'interrogation.
*Le père de Cendrillon demanda à sa fille **ce qu'elle désirait.** La jeune fille répondit **qu'un rameau lui suffirait.***
Au discours indirect, les paroles ne sont pas toujours rapportées fidèlement ; elles sont souvent résumées par le locuteur.
• Quand les paroles sont à ce point condensées qu'elles ne sont plus traduites que par un mot ou une expression appartenant au vocabulaire de la parole, on a du **discours raconté** (ou discours narrativisé).
*Le père de Cendrillon **interrogea** sa fille sur ses désirs. Elle lui **exprima** ses vœux.*

Passer du discours direct au discours indirect

• Le passage du discours direct au discours indirect entraîne plusieurs modifications grammaticales.
– La ponctuation change ; l'indépendante devient une subordonnée complément d'objet introduite par *que ; vous* devient *ils ;* le verbe au présent passe à l'imparfait (concordance des temps).
• Quand on passe du discours direct au discours indirect :
– les phrases **déclaratives** sont rapportées à l'aide de subordonnées conjonctives à l'indicatif ;
– les phrases **interrogatives** sont rapportées à l'aide de subordonnées interrogatives indirectes ;
– les phrases **injonctives** sont rapportées à l'aide de subordonnées conjonctives au subjonctif ou de verbes à l'infinitif ;
– les **pronoms personnels** et déterminants possessifs des 1re et 2e personnes passent à la 3e personne (quand le narrateur n'est pas impliqué dans le discours) ;
– les **verbes** subissent la concordance des temps, les **adverbes** de temps et de lieu doivent être adaptés (ainsi, *hier* devient *la veille*).

Reconnaître une conjonction de subordination

• Une conjonction de subordination introduit une proposition **subordonnée conjonctive** qui peut être :
– complément d'objet ; Exemple : *Je crois* ***que*** *tu as tort.*
– complément circonstanciel. Exemples : *J'insiste* ***pour qu'****il vienne.* (but) *Je pars* ***quand*** *tu veux.* (temps)
• Une conjonction de subordination peut être formée d'un ou de plusieurs mots :
– un mot : Exemple : *que, comme, si, quand, lorsque, puisque, quoique ;*
– plusieurs mots (locution conjonctive) : Exemple : *avant que, alors que, pour que…*
• **Attention à ne pas confondre :**
– *que* conjonction de subordination et *que* pronom relatif ; le pronom relatif, lui, représente un GN ou un pronom ; Exemple : *L'idée* ***que*** *j'ai lancée a été jugée excellente.* (pronom relatif)
– *si* conjonction de subordination, introduisant une subordonnée de condition, et *si* adverbe interrogatif. Exemple : *Je ne sais pas* ***si*** *nous réussirons.* (adverbe interrogatif)

Trouver la classe grammaticale de « que »

Il n'est pas toujours facile de savoir à quelle classe grammaticale appartient « que » car ce petit mot de trois lettres, selon l'emploi qui en est fait, peut être un pronom relatif, un pronom interrogatif, un pronom exclamatif ou encore une conjonction de subordination.

• « Que » est un **pronom interrogatif** lorsqu'il est employé dans une phrase de **type interrogatif**, terminée par un **point d'interrogation**. Dans ce cas, « que » est, le plus souvent, au tout début de la phrase interrogative.
Ex. : ***Que*** *veux-tu faire cet après-midi ?*
Que *t'a-t-il demandé pour que tu réagisses si violemment ?*

• « Que » est un **pronom exclamatif** lorsqu'il est employé dans une phrase de **type exclamatif**, terminée par un **point d'exclamation**. Dans ce cas, « que » est le plus souvent au tout début de la phrase exclamative.
Ex. : ***Que*** *tu es belle dans cette tenue, ma chérie !*
Que *les enfants sont sages aujourd'hui !*

• « Que » est un **pronom relatif** quand il introduit une **proposition de subordination relative**. N'oublions pas que la proposition subordonnée relative complète toujours un **nom** (ou **pronom**) appelé **antécédent**. Dans ce cas, « que » est placé juste après l'antécédent (ou éventuellement séparé de lui par un adjectif ou un complément du nom).
Ex. : *C'est la voiture* ***que*** *j'ai achetée pour me rendre au travail.* (*que*, pronom relatif, reprend le nom *voiture*, l'antécédent complété par la proposition subordonnée relative)
C'est la voiture de fonction ***que*** *j'ai obtenue pour me rendre au travail.* (*que*, pronom relatif, reprend le nom *voiture*, l'antécédent complété par la proposition subordonnée relative. *Que* est séparé de l'antécédent par le complément du nom *de fonction*)
C'est ce ***qui*** *a achevé de le convaincre d'accepter le poste.* (l'antécédent de *que* est ici le pronom *ce*)

• « Que » est une conjonction de subordination quand il est utilisé pour introduire :
- une proposition subordonnée conjonctive complétive (COD) ;
Ex. : *Elle sait bien* ***que*** *c'est sa sœur qui lui a volé son journal intime.*
- une phrase de type injonctif au subjonctif.
Ex. : *«* ***Qu'****elle soit reçue comme une princesse ! », ordonna le directeur de l'hôtel.*

• Parfois « que » apparaît sous la forme élidée « qu' » devant un mot démarrant par une voyelle.
C'est la voiture ***qu'****il a dû acheter pour son nouvel emploi.*

Relever les attributs

• **L'attribut du sujet** caractérise le sujet par l'intermédiaire du verbe *être* ou d'un verbe équivalent.
*Paul est **amateur de cinéma.***
*Il passe pour **un cinéphile.*** (= *Il est un cinéphile*)
• **L'attribut du COD** caractérise le COD par l'intermédiaire d'un verbe exprimant le jugement, la désignation ou la transformation.
*Paul trouve l'actrice **très belle.***
*Il l'a surnommée **Vénus.***
• **Remarque :** quand une phrase avec un attribut du COD est mise au passif, l'attribut du COD devient attribut du sujet.
*Les membres du ciné-club ont élu Paul **président.*** (attribut du COD)
→*Paul a été élu **président** par les membres du ciné-club.* (attribut du sujet)

Reconnaître un attribut du COD

Il existe des attributs du sujet mais aussi des attributs du COD. Comment repère-t-on un attribut du COD ?
• L'**attribut du COD** est relié au COD par des **verbes** exprimant :
- un jugement ;
Ex. : *Je **déclare** l'accusé **coupable.*** (*coupable* est attribut du COD *l'accusé)*
- une désignation ;
Ex. : *On l'**a nommé président de séance.*** (*président de séance* est attribut du COD *l')*
- une transformation.
Ex. : *Son crime l'**a rendu fou.***(*fou* est attribut du COD *l')*
• Il peut être construit indirectement avec des verbes comme *prendre pour*, *considérer comme*, etc.
Ex. : *Je le **tiens pour responsable.*** (*responsable* est attribut du COD *le)*
• Attention à ne pas confondre un **adjectif attribut du COD** avec un **adjectif épithète d'un COD**.
Ex. : *Le jury juge la preuve **accablante.** Le jury juge **accablante** la preuve.* (*accablante* est attribut du COD)
La partie adverse a avancé une preuve accablante. (*accablante* est épithète du COD *une preuve*)

Classer les différentes façons d'exprimer l'opposition

Pour exprimer l'opposition et la concession, on a recours aux compléments circonstanciels d'opposition ou à d'autres procédés syntaxiques.

• Les **CC d'opposition** peuvent appartenir à diverses classes grammaticales : GN, infinitif, subordonnée.

Malgré le bruit, *Jean dort d'un sommeil profond.*

Bien qu'il fasse encore jour, *il s'est brusquement endormi.*

• Il existe **d'autres procédés syntaxiques** pour exprimer l'opposition :

– un adjectif ou un participe épithètes détachées ; Exemple : ***Profondément endormi,*** *notre ami a fini par se réveiller.* (= *Bien que profondément endormi, notre ami a fini par se réveiller.*)

– une subordonnée relative en position détachée ; Exemple : *Madame Hohé,* ***qui est sourde d'une oreille,*** *entend nos cris mieux que lui.*

– deux indépendantes juxtaposées ou coordonnées. Exemples : ***Stéphane a beau le secouer,*** *Jean ne réagit pas. Brigitte l'interpelle* ***mais il ne répond pas.***

Classer les différentes façons d'exprimer la condition

Pour exprimer la condition, on a recours aux compléments circonstanciels de condition ou à d'autres procédés syntaxiques.

• Les **CC de condition** peuvent appartenir à diverses classes grammaticales : GN, infinitif, subordonnée.

Sans le mauvais temps, *j'aurais gagné le match.*

Si tu t'entraînais un peu plus, *tu emporterais tous les matchs !*

• Il existe **d'autres procédés syntaxiques** pour exprimer la condition :

– un adjectif ou un participe épithètes détachées ; Exemple : ***Moins tendu,*** *il aurait battu son adversaire.*

– une subordonnée relative ; Exemple : ***Qui voudrait le battre au tennis*** *n'y parviendrait pas.* (= *Si quelqu'un voulait le battre…*)

– deux indépendantes juxtaposées ou coordonnées ; Exemples : ***Il se serait entraîné davantage,*** *il aurait gagné le match.* **Entraînez-vous mieux** *et vous gagnerez le match.*

Conjuguer un verbe aux temps du subjonctif

• Le **subjonctif présent** se forme sur le radical du participe présent, avec les terminaisons :
-e, -es, -e, -ions, -iez, -ent (sauf pour *avoir* et *être*).

*que je cour**e***	*que nous cour**ions***
*que tu cour**es***	*que vous cour**iez***
*qu'il cour**e***	*qu'ils cour**ent***

Attention, huit verbes changent de radical au subjonctif : *être (qu'il soit), avoir (qu'il ait), aller (qu'il aille), faire (qu'il fasse), falloir (qu'il faille), pouvoir (qu'il puisse), valoir (qu'il vaille), vouloir (qu'il veuille).*
• Le **subjonctif imparfait** se forme sur le radical du passé simple de l'indicatif.

*que j'**eu**sse*	*que nous **eu**ssions*
*qu'il **eû**t*	*qu'ils **eu**ssent*

• Le subjonctif passé et le subjonctif plus-que-parfait sont deux temps composés :
– l'un se forme avec l'auxiliaire *avoir* ou *être* au subjonctif **présent ;** Exemples : *que j'**aie** mangé, que nous **soyons** venus.*
– l'autre, avec l'auxiliaire *avoir* ou *être* au subjonctif **imparfait.** Exemples : *que tu **eusses** mangé, qu'il **fût** venu.*

Classer les principaux emplois du subjonctif

Le subjonctif présente l'action comme possible mais non certaine.
• Il s'emploie dans des propositions **indépendantes** pour exprimer :
– le souhait : Exemple : *Pourvu qu'il **vienne !***
– l'ordre : Exemple : *Qu'il se **dépêche !***
• Il se rencontre surtout dans des propositions subordonnées :
– **complétives,** après des verbes exprimant un sentiment, le doute, la volonté, la nécessité ; Exemple : *Je me réjouis qu'il **vienne.***
– **circonstancielles de concession, de condition, de cause niée, de but :** après certaines conjonctions comme *pour que, afin que, bien que, avant que*.... Exemple : *Je l'ai appelé afin qu'il **vienne** réparer le lavabo.*
– **circonstancielles temporelles introduites par avant que**. Exemple : *Rangeons avant qu'il **n'arrive**.*
– **relatives** quand celles-ci expriment une idée non concrétisée ou quand la proposition principale contient un superlatif ou *le seul, le premier, l'unique, le dernier*. Exemples : *Je n'ai aucun voisin qui **puisse** me rendre ce service. C'est la pire chose qui **puisse** m'arriver ! Je vais appeler mon oncle : c'est le seul qui **sache** comment faire.*

Préciser la valeur modale d'un subjonctif

• **Dans une proposition indépendante** ou principale, le subjonctif exprime :
– le souhait ; Exemple : *Pourvu que tout* ***aille*** *bien !*
– l'ordre ; Exemple : *Et que tout* ***soit*** *en ordre !*
– la supposition. Exemples : ***Soit*** *un quadrilatère ABCD... Qu'il* ***pleuve*** *ou qu'il* ***vente,*** *nous irons nous promener.*
• **Dans une proposition subordonnée,** on peut mettre le verbe au subjonctif plutôt qu'à l'indicatif pour insister sur le caractère éventuel de l'action.
C'est le cas :
– dans une subordonnée relative ; Exemple : *Je cherche un médicament qui* ***guérisse*** *les maux de tête.*
– dans une subordonnée complétive complément d'objet d'un verbe d'opinion ou de déclaration à la forme négative ou interrogative. Exemple : *Penses-tu qu'il* ***vienne ?***

Classer les principaux emplois du conditionnel

• Le conditionnel a plusieurs valeurs **modales.**

– Il présente une action dont la réalisation dépend d'une condition. Exemples : *Si tu étais là, tout* ***irait*** *bien. Sans lui, je m'****ennuierais.***

– Il sert aussi à atténuer une demande ou un conseil. Exemples : ***Pourriez****-vous tenir la porte ?* (= *Pouvez-vous tenir la porte ?*) *Tu* ***devrais*** *arrêter de fumer.* (= *Tu dois arrêter de fumer.*)

• Le conditionnel a aussi une valeur temporelle de **futur dans le passé.**

Comparons :

Je sais que tu viendras.

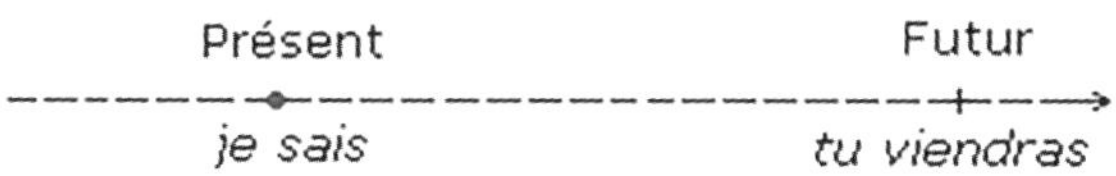

Je savais que tu ***viendrais****.*

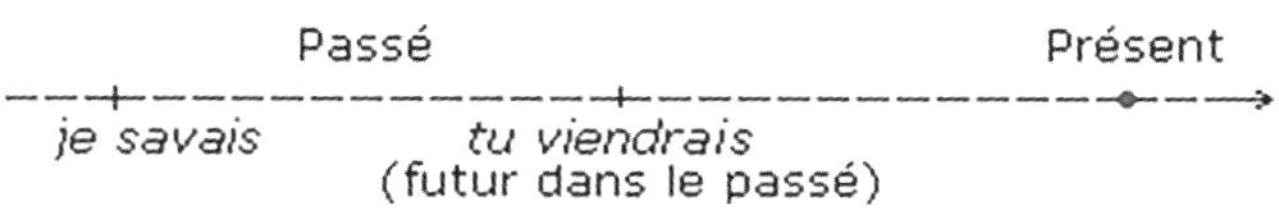

Préciser la valeur modale d'un conditionnel

• Le conditionnel présente généralement une action dont la réalisation dépend d'une condition. Il accompagne souvent un **complément circonstanciel de condition** (GN, gérondif ou subordonnée).

[En prenant le bus], tu ***gagnerais*** *du temps.*

[Si tes parents étaient là], tu ***agirais*** *autrement.*

[Si je l'avais su plus tôt], je ne ***serais*** *pas* ***parti.***

Prends un sandwich [pour le cas où tu ***aurais*** *faim].*

• Quand il n'est pas associé à un cc de condition, il peut exprimer :

– une action imaginaire ; Exemple : *Nous* ***partirions*** *en fusée...*

– une demande ou un conseil atténués par politesse ; Exemple : ***Pourrais****-tu fermer la porte ?*

– une information incertaine ; Exemple : *Leur maison* ***aurait brûlé.***

– une exclamation indignée. Exemple : *Toi, tu* ***aurais*** *fait cela !*

• La grammaire traditionnelle utilise les termes potentiel, **irréel du présent** et **irréel du passé**, qu'on emploie également en latin :

– on utilise le conditionnel présent pour exprimer le **potentiel** : *Si tu me rendais ce service, je* ***serais*** *vraiment soulagée* (la personne a la possibilité de venir rendre ce service) ;

– on utilise le conditionnel présent pour exprimer l'**irréel du présent** : *Si tu me rendais ce service, je* ***serais*** *vraiment soulagée* (la personne n'a cependant pas la possibilité de venir rendre ce service) ;

– on utilise le conditionnel passé pour exprimer l'**irréel du passé** : *Si tu m'avais rendu ce service, j'****aurais été*** *vraiment soulagée* (la personne n'a pas rendu ce service).

Reconnaître et analyser le point de vue de l'énonciateur

• Lorsqu'on énonce un fait, on peut le faire **de manière objective,** neutre : *La télévision est en panne.*
• On peut aussi le faire **en prenant position :**
– pour préciser si l'on est sûr ou non de ce qu'on avance. Exemples : *La télévision est* ***certainement*** *en panne.* (expression d'une certitude) *La télévision est* ***peut-être*** *en panne.* (expression d'un doute)
– pour dire ce que l'on en pense. Exemples : ***Malheureusement,*** *la télévision est en panne.* (appréciation négative) ***C'est une chance !*** *La télévision est en panne.* (appréciation positive)
• Les mots et expressions qui servent à exprimer l'opinion de l'énonciateur sont des **modalisateurs.**
Les modalisateurs peuvent être :
– des adverbes ou locutions adverbiales : *peut-être, probablement, sans doute... ;*
– des groupes nominaux prépositionnels : *à mon avis, pour moi, selon moi... ;*
– des verbes : *je pense, je crois, je suis convaincu(e), il m'apparaît...*
• **Remarque :** l'emploi du conditionnel sert souvent à exprimer le doute ou la probabilité.
La télévision ***serait*** *en panne.*

Accorder l'attribut du COD

L'attribut du COD est relié au COD par des verbes exprimant un jugement, une désignation ou une transformation. Comment doit-on accorder l'attribut du COD avec ce-dernier ?

- Il faut d'abord chercher le nom auquel l'attribut du COD se rapporte et vérifier qu'il s'agit bien d'un COD.

Ex. : *Les parents de Benjamin trouvèrent* ***sa fiancée*** *charmante*. (*sa fiancée* est bien le COD de *trouvèrent*)

- On accorde ensuite l'attribut du COD en genre et nombre avec le COD.

Ex. : *Les parents de Benjamin trouvèrent sa fiancée* ***charmante***. (*charmante* est au féminin, singulier car on l'a accordé avec le COD *sa fiancée* lui-même féminin, singulier)

- Il faut également savoir que l'attribut du COD, tout comme l'attribut du sujet, peut être aussi bien un adjectif qu'un nom ou GN.

Ex. : *Les élèves les ont élus «* ***les deux meilleurs délégués du collège*** *»*.

Distinguer le participe présent et l'adjectif verbal

Le participe présent et l'adjectif verbal sont deux formes en *-ant*. Comment les distinguer ?

• Le **participe présent** exprime une **action.** Il est formé du radical du verbe suivi de la terminaison *-ant* et est **invariable**.

Ex. : *Il criait de plus belle, **assourdissant** ainsi son public.* (le personnage fait l'action de rendre sourd le public)

• L'**adjectif verbal** exprime une **qualité.** À la différence du participe présent, il ne peut pas être suivi de compléments du verbe et surtout, il **varie** en **genre** et en **nombre**.

Ex. : *Il criait d'une voix **assourdissante.*** (la voix a la qualité, ici le défaut, d'assourdir le public)

*La scène projetait une lumière **aveuglante.*** (*aveuglant* s'accorde au féminin, singulier comme le nom qu'il qualifie *lumière*)

• Pour un certain nombre de verbes, l'orthographe de l'**adjectif verbal** diffère de celle du **participe présent**.

Ex. : *Fatiguer : fatig**uant*** (participe présent) ; *fatig**ant*** (adjectif verbal)
*Convaincre : convainq**uant*** (participe présent) ; *convainc**ant*** (adjectif verbal)
*précéder : précéd**ant*** (participe présent) ; *précéd**ent*** (adjectif verbal)
*négliger : néglige**ant*** (participe présent) ; *néglig**ent*** (adjectif verbal)

Accorder le participe passé d'un verbe suivi d'un infinitif

• Le participe passé d'un verbe suivi d'un infinitif s'accorde avec le COD placé avant le verbe, si celui-ci est aussi **sujet de l'infinitif.**
*La mésange est guérie ; je l'ai vu**e** s'envoler.*
Le pronom COD *l'* (féminin singulier) est sujet de *s'envoler : la mésange s'envole.* Le participe passé *vue* s'accorde donc avec lui.
• Cette règle s'applique bien à **laissé,** suivi d'un infinitif.
*Elle mange les graines que tu as laissé**es** tomber.*
Le pronom relatif COD *que* (qui remplace *les graines*) est sujet du verbe *tomber.*
• **Mais attention,** le participe **fait**, suivi d'un infinitif, est toujours invariable.
Je les ai fait attendre.
Le pronom personnel COD *les* est pourtant bien sujet du verbe *attendre !*

Accorder le participe passé d'un verbe pronominal

En général, le participe passé d'un verbe pronominal s'accorde, soit avec le sujet, soit avec le COD.
• Quand le verbe est **essentiellement pronominal** ou de **sens passif,** le participe passé s'accorde avec le sujet.
*Les oiseaux se sont envolé**s**. La maison s'est vendu**e** rapidement.*
• Quand le verbe pronominal est de **sens réfléchi** ou **réciproque,** le participe passé s'accorde avec le COD, s'il y en a un et qu'il est placé avant le verbe.
*Paul et Armand se sont battu**s** comme des chiffonniers.* (le pronom réfléchi *se* est COD)
Mais attention : *Jeanne s'est donné du mal.* (le COD *du mal* est placé après le verbe ; par conséquent, il n'y a pas d'accord)

Accorder le participe passé d'un verbe impersonnel

Un **verbe impersonnel** se conjugue uniquement à la 3e personne du singulier : *il pleut, il neige, il grêle, etc.* Le sujet *il* est dans ce cas un « sujet apparent » qui ne désigne aucune personne ni aucune chose. Comment donc accorder le participe passé d'un verbe impersonnel ?
• La plupart des **verbes impersonnels** sont des termes employés en météorologie : *neiger, pleuvoir, venter, bruiner, grêler, geler, tonner, etc.*
• **Le participe passé** des verbes impersonnels est toujours **invariable** :
Ex. : *Il a **neigé** hier. Il a **plu** deux jours durant et cela a rendu le sol très boueux.*
• Certains **verbes** ne sont pas impersonnels mais peuvent être **employés impersonnellement** : *faire, falloir* et *y avoir* sont les plus courants. Dans ce cas, le **participe passé** est également **invariable**.
Ex. : *Avec les chutes de neige qu'il y a **eu**, on ne peut plus circuler dans le village. Que d'écueils il a **fallu** affronter pour arriver ici !*

Ne pas confondre : « quoique » et « quoi...que », « quelque » et « quel...que »

• Dans la langue française, les **homophones** grammaticaux sont nombreux et fréquents. Ce sont des mots qui ont la même prononciation mais qui ne s'écrivent pas de la même façon. Dans quel cas doit-on écrire *quoique* et *quelque* en un seul mot et dans quel cas en deux mots ?
• **Quoique** et **quoi que** ont un sens proche mais des constructions différentes :
– **Quoique** est une conjonction de subordination qui a pour équivalent *bien que*. Elle exprime la concession et est suivie du subjonctif ; Exemple : ***Quoique*** *ce jeune homme soit fort sympathique, je n'ai pas l'intention de le fréquenter. (=* ***Bien que*** *ce jeune homme...)*
– **Quoi que** est une locution qui signifie « quelle que soit la chose qui, quelle que soit la chose que ». Dans ce cas, on l'écrit toujours en deux mots. Exemple : ***Quoi que*** *tu décides de faire demain, appelle-moi pour savoir si je t'accompagne ! (=* ***Quelle que soit la chose que*** *tu décides de faire demain...)*
• **Quelque** s'écrit en un seul mot devant un nom, un adjectif ou un adverbe ; **quel que** s'écrit en deux mots devant *être* ou un verbe d'état :
– **Quelque** écrit en un seul mot peut être un déterminant indéfini qui indique une quantité indéfinie. On l'emploie devant un nom commun, au singulier ou au pluriel. Au singulier, on peut le remplacer par *un certain*. Au pluriel, on peut le remplacer par *plusieurs*. Exemples : *J'ai acheté* ***quelques*** *fruits pour le dessert. (=* ***plusieurs*** *fruits) Depuis* ***quelque*** *temps, les fruits sont moins savoureux au marché. (=* ***un certain*** *temps)*
– **Quelque** écrit en un seul mot peut aussi être un adverbe invariable devant un chiffre ou un nombre. Dans ce cas, on peut le remplacer par *environ*. Exemple : *J'ai acheté* ***quelque*** *quatre kilogrammes de tomates pour faire un gaspacho.*
– **Quel que**, **quels que**, **quelle que** et **quelles que** s'écrivent en deux mots quand ils précèdent le verbe *être* ou un verbe d'état. Dans ce cas, quel s'accorde en genre et nombre avec le sujet du verbe. *Quel* occupe, dans ce cas, la fonction d'attribut du sujet. Exemples : ***Quelles que*** *soient ses qualités, je n'apprécie pas cette personne.* ***Quel que*** *soit le motif de votre retard, aucun professeur ne vous acceptera en cours.*

Distinguer « quel(le) » et « qu'elle »

• **Quel** est un déterminant interrogatif ou exclamatif. Il s'accorde avec le nom auquel il se rapporte et peut s'écrire *quelle, quels* ou *quelles*.
Quelle *bonne idée !*
Quels *sont vos projets ?*
• **Qu'elle(s)** est constitué de *que* et du pronom sujet *elle*. Ce groupe de mots peut être remplacé par *qu'il(s)*.
J'ai fini de lire les livres ***qu'elle*** *m'avait prêtés.*
Je pense ***qu'elle*** *a compris la leçon.*

Sujet de métropole, juin 2023

Texte littéraire

Dans son autobiographie, Aurore Dupin (qui écrit sous le nom de George Sand) raconte son enfance. Elle est élevée par sa mère et grandit entourée d'Hippolyte, son demi-frère, et d'Ursule, la fille d'une servante.

Nous avions trouvé un jeu qui passionnait nos imaginations. Il s'agissait de passer la rivière. La rivière était dessinée sur le carreau[1] avec de la craie et faisait mille détours dans cette grande chambre. En de certains endroits elle était fort profonde, il fallait trouver l'endroit guéable[2] et ne pas se tromper. Hippolyte s'était déjà noyé plusieurs fois, nous l'aidions à se retirer des grands trous où il tombait toujours, car il faisait le rôle du maladroit ou de l'homme ivre, et il nageait à sec sur le carreau en se débattant et en se lamentant. Pour les enfants ces jeux-là sont tout un drame, toute une fiction scénique, parfois tout un roman, tout un poème, tout un voyage, qu'ils miment et rêvent durant des heures entières, et dont l'illusion les gagne et les saisit véritablement. Pour mon compte, il ne me fallait pas cinq minutes pour m'y plonger de si bonne foi, que je perdais la notion de la réalité, et je croyais voir les arbres, les eaux, les rochers, une vaste campagne, et le ciel tantôt clair, tantôt chargé de nuages qui allaient crever et augmenter le danger de passer la rivière. Dans quel vaste espace les enfants croient agir, quand ils vont ainsi de la table au lit et de la cheminée à la porte !

Nous arrivâmes, Ursule et moi, au bord de notre rivière, dans un endroit où l'herbe était fine et le sable doux. Elle le tâta d'abord, et puis elle m'appela en me disant : « Vous pouvez vous y risquer, vous n'en aurez guère plus haut que les genoux. » Les enfants s'appellent vous dans ces sortes de mimodrames[3]. Ils ne croiraient pas jouer une scène s'ils se tutoyaient comme à l'ordinaire. Ils représentent toujours certains personnages qui expriment des caractères, et ils suivent très bien la première donnée. Ils ont même des dialogues très vrais et que des acteurs de profession seraient bien embarrassés d'improviser sur la scène avec tant d'à-propos et de fécondité[4].

Sur l'invitation d'Ursule, je lui observai que[5], puisque l'eau était basse, nous pouvions bien passer sans nous mouiller ; il ne s'agissait que de relever un peu nos jupes et d'ôter nos chaussures. « Mais, dit-elle, si nous rencontrons des écrevisses, elles nous mangeront les pieds. – C'est égal, lui dis-je ; il ne faut pas mouiller nos souliers, nous devons les ménager[6], car nous avons encore bien du chemin à faire. »

À peine fus-je déchaussée, que le froid du carreau me fit l'effet de l'eau véritable, et nous voilà, Ursule et moi, pataugeant dans le ruisseau. Pour ajouter à l'illusion générale, Hippolyte imagina de prendre le pot à l'eau et de le verser par terre, imitant ainsi un torrent et une cascade. Cela nous sembla délirant d'invention. Nos rires et nos cris attirèrent enfin l'attention de ma mère. Elle nous regarda, et nous vit tous les trois, pieds et jambes nus, barbotant dans un cloaque[7], car le carreau avait déteint, et notre fleuve était fort peu limpide. Alors elle se fâcha tout de bon, surtout contre moi, qui étais déjà enrhumée ; elle me prit par le bras, m'appliqua une correction manuelle assez accentuée, et, m'ayant rechaussée elle-même, en me grondant beaucoup, elle chassa Hippolyte dans sa chambre, et nous mit en pénitence[8], Ursule et moi, chacune dans un coin. Tel fut le dénouement imprévu et dramatique de notre représentation, et la toile tomba sur des larmes et des cris véritables.

George Sand [pseudonyme d'Aurore Dupin],

Histoire de ma vie, 2e partie, chapitre 15, 1855

1. sur le carreau : sur le carrelage
2. guéable : que l'on peut traverser sans perdre pied
3. mimodrame : pièce de théâtre sans paroles
4. fécondité : inventivité ; créativité
5. je lui observai que : je lui fis remarquer que
6. nous devons les ménager : nous devons en prendre soin
7. un cloaque : un égout
8. elle nous mit en pénitence : elle nous punit

Image

Robert Doisneau, La ronde des pompons, 1955, © Robert DOISNEAU/GAMMA RAPHO

Travail sur le texte littéraire et l'image

Compréhension et compétences d'interprétation

1. À la ligne 1, qui désigne le pronom « nous » ?

Observez attentivement le paratexte qui indique qui est la narratrice et en compagnie de qui elle a passé une partie de son enfance et de ses « jeux » (ligne 8). Quels sont leurs prénoms ? Quel est le lien entre la narratrice et l'autrice ?

2. Où se passe la scène ? Comment expliquez-vous la présence d'une rivière dans ce lieu ? Justifiez votre réponse en citant le texte.

Observez attentivement les indices spatiaux des trois premières lignes. Quel lieu familier est évoqué ? Attention à la double question : que fait cette « rivière » dans ce lieu ? Est-elle réelle ? Comment et pourquoi est-elle apparue ? Justifiez vos réponses à l'aide du texte.

3. « l'illusion les gagne et les saisit véritablement. » Cherchez dans le texte trois éléments qui montrent que l'illusion « gagne » et « saisit véritablement » les enfants.

« L'illusion les gagne et les saisit véritablement » signifie que l'illusion, c'est-à-dire l'imagination, dépasse la réalité, que les enfants s'inventent et se mettent à croire à un autre univers qui se fait de plus en plus réaliste.
Quels éléments naturels semblent prendre forme autour de la « rivière » ?
Quels sont les sensations et les sentiments éprouvés par les enfants au cours de leur jeu ?
Intéressez-vous aux paroles rapportées : pourquoi et comment le dialogue montre-t-il que les enfants sont gagnés par l'illusion ? Dans la peau de quel genre de personnage se mettent-ils ?
Enfin, l'eau devient réelle dans le quatrième paragraphe : comment ?
Ne vous contentez pas d'un catalogue de relevés : reformulez et expliquez les citations choisies.

4. a) À quoi le jeu des enfants est-il comparé tout au long du texte ? Pour justifier votre réponse, relevez au moins quatre mots d'un champ lexical qui le prouve.

Observez les nombreuses évocations d'un genre littéraire bien connu, qui montrent que les enfants se mettent dans la peau de personnages fictifs, dans un lieu fictif. De nombreux mots du texte appartiennent à ce champ lexical : relevez-en quatre.

b) Identifiez au moins trois moments dans le récit, qui montrent que cette comparaison organise le jeu des enfants.

Appuyez-vous sur votre réponse précédente. Montrez qu'il y a une progression entre le début et la fin du jeu, comme dans la mise en place d'une pièce de théâtre. Le premier paragraphe constitue le premier moment : que créent les enfants ? Les deuxième et troisième paragraphes forment le deuxième moment : que s'imaginent les enfants ? Le troisième paragraphe achève le récit et constitue le troisième mouvement : quel rôle joue la mère dans ce récit ?

5. Quelles réflexions sur l'enfance le récit de cet épisode inspire-t-il à la narratrice ? Deux éléments sont attendus. Vous justifierez votre réponse en citant des passages précis du texte.

Quelle capacité des enfants la narratrice met-elle en avant ?
Quels sentiments la narratrice exprime-t-elle par rapport au souvenir raconté ? Est-elle amusée, moqueuse, attendrie, admirative ? Quel regard porte-t-elle sur ces jeux, sur l'attitude des enfants ? Appuyez-vous sur différents procédés du texte : les énumérations, les hyperboles, les types de phrases, les répétitions, l'alternance des temps du récit (imparfait et passé simple) et des réflexions au présent faites en tant qu'adulte...
Comment la narratrice met-elle en opposition l'imaginaire des enfants et le réalisme des adultes ?
N'oubliez pas de justifier chaque élément de réponse par une citation du texte.

6. Pourquoi cette photographie pourrait-elle illustrer le texte ? Vous développerez votre réponse en vous appuyant sur deux arguments. Chaque argument doit être justifié par une citation du texte.

Quels sont les points communs entre le texte et l'image ? Comparez :
- Les personnages, leur âge ;
- L'univers de jeu représenté (intéressez-vous au bateau, aux couvre-chefs...) ;

La dimension ludique et imaginaire de l'activité représentée, le dessin au centre de l'image ;

- L'attitude des enfants les uns envers les autres.

Chaque élément doit être justifié par un élément de l'image et une citation du texte.

Grammaire et compétences linguistiques

7. « En de certains endroits, elle était fort profonde. »

a) Quelle est la fonction grammaticale de chaque groupe de mots souligné ?

Qu'indique le premier groupe de mots souligné ? Que précise-t-il ? Quels indices donne-t-il sur les circonstances de l'action ?
À quel sujet se rapporte le deuxième groupe de mots souligné ? Par quoi est-il séparé du sujet ?

b) Justifiez votre analyse du premier groupe souligné en précisant les manipulations que vous avez utilisées pour identifier sa fonction grammaticale.

Le premier groupe de mots souligné est-il déplaçable ? Supprimable ?

8. « Si nous rencontrons des écrevisses, elles nous mangeront les pieds. »

a) Recopiez cette phrase en mettant la proposition subordonnée entre crochets et en entourant le mot subordonnant.

Rappel : une proposition est un groupe de mots organisé autour d'un verbe conjugué. Une proposition subordonnée dépend d'une proposition principale. La proposition qui ne peut exister seule est la proposition subordonnée.
Le mot subordonnant est une conjonction de subordination.

b) Précisez la fonction grammaticale de cette proposition subordonnée.

La proposition est déplaçable et supprimable, elle précise les circonstances de l'action.
Quelle est alors sa fonction ? Le mot subordonnant vous permettra de préciser la fonction. On pourrait reformuler la proposition ainsi : « À condition que nous rencontrions des écrevisses… ».

9. « Tel fut le dénouement imprévu et dramatique de notre représentation ».

a) Observez le mot souligné : identifiez et nommez les trois éléments qui le composent.

On vous demande de décomposer le mot afin d'identifier son radical, son préfixe et son suffixe.

b) Expliquez le sens de ce mot en vous appuyant sur la signification des éléments qui le composent et en vous aidant du texte.

Quel mot retrouvez-vous dans le radical ? Quel sens lui ajoute le préfixe ? Partez du sens littéral (premier) du mot. Quel rapport peut-on établir entre ces éléments et la fin du texte ?

10. Réécrivez le passage suivant en remplaçant « Hippolyte » par « ils ». Le groupe nominal « le rôle du maladroit ou de l'homme ivre » ne doit pas être modifié.

« Hippolyte s'était déjà noyé plusieurs fois, nous l'aidions à se retirer des grands trous où il tombait toujours, car il faisait le rôle du maladroit ou de l'homme ivre, et il nageait à sec sur le carreau en se débattant et en se lamentant. »

La réécriture vous demande de procéder à un passage du sujet du singulier au pluriel. Attention à l'accord du verbe pronominal « se noyer », à la transforma-

tion de certains pronoms, à l'accord des verbes à l'imparfait avec un sujet au pluriel.
La consigne vous aide en vous indiquant qu'un segment GN de la phrase ne doit pas être modifié.
Ne faites pas de transformation inutile : les participes présents de fin sont invariables.

Dictée

Lors de la dictée, on procédera successivement :
1. à une lecture préalable, lente et bien articulée du texte entier ;
2. à la dictée effective du texte, en précisant la ponctuation et en marquant nettement les liaisons ;
3. à la relecture, sans préciser cette fois-ci la ponctuation mais en marquant toujours les liaisons.

On demandera aux candidats d'écrire une ligne sur deux. On ne répondra pas aux questions éventuelles des candidats après la relecture du texte ; ils en seront avertis avant cette relecture.

Avant de commencer la dictée, on inscrira au tableau de manière lisible :
D'après George Sand, *Histoire de ma vie*, 1855.

Je me souviens d'un jour d'automne où, le dîner étant servi, la nuit s'était faite dans la chambre. Ma cousine et moi nous poursuivions l'une l'autre à travers les arbres, c'est-à-dire sous les plis du rideau. L'appartement avait disparu à nos yeux et nous étions véritablement dans un sombre paysage à l'entrée de la nuit. On nous appelait pour dîner et nous n'entendions rien. Ma mère vint me prendre dans ses bras pour me porter à table et je me rappellerai toujours mon étonnement en voyant les objets réels qui m'environnaient. Je sortais d'une hallucination complète et il me coûtait d'en sortir si brusquement.
D'après George Sand, *Histoire de ma vie*, 1855

• La dictée sollicite la conjugaison de plusieurs temps :
– Le présent des verbes du 3e groupe : « souviens ».
– L'imparfait et le plus-que-parfait : « s'était faite », « poursuivions »...
– Le passé simple : « vint ».
– Le futur à la 1re personne du singulier : « je me rappellerai ».
• Attention à l'accord du participe passé : avec l'auxiliaire être, il s'accorde avec le sujet ; avec l'auxiliaire avoir, il s'accorde avec le COD si celui-ci est placé avant le verbe : « l'appartement avait disparu ».
• Veillez également à l'accord des nombreux GN pluriels (déterminant + nom + éventuellement adjectif) : « les arbres », « les plis », « les objets réels »...
• Attention à la confusion entre les terminaisons en é/er : après une préposition, le verbe est à l'infinitif « pour dîner », « pour me porter ».
• L'orthographe de quelques mots peut poser des difficultés : « automne », « rappellerai », « étonnement », « hallucination », « environnaient » (double consonne), « brusquement », « véritablement » (adverbes, terminaison en -ent), « toujours », « travers » (invariables).

Rédaction

Sujet d'imagination

Il vous est arrivé d'être pris dans un jeu qui vous a entraîné progressivement dans une aventure imaginaire intense. Vous raconterez cet épisode à la première personne. Vous pourrez enrichir votre récit par des descriptions, l'expression des sentiments et des sensations.

Procéder par étapes

Étape 1. Lisez attentivement le sujet :

- repérez le mot-clé vous indiquant la forme de texte à produire : un « épisode » de votre enfance sous la forme d'un « récit ».

Vous pourrez ajouter des « descriptions », exprimer « des sentiments et des sensations ».

- Cet épisode devra raconter plus précisément comment un jeu vous a « entraîné dans une aventure imaginaire » ; comment ce jeu a dépassé la fiction pour vous plonger dans un monde imaginaire.

Étape 2. Notez au brouillon les contraintes de formes à respecter :

- narration à la première personne : c'est vous qui racontez votre souvenir.
- temps à utiliser : système du passé pour l'évocation du souvenir ; système du présent pour d'éventuels commentaires du narrateur actuel que vous êtes.

Étape 3. Notez vos idées au brouillon : quel épisode voulez-vous raconter ? Quel jeu ? Quel passage à l'imaginaire ? Quel retour à la réalité à la fin ? Quelles sensations, quels sentiments évoqués ? Quel aspect du jeu est décrit ?

Étape 4. Organisez votre rédaction :

- Introduisez votre souvenir par une ou deux phrases.
- Rédigez l'épisode en paragraphes : glissement progressif du jeu vers l'imaginaire, mise en place, péripéties (inspirez-vous du texte de George Sand !). Réservez un ou deux passages à l'évocation des sensations et des sentiments. Prenez le temps de développer, de décrire l'univers raconté.
- Vous pouvez conclure en racontant comment s'est fait le retour à la réalité.

Étape 5. Soignez la langue et l'expression : respectez la ponctuation, corrigez d'éventuelles erreurs de ponctuation, d'orthographe. Pensez à utiliser le dictionnaire.

Sujet de réflexion

Pourquoi parle-t-on de soi et raconte-t-on sa vie dans des œuvres autobiographiques ? Vous répondrez à cette question dans un développement argumenté. Pour illustrer vos arguments, vous vous appuierez sur des exemples précis tirés d'œuvres littéraires et artistiques.

Procéder par étapes :

Étape 1. Lisez attentivement le sujet puis repérez et soulignez les mots-clés : « parler de soi », « raconter sa vie », « œuvre autobiographique ». On vous demande de trouver les raisons qui poussent quelqu'un à créer une œuvre autobiographique.

Étape 2. Repérez la forme du texte à produire : « Vous répondrez à cette question dans un développement argumenté ». Il faut donc respecter :

- le genre argumentatif : le développement organisé, la progression des arguments et des exemples (puisés dans « tirés d'œuvres littéraires et artistiques ») ;
- le temps de l'argumentation : le présent et les temps qui s'articulent avec lui ;
- la composition en parties et paragraphes.

Étape 3. Le sujet est fermé : la thèse vous est imposée. Vous devez développer le raisonnement demandé par le sujet.

Étape 4. Interrogez-vous pour trouver des arguments et des exemples. Quelles œuvres autobiographiques connaissez-vous, étudiées en classe ou issues de votre culture (livres, films, tableaux…) ?

Étape 5. Établissez le plan de votre devoir.

L'introduction introduit le thème et expose le problème.

Pour chacune des parties, il faudra trouver au moins un argument et l'expliciter à l'aide d'un exemple. Il faudra veiller à utiliser :

- le présent ;
- le retour à la ligne pour matérialiser les paragraphes ;
- des connecteurs logiques (tout d'abord, ensuite, enfin, toutefois, pourtant, or, etc.) ;
- un saut de ligne après l'introduction et avant la conclusion.

La conclusion fait un bilan sur le sujet.

Étape 6. Une fois votre plan clairement établi au brouillon, rédigez votre texte, puis relisez-vous et corrigez d'éventuelles erreurs de ponctuation, d'orthographe. Pensez à utiliser le dictionnaire.

Travail sur le texte littéraire et l'image

Compréhension et compétences d'interprétation

1. Le pronom « nous » désigne trois enfants : la narratrice, Aurore (qui est aussi l'autrice sous le pseudonyme George Sand), son demi-frère Hippolyte et Ursule, la fille de la servante.

2. La scène se passe dans une « chambre » (ligne 3). La rivière est imaginaire, les enfants l'ont dessinée directement au sol : « un jeu qui passionnait nos imaginations » ; « La rivière était dessinée sur le carreau » (ligne 2).

3. L'illusion gagne en intensité au fur et à mesure du jeu des enfants dont l'imagination se fait de plus en plus grande :

– Le cadre imaginaire dépasse celui de la simple rivière : « je croyais voir les arbres, les eaux, les rochers, une vaste campagne... » (lignes 13-14).

– La rivière imaginaire procure aux enfants de vrais sentiments et sensations : « l'herbe était fine et le sable doux » ; « elle le tâta » (ligne 19) ; « le froid du carreau me fait l'effet de l'eau véritable » (ligne 34).

– La présence d'un dialogue et le vouvoiement adopté par les enfants renforcent l'illusion en montrant que ces derniers se mettent progressivement dans la peau de leurs personnages : « vous pouvez vous y risquer » (ligne 20).

– Les enfants se figurent qu'ils vivent de véritables péripéties : « nous avons encore bien du chemin à faire. » (ligne 34).

– Vers la fin du jeu, l'eau devient réelle puisqu'Hippolyte décide « de prendre le pot à eau et de le verser par terre », « pour ajouter à l'illusion générale » (lignes 35-36).

– L'utilisation des temps du récit – imparfait et passé simple – donne également une dimension narrative au jeu des enfants qui devient une véritable aventure.

4. a) Le jeu des enfants est comparé à une pièce de théâtre : « scène » (ligne 22), « dialogues » (ligne 25), « illusion » (ligne 36), « représentation » (ligne 46)...

b) Le jeu des enfants, qui s'apparente à une pièce de théâtre, évolue de la mise en place au dénouement :

– Dans le premier paragraphe, les enfants mettent en place le décor, se répartissent les rôles, entrent dans la peau de leurs personnages : « la rivière était dessinée » (ligne 2) ; « il faisait le rôle du maladroit » (ligne 6).

– Ensuite, les péripéties s'enchaînent, les enfants imaginent des actions, des dangers dans le second et le troisième paragraphe : « nous arrivâmes » (ligne 15), « nous pouvions bien passer sans nous mouiller » (ligne 29).

– Cette succession de péripéties est couronnée par l'intervention d'Hippolyte avec le « pot à l'eau » (ligne 36).

– Enfin, le « dénouement imprévu et dramatique » de la « pièce » est annoncé par l'arrivée de la mère qui joue également le rôle du spectateur : « elle nous regarda » (ligne 39).

5. La narratrice exprime plusieurs réflexions sur l'enfance à travers ce récit :

– Elle trouve remarquable la capacité des enfants à imaginer un monde et à le peupler d'aventures, faisant totalement abstraction du cadre réel : « ils miment et rêvent durant des heures entières » (ligne 10), « dans quel vaste espace les enfants croient agir ! » (ligne 16). Les enfants croient tellement fort à leurs histoires qu'ils « ont même des dialogues très vrais et que des acteurs de profession seraient bien embarrassés d'improviser sur la scène » (lignes 25-26) puisqu'ils éprouvent de vrais sentiments et de vraies sensations : « je perdais la notion de la réalité » (ligne 13).

– Elle éprouve également un certain amusement et une certaine nostalgie liés au souvenir de cette aventure, comme le montrent la phrase exclamative « dans quel vaste espace les enfants croient agir ! » (ligne 15) mais également les va-et-vient entre les temps du récit, liés au jeu d'enfance, et le présent qui a valeur de vérité générale, lié au temps de l'écriture : « Pour les enfants ces jeux-là sont tout un drame... » (ligne 8).

– Enfin, la narratrice met en opposition l'imagination sans limites des enfants au caractère réaliste des adultes, représentés par la mère, qui brise l'illusion et le délire inventif : en lieu et place du monde inventé par les enfants, celle-ci ne voit rien d'autre qu'un simple « cloaque » (ligne 40).

6. La photographie présente de nombreux points communs avec le texte qu'elle pourrait ainsi illustrer :

– Les personnages sont des enfants qui jouent de manière enthousiaste : « un jeu » (ligne 1), « nos rires et nos cris » (ligne 38).

– Sur l'image, le bateau tracé sur le sol rappelle la rivière dessinée à la craie : « La rivière était dessinée sur le carreau avec la craie » (ligne 2). Dans les deux documents, le jeu est basé sur l'imagination des enfants qui donnent vie à un dessin lié à l'eau.

– Dans le texte, les enfants prennent pleinement possession de leurs personnages : « ils représentent toujours certains personnages » (ligne 24), ce qui fait écho aux enfants de l'image qui sont déguisés puisqu'ils portent des bonnets de marin à pompon.

– Enfin, la solidarité manifestée par les enfants du texte : « nous l'aidions à se retirer des grands trous » (ligne 5) peut être illustrée par le fait que les enfants de l'image se tiennent la main.

Grammaire et compétences linguistiques

7. a) La fonction du groupe de mots « En de certains endroits » est complément circonstanciel de lieu. La fonction de « fort profonde » est attribut du sujet *elle*.

b) Ce groupe peut être déplacé : « Elle était fort profonde en de certains endroits ». Il peut également être supprimé : « Elle était fort profonde ».

8. a) « [Si nous rencontrons des écrevisses], elles nous mangeront les pieds. »

b) La fonction de la proposition subordonnée est complément circonstanciel de condition.

9. a) Le mot « dénouement » est formé du radical *-noue*, du préfixe *-dé* et du suffixe *-ment*.

b) Le mot « dénouement » désigne le fait de faire un nœud. Le préfixe -dé indique l'idée contraire, donc défaire un nœud. Le suffixe -ment indique une action ou un résultat.

Dans le texte, le mot « dénouement » indique la fin de la pièce, le moment où l'intrigue se dénoue, donc se résout.

10. « <u>Ils</u> s'étai<u>ent</u> déjà noyé<u>s</u> plusieurs fois, nous <u>les</u> aidions à se retirer des grands trous où <u>ils</u> tombai<u>ent</u> toujours, car <u>ils</u> faisai<u>ent</u> le rôle du maladroit ou de l'homme ivre, et <u>ils</u> nageai<u>ent</u> à sec sur le carreau en se débattant et en se lamentant. » (lignes 5 à 8)

Rédaction

Sujet d'imagination

Lorsque j'étais petite – je devais être à l'école primaire –, nous avions pour habitude, avec mon amie et son frère, de construire des décors miniatures et d'y faire jouer de petits personnages.
Un jour en particulier, nous passâmes beaucoup de temps à trier, rassembler, mettre en commun tous les éléments, les maisons, les cabanes, les personnages et les accessoires dont nous disposions l'une et l'autre. Cela nous prit plusieurs heures.
Les éléments avaient été répartis en parts égales ; la construction de notre petit univers, l'assemblage de notre quartier étaient lancés ; nous étions comme des maquettistes qui créent le décor pour un train électrique.
Les aventures de nos personnages purent alors commencer et nous nous plongeâmes immédiatement dans la vie de ces petits êtres.
Au début, les intrigues que nous imaginâmes s'apparentaient aux préoccupations banales de notre univers familier. Nos personnages enfants jouaient, se rendaient à l'école. Nos personnages adultes discutaient et devenaient amis avec leurs voisins, géraient les tâches quotidiennes. Ce sont d'ailleurs ces adultes que les enfants incarnent avec le plus de plaisir, parce que le jeu met à leur portée leur monde pour l'heure inaccessible. Nul drame, nulle tristesse dans les petits dialogues et les situations rassurantes que nous reproduisions. Nous étions heureux de partager ces moments, nous éprouvions le bonheur et la sérénité de nos personnages.
C'est alors que la tranquillité de nos figurines fut bousculée par des événements terribles : ouragan, déluge... La panique nous gagna ; il fallait se réorganiser, se mettre à l'abri et faire preuve de solidarité avec ses voisins. « Creusons un tunnel entre nos maisons ! » « Voulez-vous des vivres pour patienter en attendant le retour au calme ? » Avec délice, nous vivions par procuration le frisson du danger, le courage de nos personnages qui affrontaient noblement et généreusement ces catastrophes, l'apaisement une fois les enfants mis à l'abri. Nous perdîmes toute notion du temps.
« J'ai encore quelques boîtes de conserve ! Tenez, et venez vous mettre en sécurité chez... »
« À table ! » La mère de mon amie interrompit cruellement nos aventures et nous ramena à la réalité tranquille de la chambre. Je rentrai alors chez moi, planifiant déjà les péripéties futures qui nous attendaient, nos personnages et nous.

Sujet de réflexion

Une œuvre autobiographique est une œuvre dans laquelle l'artiste parle de lui ou de sa vie : littérature, cinéma, peinture... tous les domaines artistiques peuvent être propices à cette écriture de soi. On peut s'interroger sur le but d'une telle entreprise : pourquoi parle-t-on de soi et raconte-t-on sa vie dans des œuvres autobiographiques ? Quelle peut être l'utilité de celles-ci, que peuvent-elles apporter à l'artiste lui-même et au public auquel elles se destinent ?
Dans un premier temps, nous aborderons le fait que l'artiste ressente le besoin de rendre ses souvenirs immortels grâce à l'écriture ; ensuite, nous nous intéresserons au sens nouveau que peut prendre le souvenir grâce au

regard de l'auteur adulte ; enfin, nous verrons que cette entreprise d'écriture de soi permet également de partager son vécu avec le récepteur de l'œuvre.

Tout d'abord, l'artiste peut vouloir parler de lui, raconter sa vie, parce que ses souvenirs sont précieux et qu'ils représentent une étape de sa vie ou qu'ils lui permettent de surmonter une difficulté. Ainsi, Albert Cohen, dans *Le Livre de ma mère*, évoque le manque et l'amour pour sa mère disparue. De même, Romain Gary, dans *La Promesse de l'aube*, parle avec une grande affection d'une mère parfois étouffante, mais toujours aimante et protectrice. Grand corps malade, quant à lui, revient sur l'accident qui le rend tétraplégique à vingt ans dans son autobiographie *Patients* ou dans sa chanson « Midi 20 ». Enfin, Frida Kahlo, dans une série d'autoportraits tels que *La Colonne brisée*, évoque de manière obsessionnelle le traumatisme de son accident. Fixer ces souvenirs permet à l'artiste d'immortaliser des moments décisifs de sa vie, de se souvenir d'éléments ou de personnes marquantes.

Ensuite, l'écriture ou l'expression artistique de soi permettent aux artistes de donner un sens nouveau aux événements vécus enfant ou adolescent, à la lumière de leur maturité d'adulte. Ainsi, George Sand, dans *Histoire de ma vie*, revient avec bonheur sur ses souvenirs de jeux d'enfant, auxquels elle repense, au moment de l'écriture, avec une certaine nostalgie et un certain amusement dont elle n'avait pas conscience au moment où elle les vivait. La bande dessinée est également un genre propice à l'expression autobiographique : Riad Sattouf dans *L'Arabe du futur*, Marjane Satrapi dans *Persepolis* – dont la vie a aussi inspiré un film du même titre – évoquent leur passé avec distance et humour : l'adulte qui écrit se moque de l'enfant ou l'adolescent qui vivait ses premières émotions ou affirmations de soi. George Perec, dans sa série de souvenirs *Je me souviens*, repense aux événements variés qui ont pu marquer son enfance : actualité, publicité, jeux... Tous ces artistes se souviennent ainsi avec nostalgie et attendrissement de ce qui les a marqués étant jeunes.

Enfin, l'écriture de soi revêt également une dimension collective puisqu'elle se destine à être lue ou vue par un public. Elle peut ainsi être liée au devoir de mémoire, comme c'est le cas de Primo Lévi dans *Si c'est un homme* ou de Simone Veil dans *Une jeunesse au temps de la Shoah* : les deux autobiographes mettent des mots sur le traumatisme de la Shoah, de la déportation, et ces mots deviennent un témoignage essentiel destiné aux générations futures. L'*Autoportrait au passeport juif* de Felix Nussbaum, qui représente le peintre juif traqué par les nazis, *Le Journal d'Anne Frank* qui retranscrit les souvenirs d'une jeune fille juive, témoignent également des horreurs vécues par les Juifs lors de la Seconde Guerre mondiale. On peut également citer Rousseau qui, dans le préambule aux *Confessions*, se considère comme un modèle d'honnêteté pour le commun des mortels. L'écriture peut donc dépasser le statut individuel pour atteindre un but collectif puisqu'elle permet de partager une expérience avec le lecteur ou spectateur, atteint une portée collective et historique, permet de réfléchir sur des valeurs humaines.

En conclusion, parler de soi, raconter sa vie permet aux artistes de faire revivre des souvenirs marquants, qu'ils soient délicieux ou traumatisants ; le regard de l'adulte apporte aussi un éclairage différent à la naïveté des souvenirs d'enfance ; l'intimité de l'écriture de soi peut enfin revêtir une portée universelle.

Sujet de métropole, juin 2022

Texte littéraire

Le Lion et le Moucheron

« Va-t'en, chétif[1] insecte, excrément de la terre[2] ! »
C'est en ces mots que le Lion
Parlait un jour au Moucheron.
L'autre lui déclara la guerre.
« Penses-tu, lui dit-il, que ton titre de Roi
Me fasse peur ni me soucie ?
Un Bœuf est plus puissant que toi :
Je le mène à ma fantaisie[3]. »
À peine il achevait ces mots
Que lui-même il sonna la charge[4],
Fut le Trompette[5] et le Héros.
Dans l'abord il se met au large[6] ;
Puis prend son temps, fond[7] sur le cou
Du Lion, qu'il rend presque fou.
Le Quadrupède écume, et son œil étincelle ;
Il rugit ; on se cache, on tremble à l'environ ;
Et cette alarme universelle
Est l'ouvrage d'un Moucheron.
Un avorton de Mouche en cent lieux le harcelle :
Tantôt pique l'échine[8], et tantôt le museau,
Tantôt entre au fond du naseau.
La rage alors se trouve à son faîte[9] montée.
L'invisible ennemi triomphe, et rit de voir
Qu'il n'est griffe ni dent en la bête irritée
Qui de la mettre en sang ne fasse son devoir.
Le malheureux Lion se déchire lui-même,
Fait résonner sa queue à l'entour de ses flancs,
Bat l'air qui n'en peut mais[10] , et sa fureur extrême
Le fatigue, l'abat : le voilà sur les dents.
L'Insecte du combat se retire avec gloire :
Comme il sonna la charge, il sonne la victoire,
Va partout l'annoncer, et rencontre en chemin
L'embuscade d'une Araignée ;
Il y rencontre aussi sa fin.

---

1. chétif : faible.
2. excrément de la terre : ce qui est rejeté par la terre. Il s'agit d'une insulte méprisante.
3. à ma fantaisie : comme je veux.
4. sonna la charge : annonça l'attaque.
5. Trompette : celui qui joue de la trompette pendant une bataille.
6. Dans l'abord il se met au large : pour commencer, il s'éloigne.
7. fond : se précipite pour attaquer.
8. l'échine : le dos de l'animal.
9. à son faîte : au plus haut.
10. qui n'en peut, mais : qui n'en peut plus.

Quelle chose par là nous peut être enseignée ?
J'en vois deux, dont l'une est qu'entre nos ennemis
Les plus à craindre sont souvent les plus petits ;
L'autre, qu'aux grands périls tel a pu se soustraire,
Qui périt pour la moindre affaire.

Jean de La Fontaine, *Fables*, livre II, fable 9, 1668

Image

Illustration d'Auguste Vimar pour le recueil *Les Fables* de La Fontaine, Alfred Mame, 1897

> Les *Fables* de Jean de La Fontaine peuvent être rattachées à différents objets d'étude des programmes de collège : il correspond à la partie « Résister au plus fort : ruses, mensonges et masques » du programme de sixième, mais également à la partie « Vivre en société, participer à la société – Dénoncer les travers de la société » du programme de troisième. Il faut donc mobiliser les connaissances et outils d'analyse relatifs au genre de la fable, mais également au genre de la satire : lexique, outils narratifs et argumentatifs, valeurs des temps verbaux, etc.

Travail sur le texte littéraire et l'image

Compréhension et compétences d'interprétation

1. Vers 1 à 8 :

a) Qui parle au vers 1 ? À qui s'adresse-t-il ?

> Observez attentivement les vers suivants (les vers 2 et 3) et le verbe de parole « parlait » qui indique qui parle (sujet de « parlait ») à qui.

b) Quelle réaction ce propos déclenche-t-il et pourquoi ?

> Là encore, observez les vers qui suivent le vers 1 : quel effet peuvent avoir les paroles du Moucheron sur le Lion ? Pourquoi ? Observez également attentivement le vers 4.

2. Vers 9 à 29 :

a) Quel animal domine le combat ? Justifiez votre réponse en relevant trois expressions dans ce passage.

> Observez attentivement les actions du Moucheron ainsi que les termes le désignant, mais aussi les conséquences de ces actions sur le Lion. Veillez à appuyer votre réponse sur trois expressions (citez le texte) comme demandé dans la question.

b) Quelle tactique est utilisée par le Moucheron aux vers 12 à 29 ? Quel en est le résultat ?

> Relevez les différentes étapes de la tactique du Moucheron : que fait-il en premier (vers 12), et ensuite (vers 13 à 21) ? Quelle conséquence cette tactique a-t-elle sur le comportement du Lion et dans quel état finit-il ?

c) Comment le fabuliste met-il en évidence le mouvement et l'agitation du combat ? Pour justifier votre réponse, vous vous appuierez notamment sur les verbes, les adverbes et le rythme des vers.

> La question vous invite à vous appuyer sur des éléments précis. Observez tout d'abord les verbes du passage : que traduisent-ils ? À quel temps sont-ils conjugués ? Quelle est la valeur de ce temps ici ? Arrêtez-vous ensuite sur les adverbes : lesquels traduisent le mouvement et l'agitation ? Enfin, comptez le nombre de syllabes des vers et observez leur enchaînement. Que remarquez-vous ?
> Rappel : L'adverbe est un mot invariable qui précise ou modifie le sens d'un autre mot ou d'une phrase.

3. Vers 15 à 29 :

Par quels groupes nominaux le Lion est-il désigné ? Quel est l'effet produit ?

> Commencez par relire attentivement les vers 15 à 29 en surlignant les groupes nominaux qui désignent le Lion afin de n'en oublier aucun. Observez-les ensuite attentivement et demandez-vous quelle image ils donnent du Lion, qui est censé être un « Roi » (vers 5).
> Rappel : Un groupe nominal est composé d'un nom-noyau, d'un déterminant et éventuellement d'une expansion telle qu'un adjectif épithète, un complément du nom ou une proposition subordonnée relative.

4. Vers 30 à 34 :
Quel est le retournement de situation raconté par cette fable ?

Les vers 30 à 34 racontent ce qui arrive au Moucheron après sa victoire sur le Lion : demandez-vous en quoi la situation du Moucheron bascule ? Dans quel état d'esprit est-il dans les vers 30 à 32, et que lui arrive-t-il ensuite ?

5. Au cours de la fable, de quel défaut le Lion et le Moucheron font-ils preuve à tour de rôle ? Justifiez votre réponse en vous appuyant sur l'ensemble de la fable.

Le Lion et le Moucheron font preuve des mêmes défauts, mais à différents moments : observez notamment la manière dont il traite et envisage les autres animaux, et notamment la manière dont ils se traitent et s'envisagent entre eux. Veillez à appuyer votre réponse sur des passages précis de la fable, tant pour le Lion que pour le Moucheron (une citation pour chacun).

6. Vers 35 à 39 :
Comment comprenez-vous les deux enseignements que le fabuliste donne au lecteur ?

La question vous invite à reformuler les deux morales : prenez le temps de reformuler la première (vers 36 et 37), puis la seconde (vers 38 et 39), plus complexe.

7. Image :

a) Comment l'illustration donne-t-elle à voir les effets de l'attaque du Moucheron sur le Lion ?

La question vous invite à montrer que l'image illustre fidèlement la fable de Jean de La Fontaine en vous appuyant sur des éléments descriptifs de l'image (c'est-à-dire en relevant des éléments précis de l'image que vous devez décrire). Veillez donc à être rigoureux. Observez la position des membres du Lion, son expression, son attitude, sa position : en quoi traduisent-elles l'attaque du Moucheron (et donc la souffrance du Lion) ?

b) Comment s'y prend l'illustration pour laisser entrevoir la fin de la fable ?

La fin de la fable relate le piège de l'araignée : comment cette fin est-elle représentée ? Où se situent les éléments qui la représentent ? Comment ces éléments sont-ils représentés ?

Grammaire et compétences linguistiques

8. « L'autre <u>lui</u> déclara <u>la guerre</u> »

a) Donnez la fonction précise de chaque complément souligné.

La phrase est construite autour du verbe « déclara » : cherchez la fonction des compléments soulignés. La question oriente votre réponse en vous indiquant qu'il s'agit de « compléments ».

b) Réécrivez la phrase en remplaçant le pronom « lui » par le groupe nominal auquel il renvoie.

Reprenez le passage dans le texte et demandez-vous à qui renvoie « lui », sachant que « L'autre » renvoie au Moucheron.

c) Quelles manipulations avez-vous utilisées pour identifier la fonction de « la guerre » ?

Expliquez ce qui vous a permis de trouver la fonction du complément « la guerre ». Attention au pluriel : plusieurs explications sont attendues.

9. « Il rugit ; on se cache » (vers 16).
Transformez ces deux propositions en une phrase complexe comportant une proposition subordonnée.

> Une proposition subordonnée est une proposition qui dépend d'une proposition principale. Commencez par analyser le lien logique qui relie les deux propositions indépendantes du vers 16 : d'abord il rugit, donc ensuite on se cache. Transformez ensuite ces deux propositions en une proposition principale et une proposition subordonnée.Attention à ne pas proposer deux propositions indépendantes, comme « Il rugit donc on se cache », ou encore « Il rugit puis on se cache ».

10. « L'invisible ennemi » (vers 23).

a) De quels éléments le mot souligné est-il composé ?

> On attend que vous décomposiez le mot : quel est son radical ? A-t-il un préfixe ? Un suffixe ?

b) Donnez sa définition en vous appuyant sur la signification des éléments qui le composent.

> Partez du sens du radical, puis expliquez le sens qu'ajoutent son préfixe et/ou son suffixe.

11. Réécrivez le passage suivant en remplaçant « Le malheureux Lion » par « Les malheureux Lions » :
« Le malheureux Lion se déchire lui-même,
Fait résonner sa queue à l'entour de ses flancs,
Bat l'air [...] ; et sa fureur extrême
Le fatigue, l'abat » (vers 26-29)

> • Le passage du sujet « Le malheureux Lion » à « Les malheureux Lions » implique un changement de nombre et donc une modification de l'accord sujet-verbe : gardez les mêmes temps, mais modifiez les terminaisons verbales.
> • Le changement de nombre implique également une modification des pronoms personnels reprenant « Le malheureux Lion ».
> • Vous devrez également modifier les déterminants possessifs qui se rapportent au « malheureux Lion ».
> Attention à l'accord du déterminant possessif leur/leurs : il reste au singulier si les possesseurs se partagent un même objet, il est au pluriel lorsque chaque possesseur a plus d'un objet.

Dictée

Le moustique et le lion

Un moustique s'approcha d'un lion et lui dit : « Je n'ai pas peur de toi, et tu n'es pas plus puissant que moi. Si tu veux, je te provoque même au combat. » Et, sonnant de la trompe, le moustique fondit sur lui, mordant le museau dépourvu de poil autour des narines. Quant au lion, il se déchirait de ses propres griffes, jusqu'à ce qu'il renonce au combat. Le moustique, ayant vaincu le lion, sonna de la trompe, entonna un chant de victoire, et prit son envol. Mais il s'empêtra dans une toile d'araignée : tandis qu'elle le dévorait, il se lamentait d'être tué par un vulgaire animal, une araignée, lui qui avait combattu les plus puissants animaux.
D'après Ésope, *Fables*, VIIe-VIe siècle avant J.-C.

Rédaction

Sujet d'imagination

Le Moucheron « sonne la victoire » et « va partout l'annoncer ». Imaginez le récit que fait le Moucheron de son combat victorieux aux autres animaux. Vous mettrez en évidence le caractère, les sentiments et les réflexions du Moucheron et vous pourrez montrer les réactions des autres animaux.

Votre récit peut être rédigé à la première ou à la troisième personne du singulier.

Procéder par étapes

Étape 1. Lisez attentivement le sujet :

- repérez le mot-clé vous indiquant la forme de texte à produire : « Imaginez le récit que fait le Moucheron de son combat victorieux aux autres animaux ». La difficulté de ce sujet tient au fait qu'il mêle dialogue et récit ;
- relevez ensuite les mots relatifs au contexte : le sujet insiste particulièrement sur le personnage du Moucheron (son « caractère », ses « sentiments » et ses « réflexions », pour lesquels il vous faut emprunter au texte de La Fontaine), mais vous propose également de décrire les réactions des autres animaux.

Étape 2. Notez au brouillon les contraintes de formes que vous devrez respecter (le sujet s'inscrit dans la continuité du texte de la première partie, vous devrez donc en respecter la forme) :

- choisissez entre une narration « à la première ou à la troisième personne du singulier » : qui raconte la rencontre entre le Moucheron et les animaux (le récit-cadre), le Moucheron lui-même ou un narrateur extérieur ? ;
- le sujet n'apporte aucune indication quant aux temps à utiliser, mais dans la mesure où la fable de Jean de La Fontaine est rédigée au passé, il est conseillé de faire de même en ce qui concerne le récit-cadre ; en revanche, le Moucheron peut raconter son combat au présent de narration, comme c'est d'ailleurs le cas dans la fable ;
- vous devez conserver « le caractère, les sentiments et les réflexions du Moucheron » dont la première partie vous a permis de comprendre qu'il était orgueilleux et prétentieux.

Étape 3. Trouvez des idées : comportement du Moucheron, animaux rencontrés, récit fidèle ou exagéré du Moucheron, réactions des autres animaux au récit du Moucheron

Étape 4. Organisez votre rédaction :

- vous pouvez commencer en imaginant le Moucheron quittant fièrement le champ de bataille ;
- passez ensuite à la rencontre avec les autres animaux, au récit du Moucheron et à la réaction de ses congénères ;
- vous pouvez conclure en laissant entrevoir ce qui attend le Moucheron (le piège de l'araignée).

Étape 5. Rédigez votre texte sous forme de paragraphes (un paragraphe par partie) et en soignant la présentation du dialogue : respectez bien la ponctuation (guillemets, tirets) et utilisez des verbes de parole variés.

Étape 6. Relisez-vous et corrigez d'éventuelles erreurs de ponctuation, d'orthographe. Pensez à utiliser le dictionnaire.

Sujet de réflexion

La littérature et les œuvres artistiques peuvent-elles nous aider à réfléchir sur notre propre comportement ? Vous répondrez à cette question dans un développement organisé, en vous appuyant sur des exemples pris dans les œuvres littéraires et artistiques que vous connaissez.

Procéder par étapes

Étape 1. Lisez attentivement le sujet. Repérez et soulignez les mots-clés : « La littérature et les œuvres artistiques », « aider à réfléchir », « notre comportement ». Le thème général est la réflexion par l'art.

Étape 2. Repérez la forme du texte à produire : « Vous répondrez à cette question dans un développement organisé ». Il faut donc respecter :

- le genre argumentatif : le développement organisé, la progression des arguments et des exemples ;
- le temps de l'argumentation : le présent et les temps qui s'articulent avec lui ;
- la composition en parties et paragraphes.

Étape 3. Le sujet est ouvert, aucune thèse ne vous est imposée. Vous pouvez donc traiter le sujet de différentes manières :

- vous pouvez choisir de répondre par oui ; dans ce cas, vous développerez trois ou quatre arguments, illustrés d'exemples, défendant cette thèse (thèse A) ;
- vous pouvez choisir de répondre par non ; dans ce cas, vous développerez trois ou quatre arguments, illustrés d'exemples, défendant cette thèse (thèse B) ;
- vous pouvez nuancer votre démonstration, et défendre dans une première partie une des deux thèses en vous appuyant sur deux arguments illustrés d'exemples, puis, dans une seconde partie, défendre l'autre thèse en vous appuyant sur deux arguments illustrés d'exemples. Vous montrerez ainsi que la thèse A (ou B) est valable, mais que dans une certaine mesure la thèse B (ou A) est également acceptable.

Étape 4. Interrogez-vous pour trouver des arguments et des exemples. Quelles œuvres connaissez-vous qui vous font réfléchir ? Quelles œuvres avez-vous étudiées en classe et qui ont pour but de faire réfléchir ?

Étape 5. Établissez le plan de votre devoir.

L'introduction introduit le thème et expose le problème.

Pour chacune des parties, il faudra trouver au moins un argument et l'expliciter à l'aide d'un exemple. Il faudra veiller à utiliser :

- le présent ;
- le retour à la ligne pour matérialiser les paragraphes ;
- des connecteurs logiques (tout d'abord, ensuite, enfin, toutefois, etc.) ;
- un saut de ligne après l'introduction et avant la conclusion.

La conclusion fait un bilan sur le sujet.

Étape 6. Une fois votre plan clairement établi au brouillon, rédigez votre texte, puis relisez-vous et corrigez d'éventuelles erreurs de ponctuation, d'orthographe. Pensez à utiliser le dictionnaire.

Travail sur le texte littéraire et l'image

Compréhension et compétences d'interprétation

1. a) Le Lion, sujet du verbe « parlait » s'adresse « au Moucheron » (vers 1).

b) Le Moucheron déclare la guerre au Lion (« L'autre lui déclara la guerre » vers 4), car il se sent insulté et méprisé par le Lion (« chétif insecte », « excrément de la terre » vers 1) et l'a chassé en le tutoyant (« va-t'en » vers 1).

2. a) Le Moucheron domine le combat : en effet, c'est lui qui initie le combat (« il sonna la charge » vers 11) ; de plus, il est désigné comme « le Héros » (vers 11) qui « triomphe » (vers 23) ; enfin, le Lion est présenté comme vaincu (« Le malheureux Lion se déchire lui-même » vers 26, « le voilà sur les dents » vers 29).

b) Tout d'abord, le Moucheron prend de la distance et prépare son attaque (« Dans l'abord il se met au large ; /Puis prend son temps » vers 12 et 13). Ensuite il se précipite sur le cou du Lion qu'il pique (« Fond sur le cou/Du Lion » vers 13), puis sur toutes les parties du corps (« l'échine » vers 20, « le museau » vers 20, « le naseau » vers 21) : il l'attaque rapidement et sans cesse, bref le « harcelle » (vers 19) afin de le rendre fou. Finalement, cette tactique a pour résultat de rendre le Lion fou de rage et celui-ci « se déchire lui-même » (vers 26) en essayant d'arrêter le Moucheron.

c) Le fabuliste met en évidence le mouvement et l'agitation du combat en utilisant de nombreux verbes d'action traduisant le mouvement (« se met au large » vers 12, « fond » vers 13, « pique » vers 20, « entre » vers 21), mais aussi des verbes exprimant le bruit, l'aspect très sonore du combat (« sonna » vers 10, « rugit » vers 16, « rit » vers 23, « Fait résonner » vers 27). Par ailleurs, la répétition de l'adverbe « tantôt » (vers 20 et 21) marque la succession rapide des attaques du Moucheron. Enfin, le fabuliste alterne octosyllabes et alexandrins, au sein desquels il appose de courtes propositions (« Le Quadrupède écume, et son œil étincelle/Il rugit ; on se cache, on tremble à l'environ » vers 15 et 16, par exemple), ce qui donne une impression de rapidité, de vivacité.

3. Le Lion est désigné par les groupes nominaux suivants : « Le Quadrupède » (vers 15), « la bête irritée » (vers 24), « le malheureux Lion » (vers 26). Les noms « Quadrupède » et « bête » désignent le Lion de façon très neutre, pour marquer le fait que le Lion, enragé et épuisé, est réduit à son statut d'animal impuissant. Les adjectifs « irritée » et « malheureux » insistent avec empathie sur la souffrance du Lion.

4. Le Moucheron, qui disait triomphalement avoir vaincu le Lion (« avec gloire » vers 30, « il sonne la victoire » vers 31, « Va partout l'annoncer » vers 32), est finalement vaincu par une Araignée qui l'attendait cachée (« et rencontre en chemin/L'embuscade d'une Araignée » vers 32 et 33).

5. Au cours de la fable, le Lion et le Moucheron font preuve d'arrogance et de vanité en se croyant mutuellement plus fort que l'autre. En effet, le Lion insulte le Moucheron (« chétif insecte », « excrément de la terre » vers 1) tandis que ce dernier se vante, se prend pour un « Héros » (vers 11) et se montre trop sûr de lui (« Un Bœuf est plus puissant que toi : /Je le mène à ma fantaisie » vers 7 et 8).

6. Le premier enseignement nous apprend que, contrairement à ce qu'on pourrait penser, il ne faut pas sous-estimer les plus petits, puisqu'un Moucheron peut venir à bout d'un Lion. Le second nous apprend que ce n'est pas parce qu'on a surmonté une dure et grande épreuve que l'on surmontera toutes les autres : le hasard de la vie fait que l'on peut sortir vaincu d'une moindre épreuve.

7. a) La posture du Lion montre tout d'abord qu'il est attaqué et qu'il se défend : il est debout, a une patte levée et une autre dans le dos, la queue levée et le poil hérissé, ce qui traduit sa « rage » (vers 22). De plus, le Lion, dont la gueule est grande ouverte et l'échine courbée, a ici l'air totalement impuissant et « malheureux » (vers 26).

b) L'illustration laisse entrevoir la fin de la fable au moyen de la toile d'araignée vers laquelle se dirige le Lion, et donc le Moucheron. Cette toile, immobile et statique en comparaison du Lion en mouvement, représente « l'embuscade » (vers 33) tendue par l'Araignée qui attend.

Grammaire et compétences linguistiques

8. a) « la guerre » est COD du verbe « déclara » et « lui » est COI du verbe « déclara ».

b) « L'autre déclara la guerre au Lion. »

c) On peut tout d'abord pronominaliser « la guerre » en pronom personnel COD « la » : « Il la lui déclara. » On peut également observer qu'il est impossible de déplacer ou de supprimer ce groupe nominal.

9. « Quand/tandis qu'il rugit on se cache », « Comme il rugit, on se cache ».

10. a) « invisible » est formé du radical « -vis- » précédé du préfixe « in- » et suivi du suffixe « -ible ».

b) Le préfixe « in- » exprime le contraire de ce qui peut être vu. Le suffixe « -ible » exprime quant à lui la capacité d'être vu. L'adjectif « invisible » signifie donc « qui ne peut être vu ».

11. Les malheureux Lions se déchirent eux-mêmes,
Font résonner leur queue à l'entour de leurs flancs,
Battent l'air [...] ; et leur fureur extrême
Les fatigue, les abat »

Dictée

Le texte est la fable d'Ésope ayant inspiré celle de Jean de La Fontaine : le vocabulaire y est donc sensiblement le même (« lion », « combat », « museau », « araignée »...).

On relève de nombreux verbes au passé simple : des verbes du premier groupe conjugué à la troisième personne du singulier donc en -a (« s'approcha », « sonna », « entonna », « s'empêtra »), ainsi que trois verbes du troisième groupe en -re conjugué à la troisième personne du singulier donc en -it (« dit », « fondit », « prit »).

On relève également des verbes conjugués à l'imparfait à la troisième personne du singulier (« se déchirait », « dévorait », « se lamentait », l'auxiliaire « avait »).

Dans la réplique du Moucheron, les verbes sont conjugués au présent de l'indicatif (« ai », « es », « veux », « provoque »).

Il était précisé que le narrateur est un homme, ce qui doit guider certains accords : « j'en étais averti », « relégué ».

Les adjectifs et participes s'accordent en genre et en nombre avec le nom qu'ils qualifient : « le museau dépourvu de poil », « ses propres griffes », « un vulgaire animal », « les plus puissants animaux ».
Attention aux participes passés en -u (« dépourvu », « vaincu », « combattu ») qui ne comporte jamais de consonne finale (contrairement aux participes passés en -i/-is/-it). En cas de doute, mettre au féminin dans sa tête.
Attention aux homophones, et notamment à « et/ai/es » et à « ses/ces ».
L'orthographe de quelques mots pouvait poser difficulté : « museau » (qui était toutefois dans le texte de Jean de La Fontaine), « entonna » (double consonne), « s'empêtra » (accent circonflexe), « se lamentait » et « vulgaire » (la lettre g se prononce [g] devant a, donc pas besoin d'ajouter un u).
« poil » est ici au singulier, car il est compris comme « le poil » du Lion, au sens de la fourrure. L'orthographe plurielle « poils » était néanmoins acceptée.

Rédaction

Sujet d'imagination

Le Moucheron quitta le champ de bataille victorieux et fier, abandonnant à son triste sort le Lion bien mal en point.
« Ce fauve l'a bien cherché, dissertait le Moucheron à voix haute, tandis qu'il voletait alentour. Pour qui se prend-il, à m'insulter de la sorte ? Moi qui ai combattu tant de terribles animaux ? Moi qui, en dépit de ma taille, suis le plus fort et le plus rusé de tous les animaux ! »
Sur son passage, des animaux commençaient à se rassembler pour écouter le monologue de cet arrogant Moucheron.
« Et peut-on savoir qui tu prétends avoir ainsi battu ? interrogea le Renard.
— Qui j'ai battu ? reprit le Moucheron. Vous devriez plutôt dire... qui j'ai terrassé ! J'ai terrassé... notre roi le Lion !
À ces mots, un cri de stupeur parcourut l'assemblée.
— Le Lion ? s'écria le Lapin terrifié. Mais comment osez-vous ? Qu'allons-nous faire sans notre Roi ? Que nous arrivera-t-il ?
— Bon débarras, s'opposèrent les Moutons, il prenait plaisir à croquer nos semblables !
— Vous devriez surtout vous méfier des représailles au lieu de vous vanter, s'exclama le Loup. Sa famille ne cherchera le repos qu'une fois qu'elle aura vengé le Lion.
— Encore faudrait-il que tout cela soit vrai..., murmura malicieusement le Renard.
— Comment ! s'insurgea le Moucheron. On ne me croit pas ? On doute de ma parole ? Laissez-moi donc vous raconter comment cette bataille se déroula !
Je me promenais tranquillement quand soudain je croisai le chemin du Lion qui, considérant qu'il était prioritaire, me dégagea d'un geste de la patte en me traitant de « chétif insecte » et d'« excrément de la terre » ! L'honneur, m'empêchant de laisser cet affront impuni, me dicta de lui déclarer la guerre. Je ne me démonte pas et lui répond qu'un Bœuf est plus puissant que lui. Ma provocation toucha sa cible, car je vis le Lion bouillir de colère. Aussitôt je me recule, prends mon élan, et fonce sur son cou que je pique. L'animal écume, rugit : il est fou de rage. Je me recule à nouveau, puis le

pique sur toutes les parties de son corps : l'échine, le museau, les naseaux... Tout y passe ! Mon ennemi tente de m'attraper, en vain, car je suis beaucoup plus rapide que lui. Et ce faisant, il s'écorche, se griffe, se mord, se blesse, s'épuise... Tant et si bien que je viens à bout de ce semblant de félin qui, à bout de force, s'avoue vaincu. Alors, aurais-je pu inventer pareil récit ? Ne voyez-vous pas que je suis votre Héros ? »

Les animaux, admiratifs, acclament le Moucheron et saluent sa prouesse. Beaucoup veulent même qu'il soit nommé Roi à la place du Lion, ce que le Moucheron ne manquerait pas d'accepter, considérant même que c'est un droit qu'il a acquis.

Un peu à l'écart, le Renard, incrédule, s'interroge : « Se peut-il que ce récit soit véritable ? Se peut-il qu'un Moucheron vienne à bout d'un Lion ? » Il entendit alors une petite voix derrière lui : « Que ce soit vrai ou non, ce Moucheron me semble bien orgueilleux... » Il tourna la tête et vit, tranquillement posée sur sa toile, une petite Araignée qui ajoute : « Il sera bien un jour puni de sa vantardise... »

Sujet de réflexion

L'art est régulièrement présenté comme une activité « gratuite », qui n'aurait d'autres finalités que la beauté. Pourtant, il est de très nombreux exemples qui montrent que, derrière la gratuité apparente de l'art, peuvent se cacher des invitations à la réflexion. En quoi les œuvres d'art nous amènent-elles à nous faire réfléchir sur nous-mêmes, sur notre rapport aux autres et au monde ?

Tout d'abord, l'art peut nous conduire à réfléchir sur nous-mêmes dans un but revendiqué, affiché, comme c'est le cas des œuvres explicitement moralisatrices : elles nous proposent des contre-modèles, des exemples à ne pas suivre en quelque sorte. Au XVIIe siècle, Jean de La Fontaine, dans ses *Fables*, met en scène des animaux afin de dénoncer les travers et les défauts humains. Dans « Le Lion et le Moucheron », le fabuliste se sert de ces deux animaux pour dénoncer l'orgueil, la fierté des individus. De même, dans son théâtre, Molière présente des personnages caricaturaux et ridicules tels que Monsieur Jourdain dans *Le Bourgeois gentilhomme* qui est prêt à se renier et à renier ses proches pour devenir quelqu'un d'autre.

Ensuite, l'art peut nous conduire à réfléchir sur nous-mêmes en nous présentant, non des contre-modèles, mais des héros auxquels on s'identifie et auxquels on souhaite ressembler. Antigone, dans la tragédie éponyme de Jean Anouilh, nous montre que l'on peut se battre et rester fidèle à ses idéaux, au risque de mourir, et nous invite donc à faire preuve de courage. C'est le même but que l'on retrouve dans *Le Cid* de Pierre Corneille : le personnage de Rodrigue nous montre que l'on peut, dans les moments de crise, faire prévaloir l'honneur.

Mais l'art peut encore nous amener à réfléchir sur notre comportement à l'égard des autres. C'est le cas, indirectement parfois, de certaines autobiographies, ou plus directement de certains romans. Par exemple, dans *Le Rêve de Sam* de Florence Cardier, le personnage principal lutte contre l'injustice des lois antinoirs et nous invite à nous interroger sur la tolérance, voire à nous battre pour les minorités opprimées. De même, dans le film *La Vague*, le réalisateur nous permet de comprendre que nous pouvons être entraînés dans des comportements à l'égard des autres que nous croyions pourtant rejeter (tel que le totalitarisme) ; et qu'il faut ainsi développer un esprit critique.

Enfin, c'est plus généralement sur le monde en lui-même que l'art nous apprend à réfléchir. De plus en plus d'œuvres dénoncent les conséquences de l'action humaine sur l'environnement. Dans son roman *Céleste, ma planète*, Timothée de Fombelle représente la planète sous les traits d'une petite fille malade, afin de rendre plus visible, plus sensible, le mal que nous pouvons faire à la Terre. Des artistes contemporains ont même fait des détritus une composante de leurs œuvres, tels que César et Armand, pour dénoncer la société de consommation.

En conclusion, l'art, tout en étant caractérisé par sa « gratuité », peut nous aider à réfléchir sur notre comportement, non seulement à l'égard de nous-mêmes, des autres, mais aussi du monde. Cette réflexion peut être le fruit d'un but revendiqué ou au contraire se produire indirectement.

Sujet de métropole, juin 2021

Texte littéraire

Le Baron de Sigognac vient de dîner en compagnie de son domestique Pierre, de son chat Béelzébuth et de son chien Miraut.

Pendant ce temps la nuit s'était faite, et de grandes ombres s'entassaient dans les recoins de la cuisine, comme des chauves-souris qui s'accrochent aux angles des murailles par les doigts de leurs ailes membraneuses. Un reste de feu, qu'avivait la rafale engouffrée dans la cheminée, colorait de reflets bizarres le groupe réuni autour de la table avec une sorte d'intimité triste qui faisait ressortir encore la mélancolique solitude du château. D'une famille jadis puissante et riche il ne restait qu'un rejeton[1] isolé, errant comme une ombre dans ce manoir peuplé par ses aïeux ; d'une livrée[2] nombreuse il n'existait plus qu'un seul domestique, serviteur par dévouement, qui ne pouvait être remplacé ; d'une meute de trente chiens courants il ne survivait qu'un chien unique, presque aveugle et tout gris de vieillesse, et un chat noir servait d'âme au logis désert.

Le Baron fit signe à Pierre qu'il voulait se retirer. Pierre, se baissant au foyer, alluma un éclat de bois de pin enduit de résine, sorte de chandelle économique qu'emploient les pauvres paysans, et se mit à précéder le jeune seigneur ; Miraut et Béelzébuth[3] se joignirent au cortège : la lueur fumeuse de la torche faisait vaciller sur les murailles de l'escalier les fresques[4] pâlies et donnait une apparence de vie aux portraits enfumés de la salle à manger dont les yeux noirs et fixes semblaient lancer un regard de pitié douloureuse sur leur descendant.

Arrivé à la chambre à coucher fantastique [...], le vieux serviteur alluma une petite lampe de cuivre à un bec dont la mèche se repliait dans l'huile comme un ténia dans l'esprit-de-vin à la montre d'un apothicaire[5], et se retira suivi de Miraut. Béelzébuth, qui jouissait de ses grandes entrées, s'installa sur un des fauteuils. Le Baron s'affaissa sur l'autre, accablé par la solitude, le désœuvrement et l'ennui.

Si la chambre avait l'air d'une chambre à revenants pendant le jour, c'était encore bien pis le soir à la clarté douteuse de la lampe. La tapisserie prenait des tons livides, et le chasseur[6], sur un fond de verdure sombre, devenait, ainsi éclairé, un être presque réel. Il ressemblait, avec son arquebuse en joue, à un assassin guettant sa victime, et ses lèvres rouges ressortaient plus étrangement encore sur son visage pâle. On eût dit une bouche de vampire empourprée de sang.

La lampe saisie par l'atmosphère humide grésillait et jetait des lueurs intermittentes, le vent poussait des soupirs d'orgue à travers les couloirs, et des bruits effrayants et singuliers se faisaient entendre dans les chambres désertes.

Théophile Gautier, *Le Capitaine Fracasse*, 1863

1. un rejeton : un fils, un héritier.
2. une livrée : un ensemble de domestiques.
3. Béelzébuth : un des noms du diable.
4. fresques : peintures murales.
5. comme un ténia dans l'esprit-de-vin à la montre d'un apothicaire : comme un ver conservé dans l'alcool dans un bocal de pharmacie.
6. celui qui figure sur la tapisserie, déjà décrite un peu avant dans le roman.

Image

LA BELLE ET LA BÊTE ©1946 SNC (GROUPE M6) / COMITÉ COCTEAU. CRÉDIT PHOTO : G.R. ALDO

Le fantastique est un registre et un genre étudié en classe de quatrième : il correspond à la partie du programme « Regarder le monde, inventer des mondes – La fiction afin d'interroger le réel ». Il faut donc mobiliser les connaissances et outils d'analyse qui conviennent : lexique, images, description d'une ambiance, etc.

Travail sur le texte littéraire et l'image

Compréhension et compétences d'interprétation

1. Dans quels lieux précis et à quel moment de la journée se déroule la scène racontée ? Justifiez votre réponse en vous appuyant sur le texte.

Lisez attentivement le texte et l'introduction en italique. Relevez d'abord les indices sur les lieux (attention au pluriel) où se déroule la scène (cadre général, mais aussi lieux plus précis), puis relevez les indices sur le moment de la journée. Veillez à vous appuyer sur la totalité du texte.

2. a) Expliquez l'expression « la mélancolique solitude du château » (l. 6 à 7).

Interrogez-vous : un « château » peut-il éprouver une « mélancolique solitude » ? Identifiez ce type d'image (comparaison, métaphore, personnification ou allégorie), puis expliquez cette expression.

b) Justifiez votre explication en vous appuyant sur la construction et le lexique de la phrase qui suit (l. 7 à 12). Trois éléments précis de réponse sont attendus.

Dans les lignes 7 à 12, observez attentivement la construction de la phrase, les négations ainsi que le lexique utilisé (pensez aux antonymes).

3. Dans le quatrième paragraphe (l. 27 à 33), quel phénomène se produit le soir ? Comment se déclenche-t-il ? Pour répondre, appuyez-vous sur deux procédés d'écriture que vous analyserez.

> Un phénomène désigne ici un événement anormal, étrange. Le terme « fantastique » à la ligne 19, mis en avant dans la question suivante, doit vous aider.
> Observez les verbes et images utilisés dans ce paragraphe : quel phénomène évoquent-ils ? Observez également le lexique des couleurs.

4. L'auteur qualifie la chambre à coucher de « fantastique » (l. 21). Quels éléments contribuent à installer cette atmosphère à partir de la ligne 16 du texte ? On attend un développement qui prend appui notamment sur le lexique (en particulier sur les adjectifs et les adverbes) et les comparaisons.

> Rappel : Dans un récit fantastique, des phénomènes surnaturels et étranges surviennent dans un cadre réel. Ici, l'auteur décrit une pièce tout à fait banale dans laquelle l'obscurité de la nuit provoque une atmosphère étrange et inquiétante.
> La question vous invite à vous appuyer sur le lexique et les comparaisons : observez donc le lexique relatif à l'obscurité et au silence, ainsi que les comparaisons évoquant des éléments surnaturels et imaginaires.

5. Quels sentiments ce récit éveille-t-il chez le lecteur ? Vous justifierez votre réponse en vous appuyant sur au moins trois éléments précis du texte.

> La question porte sur les sentiments du lecteur (attention au pluriel). En réalité, ce sont davantage des émotions que des sentiments dont il est question. Relevez les différents sentiments et/ou émotions que peut éprouver un lecteur à la lecture de ce texte, en veillant à appuyer votre réponse sur des éléments précis du texte (comparaisons, adjectifs, groupes nominaux).

6. Quels liens pouvez-vous établir entre le photogramme proposé et le texte ? Appuyez-vous notamment sur les effets de lumière dans ce photogramme et dans le texte. Des éléments descriptifs de l'image et des citations précises du texte sont attendus.

> La question vous invite à établir des liens entre le photogramme et le texte en vous appuyant sur des éléments descriptifs de l'image (c'est-à-dire en relevant des éléments précis de l'image que vous devez décrire) et des citations du texte. Veillez donc à être précis.
> La question vous oriente « notamment » vers « les effets de lumière » : relevez donc le lexique de la lumière (mais aussi de l'obscurité) dans le texte et décrivez l'éclairage de l'image.
> Observez également le personnage du photogramme : quels parallèles pouvez-vous établir avec le personnage du texte ?

Grammaire et compétences linguistiques

7. « et le chasseur, sur un fond de verdure sombre, devenait, ainsi éclairé, <u>un être presque réel</u>. » (l. 30).

a) Par quel verbe peut-on remplacer le verbe « devenait » ?

> Supprimer les appositions « sur un fond de verdure sombre » et « ainsi éclairé », qui sont facultatives. Cela simplifie la phrase (« le chasseur devenait un être presque réel. ») et aide à trouver un verbe par lequel remplacer « devenait ».

b) Quelle fonction du groupe souligné pouvez-vous ainsi identifier ?

> La question précédente doit servir de support : le groupe souligné est relié au groupe nominal qu'il qualifie (« le chasseur ») par le verbe « devenait » qui est un verbe d'état.

8. « la lueur fumeuse de la torche [...] donnait une apparence de vie aux portraits enfumés de la salle à manger dont les yeux noirs et fixes semblaient lancer un regard de pitié douloureuse sur leur descendant. » (l. 17 à 20)
Relevez les trois expansions du nom « portraits » et précisez leur nature (ou classe grammaticale).

> Un groupe nominal peut être enrichi par des expansions plus ou moins nombreuses et variées (adjectif qualificatif, participe passé ou présent, complément du nom, proposition subordonnée relative). Relevez les trois expansions du nom « portrait » et précisez leur nature (ou classe grammaticale).

9. « La tapisserie prenait des tons livides, et le chasseur, sur un fond de verdure sombre, devenait, ainsi éclairé, un être presque réel. Il ressemblait, avec son arquebuse en joue, à un assassin guettant sa victime, et ses lèvres rouges ressortaient plus étrangement encore [...] » (l. 28 à 32)
Réécrivez ce passage en remplaçant « le chasseur » par « les chasseurs ». Effectuez toutes les modifications nécessaires.

> - Le passage du sujet « le chasseur » à « les chasseurs » implique un changement de nombre et donc une modification de l'accord sujet-verbe : gardez les mêmes temps, mais modifiez les terminaisons verbales ;
> - le changement de nombre du pronom personnel reprenant « le chasseur » implique aussi une modification de l'accord sujet-verbe ;
> - d'autres transformations sont nécessaires : l'accord des adjectifs qualifiant « les chasseurs », le passage au pluriel des groupes nominaux désignant les chasseurs, le remplacement des déterminants possessifs.
>
> Attention à l'accord du déterminant possessif leur/leurs : il reste au singulier si les possesseurs se partagent un même objet, il est au pluriel lorsque chaque possesseur a plus d'un objet.

Dictée

On précise que le narrateur est un homme.

La nuit, je n'apercevais qu'un petit morceau du ciel et quelques étoiles. Lorsque la lune brillait et qu'elle s'abaissait à l'occident, j'en étais averti par ses rayons, qui venaient à mon lit au travers des carreaux losangés de la fenêtre. Des chouettes, voletant d'une tour à l'autre, passant et repassant entre la lune et moi, dessinaient sur mes rideaux l'ombre mobile de leurs ailes. Relégué dans l'endroit le plus désert, à l'ouverture des galeries, je ne perdais pas un murmure des ténèbres. Quelquefois, le vent semblait courir à pas légers ; quelquefois il laissait échapper des plaintes ; tout à coup, ma porte était ébranlée avec violence, les souterrains poussaient des mugissements, puis ces bruits expiraient pour recommencer encore.

François-René de Chateaubriand, *Mémoires d'outre-tombe*, 1848-1850

Rédaction

Sujet d'imagination

Décrivez la promenade du Baron de Sigognac à la tombée de la nuit dans le sinistre jardin du château. Vous conserverez l'atmosphère du texte de Théophile Gautier. Vous préciserez les éléments du paysage qui contribuent à cette atmosphère.

Procéder par étapes

Étape 1. Lisez attentivement le sujet :

- repérez le mot-clé vous indiquant la forme de texte à produire : « Décrivez la promenade ».
- relevez ensuite les mots relatifs au contexte : le « Baron de Sigognac », « à la tombée de la nuit », « dans le sinistre jardin du château », « paysage ».

Étape 2. Notez au brouillon les contraintes de formes que vous allez devoir respecter :

- la narration sera omnisciente (à la troisième personne) ;
- vous devez utiliser les temps du récit : l'imparfait pour la description et le passé simple pour les actions, notamment pour les déplacements du Baron ;
- vous devez conserver « l'atmosphère du texte de Théophile Gautier » dont la première partie vous a permis de comprendre qu'elle était fantastique ;
- veillez également à conserver le cadre spatio-temporel : le texte a été écrit en 1863 et l'action semble se dérouler à peu près à la même époque, dans un château. Impossible donc d'évoquer des éléments contemporains.

Étape 3. Trouvez des idées : déplacements du personnage, éléments décrits (végétation, statues, bâtiments, ruines, etc.), ambiance fantastique (la nuit, l'obscurité, les ombres trompeuses, le silence et des bruits inquiétants, la solitude, etc.), émotions éprouvées par le personnage (inquiétude, peur).

Étape 4. Organisez votre rédaction :

- vous pouvez commencer en imaginant les circonstances de la promenade, les raisons qui poussent le Baron à se promener ;
- passez ensuite à la description à proprement parler et que vous effectuerez au fil des déambulations du Baron dans le jardin ;
- concluez sur le retour du Baron, ou encore sur les émotions qu'il éprouve.

Étape 5. Rédigez votre texte sous forme de paragraphe (un paragraphe par partie).

Étape 6. Relisez-vous et corrigez d'éventuelles erreurs de ponctuation, d'orthographe. Pensez à utiliser le dictionnaire.

Sujet de réflexion

Aimez-vous découvrir des œuvres littéraires et artistiques dans lesquelles interviennent le surnaturel ou l'étrange ? Vous répondrez à cette question par un développement argumenté en vous appuyant sur les œuvres étudiées en classe, vos lectures personnelles et les œuvres cinématographiques et artistiques que vous connaissez.

Procéder par étapes

Étape 1. Lisez attentivement le sujet. Repérez et soulignez les mots-clés : « aimez-vous », « découvrir », « des œuvres littéraires et artistiques », « le surnaturel et l'étrange ». Le thème général est le surnaturel et l'étrange dans les arts. La question porte sur votre goût personnel.

Étape 2. Repérez la forme du texte à produire : « Vous répondrez à cette question par un développement argumenté ». Il faut donc respecter :

- le genre argumentatif : le développement organisé, la progression des arguments et des exemples ;
- le temps de l'argumentation : le présent et les temps qui s'articulent avec lui ;
- la composition en parties et paragraphes.

Étape 3. Le sujet est ouvert, aucune thèse ne vous est imposée. Vous pouvez donc traiter le sujet de différentes manières :

- vous pouvez choisir de répondre que oui, vous aimez découvrir des œuvres dans lesquelles interviennent le surnaturel ou l'étrange ; dans ce cas, vous développerez trois ou quatre arguments, illustrés d'exemples, défendant cette thèse (thèse A) ;
- vous pouvez choisir de répondre que non, vous n'aimez pas découvrir des œuvres dans lesquelles interviennent le surnaturel ou l'étrange ; dans ce cas, vous développerez trois ou quatre arguments, illustrés d'exemples, défendant cette thèse (thèse B) ;
- vous pouvez nuancer votre démonstration, et défendre dans une première partie une des deux thèses en vous appuyant sur deux arguments illustrés d'exemples, puis, dans une seconde partie, défendre l'autre thèse en vous appuyant sur deux arguments illustrés d'exemples. Vous montrerez ainsi que la thèse A (ou B) est valable, mais que dans une certaine mesure la thèse B (ou A) est également acceptable.

Étape 4. Interrogez-vous pour trouver des arguments et des exemples. Quelles œuvres (notamment des livres et des films) connaissez-vous dans lesquelles interviennent le surnaturel et l'étrange ? Pourquoi les aimez-vous (évasion, anticipation, suspens, frisson) ? Ou, au contraire, pourquoi ne les aimez-vous pas ?

Étape 5. Établissez le plan de votre devoir.

L'introduction introduit le thème et expose le problème. Partez par exemple de la mode du fantastique (Halloween, le jeu du Loup Garou, la Fantasy, etc.).

Le développement de l'argumentation doit comporter deux ou trois parties articulées.

Pour chacune des parties, il faudra trouver au moins un argument et l'expliciter à l'aide d'un exemple. Il faudra veiller à utiliser :

- le présent ;
- le retour à la ligne pour matérialiser les paragraphes ;
- des connecteurs logiques (tout d'abord, ensuite, enfin, toutefois, etc.) ;
- un saut de ligne après l'introduction et avant la conclusion.

La conclusion fait un bilan sur le sujet.

Étape 6. Une fois votre plan clairement établi au brouillon, rédigez votre texte, puis relisez-vous et corrigez d'éventuelles erreurs de ponctuation, d'orthographe. Pensez à utiliser le dictionnaire.

Travail sur le texte littéraire et l'image

Compréhension et compétences d'interprétation

1. La scène racontée se déroule dans le « château », le « manoir » du Baron de Sigognac, et plus précisément dans la « cuisine », puis dans l'« escalier », la « salle à manger » et enfin dans « la chambre à coucher ». La scène se déroule la nuit : « la nuit s'était faite », « le soir ».

2. a) L'expression attribue des caractéristiques humaines (« la mélancolique solitude ») à un bâtiment inerte (« le château ») qui se trouve ainsi personnifié. Il s'agit en réalité de « la mélancolique solitude » des habitants du château complètement vide.

b) La phrase qui suit (l. 7 à 12) traduit le vide qu'ont peu à peu laissé les anciens habitants du château. En effet, cette phrase est construite en parallélisme : chaque proposition commence par la préposition « de » qui introduit l'état antérieur du château, puis s'achève sur une négation restrictive qui fait état de ce qui reste à présent (« il ne restait qu'un rejeton isolé », « il n'existait plus qu'un seul domestique », « il ne survivait qu'un chien unique »). La phrase contient par ailleurs trois antithèses, qui opposent là encore le passé glorieux de la famille Sigognac au présent du jeune Baron désargenté : « famille jadis puissante et riche » s'oppose à « rejeton isolé » ; « livrée nombreuse » s'oppose à « un seul domestique » ; enfin, « une meute de trente chiens » s'oppose à « un chien unique ». Enfin, on peut relever le champ lexical de la solitude : « isolé », « seul », « unique », « désert ».

3. Le soir, le chasseur figuré sur la tapisserie semble prendre vie. Ce phénomène se produit lorsque la tapisserie est éclairée « à la clarté douteuse de la lampe », provoquant une vision effrayante. L'auteur rend compte de cette métamorphose au moyen de verbes traduisant le passage d'un état à un autre (« prenait », « devenait ») ou encore de verbes de comparaison (« ressemblait », « on eût dit »). Le chasseur est ainsi comparé à des personnages effrayants : un « assassin », puis un « vampire » à la bouche « empourprée de sang ». Enfin, le vocabulaire des couleurs insiste sur le rouge, le noir et le blanc, rendant ainsi compte de l'impression de clair-obscur : « livides », « verdure sombre », « ses lèvres rouges », « son visage pâle », « empourprée ».

4. L'atmosphère installée dans ce texte est fantastique. En effet, le lexique de l'obscurité est très présent (« soir », « sombre »), et renforcé par les mentions du léger éclairage (« la lueur fumeuse de la torche faisait vaciller », « une petite lampe de cuivre à un bec dont la mèche se repliait dans l'huile », « la clarté douteuse de la lampe », « la lampe [...] grésillait »). Cette faible lumière dans la nuit transforme les objets du château, comme le montrent de nombreuses comparaisons : « donnait une apparence de vie aux portraits enfumés », « le chasseur » de la tapisserie « ressemblait [...] à un assassin ». D'autres éléments se transforment : ainsi le vent qui produit des « soupirs d'orgue à travers les couloirs ». De nombreux termes, notamment modalisateurs, traduisent le doute propre au fantastique : « douteuse », « presque », « étrangement ». Enfin, les adjectifs « effrayants et singuliers » résument cette atmosphère fantastique.

5. Ce récit éveille chez le lecteur peur et effroi, comme le montrent de nombreuses références terrifiantes : « ce manoir peuplé par ses aïeux », « Béelzébuth », « revenants », « assassin », « vampire ». Le lecteur peut également partager la mélancolie du Baron, ce « rejeton isolé, errant comme une ombre dans ce manoir ». Enfin, le lecteur peut éprouver de la pitié pour ce pauvre Baron abandonné, « accablé par la solitude, le désœuvrement et l'ennui ».

6. Les deux supports présentent un personnage isolé : un homme mystérieux dans le photogramme, et le Baron de Sigognac dans le texte, « isolé » dans un « logis désert ». On retrouve également le clair-obscur évoqué dans le texte : l'éclairage des bougies que reflète une sorte de miroir rappelle l'éclairage de la flamme dans le texte (« la lueur fumeuse de la torche faisait vaciller », « une petite lampe de cuivre à un bec dont la mèche se repliait dans l'huile », « la clarté douteuse de la lampe », « la lampe [...] grésillait »). Enfin, on retrouve dans l'image des éléments fantastiques, notamment ces bras qui tiennent les chandeliers et dont on ne sait à qui ils appartiennent, rappelant les éléments du château qui semblaient prendre vie, comme les « portraits enfumés » des ancêtres, ou encore le portrait du chasseur qui se métamorphose en « assassin »).

Grammaire et compétences linguistiques

7. a) On peut remplacer le verbe « devenait » par le verbe *être* (« était ») ou d'autres verbes d'état tels que « paraissait », « semblait ».

b) Le groupe nominal « un être presque réel » est donc attribut du sujet « le chasseur » puisqu'il est introduit par un verbe d'état.

8. Le nom « portraits » possède ici trois expansions du nom : le participe passé employé comme adjectif épithète « enfumés » ; le complément du nom « de la salle à manger » ; la proposition subordonnée relative « dont les yeux noirs et fixes semblaient lancer un regard de pitié douloureuse sur leur descendant ».

9. La tapisserie prenait des tons livides, et les chasseurs, sur un fond de verdure sombre, devenaient, ainsi éclairés, des êtres presque réels. Ils ressemblaient, avec leur arquebuse en joue, à des assassins guettant leur victime, et leurs lèvres rouges ressortaient plus étrangement encore.

Dictée

Le texte est un extrait des *Mémoires d'outre-tombe* de François-René de Chateaubriand qui, comme le texte de la première partie, décrit l'ambiance d'une maison la nuit. Il présente donc les mêmes caractéristiques (récit à la première personne, imparfait).

On relève deux accords sujets-verbes complexes, car les verbes sont éloignés de leur sujet : « ses rayons, qui venaient », « Des chouettes [...] dessinaient ».

Il était précisé que le narrateur est un homme, ce qui doit guider certains accords : « j'en étais averti », « relégué ».

Des déterminants indiquent l'accord au pluriel du nom auquel ils sont associés : « quelques étoiles », « ses rayons », « des carreaux », « mes rideaux », « des galeries », « des ténèbres », « des plaintes », « les souterrains », « des mugissements », « ces bruits ».

Les adjectifs et participes s'accordent en genre et en nombre avec le nom qu'ils qualifient : « des carreaux losangés », « à pas légers », « ma porte était ébranlée ».
En revanche, les participes présents sont invariables : « voletant », « passant et repassant ».
Certains verbes sont à l'infinitif, car ils dépendent d'un autre verbe (« le vent semblait courir », « il laissait échapper ») ou d'une préposition (« pour recommencer »).
Le déterminant possessif « leur/leurs » reste au singulier si les possesseurs se partagent un même objet, il est au pluriel lorsque chaque possesseur a plus d'un objet. Ici, les chouettes ont chacune deux ailes, donc « leurs ailes ».
Attention aux homophones, et notamment à « ses »/« ces ».

Rédaction

Sujet d'imagination

Bien que le Baron ait éteint sa lampe depuis quelques heures à présent, la pleine lune projetait sur les hauts murs des ombres de géants qui s'agitaient comme possédés, tandis que le vent continuait de pousser ses longs soupirs d'orgue à travers les couloirs. Pourtant accoutumé à cette ambiance sinistre, le Baron ne parvenait pas à trouver le sommeil cette nuit-là. Il revêtit sa longue robe de chambre pourpre, sortit de sa chambre, longea les couloirs et descendit les grands escaliers de marbre froid pour se retrouver sur la terrasse du château.
De là, le regard embrassait l'ensemble du parc : coloré et ordonné le jour, il semblait à présent une étendue sauvage d'aplats aux nuances obscures. Le vent agitait les bosquets qui prenaient alors l'apparence d'une mer déchaînée. Des éclairs déchiraient le ciel et on entendait au loin les grondements sourds de l'orage. Le Baron quitta la terrasse et s'avança entre les statues de nymphes et de muses qui avaient à présent l'apparence de harpies assoiffées de sang. Les fontaines éteintes et vides étaient envahies d'un lierre abondant qui semblait glisser jusqu'à ses pieds tels une multitude de longs serpents. Un frisson le parcourut : il connaissait bien ces jardins, aussi loin qu'il s'en souvienne, il avait arpenté ces allées à la main de sa mère ou au bras d'un cousin, et pourtant, à présent, il lui semblait qu'il les découvrait pour la toute première fois.
Il emprunta un petit chemin et s'enfonça plus avant dans un petit bois qui longeait le parc. Les rayons de la lune se faisaient plus ténus au travers des branches denses et feuillues des grands chênes centenaires. Le Baron distinguait à peine le chemin qu'il empruntait et se fiait à son intuition et à sa connaissance des sentiers. Le vent dans les arbres hurlait et diffusait un froid qui lui glaçait les membres. Il noua sa robe qui flottait autour de lui et serra ses bras autour de son torse, comme pour se rassurer. Aux abords de l'étang, qui prenait à présent des airs de marécage nauséabond, un épais brouillard s'amassait qui troublait davantage encore sa vision. Il contournait l'étendue d'eau, lorsqu'un craquement soudain se fit entendre. Le Baron se retourna et crut voir passer l'ombre furtive d'un spectre. Quelqu'un le suivait-il ? Était-il la proie des furies de la terrasse ? Terrifié, il retourna sur ses pas, croyant emprunter le chemin qui l'avait amené jusqu'ici, mais s'enga-

gea en réalité sur un autre sentier. Il pressa le pas, tournant par instant son regard derrière lui pour s'assurer que quelque créature ne le suivait pas. Progressant à présent à l'ouest du parc, il tomba sur une clairière parfaitement éclairée par la lueur fantomatique de la lune, au milieu de laquelle trônaient les vestiges de ce qui avait dû être un petit pavillon de chasse. On devinait les vieux murs en ruine sous la végétation dense qui avait depuis longtemps recouvert les restes du bâtiment. Un sentiment étrange envahit le Baron qui n'avait jamais vu cet endroit. Il crut sentir une présence lorsqu'un cri déchira la nuit. Son esprit lui jouait-il des tours ? Ou était-ce quelque ancêtre qui lui hurlait de fuir ces lieux ? Était-ce le spectre de l'étang qui l'avait poursuivi, ou les harpies des allées ? Paniqué, il recula en hâte, puis se retourna et se mit à courir dans le dédale des chemins du bois qui le conduisirent, au hasard et bien malgré lui, aux allées principales menant à la terrasse du château. Haletant, il s'appuya contre une balustrade pour reprendre son souffle. Son cœur battait la chamade. Le Baron ne percevait plus que le grondement de l'orage au loin et les battements de son cœur. Il tourna à nouveau son regard vers le parc : le vent soufflait de grandes bourrasques et la végétation roulait en vagues compactes. Il était seul et pourtant, il sentait une présence tout autour de lui, comme si les fantômes de sa promenade l'avaient poursuivi jusqu'au perron de la grande bâtisse. Il pénétra dans le salon et reprit son souffle avant de monter en hâte dans sa chambre, sans regarder derrière lui, comme si les ombres du jardin le suivaient encore. Il se coucha et chercha en vain à trouver le sommeil jusqu'au petit matin, lorsque le parc reprit, sous les premiers rayons du soleil, son apparence chatoyante.

Sujet de réflexion

Les œuvres dans lesquelles interviennent le surnaturel et l'étrange sont depuis longtemps à la mode : avec les contes et les légendes, avec les romans et nouveaux fantastiques au XIXe siècle et, aujourd'hui encore, en littérature toujours, mais aussi au cinéma ou même dans les jeux vidéo ou les jeux de société. Quelles sont les raisons d'un tel engouement ?

Tout d'abord, les œuvres dans lesquelles interviennent le surnaturel ou l'étrange permettent d'éprouver la peur tout en sachant que l'on ne risque rien. En effet, quoi de plus grisant que se plonger dans un univers angoissant et d'éprouver un frisson depuis son canapé, sans aucun danger réel ? Ainsi, en lisant la nouvelle *La Cafetière* de Théophile Gautier, nous nous plongeons dans les pensées du narrateur et partageons ses angoisses et ses doutes. Il en va de même pour certains films qui nous plongent dans des univers sombres et inquiétants. Dans *Le Labyrinthe de Pan* de Guillermo del Toro, on vit ainsi les épreuves surnaturelles et angoissantes de la jeune héroïne.

Par ailleurs, on découvre, dans ces œuvres étranges et surnaturelles, des personnages imaginaires et fascinants, tels que Dracula dans le roman éponyme de Bram Stocker, ou même des personnages aux capacités surnaturelles, que nous aimerions avoir nous aussi, comme dans *Harry Potter* de J. K. Rowling. Nous nous identifions alors à ces héros, vivant ainsi des aventures hors du commun qui nous sortent de notre quotidien parfois un peu banal. L'univers fantastique de ces œuvres confronte les personnages à des obstacles incroyables face auxquels les personnages font preuve d'un courage que nous aimerions avoir.

Enfin, ces œuvres sont souvent le lieu d'un véritable suspens. En effet, les œuvres dans lesquelles l'étrange intervient, et notamment les œuvres fantastiques, jouent sur la subjectivité du personnage principal, qui est d'ailleurs souvent le narrateur, afin de faire douter le lecteur ou le spectateur. Ainsi, dans *Le Horla* de Guy de Maupassant, le narrateur sent auprès de lui la présence d'un être invisible et partage ainsi ses angoisses qui le poussent finalement au suicide. À la fin, le lecteur ne sait plus si ce qui lui a été raconté est réel ou le fruit de la folie du narrateur. De même, dans le film *Les Autres* d'Alejandro Amenábar, on comprend finalement que les personnages, qui croyaient leur maison hantée, sont en réalité eux-mêmes les fantômes qui occupaient les lieux depuis le début. Cette chute saisissante nous surprend et nous engage à réinterroger la totalité du film.

En conclusion, les œuvres dans lesquelles le surnaturel et l'étrange nous plongent dans un univers totalement à part, qui provoque un frisson agréable, nous sortent ainsi d'un quotidien parfois monotone. C'est pour ces raisons que j'aime ce type d'œuvres à part qui procurent un véritable plaisir, là où des œuvres réalistes ancrent davantage dans la vie et donnent à réfléchir.

Sujet de métropole, juin 2019

Texte littéraire

Dans son roman Le Premier Homme, *Albert Camus raconte son enfance en Algérie dans les années 1920. Il s'est représenté dans le personnage de Jacques et évoque ici les jeux qu'il partage avec ses camarades.*

Tous les jours, à la saison, un marchand de frites activait son fourneau. La plupart du temps, le petit groupe n'avait même pas l'argent d'un cornet. Si par hasard l'un d'entre eux avait la pièce nécessaire, il achetait son cornet, avançait gravement vers la plage, suivi du cortège respectueux des camarades et, devant la mer, à l'ombre d'une vieille barque démantibulée, plantant ses pieds dans le sable, il se laissait tomber sur les fesses, portant d'une main son cornet bien vertical et le couvrant de l'autre pour ne perdre aucun des gros flocons croustillants. L'usage était alors qu'il offrît une frite à chacun des camarades, qui savourait religieusement l'unique friandise chaude et parfumée d'huile forte qu'il leur laissait. Puis ils regardaient le favorisé qui, gravement, savourait une à une le restant des frites. Au fond du paquet, restaient toujours des débris de frites. On suppliait le repu[1] de bien vouloir les partager. Et la plupart du temps, sauf s'il s'agissait de Jean, il dépliait le papier gras, étalait les miettes de frites et autorisait chacun à se servir, tour à tour, d'une miette. [...] Le festin terminé, plaisir et frustration aussitôt oubliés, c'était la course vers l'extrémité ouest de la plage, sous le dur soleil, jusqu'à une maçonnerie à demi détruite qui avait dû servir de fondation à un cabanon disparu et derrière laquelle on pouvait se déshabiller. En quelques secondes, ils étaient nus, l'instant d'après dans l'eau, nageant vigoureusement et maladroitement, s'exclamant, bavant et recrachant, se défiant à des plongeons ou à qui resterait le plus longtemps sous l'eau. La mer était douce, tiède, le soleil léger maintenant sur les têtes mouillées, et la gloire de la lumière emplissait ces jeunes corps d'une joie qui les faisait crier sans arrêt. Ils régnaient sur la vie et sur la mer, et ce que le monde peut donner de plus fastueux[2], ils le recevaient et en usaient sans mesure, comme des seigneurs assurés de leurs richesses irremplaçables.

Ils en oubliaient même l'heure, courant de la plage à la mer, séchant sur le sable l'eau salée qui les faisait visqueux, puis lavant dans la mer le sable qui les habillait de gris. Ils couraient, et les martinets[3] avec des cris rapides commençaient de voler plus bas au-dessus des fabriques et de la plage. Le ciel, vidé de la touffeur[4]. du jour, devenait plus pur puis verdissait, la lumière se détendait et, de l'autre côté du golfe, la courbe des maisons et de la ville, noyée jusque-là dans une sorte de brume, devenait plus distincte. Il faisait encore jour, mais des lampes s'allumaient déjà en prévision du rapide crépuscule d'Afrique. Pierre, généralement, était le premier à donner le signal : « Il est tard », et aussitôt, c'était la débandade, l'adieu rapide. Jacques avec Joseph et Jean couraient vers leurs maisons

1. *Le repu :* celui qui n'a plus faim.
2. *Fastueux :* très luxueux.
3. *Martinets :* oiseaux au vol rapide, qui ressemblent aux hirondelles.
4. *Touffeur :* chaleur étouffante.

sans se soucier des autres. Ils galopaient hors de souffle. La mère de Joseph avait la main leste[5]. Quant à la grand-mère de Jacques...

Albert Camus, *Le Premier Homme*, 1994, © Éditions Gallimard.

Image

La Voiture fondue 1944 © Atelier Robert Doisneau.

Travail sur le texte littéraire et l'image

Grammaire et compétences linguistiques

1. (l. 8) à (l. 10) « L'usage était alors qu'il offrît une frite à chacun des camarades, qui savourait religieusement l'unique friandise chaude et parfumée d'huile forte qu'il leur laissait. »

a) Quel est le groupe complément d'objet de « savourait » ?

Rappels : le complément d'objet est direct ou indirect ; il se situe avant ou après le verbe ; il peut être un nom, un pronom, une subordonnée conjonctive, un groupe nominal, un infinitif.

b) Pour vérifier la délimitation de ce groupe complément d'objet, réécrivez la phrase en le remplaçant par un pronom.

Le complément d'objet peut être remplacé par un pronom personnel sans préposition (le, la, les, l', lui, leur, en y) ou avec préposition (d'elle, de lui, d'eux, etc.). Pour identifier le pronom personnel qui convient, repérez le nom noyau du complément d'objet (masculin, féminin, singulier, pluriel). Attention : le pronom personnel complément d'objet n'occupe pas nécessairement la même place que le groupe nominal. Un complément d'objet peut être court (déterminant + nom) ou long (déterminant + nom + expansion(s)). Conservez les éléments autres que le complément d'objet.

5. *Avoir la main leste :* donner facilement des gifles, des coups, en guise de réprimande.

c) Relevez deux expansions du nom « friandise » de nature (ou classe) grammaticale différente. Précisez la nature (ou classe) grammaticale de chacune d'elles.

> Un groupe nominal peut être enrichi par des expansions plus ou moins nombreuses et variées (adjectif qualificatif, participe passé ou présent, subordonnée relative, complément du nom). Relevez deux expansions de nature différente autour de « friandise » ; précisez ensuite leur nature.

2. (l. 14) à (l. 16) « <u>Le festin terminé, plaisir et frustration aussitôt oubliés</u>, c'était la course vers l'extrémité ouest de la plage ».
Remplacez les deux groupes soulignés par deux propositions subordonnées conjonctives compléments circonstanciels de temps.

> Établissez la chronologie des faits afin de choisir les conjonctions de subordination de temps qui conviennent. Certaines actions se déroulent avant d'autres. Lesquelles ? Quelles conjonctions de temps expriment cette chronologie ? Une marque temporelle d'un des groupes soulignés peut vous servir à trouver une conjonction.

3. « Si par hasard l'un d'entre eux avait la pièce nécessaire, il achetait un cornet, avançait gravement vers la plage, suivi du cortège respectueux des camarades et, [...], plantant ses pieds dans le sable, il se laissait tomber sur les fesses, portant d'une main son cornet bien vertical et le couvrant de l'autre. »
Réécrivez ce passage en remplaçant « l'un d'entre eux » par « deux d'entre eux ». Faites toutes les modifications nécessaires.

> Effectuez toutes les transformations nécessaires :
> • le passage du pronom sujet « l'un d'entre eux » à « deux d'entre eux » implique un changement de nombre et une modification de l'accord sujet-verbe ; gardez les mêmes temps mais modifiez les terminaisons verbales ;
> • le changement de nombre des pronoms personnels reprenant « l'un d'entre eux » implique aussi une modification de l'accord sujet-verbe ;
> • d'autres transformations sont nécessaires : l'accord des adjectifs et participes passés qualifiant « deux d'entre eux », le remplacement des déterminants possessifs. Attention : les participes présents, à la différence des participes passés sont invariables.

Compréhension et compétences d'interprétation

4. (l. 1) à (l. 14)

a) La scène évoquée se répète plusieurs fois. Qu'est-ce qui l'indique précisément ? Deux éléments de réponse sont attendus.

> Relisez attentivement les lignes 1 à 12. Relevez les deux marques temporelles qui suggèrent une répétition de cette scène. Interrogez-vous : dans ces phrases qu'est-ce qui indique le temps (adverbe, nom ou groupe nominal, groupe introduit par une préposition, subordonnée circonstancielle) ? Quel temps verbal exprime une habitude, une action répétée ?

b) Pourquoi ce moment est-il particulièrement important pour les enfants ? Vous justifierez votre réponse en vous appuyant sur le texte. Deux éléments de réponse sont attendus.

> Relisez votre réponse à la question précédente. Cette scène est fréquente. Pour quelles raisons ? Observez la situation des enfants décrite dans les premières lignes du texte. Qu'en concluez-vous ? Proposez deux éléments pour expliquer votre réponse.

5. (l. 14) à (l. 28) :

a) Comment l'écrivain montre-t-il que les enfants sont heureux au moment de la baignade ? Vous justifierez votre réponse en vous appuyant sur le texte. Deux éléments de réponse sont attendus.

> Relisez ce passage. Repérez le champ lexical du bonheur, de la joie, du plaisir, des sensations agréables : noms, verbes, adjectifs, adverbes. Choisissez deux éléments et développez-les pour expliquer votre réponse.

b) Pourquoi peut-on dire qu'ils sont transformés par la baignade ? Vous justifierez votre réponse en vous appuyant sur le texte. Deux éléments de réponse sont attendus.

> Rappel : transformer signifie faire passer d'une forme, d'une attitude, d'une sensation à une autre. Montrez pourquoi la baignade transforme les enfants : comment sont-ils avant le bain et après le bain ? Proposez deux explications de ce changement.

6. (l. 28) à (l. 37) : quels changements apparaissent à la fin du texte ? Développez trois éléments de réponse en vous appuyant sur des passages précis.

> Relisez le dernier paragraphe. Plusieurs changements apparaissent après la baignade et les moments de bonheur. Les enfants sont-ils toujours aussi joyeux ? Le paysage est-il toujours aussi beau ? Les sensations sont-elles aussi agréables ? Développez trois explications de ces changements ; citez des passages précis du texte.

7. En vous aidant de vos réponses aux questions précédentes, donnez un titre significatif à chacun des trois moments de la journée évoqués dans le texte (l. 1) à (l. 14), (l. 14) à (l. 28) et (l. 28) à (l. 37).

> Relisez vos réponses aux questions 4, 5 et 6. La journée des enfants se divise en trois moments différents. Résumez-les en donnant un titre à chacun d'eux. Faites ressortir la dominante essentielle de chaque moment.

8. Quels liens pouvez-vous établir entre la photographie de Robert Doisneau et le texte d'Albert Camus ? Développez votre réponse en vous appuyant sur des éléments précis.

> Observez attentivement la photo : titre, date, contexte historique, composition, décor, personnages, activités, atmosphère, etc. Relevez les points communs et les différences avec le texte de Camus. Par exemple, Camus et Doisneau mettent en scène des enfants : leurs activités, leurs sensations, leurs sentiments sont-ils les mêmes ? Pourquoi ? Observez les visages sur la photographie.

Dictée

Dès qu'ils étaient au complet, ils partaient, promenant la raquette le long des grilles rouillées des jardins devant les maisons, avec un grand bruit qui réveillait le quartier et faisait bondir les chats endormis sous les glycines poussiéreuses. Ils couraient, traversant la rue, essayant de s'attraper, couverts déjà d'une bonne sueur, mais toujours dans la même direction, vers le champ, non loin de leur école, à quatre ou cinq rues de là. Mais il y avait une station obligatoire, à ce qu'on appelait le jet d'eau, sur une place assez grande, une énorme fontaine ronde à deux étages, où l'eau ne coulait pas, mais dont le bassin, depuis longtemps bouché, était rempli jusqu'à ras bord, de loin en loin, par les énormes pluies du pays.

D'après Albert Camus, *Le Premier Homme*, 1994, © Éditions Gallimard.

Rédaction

Sujet d'imagination

Devenu adulte, un des enfants de la photographie de Robert Doisneau raconte, comme Albert Camus, les jeux de son enfance. Il évoque la scène représentée sur la photographie. Vous imaginerez son récit en montrant comment le jeu permet aux enfants, dans un moment de joie partagée, de transformer la réalité qui les entoure. Vous choisirez d'écrire votre récit à la première ou à la troisième personne.

Procéder par étapes

Étape 1. Observez bien la photographie pour en relever les éléments principaux (voiture, nombre des enfants, positionnement et tenue vestimentaire des enfants, leurs émotions, les rapports entre les enfants), le contexte historique (la Seconde Guerre mondiale), les lieux (quartier parisien).

Étape 2. Lisez attentivement le sujet pour bien le comprendre et repérer les mots-clés. Il faut donc respecter les points suivants :
« devenu adulte » invite à utiliser les temps du présent pour situer le récit que le narrateur va faire de son enfance et ce récit sera, lui, aux temps du passé (imparfait et passé simple de l'indicatif) ;
« comme Albert Camus » : il faut reprendre des éléments du texte d'étude (un texte en trois temps, la répétition du moment, l'expression du bonheur, le rapport au lieu qui transforme les enfants au contact de la réalité, le rapport avec les parents) ;
le jeu imaginé doit être en lien avec la photographie : un jeu qui se passe avec la voiture.

Étape 3. Respectez les consignes de contenu données :
- le jeu apporte un moment de joie partagée (l'utilisation du lexique des émotions et des sentiments est attendue) ;
- la réalité dans laquelle jouent les enfants se trouve transformée par le jeu.

Étape 4. Respectez la consigne d'écriture donnée : écrire le récit à la première ou à la troisième personne.

Étape 5. Trouvez des idées : choisissez l'enfant de la photographie qui vous intéresse le plus ; trouvez le jeu en lien avec la voiture ; cherchez à caractériser le moment de joie ;

Étape 6. Établissez l'organisation de votre récit : un premier paragraphe pour présenter la situation du récit avec l'enfant de la photographie devenu adulte et qui va raconter un moment de son passé ; un second pour la scène du jeu qui peut se terminer, comme chez Camus, avec le retour chez soi ; un troisième paragraphe est possible pour faire le lien avec la situation actuelle du premier paragraphe.

Étape 7. Soignez votre expression, la construction des phrases, l'orthographe, la ponctuation.

Étape 8. Veillez à relire attentivement votre copie pour corriger d'éventuelles erreurs.

Sujet de réflexion

La littérature, le cinéma et les autres arts permettent de découvrir la vie de personnages fictifs ou réels. Que peut vous apporter cette découverte ? Vous développerez votre point de vue en prenant appui sur des exemples précis, issus de votre culture personnelle et des œuvres étudiées lors de votre scolarité.

Procéder par étapes

Étape 1. Lisez attentivement le sujet.
Étape 2. Repérez les deux étapes du sujet : la phrase affirmative qui donne le contenu du sujet « La littérature, le cinéma et les autres arts permettent de découvrir la vie de personnages fictifs ou réels. » et la phrase interrogative qui oriente la réflexion, « Que peut vous apporter cette découverte ? »
Étape 3. Repérez les mots-clés, les expressions importantes « littérature », « cinéma », « autres arts », « personnages fictifs ou réels » et précisez leur sens ; « autres arts » : peinture, musique, sculpture, danse, etc. ; « personnages fictifs » : personnages inventés.
Étape 4. Cernez le sens de la question et l'orientation de la réflexion : la question attend une réponse sous forme de plan thématique qui permettra de donner son point de vue et de le justifier.
Étape 5. Cherchez vos idées sans vous censurer dans un premier temps ; vous classerez ensuite vos arguments et vos exemples. Posez-vous des questions : ma position de lecteur/spectateur ? Rôles de ces personnages réels ou fictifs pour moi ? Mes sensations et émotions ressenties à leur contact ? Thèmes traités (adolescence, vie, amour, maladie, etc.) ? Ressemblances et/ou différences entre ces personnages et moi ? Influence sur moi, ma vie ?
Étape 6. Organisez, classez vos idées : la découverte de personnages fictifs ou réels permet un enrichissement, une meilleure connaissance de soi (de sa personnalité, de sa réflexion, de ses émotions) et un enrichissement culturel (découverte de lieux, d'époques historiques, de mœurs).
Étape 7. Établissez le plan de votre argumentation.

- L'introduction présente le thème, pose la question, annonce le plan suivi. Elle s'ouvre par un alinéa de deux carreaux. Sautez deux lignes entre l'introduction et la première partie.
- Le développement comporte deux parties. Chacune se compose idéalement de trois paragraphes. Chaque paragraphe exprime votre point de vue soutenu par un argument développé et illustré d'un exemple précis. Défendez votre point de vue en utilisant des modalisateurs de certitude (assurément, j'affirme, incontestablement...) ou de nuance (peut-être, sans doute, emploi du conditionnel...), des figures de style comme l'hyperbole, l'énumération, les fausses questions (ou questions rhétoriques) ou le vocabulaire positif, mélioratif pour affirmer votre point de vue.
- La conclusion rappelle que vous avez répondu à la question posée en dressant un bilan rapide et en proposant une ouverture. Commencez-la par un alinéa de deux carreaux sans sauter de ligne à l'intérieur.

Étape 8. Soignez votre expression, la construction des phrases, l'orthographe, la ponctuation.
Étape 9. Veillez à relire attentivement votre copie pour corriger d'éventuelles erreurs.

Travail sur le texte littéraire et l'image

Grammaire et compétences linguistiques

1. a) Le groupe complément d'objet direct de « savourait » est « l'unique friandise chaude et parfumée d'huile forte qu'il leur laissait ».
b) « L'usage était alors qu'il offrît une frite à chacun des camarades, qui la savourait religieusement. »
c) Les expansions du nom « friandise » de nature (ou classe) grammaticale différente sont « unique », « chaude », « parfumée » et « qu'il leur laissait ». La nature (ou classe) grammaticale de « unique » et de « chaude » est adjectif qualificatif. La nature (ou classe) grammaticale de « parfumée » est participe passé employé comme adjectif qualificatif. La nature (ou classe) grammaticale de « qu'il leur laissait » est proposition subordonnée relative.
2. « **Quand** le festin fut terminé, **aussitôt que** plaisir et frustration furent publiés, c'était la course vers l'extrémité ouest de la plage. »
3. « Si par hasard **deux d'entre eux avaient leur** pièce nécessaire, **ils achetaient** un cornet, avançaient gravement vers la plage, **suivis** du cortège respectueux des camarades et, [...], plantant leurs pieds dans le sable, **ils** se **laissaient** tomber sur les fesses, portant d'une main **leur** cornet bien vertical et le couvrant de l'autre. »

Compréhension et compétences d'interprétation

4. a) De (l. 1) à (l. 14) , la scène évoquée se répète plusieurs fois comme le souligne l'utilisation de l'imparfait de l'indicatif à valeur d'habitude « activait » (l. 1), « achetait » (l. 3), « était » (l. 8). Les compléments circonstanciels de temps évoquant une habitude ou une fréquence continue mettent en évidence la répétition de cette scène : « Tous les jours » (l. 1), « La plupart du temps » (l. 1) et (l. 12), « toujours » (l. 12). La reprise de « La plupart du temps » (l. 1) et (l. 12) accentue la répétition de cette scène. L'utilisation du terme « usage » (l. 8) renvoie directement au phénomène d'habitude et sert la répétition de la scène.
b) Ce moment est particulièrement important pour les enfants car il est rare et précieux. Les enfants n'ont pas l'argent nécessaire pour s'acheter, de manière systématique et habituelle, le cornet de frites. C'est une exception quand le petit groupe possède la somme d'argent requise : « La plupart du temps, le petit groupe n'avait même pas l'argent d'un cornet. » (l. 1)- (l. 2), « par hasard » (l. 2). Tous les enfants du groupe n'ont pas l'argent, seulement un à tour de rôle le possède : « l'un d'entre eux » (l. 2) ; ce point rend le moment encore plus précieux. Ce moment se dote également d'un caractère solennel par l'attitude que les enfants adoptent, « gravement » (l. 3) et (l. 10), « religieusement » (l. 10), « suppliait » (l. 12), par le rituel de ce moment et par l'application que chaque enfant emploie pour manger son unique « frite » (l. 8) ou « une miette » (l. 14).
a) De (l. 14) à (l. 18) , l'écrivain montre que les enfants sont heureux au moment de la baignade par des expressions de temps, « En quelques secondes » (l. 18), « l'instant d'après » (l. 18), qui soulignent la rapidité et l'empressement de leurs gestes, par des compléments circonstanciels de manière « vigoureusement et maladroitement » (l. 18), « sans arrêt » (l. 23), « sans mesure » (l. 24), qui mettent en évidence leur dynamisme. Le volume des voix confirme cet état de bonheur : « s'exclamant » (l. 19) et

« crier » (l. 22). Enfin, la comparaison « comme des seigneurs assurés de leurs richesses irremplaçables » (l. 24)- (l. 25) suggère que cet état de bonheur leur donne une impression de supériorité.
b) Les enfants sont transformés par la baignade : tous sont égaux ; il n'y a plus celui qui a la pièce pour acheter le cornet, il n'y a plus celui qui a la plus grosse portion. Ils sont tous ensemble comme le confirme l'utilisation du pronom personnel « ils ». Au contact du soleil et de la mer, ces jeunes enfants sont remplis de joie et la lumière du ciel semble se refléter sur eux. L'eau peut les transformer momentanément, « séchant sur le sable l'eau salée qui les faisait visqueux » (l. 26)- (l. 28), seulement pour mieux les rapprocher de l'élément naturel puisque la mer les lave (l. 28). La comparaison « comme des seigneurs assurés de leurs richesses irremplaçables » (l. 24)- (l. 25) confirme aussi cet état de changement qui dote les enfants de force et de supériorité.
Aux (l. 28) à (l. 37) , plusieurs changements apparaissent. Le temps se modifie : le crépuscule arrive, libère l'atmosphère de sa chaleur étouffante et de sa brume de chaleur. Le paysage est ainsi plus distinct. Mais c'est l'heure où les enfants quittent la plage, leur refuge de bonheur. Les enfants se séparent rapidement : « c'était la débandade, l'adieu rapide. » (l. 33) à (l. 35). La séparation, après la communion dans le bonheur du cornet de frites et du bain de mer, s'effectue en deux groupes : Jacques, Jean, Joseph d'un côté, et le reste du groupe, de l'autre côté. Les parents sont différents : la mère de Joseph semble sévère (l. 36) ; l'attitude de la grand-mère de Jacques est laissée en suspens par les points de suspension (l. 36). Le narrateur laisse planer une menace, une crainte.
Chaque partie du texte peut obtenir un titre significatif : (l. 1) à (l. 14) : la cérémonie du cornet de frites ; (l. 14) à (l. 28) : le bonheur du bain de mer ; (l. 28) à (l. 37) : le retour à la maison.
Plusieurs liens peuvent s'établir entre la photographie de Robert Doisneau et le texte d'Albert Camus. Si les enfants dans *Le Premier Homme* ne sont guère fortunés, Robert Doisneau met aussi en évidence une forme de pauvreté avec la carcasse d'une voiture brûlée. Le terrain vague sur lequel est entreposé le véhicule confirme l'idée d'abandon et de marge, de marginalité. À l'arrière-plan, les immeubles haussmanniens abîmés par les bombardements de la Seconde Guerre mondiale supposent une vie devenue éprouvante et difficile pour ses habitants comme celle vécue financièrement par Jacques et ses amis. Les cinq enfants de la photographie se contentent de peu pour jouer et s'accommodent surtout de ce que la vie leur offre comme les enfants du texte de Camus qui ressentent une joie extrême à s'amuser avec l'élément naturel qu'est la mer. Les sourires échangés par les enfants sur la photographie, la bienveillance du grand assis à l'intérieur de la voiture, à droite, à l'égard des deux autres plus petits, rappellent la joie et la complicité de Jacques et de ses amis. Dans chaque support, texte et image, les enfants apparaissent sans leur famille.

Dictée

Le temps dominant est l'imparfait de l'indicatif ; les terminaisons sont les mêmes pour tous les groupes de verbes (-ais, -ais, -ait, -ions, -iez, -aient). Les verbes s'accordent avec leur(s) sujet(s) : « ils étaient » ; « ils partaient » ; « (un grand bruit) qui réveillait [...] et faisait » (les verbes s'accordent avec

l'antécédent du pronom relatif sujet « qui ») ; « ils couraient » ; « il y avait » ; « on appelait » ; « l'eau ne coulait pas » ; « le bassin [...] était rempli » (sujet et verbe sont éloignés ; « rempli », employé avec être s'accorde avec le sujet).
Plusieurs participes présents demeurent invariables, même s'ils se rapportent à « ils » : « promenant », « traversant », « essayant ». Les participes passés employés comme des adjectifs s'accordent en genre et en nombre avec le nom qu'ils qualifient : « des grilles rouillées », « les chats endormis », « ils [...] couverts », « le bassin [...] bouché ».
Deux verbes sont à l'infinitif : « bondir », « s'attraper » (identifiez l'infinitif en -er, en le remplaçant par un verbe en -ir : *de se saisir*).
Les adjectifs qualificatifs épithètes s'accordent en genre et en nombre avec le nom qu'ils caractérisent : « **un** grand bruit » ; « **les** glycines poussiéreuses » ; **« une** bonne sueur » ; « **la** même direction » ; « **une** station obligatoire » ; « **une** place assez grande » ; « **une** énorme fontaine, ronde » ; « **les** énormes pluies ». Les **déterminants** sont des indices utiles pour définir le genre (masculin, féminin), le nombre (singulier, pluriel) des mots qui les suivent.
Des noms se terminent par une consonne que l'on n'entend pas ; en trouvant un mot de la même famille, en mettant au féminin, essayez d'identifier cette consonne finale : « complet » (*compléter*), « long » (*longer*), « devant » (*devanture*), « grand » (*grande*), « bruit » (*bruitage*), « chat » (*chatte*), « couverts » (*couvertes*), « toujours » (*tous les jours*), « vers » (préposition), « champ » (*champêtre*), « jet » (jeter), « dont » (pronom relatif, à ne pas confondre avec la conjonction de coordination *donc* et le nom *don*), « depuis » (*de*, *puis*), « longtemps » (*long*, *temps*), « ras » (*rase*), « bord » (*bordure*).
Quelques mots présentent une difficulté orthographique : « quartier », « s'**att**raper » (la plupart des mots commencent par « a**tt**- », sauf *atelier, atermoyer, atome, atout, atroce, atrophier, atone*...), « déjà », « quatre » et « cinq » (ils ne prennent pas de -s à la fin), « là » (adverbe de lieu), « **ce** qu'on **appel**ait » (*cela qu'on appelait*), « à ras bord » (*au ras du bord*), « pays » (*paysage, paysan, dépayser,* etc.).
Attention à quelques homonymes, souvent sources d'erreur : « la » (raquette)/ « là » (« de là », d'ici) ; « vers » (préposition) / *ver, verre, vert* ; « champ » / *chant* (chanson) ; « à » (préposition : à quatre ou cinq rues, à ce qu'on appelait) / *a, as* (*avoir*).

Rédaction

Sujet d'imagination

Le soleil brille. Le ciel est inondé de lumière et une douce chaleur printanière berce ce quartier parisien. Rempli de nostalgie, je regarde vingt ans après cette place. Aujourd'hui, c'est un écrin de verdure peuplé d'arbres et de fleurs multicolores où les gens apprécient se retrouver, se promener, lire sur les bancs. Aujourd'hui, c'est une aire de jeux dans laquelle les enfants du quartier aiment venir jouer sous le regard bienveillant de leurs mères, qui les félicitent de leurs petites inventions, qui rient de leurs diverses cabrioles.
Il y a vingt ans, je jouais aussi ici. Mais c'était un lieu désert, un terrain vague : l'espace était vide et grand, le sol était jonché de cailloux, les immeubles haussmanniens avaient eux-mêmes des fenêtres cassées et

des murs abîmés. Toutes ces blessures avaient été causées par les bombardements répétitifs survenus lors de la Seconde Guerre mondiale. Je venais jouer là avec quatre autres enfants : mon petit frère de huit ans, mon voisin, âgé de douze ans, et deux autres petites filles, des jumelles d'à peine cinq ans. Je les surveillais du haut de mes quatorze ans pendant que leur mère travaillait. Tous les jours, après le déjeuner, nous nous réunissions devant ma porte. Après l'échange d'un salut rapide, nous dévalions les trois étages de l'immeuble, à grandes enjambées, pour atteindre au plus vite la porte d'entrée. Et nous la franchissions avec empressement et avec excitation.

Là, le soleil, la chaleur, la lumière nous saisissaient corps et âme. Nous nous élancions prestement vers cette place désolée, caillouteuse, habitée uniquement de notre voiture magique. Nous nous élancions tous dans notre course effrénée qui nous menait à cette voiture toute spéciale. Elle avait été la cible des bombardements et pourtant, nous la trouvions belle. Elle était notre refuge, notre havre de paix et de tranquillité dans lequel nous parvenions à oublier toutes les misères de cette sombre époque. Fondue, elle ne gardait que les éléments essentiels pour être identifiée. Roues, portières, fenêtres avaient disparu. Le feu avait réduit l'éclat de son noir à une couleur bien terne oscillant entre noir et gris. Nous occupions toujours la même place et l'installation était un rituel auquel nous accordions une grande importance. Les deux petites filles étaient assises à l'arrière, mon voisin prenait la place du passager à l'avant et surveillait affectueusement les deux petites en se retournant par moments. Mon petit frère grimpait sur le capot côté chauffeur. Muni de son fouet, il regardait l'horizon et semblait faire avancer des chevaux imaginaires. Et moi, j'étais assis sur ce qui avait été avant le moteur. Je me tenais par un bras sur le toit. Je regardais avec fierté, joie et détermination l'horizon. Je racontais à mes passagers le monde vers lequel nous roulions. Ce monde ressemblait souvent à un lieu paradisiaque dans lequel régnait une végétation luxuriante. Tout était beau, vert. Les fleurs dégageaient leurs suaves et délicats parfums. Les oiseaux enchaînaient de nombreuses mélodies sans aucune lassitude. Nous arrivions dans ce pays des rêves. Enchantés, nous nous prenions pour des princes et des princesses venus d'un autre monde avec notre voiture fondue. On nous servait thé, petits gâteaux, fruits frais. Nous nous amusions à nous cacher derrière ces arbres totalement imaginaires, à rire et à exprimer notre joie, à nous reposer sereinement depuis cette voiture fondue. Mais c'était elle qui nous permettait ce transport, transport devenu magique grâce à la déconnexion opérée avec le monde obscur des adultes. Nous étions heureux…

Le temps passait si vite que nous perdions souvent les repères du vrai temps ! Vite, il fallait tout quitter : lieu paradisiaque, imaginaire, voiture. Vite, il fallait revenir à notre triste réalité. Il fallait courir vite pour rentrer chez soi. La joie ressentie nous aidait à rendre plus rapide cette course tout de même ralentie par la fatigue de nos heures de jeux ; la perspective de la joie du lendemain nous rendait un peu plus légers. Mais il fallait rentrer et retrouver la difficulté de notre quotidien. Les petites filles retrouvaient leur mère qui était rentrée de l'usine. Mon voisin se précipitait chez lui car sa mère ne montrait guère d'indulgence. Mon petit frère et moi, nous rentrions retrouver la seule personne qui nous restait au monde, notre grand-mère…

Sujet de réflexion

Quelle que soit sa forme, l'art constitue un mode d'expression à part entière qui est reçu différemment par chacun et qui, selon moi, ne peut laisser indifférent.

La littérature, le cinéma et les autres arts permettent en effet de découvrir la vie de personnages fictifs ou réels. Mais que peut m'apporter, nous apporter cette découverte ?

Dans un premier temps, nous verrons en quoi la découverte de la vie de personnages fictifs ou réels favorise une meilleure connaissance de soi. Dans un second temps, nous verrons en quoi cette découverte participe à un enrichissement culturel personnel.

Regarder, lire, observer, étudier la vie d'autrui aide la construction de soi par le retour personnel sur soi qui est opéré. La découverte de la vie de personnages fictifs ou réels instaure un partage et un mouvement de va-et-vient allant d'eux à nous. Leurs différentes interrogations existentielles – rapport à la vie, à la mort ; conception du bonheur, de l'amour ; acceptation de soi physiquement et moralement – peuvent soutenir notre propre quête en la complétant, en lui apportant de nouveaux éléments de réflexion, des éclairages insoupçonnés. L'intransigeance dont fait preuve Michel Leiris dans son autoportrait qui figure dans *L'Âge d'homme* est une façon de montrer au lecteur la possibilité de s'accepter soi tel que l'on est et l'importance aussi de faire preuve de dérision et d'humour pour se voir tel que l'on est.

Découvrir la vie de personnages fictifs ou réels invite à une prise de conscience, à prendre position, à s'engager pour une cause ou pour la défense d'une idée, à faire réfléchir. Dans *Cannibale*, Didier Daeninckx raconte le traitement réservé aux populations kanak lors de l'Exposition coloniale de 1931 au bois de Vincennes, à Paris. Le lecteur suit la vie de ces personnages durant l'Exposition, le périple mené par Gocéné et Badimoin pour retrouver leur amie Minoé, les mauvais traitements qu'ils reçoivent. De la même manière, l'artiste sculpteur sénégalais Ousmane Sow montre des statues grandeur nature voire plus. Les hommes sculptés sont issus de tribus diverses comme les Noubas, les Masaï. Il donne à voir l'autre dans toute sa différence. Le lecteur ne peut donc pas rester indifférent : il réfléchit à l'acceptation de l'autre, à la différence, à la violence engendrée par ce refus, à la question de la supériorité que certains hommes établissent par rapport à d'autres. La découverte de ces personnages invite ainsi le lecteur à approfondir ses réflexions sur le racisme, à préciser son jugement critique, à aller voir d'autres œuvres d'art pour compléter ses connaissances.

La découverte de la vie de personnages fictifs ou réels procure aussi de la joie, du plaisir. Le moment consacré à l'apprentissage, à la découverte conduit le lecteur à libérer différentes émotions, à ressentir de la joie, du plaisir mais également parfois du dégoût. La réaction émotionnelle, qu'elle soit négative ou positive, confirme qu'une interaction a eu lieu entre les personnages réels ou fictifs de l'œuvre et les lecteurs. Dans *La Dame pâle* de Dumas, le lecteur ne reste pas insensible aux aventures mystérieuses que vit Hedwige dans un étrange château entre la Roumanie et la Pologne, au beau milieu des Carpates. Les morts qui viennent lui rendre visite génèrent aussi quelques frissons chez le lecteur. Découvrir la vie de personnages réels ou fictifs, vivre par procuration provoquent ainsi des réactions émotionnelles chez le lecteur, enrichissant la palette de ses sensations, de ses sentiments, en le confrontant à des situations qu'il ne connaît pas, ou du

moins pas encore pour certaines. Ainsi il acquiert une « expérience » qui l'arme pour la suite de son existence.
Découvrir la vie de personnages réels ou fictifs permet de mieux comprendre l'époque historique concernée, d'en saisir toute la complexité et peut-être de voir les conséquences qu'elle a pu avoir sur la suite. Observer la photographie de Robert Doisneau, *La Voiture fondue*, permet de voir, de visualiser les conséquences dramatiques des bombardements de la Seconde Guerre mondiale qui n'empêchent pas les enfants de garder le sourire et d'adapter leur jeu. Cet écart est peut-être le plus touchant et le plus déstabilisant car il insiste sur l'importance de la vie, ses priorités, ses essentiels. Toutes les photographies de Doisneau portent un regard humain sur les personnes qu'elles fixent sur la pellicule. Le photographe nous invite à pénétrer dans la vie de ces personnes simples, parfois oubliées, pour mieux nous faire comprendre, voir leur quotidien, pour garder trace et mémoire de tous ces gens. Le film de Steven Spielberg, *La Liste de Schindler*, montre comment Schindler, industriel allemand nazi, aidé de son comptable juif Itzhak Stern, corrompt des membres de la Wehrmacht, pour acquérir une usine de métal. Le bon fonctionnement de son usine lui permettra de sauver des juifs de la déportation dans les camps de concentration avant que lui-même découvre les horreurs du ghetto de Cracovie. Ce film permet donc de découvrir le fonctionnement du ghetto et renseigne sur les terribles heures de cette époque, ancrant ainsi dans notre être le devoir de mémoire.
Découvrir la vie de personnages réels ou fictifs invite aussi à explorer les lieux dans lesquels ils habitent, à se familiariser avec les caractéristiques de tels ou tels paysages. Les tableaux des peintres peuvent en effet nous offrir cette découverte : Paul Cézanne nous délivre la lumière du sud-est, nous confie les différents états de la montagne Sainte-Victoire. Zola, parmi d'autres écrivains, accorde une importance toute particulière à la description des lieux dans ses romans. Cette minutie accordée à l'art de la description permet au lecteur de bien s'imprégner de ces lieux, de leur fonctionnement comme les mines de charbon dans *Germinal* ou les grands magasins dans *Au Bonheur des dames*. Cette fonction informative est essentielle pour construire notre identité.
Découvrir la vie de personnages réels ou fictifs donne la possibilité d'accéder à d'autres cultures, à d'autres mœurs, à d'autres modes de vie. Le lecteur peut en relever les différences, apprendre de nos nouveaux modes de vie. Les récits de voyage sont souvent l'occasion de telles confidences. Vassili Golovanov dans *Éloge des voyages insensés*, montre la vie du peuple Nenets. Ces hommes vivent dans le Grand Nord sibérien essentiellement de pêche, de cueillette et de leurs rennes. Leur mode de vie est constamment menacé par les autorités politiques, par les industries qui souhaitent exploiter la richesse des sous-sols, par le réchauffement climatique, par les différentes évolutions culturelles. Le lecteur a ainsi pu faire un voyage par les mots et découvrir un nouveau peuple, et sans doute éveiller sa conscience écologique.
Finalement, la découverte de la vie de personnages réels et fictifs est fort intéressante. Elle permet un enrichissement à la fois personnel et culturel. Cette découverte est d'autant plus passionnante qu'elle passe par les arts (littérature, film, peinture...) en instaurant un dialogue entre le lecteur et l'œuvre d'art. L'art possède donc un rôle unificateur essentiel.

Mathématiques

Qu'est-ce qu'une fonction ?

Il existe 4 façons de définir une fonction.

- **Avec une phrase :**

Soit f la fonction qui à un nombre associe son carré.

- **Avec une formule :**

$f : x \rightarrow x^2$ ou $f(x) = x^2$
On dit alors que x^2 est l'image de x par la fonction f.

- **Avec un tableau :**

x	-3	-2	0	$\frac{3}{4}$	1	1,3	3
$f(x)$	9	4	0	$\frac{9}{16}$	1	1,69	9

Pour calculer les valeurs de la seconde ligne, on élève au carré les nombres de la première ligne.
On a $f(-3) = (-3)^2 = 9$, $f(-2) = (-2)^2 = 4$, etc.
On dit que 9 est l'image de -3 par la fonction f.
-3 est un antécédent de 9 par la fonction f.

- **Avec un graphique :**

Pour tracer la fonction, on utilise un tableau de valeurs : les valeurs de x en abscisse et celles de $f(x)$ en ordonnée pour chaque point.

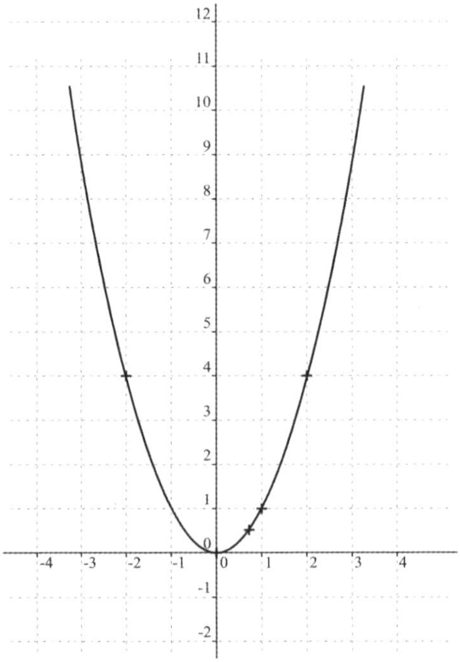

Définir une fonction linéaire

Définition

Étant donné un nombre *a*, le procédé de calcul qui, à **tout nombre x, associe** le nombre ***ax*** est une fonction linéaire de coefficient *a*.

Notations

On désigne souvent les fonctions par les lettres *f*, *g* ou *h*. On écrit $f : x \rightarrow ax$.
Cela signifie : *f* est la fonction linéaire qui, à tout nombre *x*, associe le nombre *ax*, appelé **image** de *x* par la fonction *f*.
On écrit aussi : soit *f* définie par **f(x) = ax**.
f est une fonction et *x* est le nombre dont on cherche l'image par *f*.
f(*x*) est donc l'image de *x*.

Exemple

Soit *f* définie par $f(x) = 1{,}45x$. On veut calculer l'image de –3,2 par *f*.
On calcule 1,45 × (–3,2) et on écrit : $f(-3{,}2) = -4{,}64$.

Application à la proportionnalité

À toute situation de proportionnalité correspond une fonction linéaire. Ainsi, au tableau de proportionnalité ci-dessous correspond la fonction linéaire *f*, définie par : $f(x) = 2{,}6x$.

x	2	3	5
y	5,2	7,8	13

×2,6

Déterminer une fonction linéaire d'après un énoncé

Exemple 1

La puissance, *P*, d'un moteur électrique alimenté par une batterie de 12 V est proportionnelle à l'intensité, *I*, du courant.
Le **coefficient de proportionnalité** est égal à la tension.
- Les trois affirmations suivantes sont équivalentes :
- la puissance est proportionnelle à l'intensité ;
- le coefficient de proportionnalité est égal à la tension ;
- $P = 12 \times I$.
- Cette formule définit une **fonction linéaire : P(I) = 12 I.**

Si $I = 15$ A, alors $P(15) = 12 \times 15 = 180$. Conclusion : la puissance d'un moteur qui utilise une intensité de 15 A est 180 W.

Représenter graphiquement une fonction linéaire

Propriété

La représentation graphique d'une fonction linéaire est une **droite** qui passe par **l'origine.**

Exemple

Soit la fonction linéaire *f* définie par **f(x) = – x.**

- Sa représentation graphique est une droite *D* qui passe par l'origine.
- Pour construire *D*, il suffit de déterminer les coordonnées d'**un autre de ses points,** c'est-à-dire un nombre et son image par *f*.

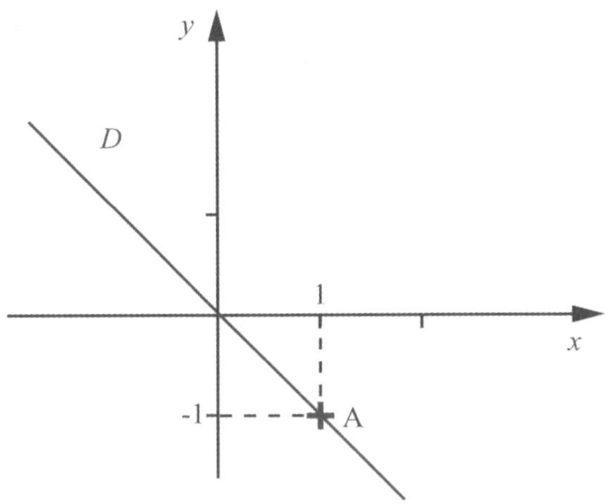

Par exemple : $f(1) = -1$.
La droite *D* passe par A(1 ; –1).
Le coefficient de la fonction linéaire (ici, –1) est appelé **coefficient directeur** de la droite.

Exploiter la représentation graphique d'une fonction linéaire

La distance parcourue par un cycliste à vitesse constante est une fonction linéaire du temps.
Chercher la distance parcourue en **3 h,** c'est chercher l'**image de 3** par cette fonction *f*.
On lit que : $f(3) = 45$.
Réponse : **45 km.**

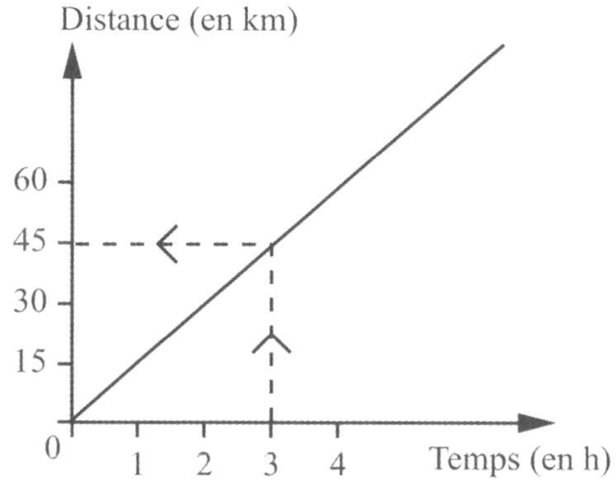

On cherche maintenant quel temps a mis le cycliste pour faire **60 km.**
Cela revient à chercher quel nombre a **pour image 60.**
On lit que : $60 = f(4)$.
Le cycliste a donc mis **4 h.**

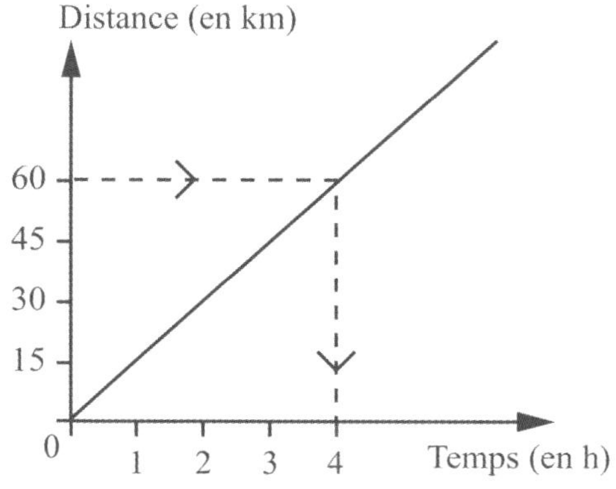

Déterminer une fonction linéaire à partir d'un nombre et de son image

Exemple

f est la fonction linéaire telle que –12 a pour image 28.
Déterminer *f*.

- *f* étant définie par une relation de la forme **f(x) = ax**, il s'agit de calculer ***a***.
- $f(-12) = 28$; donc $a \times (-12) = 28$, on obtient alors :

$$a = \frac{28}{-12} = -\frac{28}{12} = -\frac{7}{3}.$$

- Conclusion : *f* est définie par $f(x) = -\frac{7}{3}x$.

Remarque

On peut aussi déterminer une fonction linéaire à partir de la droite *D* qui la représente graphiquement :
les coordonnées (*x* ; *y*) d'un point de *D* correspondent à un nombre, *x*, et à son image, *y*, par la fonction.

Définir une fonction affine

Définition

Étant donné deux nombres *a* et *b*, le procédé de calcul qui, **à tout nombre x, associe le nombre ax + b** est une fonction affine.

Notation

En général, on désigne une fonction par les lettres *f*, *g* ou *h*.
On écrit **f : x → ax + b** ou, plus souvent, **f(x) = ax + b.**
Ces notations signifient : l'**image** de *x* par la fonction *f* est *ax* + *b*.

Exemples

- Soit $f : x \to 2x - 5$;

On veut calculer l'image du nombre 1 par *f*.
$2 \times 1 - 5 = -3$; on écrit : $f(1) = -3$.

- On a : $g(x) = \dfrac{4x-3}{2} = 2x - \dfrac{3}{2}$.

g est une fonction affine avec $a = 2$ et $b = -\dfrac{3}{2}$.

Cas particuliers

- Si $b = 0$, on obtient la **fonction linéaire : x → ax.**
- Si $a = 0$, on obtient la **fonction constante : x → b.**

Déterminer une fonction affine d'après un énoncé

Exemple 1

Les tarifs d'un plombier sont : 25 € de l'heure de travail et 12 € pour le déplacement.

- Le prix payé par un client est une fonction affine du nombre d'heures de travail.
- Si l'on désigne par *f*(*x*) le **prix payé** par le client **en fonction du nombre x d'heures,** on a : $f(x) = 25x + 12$.
- Si le plombier travaille 2 heures chez M. Fuitdo, celui-ci lui doit :

$f(2) = 25 \times 2 + 12 = 62$; soit 62 €.

Représenter graphiquement une fonction affine

Propriété

Dans un plan muni d'un repère (O ; I ; J), la représentation graphique de la fonction affine $x \rightarrow ax + b$ est la **droite d'équation : y = ax + b.**
a est le **coefficient directeur** de la droite et b est son **ordonnée à l'origine.**

Exemple

Soit la fonction affine f définie par $f(x) = 2x - 1$.
- Sa représentation graphique est une droite. Pour la tracer, deux points suffisent. On a f(−1) = −3 ; et f(1) = 3 donc les points A(−1 ; −3) et b(1 ; 1) appartiennent à D.

Cas particuliers

- On a $f(x) = b$.

La fonction f est constante : sa représentation graphique est une droite d'équation : **y = b.** Cette droite est **parallèle à l'axe des abscisses.**

- On a $f(x) = ax$.

La fonction f est linéaire : sa représentation graphique est une droite d'équation : **y = ax,** qui passe par l'**origine du repère.**

Exploiter la représentation graphique d'une fonction affine

Problème

Un théâtre propose les formules suivantes :
- première formule : abonnement annuel de 10 € et 10 € par spectacle ;
- seconde formule : abonnement annuel de 40 €.

Quelle est la formule la plus avantageuse ?

Mise en équation

Soit **x le nombre de spectacles :**
- la première formule correspond à la fonction affine **f(x) = 10x + 10 ;**
- la seconde formule correspond à la fonction affine **g(x) = 40.**

Résolution graphique

On représente *f* par la droite *D* d'équation $y = 10x + 10$ et *g* par la droite *D'* d'équation $y = 40$.

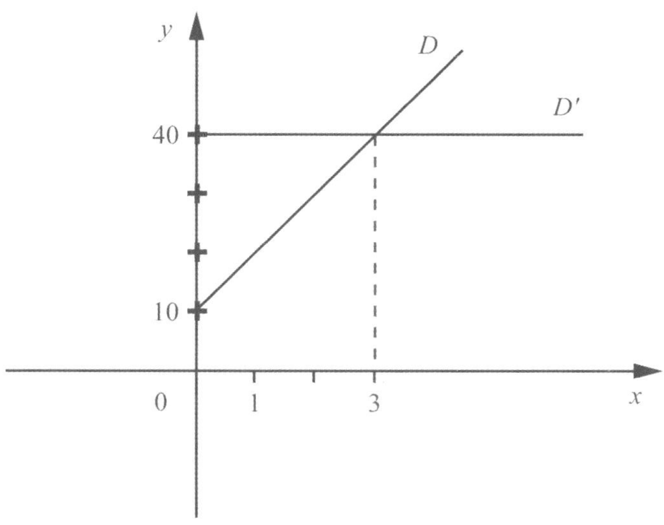

On en conclut qu'au-delà de trois places, la seconde formule est **la plus avantageuse,** car *D'* passe « au-dessous » de *D*.

Déterminer une fonction affine à partir des images de deux nombres

Exemple

On veut déterminer la fonction affine f telle que 1 ait pour image –1 et 2 ait pour image 10.
f est de la forme $f(x) = ax + b$.
Il s'agit donc de **déterminer a et b.**

Méthode

1 a pour image –1 entraîne $f(1) = -1$ donc **a + b = –1.**
2 a pour image 10 entraîne $f(2) = 10$ donc **2a + b = 10.**
Lorsqu'on soustrait membre à membre les deux égalités, les coefficients b s'annulent.
On obtient $a = 11$.
En remplaçant a par 11 dans l'une des deux égalités, on obtient $b = -12$.
On a donc : $f(x) = 11x - 12$.

Remarque

On peut aussi déterminer une fonction affine à partir de sa représentation graphique : les coordonnées de deux points donnent les images de deux nombres.

Résoudre un problème de partages proportionnels

Problème

Deux familles font un cadeau de 280 € à un ami commun.
Chaque famille participe **proportionnellement au nombre des personnes** qui la composent.
La famille Bidu compte 15 personnes et la famille Muche 25.
Quelle somme a été versée par chaque famille ?

Méthode

1. Calculer le **nombre total** d'individus.
2. Calculer le montant que doit payer **chaque individu**.
3. Calculer la somme que doit payer **chaque groupe d'individus**.

Réponse

Dans l'exercice, un individu est un membre d'une famille et un groupe d'individus est la famille.
1. Au total, on a 15 + 25 = 40 personnes.
2. Chaque personne doit verser la même somme : 280 ÷ 40 = 7.
Chaque personne doit verser 7 €.
3. Dans la famille Bidu, il y a 15 personnes. Cette famille doit donc donner : 7 × 15, soit 105 €.
Dans la famille Muche, il y a 25 personnes. Cette famille doit donc donner : 7 × 25, soit 175 €.

Vérification

105 + 175 = 280
La somme versée par chaque famille est bien égale à la somme totale.

Résoudre un problème de hausse ou de baisse de pourcentage

Augmentation

Règle : pour déterminer la nouvelle valeur d'un nombre après une augmentation de t %, on le multiplie par (1 + $\frac{t}{100}$).

- L'explication du coefficient :
- 1, on part du nombre, on va donc le multiplier par 1 ;
- +, c'est une augmentation ;
- $\frac{t}{100}$ correspond à t % du nombre.

On multiplie donc le nombre par 1 augmenté du pourcentage.

- Démonstration :

Soit N le nombre.
Pour calculer la valeur après l'augmentation on va faire : N + t % de N.

Soit N + $\frac{t}{100}$ × N.

On factorise N : N (1 + $\frac{t}{100}$).

- Exemple :

Un article coute 50 €, son prix augmente de 30 %. Calculer le nouveau prix de l'article.

50 × (1 + $\frac{30}{100}$) = 50 ×1,30 = 65.

Le nouveau prix est donc de 65 €.

- Exemple :

Une voiture coûte neuve 23 000 € son prix augmente de 2,5 %. Calculer le nouveau prix.

23 000 × (1 + $\frac{2,5}{100}$) = 23 000 × 1,025 = 23 575.

Le nouveau prix est donc de 23 575 €.

Diminution

Règle : pour déterminer la nouvelle valeur d'un nombre après une diminution de t %, on le multiplie par (1 − $\frac{t}{100}$).

On multiplie le nombre par 1 diminué du pourcentage.

- Exemple :

Un article coute 50 €, son prix diminue de 30 %. Calculer le nouveau prix de l'article.

$50 \times (1 - \frac{30}{100}) = 50 \times 0,7 = 35$.

Le nouveau prix est donc de 35 €.

• Exemple :

Une voiture coûte neuve 23 000 € son prix diminue de 2,5 %. Calculer le nouveau prix.

$23\,000 \times (1 - \frac{2,5}{100}) = 23\,000 \times 0,975 = 22\,425$.

Le nouveau prix est donc de 22 425 €.

Intérêts

• Application de plusieurs pourcentages :

Exemple : un article coûte 125 €, son prix diminue une première fois de 10 %, puis de 20 %, encore de 30 % et enfin de 50 %. Au final combien coûte l'article ?

Le piège serait d'additionner les pourcentages et de dire que l'article est gratuit ! Chaque pourcentage s'applique successivement et non au prix de départ.

On va appliquer successivement les coefficients :

$125 \times (1 - \frac{10}{100}) \times (1 - \frac{20}{100}) \times (1 - \frac{30}{100}) \times (1 - \frac{50}{100})$

$= 125 \times 0,9 \times 0,8 \times 0,7 \times 0,5 = 31,5$.

À la fin l'article coûte encore 31,5 €.

• Retrouver un prix initial connaissant le prix final :

Pendant les soldes un article coûte 50 €, les soldes sont de 20 %.

Quel était le prix de l'article avant les soldes ?

On sait que : Prix pendant = Prix avant × $(1 - \frac{t}{100})$ (les soldes sont des diminutions).

50 = Prix avant × $(1 - \frac{20}{100})$.

50 = Prix avant × 0,8.

Prix avant = 50 ÷ 0,8 = 62,5.

Le prix avant les soldes était donc de 62,5 €.

À retenir

- Une augmentation de t % = le coefficient est égal à $(1 + \frac{t}{100})$.
- Une diminution de t % = le coefficient est égal à $(1 - \frac{t}{100})$.
- Nouveau = Ancien × coefficient (que l'on parle de prix, de population...).

Calculer une moyenne pondérée

Calcul de la moyenne d'un élève

Voici les notes d'un élève :

Discipline	Note	Coefficient
Français	11/20	4
Maths	06/20	3
Anglais	06/20	2
E.P.S.	10/20	1

Pour calculer sa **moyenne pondérée M :**
- on fait le produit de chaque note par son **coefficient ;**
- puis la somme de ces produits ;
- et on divise cette somme par la somme des coefficients :

$$M = \frac{44+18+12+10}{10} = 8{,}4.$$

Autre calcul de moyenne

Voici les notes obtenues par une classe de 25 élèves en mathématiques. Les notes sont regroupées en **« intervalles »** ou **« classes ».**

Notes	[2 ; 8[	[8 ; 14[	[14 ; 20[
Effectif	12	8	5

Pour calculer la moyenne générale, on prend la note moyenne de chaque classe (le **centre**) et on l'affecte du nombre d'élèves correspondant :

$$M = \frac{5 \times 12 + 11 \times 8 + 17 \times 5}{25} = 9{,}32.$$

Calculer une médiane

Définition

La médiane est la valeur qui partage une série stastistique en **deux parties** de **même effectif.**

Distance (km)	1	2	3	4
Effectif	6	6	3	3
Effectif cumulé	6	12	15	18

Résolution numérique

Ce tableau correspond à la série :

$\underbrace{111111222}_{\text{9 valeurs}}\underbrace{222333444}_{\text{9 valeurs}}.$

La valeur 2 km en est la **médiane** : elle partage l'effectif total des salariés en **deux groupes égaux.**

Résolution graphique

La médiane peut aussi être déterminée, au moyen du **diagramme des effectifs cumulés.** on cherche la valeur correspondant à la moitié de l'effectif total (ici : $\frac{18}{2}$ = 9).

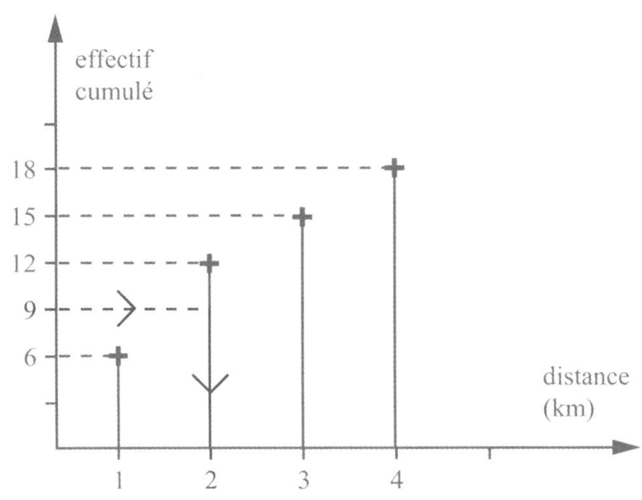

Calculer une étendue

Pour une série statistique, on étudie un paramètre de dispersion : l'étendue.

Définition

L'étendue est la différence entre la plus grande et la plus petite valeur de la série statistique.

Utilité

L'étendue permet de voir si la série statistique est **concentrée** (étendue faible), ou au contraire **étendue** (étendue grande).

Exemples

- Voici les notes du premier trimestre d'un élève de 3e : 9 - 9 - 12 - 14 - 8 - 5 - 14.

Quelle est l'étendue de cette série statistique ?
La note la plus élevée est 14, la plus basse est 5. L'étendue est donc égale à 14 − 5 = 9.

- On a relevé le prix à la pompe d'un litre de super SP 95 au cours du mois de juillet : 1,25 - 1,28 - 1,29 - 1,26 - 1,24 - 1,26 - 1,28.

Quelle est l'étendue de cette série statistique ?
Le prix maximum est égal à 1,29, le prix minimum est égal à 1,24.
L'étendue est donc égale à 1,29 − 1,24 = 0,05.
Pendant cette période, le prix du SP 95 a varié dans une fourchette de 0,05 €.

Développer une expression littérale

Règle de base

Développer une expression, c'est transformer **un produit en une somme ou en une différence,** en appliquant la règle de **distributivité.**

Exemples

- $A = 2(4a - 3)$

$A = 2 \times 4a - 2 \times 3 = 8a - 6$

- $B = (2 + a)(4a - 3)$

On **distribue** la multiplication par 2 puis par a.

$B = 8a - 6 + 4a^2 - 3a$

On **réduit** en regroupant les termes « semblables ».

$B = 4a^2 + 5a - 6$

Attention aux signes « moins » !

$C = 1 - (4 + a)(a - 2)$

- On développe en écrivant le résultat entre parenthèses.

$C = 1 - (4a - 8 + a^2 - 2a)$

$C = 1 - (a^2 + 2a - 8)$

- Puis on supprime les parenthèses précédées du signe « moins ».

$C = 1 - a^2 - 2a + 8$

$C = -a^2 - 2a + 9$

Développer en utilisant la double distributivité

Règles

Distributivité simple

La multiplication est distributive par rapport à l'addition, c'est-à-dire que : $k \times (a + b) = k \times a + k \times b$ pour tous les nombres k, a et b.

Double distributivité

De même, en appliquant la formule de distributivité simple deux fois, on a : $(a + b)(c + d) = a \times c + a \times d + b \times c + b \times d = ac + ad + bc + bd$ pour tous les nombres a, b, c et d.

Remarque

Ces formules peuvent être utilisées pour **développer**, c'est-à-dire **transformer un produit en somme**, et pour **factoriser**, c'est-à-dire **transformer une somme en produit**.

Exemples

A = $(2 + x)(4x - 3)$
On **distribue** la multiplication par 2, puis par x.
A = $2 \times 4x + 2 \times (-3) + x \times 4x + x \times (-3)$
On **simplifie** l'écriture des termes de A.
A = $8x - 6 + 4x^2 - 3x$
On **réduit** l'expression en regroupant les termes « semblables », et on **ordonne** l'expression.
A = $4x^2 + 5x - 6$
B = $1 - (4 + x)(x - 2)$
On développe $(4 + x)(x - 2)$ en écrivant le résultat entre parenthèses car il y a un « − » devant.
B = $1 - (4 \times x - 4 \times 2 + x \times x - x \times 2)$
On **simplifie** l'écriture des termes à l'intérieur de la parenthèse
B = $1 - (4x - 8 + x^2 - 2x)$
On **réduit** et on **ordonne** l'expression entre parenthèses
B = $1 - (x^2 + 2x - 8)$
On supprime la parenthèse, en changeant le signe des termes entre parenthèses car il y un « − » devant.
B = $1 - x^2 - 2x + 8$
On **réduit** et on **ordonne** l'expression
B = $-x^2 - 2x + 9$

Développer des produits remarquables

Les trois formules suivantes sont à retenir :

F1 : $(a + b)^2 = a^2 + 2 \times a \times b + b^2$.

F2 : $(a - b)^2 = a^2 - 2 \times a \times b + b^2$.

F3 : $(a + b)(a - b) = a^2 - b^2$.

- Lorsque l'on doit développer, il faut dans un premier temps identifier la formule à utiliser.

C'est-à-dire trouver la forme : $(a + b)^2$ ou $(a - b)^2$ ou $(a + b)(a - b)$

- Ensuite, on applique la formule en trouvant ce que l'on doit mettre à la place de a et de b.
- Pour éviter de faire des erreurs, il est conseillé de mettre les valeurs en parenthèses.

Exemples

- Développer $(5x + 3)(5x - 3)$, c'est de la forme : $(a + b)(a - b)$ avec $a = 5x$ et $b = 3$.

Or d'après la formule F3 : $(a + b)(a - b) = a^2 - b^2$.

Donc $(5x + 3)(5x - 3) = (5x)^2 - (3)^2$.

D'où $(5x + 3)(5x - 3) = 25x^2 - 9$.

- Développer $(5x + 3)^2$, c'est de la forme : $(a + b)^2$ avec a = 5x et $b = 3$.

Or d'après la formule F1 : $(a + b)^2 = a^2 + 2 \times a \times b + b^2$.

Donc $(5x + 3)^2 = (5x)^2 + 2 \times (5x) \times 3 + (3)^2$.

D'où $(5x + 3)^2 = 25x^2 + 30x + 9$.

- Développer $(5x - 3)^2$, c'est de la forme : $(a + b)^2$ avec $a = 5x$ et $b = 3$.

Or d'après la formule F2 : $(a - b)^2 = a^2 - 2 \times a \times b + b^2$.

Donc $(5x - 3)^2 = (5x)^2 - 2 \times (5x) \times 3 + (3)^2$.

D'où $(5x - 3)^2 = 25x^2 - 30x + 9$.

Factoriser une expression

Définition

Factoriser, c'est transformer une expression en la faisant passer d'une somme à un produit.

Formule

k × A + k × B = k × (A + B)
- Pour réussir à factoriser, il faut donc identifier le facteur commun k, puis A et B.
- Ensuite, il faut remplacer les valeurs trouvées dans la formule.

Exemple

Factoriser l'expression $(x + 3)(x + 1) + (x + 3)(2x + 7)$.
- Cette expression est de la forme $k \times A + k \times B$, avec :
- $k = (x + 3)$
- $A = (x + 1)$
- $B = (2x + 7)$
- Or $k \times A + k \times B = k \times (A + B)$.
- Donc $(x + 3)(x + 1) + (x + 3)(2x + 7) = (x + 3) \times$
$[(x + 1) + (2x + 7)]$. On met des crochets car il y a déjà des parenthèses.
- D'où $(x + 3)(x + 1) + (x + 3)(2x + 7) =$
$(x + 3) \times (x + 1 + 2x + 7)$.
- Soit finalement $(x + 3)(x + 1) + (x + 3)(2x + 7) =$
$(x + 3) \times (3x + 8)$. Le sigle × est facultatif entre $(x + 3)$ et $(3x + 8)$.

Adaptation de la formule

a. La formule peut être adaptée de deux façons :
- dans une multiplication, l'ordre des facteurs n'a pas d'importance. Donc $A \times k + B \times k = k \times (A + B)$, car $k \times A = A \times k$;
- soustraire un nombre revient à ajouter son opposé. Donc Anb/>$\times k - B \times k = k \times (A - B)$.

Exemple 1

Factoriser $7(x + 1) - x(x + 1)$.
- Cette expression est de la forme $A \times k - B \times k$, avec $k = (x + 1)$, $A = 7$ et $B = x$.

Or $A \times k - B \times k = k \times (A - B)$.
Donc $7(x + 1) - x(x + 1) = (x + 1) \times (7 - x)$.

b. Lorsqu'il y a plusieurs termes, il faut « allonger » la formule.
$k \times A + k \times B + k \times C = k \times (A + B + C)$

Exemple 2

Factoriser $7(x + 1) - 2(x + 1) + x(x + 1)$.
- Cette expression est de la forme $A \times k - B \times k + C \times k$, avec $k = (x + 1)$, $A = 7$, $B = 2$ et $C = x$.

Or $A \times k - B \times k + C \times k =$ k × $(A - B + C)$.
Donc $7(x + 1) - 2(x + 1) + x(x + 1) = (x + 1) \times (7 - 2 + x)$.
Soit finalement $7(x + 1) - 2(x + 1) + x(x + 1) = (x + 1)(x + 5)$.
c. Parfois, le facteur commun est caché !

Exemple 3

Factoriser $3x^2 + x$.
Il faut essayer de le faire apparaître : $3x^2 + x = 3 \times x \times x + 1 \times x$.
On a $3 \times x \times x + 1 \times x$.
C'est de la forme $A \times k + B \times k$, avec $k = x$, $A = 3 \times x = 3x$ et $B = 1$.
Or $A \times k + B \times k = k \times (A + B)$.
Donc $3 \times x \times x + 1 \times x = x \times (3x + 1)$.

Exemple 4

On veut factoriser : $4x^2 + 1 - 4x$.

- L'expression comporte un terme en x^2, un terme en x (précédé du signe moins) et un terme constant.
- On pense au **développement de (a – b)².**
- On fait apparaître les carrés : $a^2 = (2x)^2$; $b^2 = 1^2$.
- On vérifie que $4x$ correspond à $2ab$.
- On a donc : $4x^2 + 1 - 4x = (2x - 1)^2$.

Exemple 5

On veut factoriser :
$A = (x - 1)(2x + 3) + x^2 - 2x + 1$.

- On reconnaît dans $x^2 - 2x + 1$ le **développement de (x – 1)².**

$A = (x - 1)(2x + 3) + (x - 1)^2$

- On **met en facteur** $(x - 1)$.

$A = (x - 1)(2x + 3 + x - 1)$

- D'où : $A = (x - 1)(3x + 2)$.

Exemple 6

On veut factoriser :
$B = x^2 - 4 + (2 - x)(2x + 3)$.

- $x^2 - 4$ est la **différence de deux carrés.**

On écrit : $B = (x + 2)(x - 2) + (2 - x)(2x + 3)$.

- $(x - 2)$ semble être un **facteur commun** car $(2 - x)$ est son opposé.

On écrit donc : $(2 - x) = -(-2 + x)$.
$B = (x + 2)(x - 2) - (x - 2)(2x + 3)$
$B = (x - 2)(x + 2 - 2x - 3)$

- D'où : $B = (x - 2)(- x - 1)$.

Utiliser l'écriture « racine carrée de a »

Définition

- Soit *a*, un nombre positif. $\sqrt{a}$ est **le nombre positif** qui, élevé au **carré,** donne *a*.

Ainsi $(\sqrt{3})^2 = 3$

On a aussi : $\sqrt{3^2} = 3$ donc $\sqrt{9} = 3$.

- Remarques :

On ne peut calculer la racine carrée que d'un nombre **positif.**

Une racine carrée est toujours égale à un nombre **positif :** $\sqrt{(-3)^2} = 3$.

Utilisation de la touche $\sqrt{\ }$ de la calculatrice

- On veut calculer $\sqrt{0,16}$.

La calculatrice affiche 0,4. Donc : $\sqrt{0,16} = 0,4$.

- On veut calculer $\sqrt{7}$.

La calculatrice affiche 2,6457513 qui est une **valeur approchée** de $\sqrt{7}$.

Mettre un problème en équation

Aujourd'hui jeudi, il fait 0°. On veut savoir combien il faisait mardi.
L'évolution de la température, depuis mardi, a été la suivante :

$$\text{mardi} \xrightarrow{+3°} \text{mercredi} \xrightarrow{-2°} \text{jeudi}$$

Choix de l'inconnue

La **température de mardi** est l'inconnue. On la note x.
D'après l'énoncé :
mardi, il faisait x degrés ;
mercredi, il faisait (x + 3) degrés ;
jeudi, il fait [(x + 3) − 2] degrés.

Mise en équation

On sait qu'aujourd'hui jeudi, il fait 0° et que, par rapport à mardi, il fait (x + 3 − 2) degrés.
On a donc : $\mathbf{x + 3 - 2 = 0}$.
Cette équation nous permet de trouver x, la température de mardi.

Résolution de l'équation

$x + 3 - 2 = 0$
$x + 1 = 0$
$\mathbf{x = -1}$

Réponse à la question

Il faisait −1° mardi.

Zoé a payé 10 € pour acheter un cahier de textes à 4 € et trois feutres à pointe fine.
Quel est le prix d'un feutre ?

Choix de l'inconnue

On cherche le **prix d'un feutre.**
C'est l'inconnue. On la note x.
Le prix des 3 feutres sera noté $3x$.

Mise en équation

Les 10 € que Zoé a donnés correspondent à la somme du prix des 3 feutres ($3x$) et du prix du cahier de textes (4 €).
Ce qui s'écrit en langage mathématique :
$\mathbf{10 = 3x + 4}$.

Résolution de l'équation

En résolvant l'équation, on détermine x, le prix d'un feutre.
$3x + 4 = 10$
$3x = 10 - 4$
$3x = 6$
$x = 6 \div 3$
$x = 2$

Réponse à la question

Le prix d'un feutre est 2 €.

Trois cousins, Zoé, Luc et Serge ont à eux trois 60 ans.
Quel est l'âge de chacun, sachant que Luc a le triple de l'âge de Zoé et que Serge a dix ans de moins que Luc ?

Choix de l'inconnue

Appelons x l'âge de Zoé.
On peut exprimer les âges des deux autres cousins en fonction de x.
- Luc a le triple de l'âge de Zoé, donc l'âge de Luc est **$3x$.**
- Serge a dix ans de moins que Luc, donc l'âge de Serge est **$(3x - 10)$.**

Mise en équation

On sait par ailleurs que la somme des âges des 3 cousins est de 60 ans.
Donc : **$x + 3x + (3x - 10) = 60$.**

Résolution de l'équation

$x + 3x + 3x - 10$	$= 60$
$7x - 10$	$= 60$
$7x$	$= 70$
x	$= 10$

Réponse à la question

Zoé a **10 ans ;**
Luc a 3 × 10 ans, soit **30 ans**
et Serge a (30 − 10) ans, soit **20 ans.**

Résoudre une équation du type $(ax + b)(cx + d) = 0$

Règle

Un produit de facteur est nul lorsque l'un des facteurs est nul.
$(ax + b)(cx + d)$ est le produit du facteur $(ax + b)$ par le facteur $(cx + d)$.
Ce produit est donc nul lorsque $ax + b = 0$ ou $cx + d = 0$.

Exemples

- **Résoudre l'équation (E) : 3x(2x + 6) = 0.**

$3x(2x + 6)$ est un produit de facteurs : les facteurs sont $3x$ et $(2x + 6)$.
Donc $3x(2x + 6) = 0$ lorsque $3x = 0$ ou $2x + 6 = 0$.
C'est-à-dire $x = 0$ ou $x = -3$.
L'équation (E) admet deux solutions : 0 et -3.

- Attention, il faut parfois commencer par **factoriser**.

Ainsi, l'équation $9x^2 - 16 = 0$ peut s'écrire : $(3x - 4)(3x + 4) = 0$.
$(3x - 4)(3x + 4)$ est un produit de facteurs : les facteurs sont $(3x - 4)$ et $(3x + 4)$.
Donc $9x^2 - 16 = 0$ lorsque $3x - 4 = 0$ ou $3x + 4 = 0$.

C'est-à-dire $x = \frac{4}{3}$ ou $x = \frac{-4}{3}$.

L'équation $9x^2 - 16 = 0$ admet deux solutions : $\frac{4}{3}$ et $\frac{-4}{3}$.

Se ramener à une équation du type $(ax + b)(cx + d) = 0$

Pour obtenir une équation du type : $(ax + b)(cx + d) = 0$, on doit :
- passer tous les termes non nuls **à gauche du signe égal ;**
- **factoriser** le membre de gauche.

Exemple 1

$(E) : 81x^2 - (x + 2)^2 = 0$
- On reconnaît dans le membre de gauche la différence de deux carrés.

On factorise donc en utilisant :
$\mathbf{a^2 - b^2 = (a + b)(a - b).}$
$(E) : (9x + x + 2)(9x - x - 2) = 0$
- On est ramené à une **équation produit** que l'on sait résoudre.

(E) admet deux solutions : $-\dfrac{1}{5}$ et $\dfrac{1}{4}$.

Exemple 2

$(E) : x^2 - 9 = 2(x + 3)^2$
- On passe à gauche du signe égal tous les termes non nuls.

$(E) : x^2 - 9 - 2(x + 3)^2 = 0$
- On **factorise la différence de deux carrés** $x^2 - 9$; on met ainsi en évidence le **facteur commun** $(x + 3)$.

$(E) : (x - 3)(x + 3) - 2(x + 3)^2 = 0$
$(E) : (x + 3)[x - 3 - 2(x + 3)] = 0$
(E) admet deux solutions : –3 et –9.

Travailler sur des inégalités

Règles

• Quand on a une inégalité, on obtient une nouvelle inégalité de **même sens** en ajoutant ou en retranchant un même nombre (**négatif ou positif**) à ses deux membres.
Si $a < 2{,}6$ alors :
$a + 3 < 2{,}6 + 3$;
$a - 3 < 2{,}6 - 3$.
• Quand on a une inégalité, on obtient une nouvelle inégalité de :
– **même sens** en multipliant ses deux membres par un même nombre **positif ;**
– **sens inverse** en multipliant ses deux membres par un même nombre **négatif.**
Si $a < 2{,}6$ alors :
$2 \times a < 2 \times 2{,}6$;
$-2 \times a > -2 \times 2{,}6$.

Application aux encadrements

Si $1{,}2 < a < 1{,}3$
alors $2 \times 1{,}2 < 2a < 2 \times 1{,}3$.
mais $-2 \times 1{,}2 > -2a > -2 \times 1{,}3$.

Résoudre une inéquation du type ax < b

Exemple

Résolvons l'inéquation : $5x < 15$.

• Pour **isoler x**, on divise par 5 les deux membres de l'inégalité.
Comme 5 est un nombre positif, le sens de l'inégalité ne change pas.

$\frac{5x}{5} < \frac{15}{5}$ donc $x < 3$.

• On peut **représenter l'ensemble des solutions** sur une droite graduée (partie non hachurée).

Résoudre une inéquation à une inconnue

Résolvons l'inéquation : $-8x - 5 \leq 3$.

• On **transpose le nombre 5** d'un membre à l'autre de l'inégalité, en ajoutant son opposé (+5) aux deux membres.
$-8x \leq 3 + 5$ ou $-8x \leq 8$

• Pour **isoler x,** on divise par 8 les deux membres de l'inégalité.
On obtient : $-x \leq 1$.

• Pour **obtenir x à partir de –x,** il faut changer le sens de l'inégalité.
Donc : $\mathbf{x \geq -1}$.

• On peut **représenter l'ensemble des solutions** de l'inéquation sur une droite (partie non hachurée).

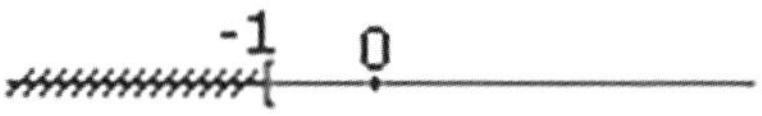

Remarque : quand l'inéquation est du type $ax + b < cx + d$, on regroupe les termes en x, d'un côté ; les termes sans x, de l'autre.
On est ramené au cas précédent.
$7x + 9 < 5 + 5x$
$7x - 5x < 5 - 9$
$x < -2$

Mettre un problème en inéquation

Énoncé : un camion pesant à vide deux tonnes doit passer sur un pont limité à 6 tonnes.
Combien de caisses de 118 kg peut-il transporter ?

Choix de l'inconnue

Soit x le nombre de caisses, on a :
Chargement du camion : $118x$.
Poids total du camion : $118x + 2\,000$
(le camion à vide pèse 2 t).

Mise en inéquation

On sait que le poids du camion ne doit pas **dépasser** 6 tonnes.
On peut traduire cette donnée par l'inéquation :
$\mathbf{118x + 2\,000 \leq 6\,000}$.

Résolution de l'inéquation

$118\,x \leq 4\,000$
$x \leq 4\,000 \div 118$
$\mathbf{x \leq 33{,}89...}$

Réponse à la question

Le nombre de caisses doit être **inférieur ou égal à 33.**

Déterminer si un nombre est premier ou non

Divisibilité

Soit a et b deux nombres entiers naturels.
On dit que b est un **diviseur** de a s'il existe un nombre entier naturel q tel que $a = b \times q$.
On dit aussi que a est un **multiple** de b, ou que a est **divisible** par b.
Exemple : 72 est divisible par 8 (et par 9) car 72 = 8 × 9.

Nombres premiers

Un nombre entier naturel (supérieur ou égal à 2) est un **nombre premier** s'il admet exactement **2 diviseurs** : 1 et lui-même.
Exemple : 2, 3, 5, 7, 11, 13, 17, 19 ... sont des nombres premiers. Il en existe une infinité.

Remarque

Pour déterminer si un nombre entier naturel $n \geq 2$ est un nombre premier, on doit chercher un diviseur de n parmi les nombres premiers successifs (2, 3, 5, 7, 11 ...) jusqu'à la valeur $\sqrt{n}$.
En effet, si n n'admet aucun diviseur parmi les nombres premiers successifs jusqu'à la valeur $\sqrt{n}$, il n'en admettra pas non plus entre $\sqrt{n}$ et n car les diviseurs d'un nombre vont par paires : l'un compris entre 2 et $\sqrt{n}$, et l'autre compris entre $\sqrt{n}$ et n.
Si n n'admet aucun diviseur parmi les nombres premiers successifs jusqu'à la valeur $\sqrt{n}$, c'est donc un nombre premier.

Crible d'Ératosthène

Dans le crible d'Ératosthène, qui contient les nombres de 1 à 100, on a rayé successivement les multiples de 2, ceux de 3, ceux de 5 et ceux de 7 ($11^2 > 100$), pour obtenir la liste des nombres premiers inférieurs à 100.
1 est considéré comme n'étant pas un nombre premier.

~~1~~	**2**	**3**	~~4~~	**5**	~~6~~	**7**	~~8~~	9	10
11	~~12~~	**13**	~~14~~	~~15~~	~~16~~	**17**	~~18~~	**19**	~~20~~
~~21~~	~~22~~	**23**	~~24~~	~~25~~	~~26~~	~~27~~	~~28~~	**29**	~~30~~
31	~~32~~	~~33~~	~~34~~	~~35~~	~~36~~	**37**	~~38~~	~~39~~	~~40~~
41	~~42~~	**43**	~~44~~	~~45~~	~~46~~	**47**	~~48~~	~~49~~	~~50~~
~~51~~	~~52~~	**53**	~~54~~	~~55~~	~~56~~	~~57~~	~~58~~	**59**	~~60~~
61	~~62~~	~~63~~	~~64~~	~~65~~	~~66~~	**67**	~~68~~	~~69~~	~~70~~
71	~~72~~	**73**	~~74~~	~~75~~	~~76~~	~~77~~	~~78~~	**79**	~~80~~
~~81~~	~~82~~	**83**	~~84~~	~~85~~	~~86~~	~~87~~	~~88~~	**89**	~~90~~
~~91~~	~~92~~	~~93~~	~~94~~	~~95~~	~~96~~	**97**	~~98~~	~~99~~	~~100~~

Décomposer un nombre en produits de facteurs premiers

Nombres premiers

Un nombre entier naturel (supérieur ou égal à 2) est un **nombre premier** s'il admet exactement **2 diviseurs** : 1 et lui-même.
Exemple : 2, 3, 5, 7, 11, 13, 17, 19... sont des nombres premiers. Il en existe une infinité.

Décomposition d'un nombre en produits de facteurs premiers

Propriété : On peut décomposer chaque entier naturel $n \geq 2$ en produits de facteurs premiers.
Exemple :
On divise le nombre à décomposer autant de fois que possible par 2, puis par 3, par 5, par 7, par 11... en suivant la liste des nombres premiers successifs.
$72 = 8 \times 9 = 2 \times 2 \times 2 \times 3 \times 3 = 2^3 \times 3^2$
$154 = 2 \times 77 = 2 \times 7 \times 11$
$540 = 2 \times 270 = 2 \times 2 \times 135 = 2 \times 2 \times 3 \times 45 = 2 \times 2 \times 3 \times 3 \times 15$
$= 2 \times 2 \times 3 \times 3 \times 3 \times 5 = 2^2 \times 3^3 \times 5$

Rendre irréductible une fraction

Définition

Une fraction est **irréductible** lorsque son numérateur et son dénominateur n'ont aucun diviseur commun (autre que 1).
Pour rendre irréductible une fraction, on simplifie le numérateur et le dénominateur par leur(s) diviseur(s) commun(s). Pour cela, on peut utiliser la décomposition en produits de facteurs premiers du numérateur et du dénominateur.

Exemple 1

Rendre irréductible la fraction $\frac{68}{51}$.

On décompose 68 et 51 en produits de facteurs premiers.
$68 = 2 \times 34 = 2 \times 2 \times 17 = 2^2 \times 17$ et $51 = 3 \times 17$.

On a donc $\frac{68}{51} = \frac{2^2 \times 17}{3 \times 17} = \frac{4}{3}$, qui est une fraction irréductible.

Exemple 2

La fraction $\frac{67}{15}$ est-elle irréductible ?

$15 = 3 \times 5$ et on remarque que 67 n'est divisible ni par 3, ni par 5.
Les nombres 15 et 67 n'ont donc aucun diviseur commun autre que 1, donc la fraction $\frac{67}{15}$ est irréductible.

Exemple 3

La fraction $\frac{216}{126}$ est-elle irréductible ? Si ce n'est pas le cas, la rendre irréductible en détaillant les calculs.

216 et 126 sont divisibles par 2 donc la fraction n'est pas irréductible.
On décompose 216 et 126 en produits de facteurs premiers.
$216 = 2 \times 108 = 2 \times 2 \times 54 = 2 \times 2 \times 2 \times 27 = 2 \times 2 \times 2 \times 3 \times 9 = 2 \times 2 \times 2 \times 3 \times 3 \times 3 = 2^3 \times 3^3$.
$126 = 2 \times 63 = 2 \times 3 \times 21 = 2 \times 3 \times 3 \times 7 = 2 \times 3^2 \times 7$.

On a donc $\frac{216}{126} = \frac{2^3 \times 3^3}{2 \times 3^2 \times 7} = \frac{2 \times 3^2 \times 2^2 \times 3}{2 \times 3^2 \times 7} = \frac{2^2 \times 3}{7} = \frac{12}{7}$ qui est une fraction irréductible.

Additionner ou soustraire des nombres en écriture fractionnaire

On veut calculer : $A = \frac{-7}{4} - \frac{(-5)}{6}$

- On cherche, dans les tables de 4 et de 6, un **dénominateur commun** :
4 × 3 = 12 et 6 × 2 = 12.
- On **réduit au même dénominateur :**

$A = \frac{-7 \times 3}{4 \times 3} - \frac{-5 \times 2}{6 \times 2}$

- On **effectue** en respectant les règles de calcul avec des nombres relatifs (soustraire un nombre relatif, c'est ajouter son opposé, etc.) :

$A = \frac{-21 - (-10)}{12} = \frac{-21 + 10}{12}$

$A = \frac{-11}{12} = -\frac{11}{12}$

- On est souvent amené à **simplifier le résultat.**

Multiplier des nombres relatifs

La règle des signes

- Le produit de deux nombres de **même signe** est **positif.**

7,2 × 3 = 21,6
– 7,2 × (−3) = 21,6

- Le produit de deux nombres de **signes contraires** est **négatif.**

7,2 × (−3) = −21,6
−7,2 × 3 = −21,6

Application

Quand le produit comprend beaucoup de facteurs, on commence par compter ceux qui sont négatifs. S'il y a **un nombre impair** de nombres négatifs, le produit est **négatif.**

Par exemple, le produit $\frac{-1}{4}\times\frac{-5}{3}\times\frac{2}{5}\times -3$ comprend trois facteurs négatifs.

Son produit est donc négatif :

$$\frac{-1}{4}\times\frac{-5}{3}\times\frac{2}{5}\times -3 = -\frac{1}{2}.$$

Faire une division avec des nombres relatifs

Cas d'une division en écriture décimale

On applique la **règle des signes**.

- Le quotient de deux nombres de **même signe** est **positif.**

$$-18,2 \div -3,5 = \frac{-18,2}{-3,5} = 5,2$$

- Le quotient de deux nombres de **signes contraires** est **négatif.**

$$18,2 \div -3,5 = \frac{18,2}{-3,5} = -\frac{18,2}{3,5} = -5,2$$

Cas d'une division en écriture fractionnaire

On transforme la division en une **multiplication par l'inverse** et on applique la **règle des signes.**

- 1er exemple :

$$\frac{(-5)}{3} \div \frac{(-5)}{7} = \frac{(-5)}{3}\times\frac{(-7)}{5} = \frac{7}{3}$$

- 2e exemple :

$$\frac{1}{4} \div (-2,5) = \frac{1}{4}\times\frac{1}{-2,5} = -\frac{1}{10}$$

Effectuer des calculs sur des puissances de 10

Cas d'une multiplication

On **additionne** les exposants :
$10^2 \times 10^3 = 10^{2+3} = 10^5$.

Cas d'une division

On **soustrait** les exposants :

$$\frac{10^2}{10^3} = 10^{2-3} = 10^{-1}.$$

Cas d'une puissance de puissance

On **multiplie** les exposants :
$(10^2)^3 = 10^{2\times 3} = 10^6$.

Multiplier un nombre décimal par une puissance de 10

Méthode pour multiplier un nombre décimal…

- Par 10^n, avec $n > 0$:

On déplace la virgule de $\mathbf{n}$ **rangs** vers la droite :
$3{,}845 \times 10^2 = 384{,}5$
$3{,}845 \times 10^4 = 38\,450$

- Par 10^{-n}, avec $n > 0$:

On déplace la virgule de $\mathbf{n}$ **rangs** vers la gauche :
$384{,}5 \times 10^{-2} = 3{,}845$
$384{,}5 \times 10^{-4} = 0{,}038\,45$

Application

Un nombre décimal peut s'écrire sous différentes formes qui font intervenir une puissance de 10.

415 000	$= 41\,500 \times 10$
	$= 4\,150 \times 10^2$
	$= 415 \times 10^3$

0,004 15	$= 0{,}041\,5 \times 10^{-1}$
	$= 0{,}415 \times 10^{-2}$
	$= 4{,}15 \times 10^{-3}$

Travailler sur une sphère

- Soit une sphère de centre O et de rayon *R* :
- si on a un point M_1 tel que $\mathbf{OM_1 = R}$ alors M_1 est sur la sphère ;
- si on a un point M_2 tel que $\mathbf{OM_2 \leq R}$ alors M_2 appartient à la boule.

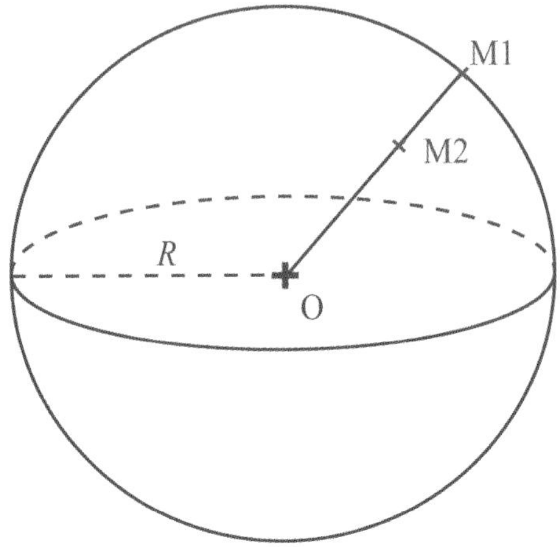

- La section d'une sphère par un plan est un **cercle.**

Pour déterminer son rayon, on applique la **propriété de Pythagore.**
A étant le centre de la section, AM son rayon et OM le rayon de la sphère, on a : $OM^2 = AM^2 + OA^2$.
On en déduit facilement le rayon de la section AM.

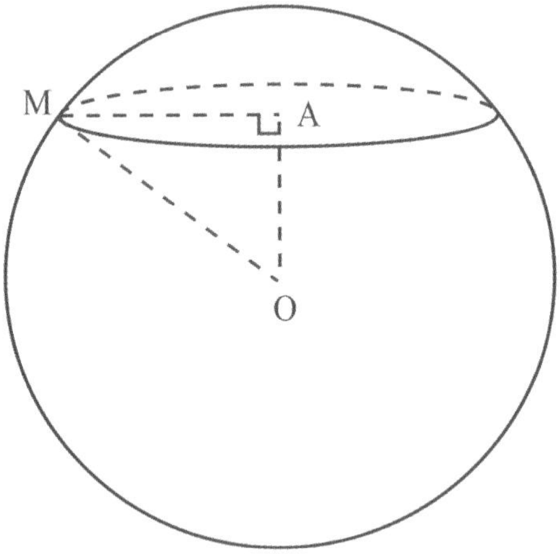

Utiliser le cosinus d'un angle dans un triangle rectangle

Cas d'un triangle AIU rectangle en A

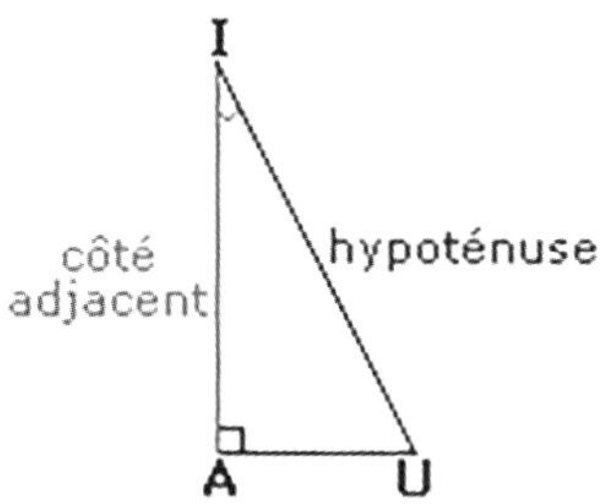

$$\cos I = \frac{\text{côté adjacent}}{\text{hypoténuse}} = \frac{\mathrm{IA}}{\mathrm{IU}}$$

d'où IA = IU × cos Î ;

$$\mathrm{IU} = \frac{\mathrm{IA}}{\cos I}$$

Dans AIU, on a aussi : $\cos U = \frac{\mathrm{UA}}{\mathrm{UI}}$

Cas d'un triangle RAT rectangle en R

Dans le triangle RAT, AR = 3 ; RT = 4 ; AT = 5.

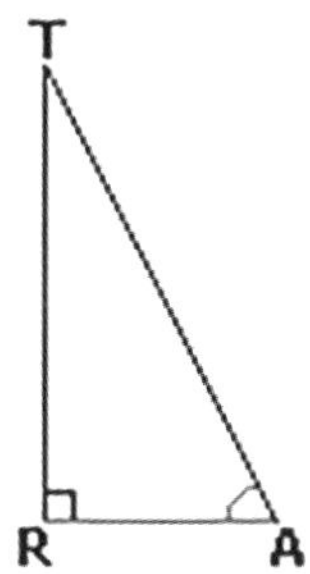

$$\cos A = \frac{\text{côté adjacent}}{\text{hypoténuse}} = \frac{\mathrm{AR}}{\mathrm{AT}}$$

$$\cos A = 0{,}6$$

d'où $\widehat{\mathrm{A}} = 53{,}13°$ (valeur approchée).

Attention à bien repérer le côté adjacent à l'angle (celui qui est « à côté de » l'angle).

Énoncer les formules trigonométriques

Le cosinus et le sinus

Dans un **triangle ABC rectangle en A,** on a :

$$\cos \hat{B} = \frac{BA}{BC}$$

$$\sin \hat{B} = \frac{AC}{BC}$$

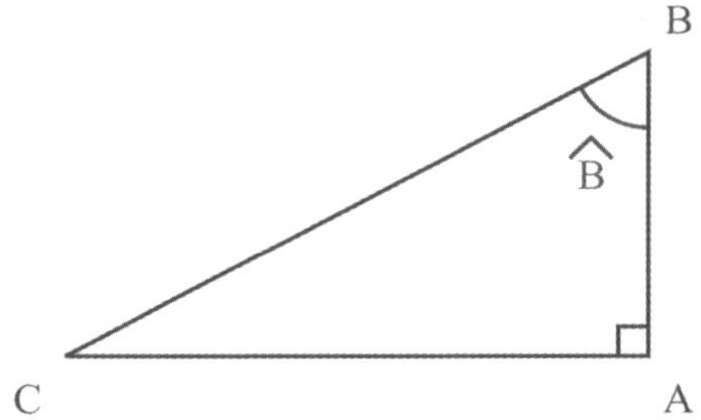

On retient :

cosinus d'un angle aigu = $\dfrac{\textbf{côté adjacent}}{\textbf{hypoténuse}}$

sinus d'un angle aigu = $\dfrac{\textbf{côté opposé}}{\textbf{hypoténuse}}$

La tangente

Dans un **triangle ABC rectangle en A,** on a :

$$\tan \hat{B} = \frac{AC}{AB}.$$

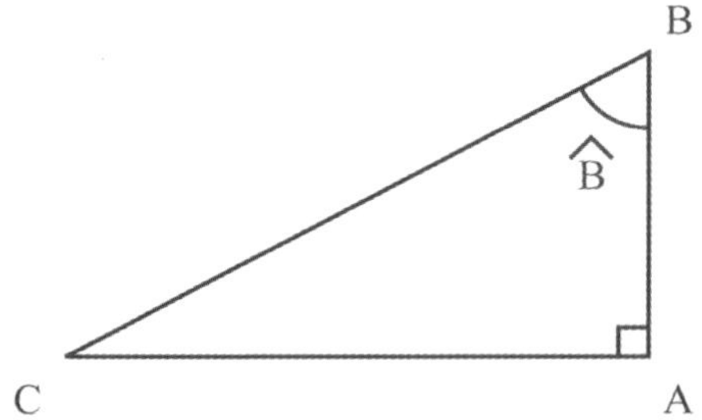

On retient :

$$\tan \hat{\mathbf{B}} = \frac{\textbf{côté opposé}}{\textbf{côté adjacent}}$$

$$\tan \hat{\mathbf{B}} = \frac{\sin \hat{\mathbf{B}}}{\cos \hat{\mathbf{B}}}$$

Faire des calculs trigonométriques avec la calculatrice

Calcul du sinus

On veut obtenir une valeur approchée du sinus d'un angle de 50°.

- On met la calculatrice en mode **degré ;** on tape 50 **puis sin.**
- L'affichage est : 0,7660444431.
- Le résultat est : sin 50° = 0,766 (au millième près).

Remarque : la démarche est la même pour calculer un cosinus ou une tangente.

Calcul de l'angle

On veut obtenir une valeur approchée de la mesure *x* d'un angle qui a pour tangente le nombre 100.

- On met la calculatrice en mode **degré ;** on tape 100, **inv puis tan.**
- L'affichage est : 89,4270613.
- Le résultat est : l'angle qui a pour tangente 100 mesure 89,4° (au dixième près par défaut).

Remarque : la démarche est la même si on connaît un cosinus ou un sinus.

Utiliser les relations entre cosinus et sinus

Première relation

Pour tout angle aigu *a* :
$\cos^2 a + \sin^2 a = 1$.
Attention, $\cos^2 a$ désigne $(\cos a)^2$ et non le cosinus du carré de *a*.
Remarque : cette relation permet de calculer le sinus d'un angle quand on connaît son cosinus (ou vice-versa).

Seconde relation

Lorsque deux angles sont **complémentaires,** le cosinus de l'un est égal au sinus de l'autre.

Exemple : soit ABC un triangle rectangle en A, les angles $\hat{b}$ et $\hat{c}$ sont complémentaires.
On a donc :

$$\cos \hat{b} = \sin \hat{c}$$

$$\cos \hat{c} = \sin \hat{b}$$

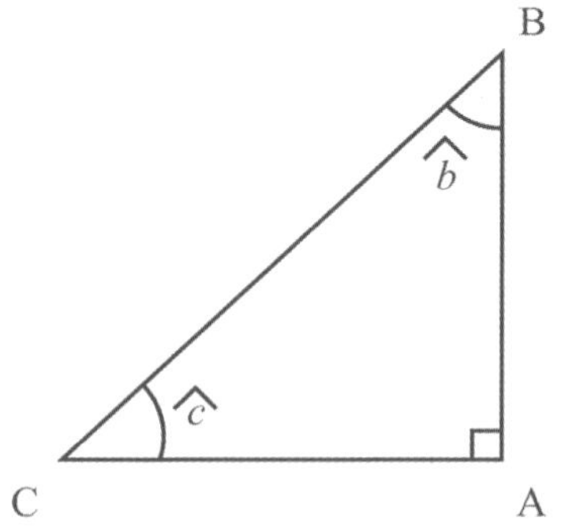

Calculer la longueur d'un côté dans un triangle rectangle

Si on connaît un angle et un côté d'un triangle rectangle, on peut calculer les autres côtés.

Soit ABC un triangle rectangle en A.

On donne : $\hat{b}$ = 30° et AC = 5.
On veut calculer BC et AB.

[AC] étant le côté opposé à l'angle $\hat{b}$, on peut **calculer BC avec** $\sin \hat{b}$; puis **calculer AB avec** $\tan \hat{b}$

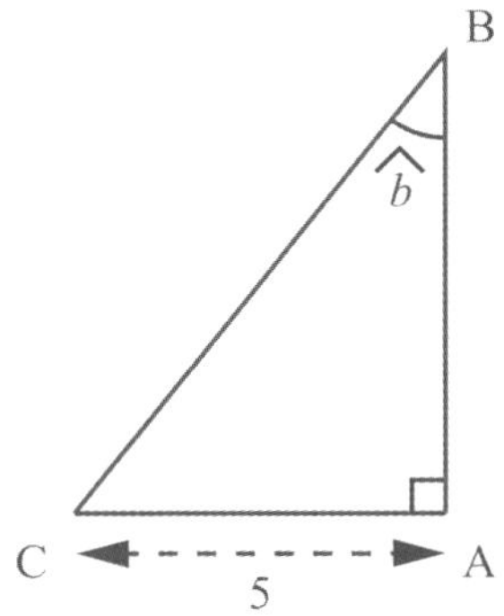

- **Calcul de BC :**

$\sin \hat{b} = \dfrac{\mathrm{AC}}{\mathrm{BC}}$; donc $\mathbf{BC} = \dfrac{\mathbf{AC}}{\sin \hat{b}}$

BC = 5 ÷ sin 30° = 5 ÷ 0,5 = 10

- **Calcul de AB :**

$\tan \hat{b} = \dfrac{\mathrm{AC}}{\mathrm{AB}}$; donc $\mathbf{AB} = \dfrac{\mathbf{AC}}{\tan \hat{b}}$

AB = 5 ÷ tan 30° = 8,66

Calculer la mesure d'un angle dans un triangle rectangle

Si on connaît deux côtés d'un triangle rectangle, on peut calculer la mesure des trois angles.

Soit ABC un triangle rectangle en A.
On donne : [AB] = 7 et [AC] = 5.

On veut calculer la mesure des angles $\hat{b}$ et $\hat{c}$.

Ici, on connaît [AC], le côté opposé à l'angle $\hat{b}$ et [AB], le côté adjacent à l'angle $\hat{b}$.

On va donc utiliser $\tan \hat{b}$ pour calculer $\hat{b}$.

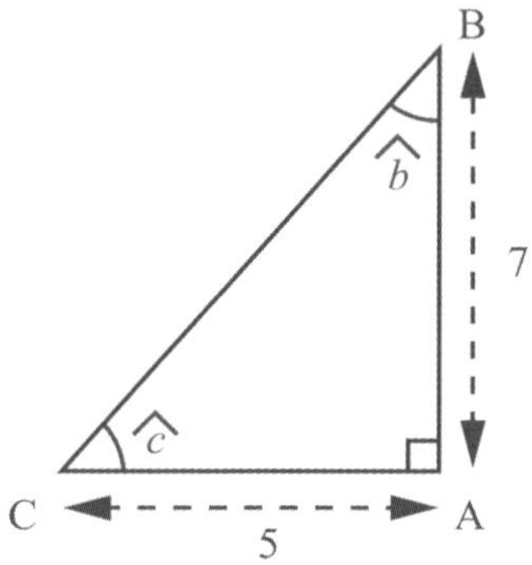

- **Calcul de $\widehat{b}$:**

On a : $\tan \widehat{b} = \dfrac{\mathbf{[AC]}}{\mathbf{[AB]}} = \dfrac{\mathbf{5}}{\mathbf{7}}$.

On obtient la valeur de $\hat{b}$ en utilisant la fonction **inv tan** de la calculatrice.

$\hat{b}$ = 35° (à un degré près par défaut).

- **Calcul de $\widehat{c}$:**

$\hat{c}$ = 90° – 35° car la somme des angles d'un triangle est 180°.

$\hat{c}$ = 55°

Appliquer le théorème de Thalès

Le théorème de Thalès

Quand on coupe deux droites sécantes au point A par deux droites parallèles (MN) et (BC), on obtient deux triangles ABC et AMN.
Le théorème de Thalès énonce que, dans ce type de configuration, les longueurs des côtés d'un triangle sont **proportionnels** aux côtés associés de l'autre triangle.

$$\frac{AM}{AB}=\frac{AN}{AC}=\frac{MN}{BC}$$

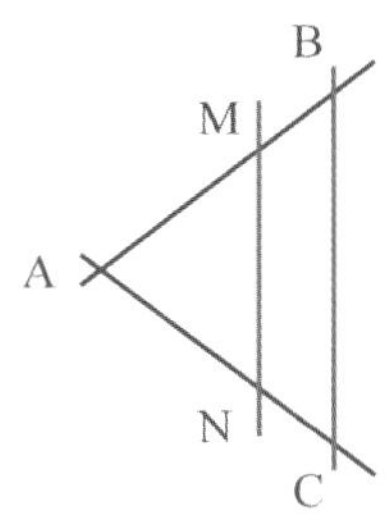

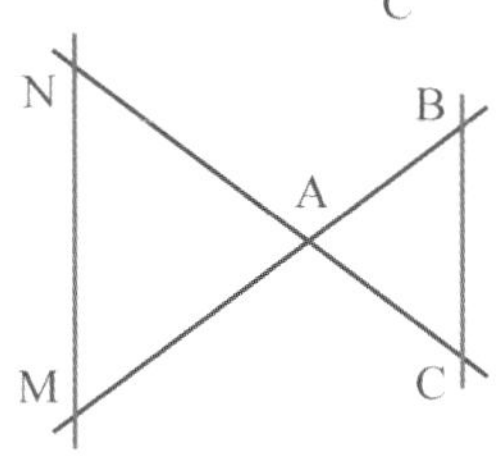

Remarques

On ne peut pas appliquer le théorème de Thalès si la figure ne comporte pas de droites **parallèles.**
Ici : (EH) // (FG).
Quand on écrit l'égalité des trois quotients, on met :
- au numérateur, un côté du premier triangle ;
- au dénominateur, le **côté associé** du second triangle.

Ici : $\frac{DE}{DF}=\frac{DH}{DG}=\frac{EH}{FG}$.

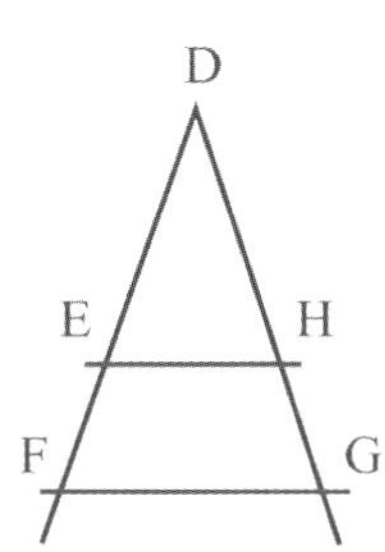

Calculer une longueur au moyen du théorème de Thalès

Exemple 1

- Les droites (EF) et (GH) sont **parallèles.**

Donc, d'après le théorème de Thalès appliqué aux triangles DEF et DGH, on a : $\frac{DH}{DF}=\frac{DG}{DE}=\frac{GH}{FE}$

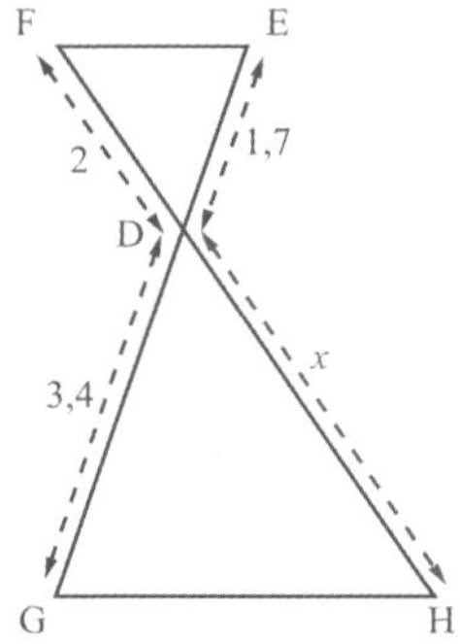

- On remplace les longueurs connues par leurs valeurs numériques et la valeur cherchée par l'inconnue *x* : $\frac{DH}{DF}=\frac{DG}{DE}=2$.
- On obtient : $x = 4$.

Exemple 2

- De même, les droites (DE) et (BC) sont **parallèles.**

Donc $\frac{AB}{AD}=\frac{AC}{AE}=\frac{BC}{DE}$.

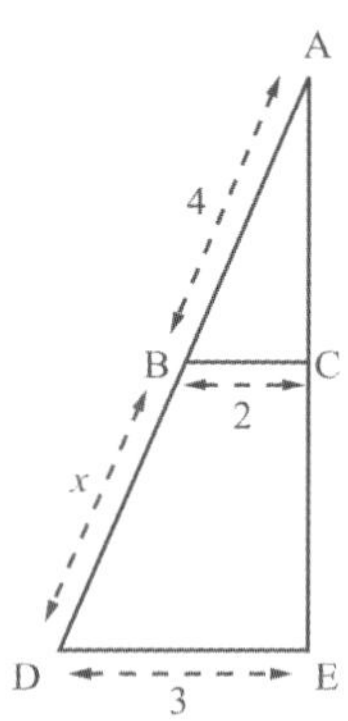

- On en déduit que : $\frac{4}{4+x}=\frac{2}{3}$.
- On obtient : $x = 2$.

Utiliser la proportionnalité dans une figure clé

À l'aide de la **propriété de Thalès**, on calcule une longueur, lorsque l'on connaît les trois autres longueurs.

Exemple 1

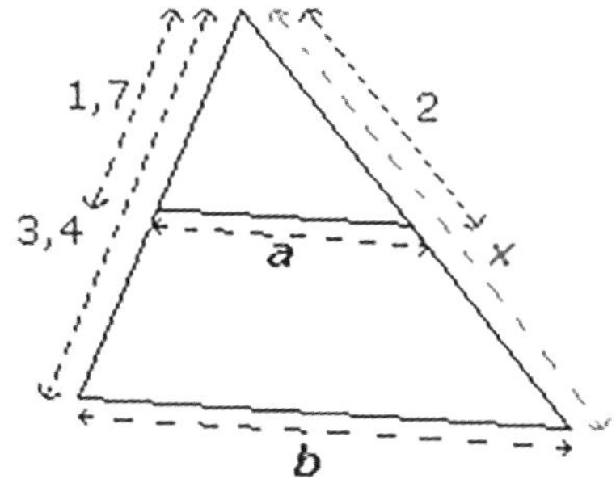

On peut écrire :

$\frac{2}{x} = \frac{1,7}{3,4} = \frac{a}{b}$.

a et b étant inconnus, on utilise :

$\frac{2}{x} = \frac{1,7}{3,4}$.

On obtient :

$x = 4$.

Exemple 2

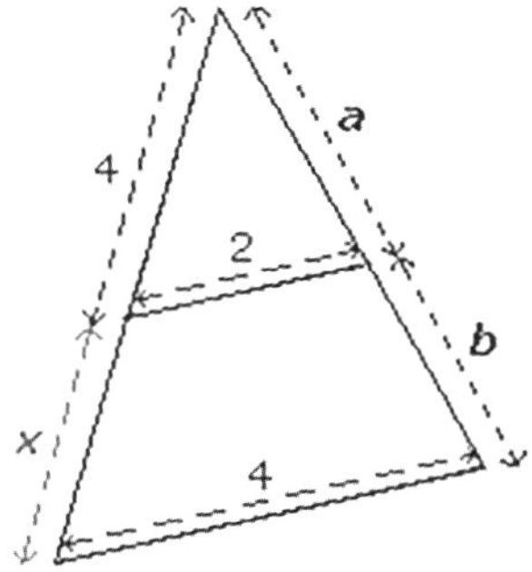

On peut écrire :

$\frac{4}{4+x} = \frac{a+b}{a} = \frac{2}{4}$.

a et b étant inconnus, on utilise :

$\frac{4}{4+x} = \frac{2}{4}$.

On obtient :

$x = 4$.

Démontrer que deux droites sont parallèles à l'aide du théorème de Thalès

Problème

On donne un triangle IJK avec : IJ = 3,6 ; IK = 4,5.
On place E sur [IJ] et F sur [IK] tels que : IE = 2,4 et IF = 3.
On veut prouver que : (EF) // (KJ).

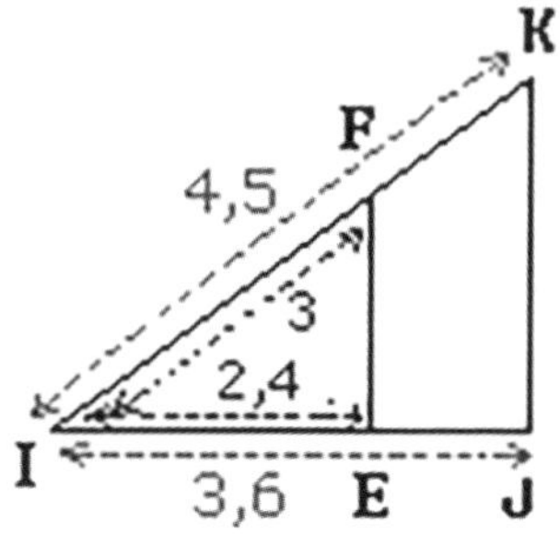

Résolution

On va utiliser la **réciproque du théorème de Thalès.**
Par hypothèse, I, E, J, d'une part et I, F, K, d'autre part, sont **alignés** et ceci dans le **même ordre.**

On calcule que : $\frac{\text{IJ}}{\text{IE}} = \frac{3,6}{2,4} =$ 1,5 ; $\frac{\text{IK}}{\text{IF}} = \frac{4,5}{3} =$ 1,5.

Donc $\frac{\text{IJ}}{\text{IE}} = \frac{\text{IK}}{\text{IF}}$.

Les deux hypothèses de la réciproque du théorème de Thalès étant vérifiées, on en déduit que : (EF) // (KJ).

Définir une homothétie

Définition d'une homothétie

L'image M' du point M du plan par une **homothétie** de centre O et de rapport k (non nul) est défini par :

- $OM' = k \times OM$;
- si $k > 0$, $M' \in [OM)$ (M et M' sont du même côté par rapport à O) ;
- si $k < 0$, $M' \in [MO)$ (M et M' sont de part et d'autre de O).

Le point M' est l'image du point M par l'homothétie de centre O et de rapport −2.

Propriétés d'une homothétie

- L'homothétie de centre O et de rapport −1 est la symétrie de centre O.
- Une homothétie conserve l'alignement, le parallélisme et les angles.
- Une homothétie multiplie les longueurs par $|k|$: si $|k| > 1$, l'image d'une figure est un agrandissement de cette figure et, si $|k| < 1$, l'image d'une figure est une réduction de cette figure.
- Une homothétie de rapport k transforme un segment [AB] en un segment de longueur $|k|$AB.
- Une homothétie de rapport k multiplie les aires par k^2.

Lien avec le théorème de Thalès

Soit h l'homothétie de centre A et de rapport k et, B et C deux points du plan d'image respective M et N par cette homothétie.

Les points A, B, C, M et N forment une configuration de Thalès car $\frac{AM}{AB} = \frac{AN}{AC} = k$.

Si $k > 0$, c'est la configuration de la figure 1 et, si $k < 0$, c'est la configuration de la figure 2.

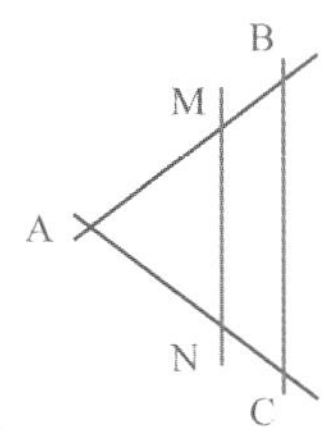

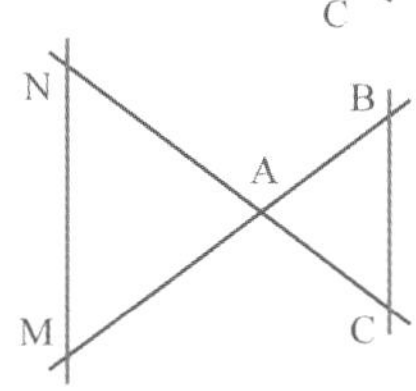

Appliquer les propriétés de la translation

L'image d'une droite par une translation

- Une translation transforme une droite *d* en une droite *d'* **parallèle** à *D*.

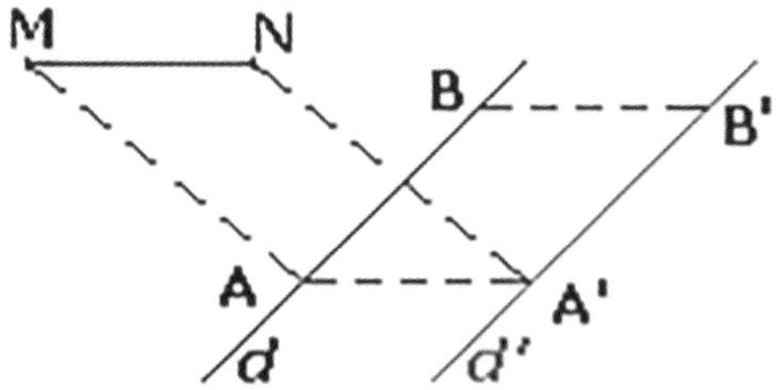

- Pour construire *d*, on peut :
- soit construire les images de deux points distincts de la droite *d* ;
- soit tracer la parallèle à *d* passant par l'image d'un point de *d*.

Autres propriétés

- Une translation conserve les **distances,** les **angles,** et les **aires.**
- L'image d'un cercle par une translation est un cercle de **même rayon.**

Construire l'image d'une figure par rotation

Définition d'une rotation

Une **rotation** est définie par un point O du plan et un angle orienté de mesure α (le **sens des aiguilles d'une montre** est appelé **sens direct**).
Le point A' image du point A par cette rotation est tel que OA' = OA et $\alpha = \widehat{AOA'}$, où les deux angles ont la même orientation.
Sur la figure ci-dessous, α = 75° et le sens de la rotation est le sens indirect.

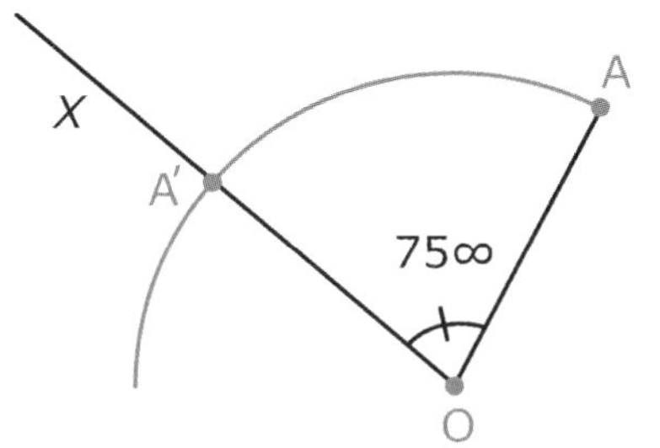

Propriétés d'une rotation

- Une rotation conserve l'alignement, les longueurs, le parallélisme, les angles et les aires .
- Par une rotation, l'image d'un cercle est un cercle de même rayon.

Construction de l'image d'une figure par une rotation

Pour construire l'image d'une figure simple par rotation, il suffit de construire l'image de chacun de ses points caractéristiques.

Exemple

A'B'C'D' est l'image de ABCD par la rotation de centre O et d'angle 90°, en sens **indirect** (le sens des aiguilles d'une montre).

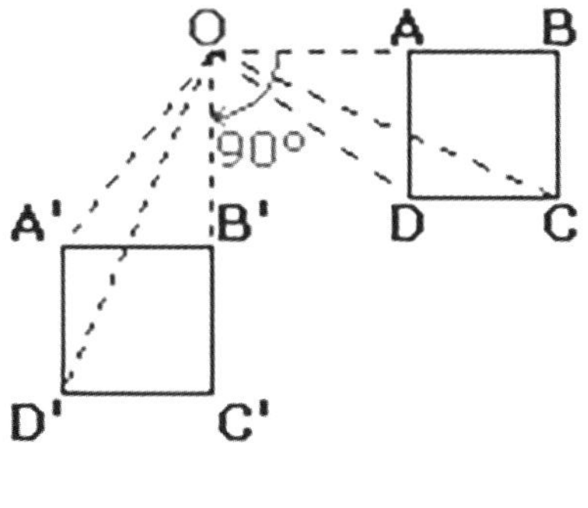

On remarque que ABCD et A'B'C'D' sont superposables.

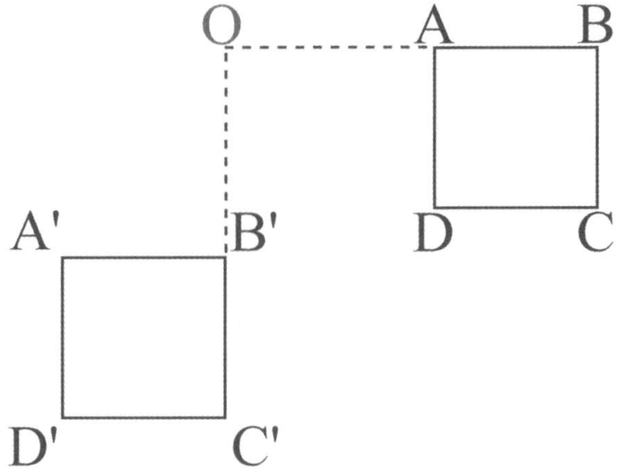

Se repérer dans l'espace

Repérage dans le plan

Pour se **repérer dans un plan**, on utilise un **repère orthogonal** composé d'une **origine O** et de **deux axes perpendiculaires**.
Un point A du plan a **deux coordonnées** : son **abscisse** a et son **ordonnée** b. On note A(a ; b).
Le segment unité en abscisse et le segment unité en ordonnée forment un rectangle, ou un carré si les longueurs de ces deux segments unités sont les mêmes.

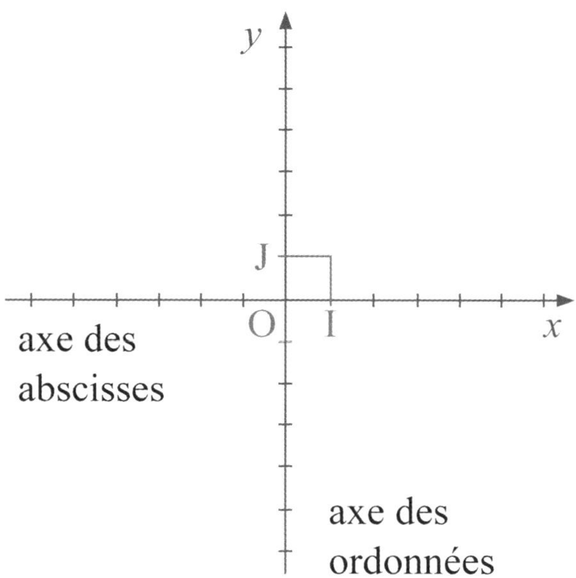

Repérage dans l'espace

Pour se **repérer dans l'espace**, on utilise un **repère orthogonal** composé d'une **origine O** et de **trois axes** où **chacun est perpendiculaire aux deux autres**.
Un point A de l'espace a trois **coordonnées** : son **abscisse** a, son **ordonnée** b et son **altitude** c. On note A(a ; b, c).
Les segments unités en abscisse, en ordonnée et en altitude forment un parallélépipède rectangle, ou un cube si les longueurs de ces trois segments unités sont les mêmes.

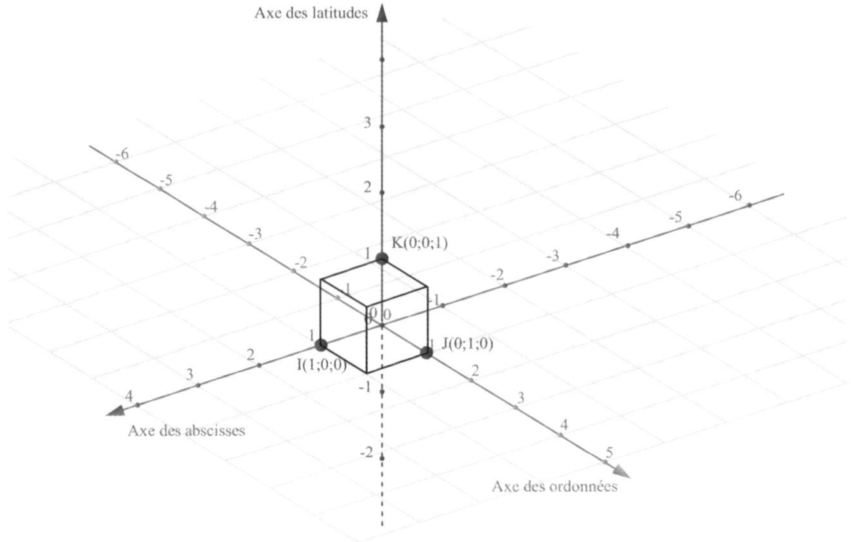
Axe des latitudes
K(0;0;1)
I(1;0;0)
J(0;1;0)
Axe des abscisses
Axe des ordonnées

Se repérer sur une sphère

La sphère terrestre

– Les grands cercles de la sphère terrestre reliant les pôles Nord et Sud sont appelés **méridiens**.

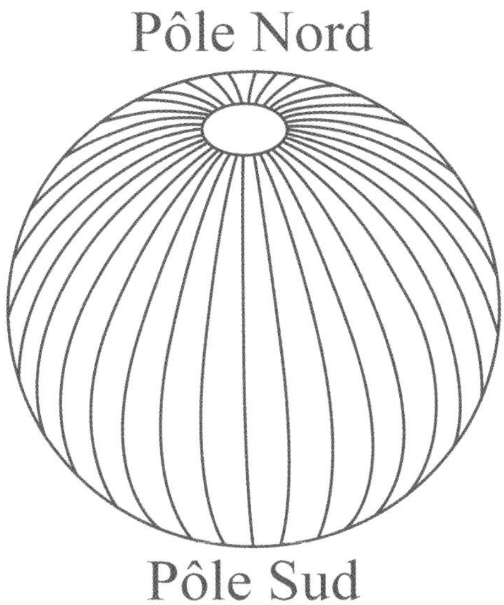

– Les cercles issus de la section de la sphère terrestre par un plan parallèle au plan de l'équateur sont appelés **parallèles**.

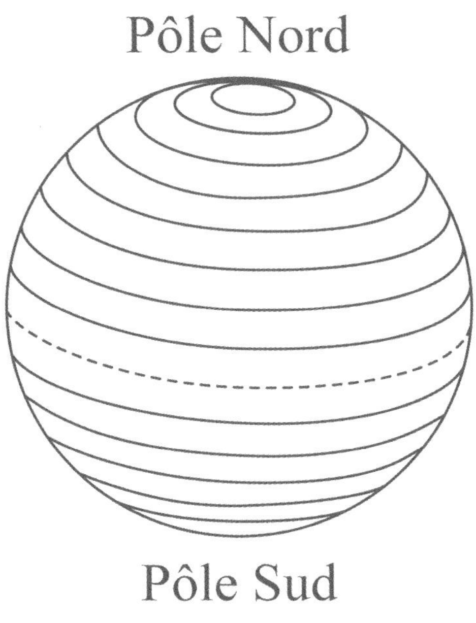

Repérage sur une sphère

À partir des **méridiens** et des **parallèles**, on va pouvoir définir pour chaque point sur la Terre sa **latitude** et sa **longitude** à partir du **méridien de référence**, celui de **Greenwich**, et de la **parallèle de référence**, qui est **l'équateur**.

Méthode

À partir d'un point M sur la surface de la Terre, on recherche le **méridien** auquel il appartient.
L'intersection de ce **méridien** avec **l'équateur** est le point M'.
L'intersection du **méridien de Greenwich** avec **l'équateur** est le point G.

La **latitude** du point M est composée de l'angle $\widehat{M'OM}$ (compris entre 0° et 90°) et de l'indication N (nord) ou S (sud) suivant si le point M est au nord ou au sud de **l'équateur**.

La **longitude** du point M est composée de l'angle $\widehat{GOM'}$ (compris entre 0° et 180°) et de l'indication E (est) ou O (ouest) suivant si le point M est à l'est ou à l'ouest du **méridien de Greenwich**.

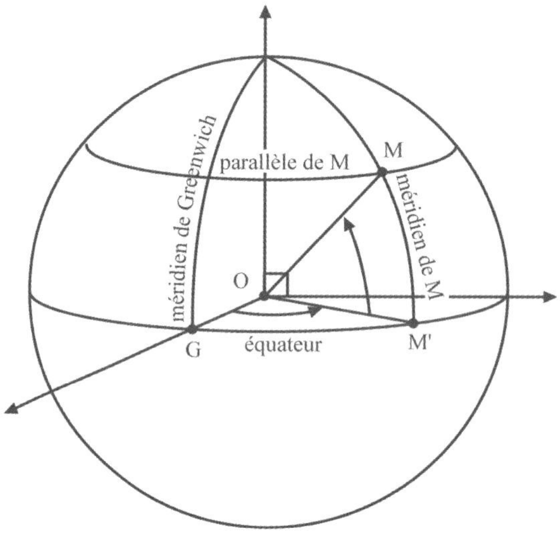

Exemple

Au degré près, les **coordonnées géographiques** de Paris sont 49° (N) 2° (E).

Travailler sur des grandeurs-produits

Définition

Une grandeur-produit est une grandeur obtenue en faisant le **produit de deux grandeurs.**
L'aire est une grandeur-produit, c'est le produit de deux longueurs.

Problème

Cinq amis utilisent la même voiture.
Le conducteur A fait 20 km seul, puis il prend son ami B et ils font ensemble 40 km. Ils prennent en route les trois amis C, D et E et parcourent avec eux 240 km.
Ils ont dépensé 39 €, comment partager la dépense ?

Résolution

On utilise une grandeur-produit : le **km-passager.**
1. Nombre de km-passager :
$20 \times 1 + 40 \times 2 + 240 \times 5 = 1\,300$.
2. Prix de revient d'1 km-passager en € :
$39 \div 1\,300 = 0{,}03$.
3. Part de chacun en € :
A : $300 \times 0{,}03 = 9$;
B : $280 \times 0{,}03 = 8{,}4$;
C, D et E : $240 \times 0{,}03 = 7{,}2$.

Vérification

$9 + 8{,}4 + 7{,}2 \times 3 = 39$
Quand on ajoute les montants dépensés par chacun, on trouve bien la somme totale dépensée.

Calculer l'aire d'une sphère et le volume d'une boule

Calcul de l'aire d'une sphère

- L'aire d'une sphère de rayon *R* est donnée par la formule :

$\mathbf{4 \times \pi \times R^2}$.

- Exemple : l'aire d'une sphère de rayon 9 cm est égale à :

$4 \times \pi \times 9^2$, soit **1 017,36 cm², avec** π = 3,14.

Calcul du volume d'une boule

- Le volume d'une boule de rayon *R* est donnée par la formule :

$\mathbf{\frac{4}{3} \times \pi \times R^3}$.

- Exemple : le volume de la boule de rayon 9 cm est égal à :

$\frac{4}{3} \times \pi \times 9^3$, soit 3 052 cm³ (arrondi à l'unité).

La capacité de la boule est donc d'environ **3 litres.**

Reconnaître un agrandissement ou une réduction

Propriété

Lorsqu'on passe d'une figure à une autre par un agrandissement ou une réduction :
- les longueurs des côtés sont **multipliées par un même nombre** k (l'échelle) ;
- les angles sont **conservés.**

Cas d'un triangle

Pour contrôler qu'un triangle est l'agrandissement ou la réduction d'un autre triangle, il suffit de s'assurer que l'une des deux conditions (sur les longueurs ou sur les angles) est vérifiée.
Exemple :
On a (MN) // (BC) ;
d'où $\frac{\text{AM}}{\text{AB}} = \frac{\text{AN}}{\text{AC}} = \frac{\text{MN}}{\text{BC}}$.

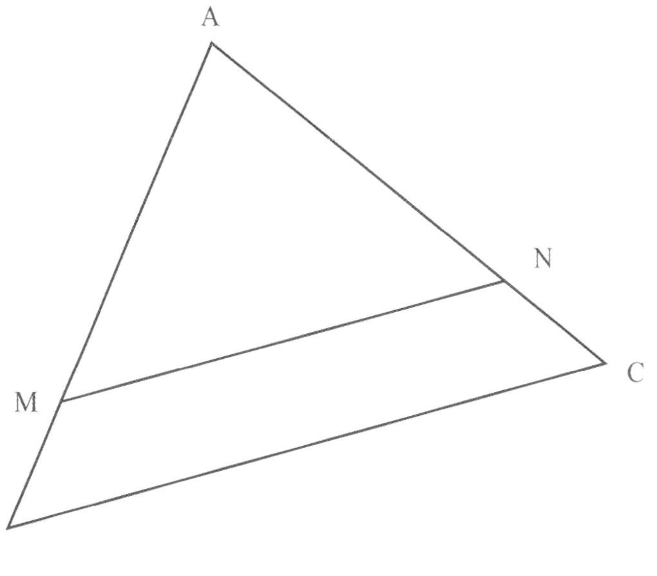

Autrement dit, les longueurs des côtés des triangles AMN et ABC sont proportionnelles.
On peut donc dire que le triangle AMN est une **réduction** du triangle ABC ; l'échelle de réduction est égale à $\frac{AM}{AB}$.

Calculer les dimensions d'une figure agrandie ou réduite

Exemple

Soit un carré ABCD de 6 cm de côté.

On reproduit ce carré à **l'échelle** $\frac{1}{2}$.

On veut calculer les dimensions du nouveau carré EFGH.

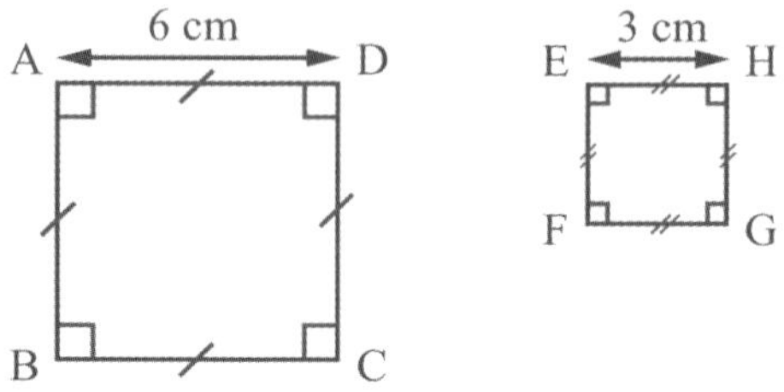

- Périmètre de ABCD : 24 cm.
- Périmètre de EFGH : $24 \times \frac{1}{2} = 12$ cm.
- Aire de ABCD : 36 cm^2.
- Aire de EFGH : $36 \times \frac{1}{4} = 9$ cm^2.

Règle

Pour reproduire une figure à l'échelle k, on multiplie les longueurs de ses côtés par **k.**
Son aire est donc multipliée par $\mathbf{k^2}$**.**

Calculer le volume d'un solide agrandi ou réduit

Règle

Pour calculer le volume d'un solide reproduit à **l'échelle k,** on multiplie le volume initial par **k^3.**

Exemple

Soit un cube d'arête 5 cm. On l'agrandit en multipliant ses dimensions par 4.
Le volume du cube initial est :
$5 \times 5 \times 5$, soit 125 cm^3.
Le volume du cube agrandi est :
125×4^3, soit 8 000 cm^3.

Comprendre le vocabulaire des probabilités

Qu'est ce qu'une expérience aléatoire ? Une issue ?

Une **expérience aléatoire** est une expérimentation ou un phénomène conduisant à plusieurs résultats, et pour lequel on ne peut pas savoir a priori le résultat qui se produira.
Ces différents résultats sont appelés **issues** (ou résultats, épreuves, possibilités...).

- Expérience 1

On lance une pièce de monnaie et on regarde la face supérieure.
Les issues possibles de cette expérience aléatoire sont : pile, face.

- Expérience 2

On jette un dé et on observe la face supérieure.
Les issues de cette expérience aléatoire sont les chiffres : 1 ; 2 ; 3 ; 4 ; 5 ; 6.

Qu'est-ce qu'un événement ?

On appelle **événement** une partie de l'ensemble des issues d'une expérience aléatoire.
L'événement est dit **élémentaire** s'il ne correspond qu'à une seule et unique issue.
• Pour désigner un événement, on peut procéder de deux manières :
– soit par une phrase explicite qui définit clairement les issues que l'on souhaite garder : dans l'*expérience 2*, on pourrait considérer l'événement « le chiffre désigné par la face supérieure du dé est pair », qui correspondrait à la partie {2 ; 4 ; 6} de toutes les issues possibles de l'expérience ;
– soit par les issues elles-mêmes : dans l'*expérience 1*, on pourrait considérer l'événement « pile ». C'est un événement élémentaire.
Dans les deux cas, on peut nommer l'événement d'une lettre majuscule (« soit A l'événement... »).
• Deux événements sont dits **incompatibles** s'ils ne peuvent pas se produire en même temps.

Exemple
Dans l'expérience 2, les événements « la face supérieure du dé est 1 » et « la face supérieure du dé est 2 » sont incompatibles. En effet, un dé immobilisé ne peut montrer les faces 1 et 2 en même temps.
• L'événement **contraire** d'un événement est celui qui se réalise lorsque l'événement n'a pas lieu.

Exemple
Dans l'expérience 2, l'événement « Obtenir 6 » et l'événement « Obtenir 1, 2, 3, 4 ou 5 » sont deux événements contraires.

Remarque
Incompatible n'est pas synonyme de *contraire*. Pour un événement donné, il n'existe qu'un seul événement contraire mais plusieurs événements incompatibles.
Par exemple : pour l'événement « Obtenir 6 », l'événement contraire est « Obtenir 1, 2, 3, 4 ou 5 ».
Les événements incompatibles sont « Obtenir 1 », « Obtenir 2 », etc.

Qu'est-ce qu'une probabilité ?

On peut renouveler plusieurs fois la même expérience aléatoire.
La fréquence de réalisation d'un événement est égale au rapport du nombre de fois où l'événement se produit sur le nombre de fois où l'expérience est réalisée.
Sur un petit nombre d'expériences, cette fréquence peut beaucoup varier. En revanche, si on renouvelle l'expérience un très grand nombre de fois, on voit cette fréquence qui variait beaucoup se stabiliser autour d'une valeur. Cette valeur est la probabilité de l'événement étudié.
Le calcul des probabilités se propose de déterminer cette fréquence théorique, sans répéter plusieurs fois l'expérience.
La détermination des probabilités est parfois assez intuitive.

Exemple

On considère la roue suivante :

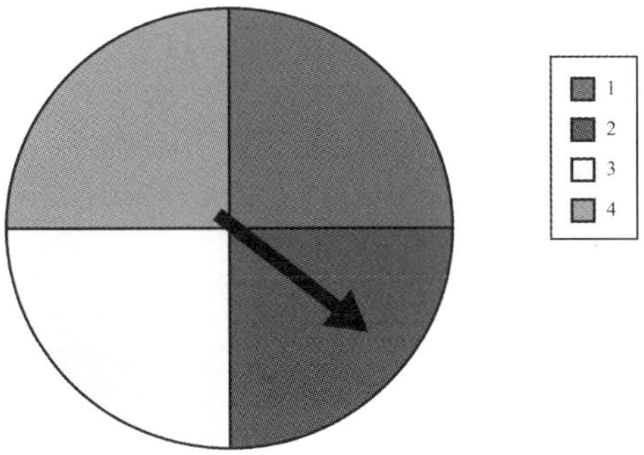

Quelle est la probabilité de « tomber » sur la couleur rouge ?
On peut répondre que l'on a une chance sur quatre, c'est-à-dire : $\frac{1}{4}$ = 0,25 = 25 %.
Cela suppose quand même que la roue soit bien équilibrée et que chaque secteur soit bien identique. On dit alors qu'il y a **équiprobabilité**.

Équiprobabilité

Lorsque les événements élémentaires d'une même expérience aléatoire ont des probabilités égales, on dit qu'il y a équiprobabilité.

Exemple

On lance une pièce de monnaie.
Si la pièce n'est pas truquée, les événements « obtenir pile » et « obtenir face » ont tous deux des probabilités égales à $\frac{1}{2}$.

Ils sont donc équiprobables.

Calculer une probabilité

Formule de Laplace

Si les résultats de l'expérience ont la même « chance » d'aboutir (c'est-à-dire dans une situation d'équiprobabilité), alors la probabilité d'un événement A est noté p(A) et correspond au rapport :

$$p(A) = \frac{Nombre\ d'issues\ favorables}{Nombres\ d'issues\ possibles}$$

Exemple

- **Énoncé**

On jette un dé équilibré à six faces, on regarde la face supérieure du dé. Quelle est la probabilité d'obtenir un numéro pair ?

- **Solution**

On dit dans l'énoncé que le dé est équilibré, donc on est dans une situation d'équiprobabilité.
On note A l'événement « Obtenir un numéro pair ».
Le nombre d'issues favorables est égal à 3 (lorsque la face supérieure indique les numéros 2, 4 ou 6).
Le nombre d'issues possibles est égal à 6 (puisque l'on a six faces).
D'après la formule de Laplace, on a :

$$p(A) = \frac{Nombre\ d'issues\ favorables}{Nombres\ d'issues\ possibles} = \frac{3}{6} = \frac{1}{2}$$

Donc on a une chance sur deux d'obtenir un numéro pair en jetant un dé équilibré.
On dit aussi que la probabilité est égale à 0,5, ou encore à 50 %.

Cas particuliers

Considérons un événement A.
Lorsque p(A) = 0, alors l'événement est dit **impossible**.
Lorsque p(A) = 1, alors l'événement est dit **certain**.

- On lance une pièce et on considère l'événement A : « la pièce tombe sur la tranche ».

L'issue « tomber sur la tranche » ne fait pas partie des issues possibles. Donc p(A) = 0 et l'événement A est impossible.

- On lance un dé l'événement B : « la face supérieure du dé est un nombre inférieur ou égal à 6 ».

Toutes les issues possibles sont des issues favorables à l'événement YB. On a donc p(Y) = 1 et l'événement B est certain.

Propriétés

Si A est un événement d'une expérience aléatoire, on a $0 \leq p(A) \leq 1$.
La somme de tous les événements élémentaires constitués à partir des issues d'une expérience aléatoire est égale à 1.

Exemple

Lorsqu'on lance une pièce équilibrée, la probabilité d'obtenir « pile » est égale à 0,5 (1 chance sur 2).
La probabilité d'obtenir « face » est aussi égale à 0,5.
La somme des probabilités est égale à 1.

Événement contraire

Soit A un événement. On note $\overline{A}$ (lire A « barre ») l'événement contraire de A.

On a : p(A) + p($\overline{A}$) = 1

Exemple

On lance un dé, considérons l'événement B : « la face supérieure du dé est 1 ».

L'événement contraire $\overline{B}$ de B est « la face supérieure du dé est différente de 1 ».

On a p(B) = $\frac{1}{6}$. Donc p($\overline{B}$) = 1 − $\frac{1}{6}$ = $\frac{6}{6}$ − $\frac{1}{6}$ = $\frac{5}{6}$.

Il y a bien 5 issues favorables : tous les nombres 2, 3, 5, 5, 6 parmi les 6 issues possibles.
La probabilité de l'événement « la face supérieure du dé est différente de » est égale à 5/6.
(On peut dire aussi que l'on a 5 chances sur 6 d'obtenir un numéro différent de 1 en lançant un dé équilibré).

Construire un arbre de probabilité

On peut visualiser toutes les issues possibles d'une expérience aléatoire à l'aide d'un arbre, appelé **arbre des possibles**.

Exemples

- On lance une pièce de monnaie et on regarde la face supérieure.

Les issues possibles de cette expérience aléatoire sont : pile, face.
On peut construire un arbre pour visualiser les issues :

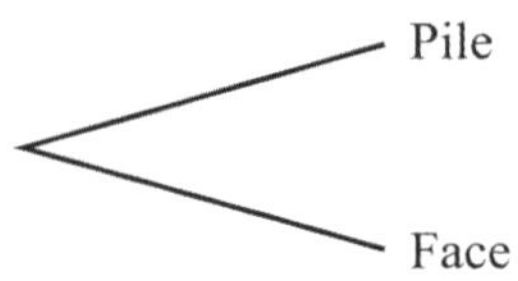

- Dans une roue équilibrée, la partie verte occupe la moitié du disque et les parties bleue, rouge et beige occupent respectivement $\frac{1}{6}$.

Les issues possibles sont V : verte ; Bl : bleue ; Be : beige et R : rouge.
L'arbre des possibles est donc :

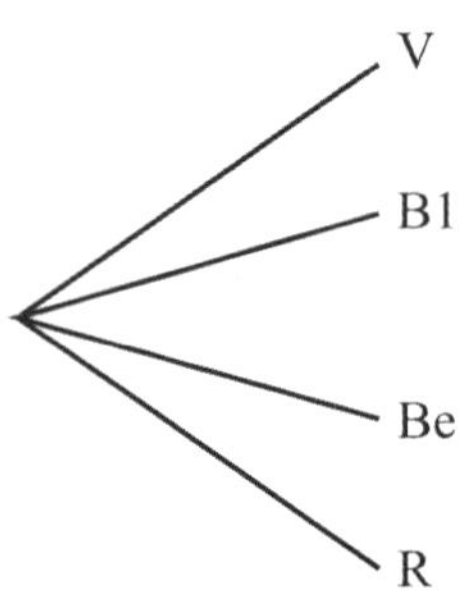

- On peut indiquer sur chaque branche de l'arbre les probabilités des événements, l'arbre est alors un **arbre pondéré**.

Par exemple, pour la roue, on a :

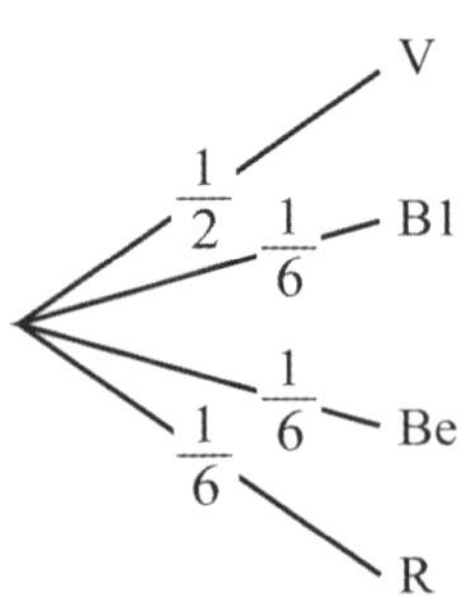

Remarque : la somme des probabilités est égale à
$\frac{1}{2} + \frac{1}{6} + \frac{1}{6} + \frac{1}{6} = \frac{3}{6} + \frac{1}{6} + \frac{1}{6} + \frac{1}{6} = 1.$

- En utilisant la roue précédente, on considère l'événement R : « obtenir la couleur rouge ».

L'événement contraire noté $\overline{R}$ est : « ne pas obtenir la couleur rouge ».

On veut calculer la probabilité de $\overline{R}$. On a deux méthodes :

1. En utilisant l'arbre pondéré, on additionne toutes les probabilités, sauf la probabilité de l'événement R :

$p(\overline{R}) = \frac{1}{2} + \frac{1}{6} + \frac{1}{6} + \frac{1}{6} = \frac{3}{6} + \frac{1}{6} + \frac{1}{6} = \frac{5}{6}.$

2. On sait que $p(\overline{R}) = 16$ et $p(\overline{R}) + p(\overline{R}) = 1$

Donc $p(\overline{R}) = 1 - \frac{1}{6} = \frac{6}{6} - \frac{1}{6} = \frac{5}{6}.$

Réaliser une expérience à deux étapes

Énoncé

• Une urne contient 6 boules de couleur rouge, 4 de couleur noire et 3 boules de couleur bleue.
Une seconde urne contient 2 de couleur verte et 5 de couleur jaune.
On ne peut pas différencier les boules.
• On tire une boule dans la première urne puis une boule dans la seconde urne, le tirage dans la seconde urne est indépendant du tirage réalisé dans la première.
On note :
- R l'événement « obtenir une boule rouge » ;
- N l'événement « obtenir une boule noire » ;
- B l'événement « obtenir une boule bleue » ;
- V l'événement « obtenir une boule verte » ;
- J l'événement « obtenir une boule jaune ».

Calcul des probabilités

• Les calculs de probabilité dans la première urne donnent :
- $p(R) = \frac{6}{13}$;
- $p(N) = \frac{4}{13}$;
- $p(B) = \frac{3}{13}$.

• Les calculs de probabilité dans la seconde urne donnent :
- $p(V) = \frac{2}{7}$;
- $p(J) = \frac{5}{7}$.

• Voici l'arbre pondéré décrivant la situation :

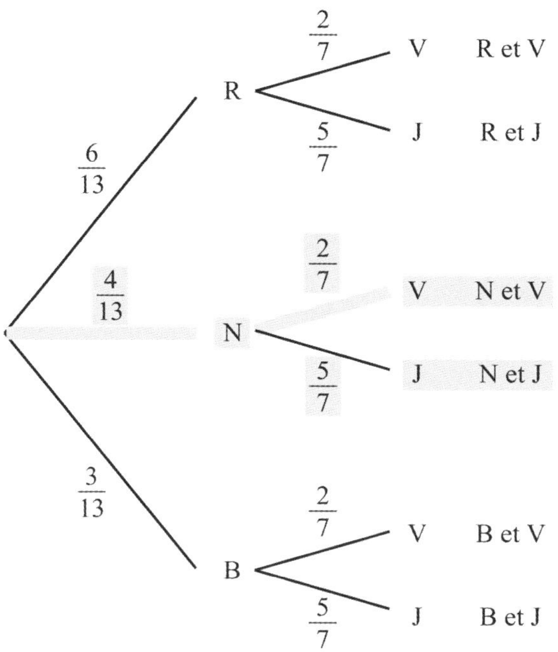

Au bout de chaque branche, on trouve l'événement associé au tirage des deux urnes.
On a ainsi toutes les possibilités : une boule rouge et une boule verte, une boule rouge et une boule jaune, etc.
• Pour calculer la probabilité de l'événement « obtenir une boule noire et une boule verte », on peut se « promener » dans l'arbre. On obtient : $\frac{4}{13} \times \frac{2}{7} = \frac{8}{91}$.
• On applique la règle suivante :
Dans un arbre, la probabilité de l'issue auquel conduit un chemin est égale au produit des probabilités rencontrées le long du chemin.

Notions d'algorithmique

Un algorithme est la décomposition d'une action en instructions élémentaires.
Les calculs nécessaires à la résolution d'un problème, les consignes pour un tracé géométrique, les étapes pour trier des données constituent des algorithmes.
L'énoncé en français doit être traduit en langage machine pour effectuer un traitement sur calculatrice ou ordinateur.

Instructions d'un algorithme élémentaire

Un algorithme comporte en principe quatre étapes.
– **Indication des variables :** une variable sert à stocker une valeur numérique ou un mot. Il faut déclarer les données de l'énoncé et désigner les variables qui permettront de stocker les résultats intermédiaires lors du traitement des instructions. Lorsqu'il s'agit d'un tracé, il n'y a pas de variables ;
Exemple : une valeur entière n.
– **Début :** on affecte les données dans des variables, on place le curseur sur l'écran, on choisit une taille pour le stylo, on choisit une orientation pour le prochain tracé ;
Exemple 1 (dans Scratch) : la première valeur de n est 0.

Exemple 2 (dans Scratch) : on place le curseur et on définit une orientation.

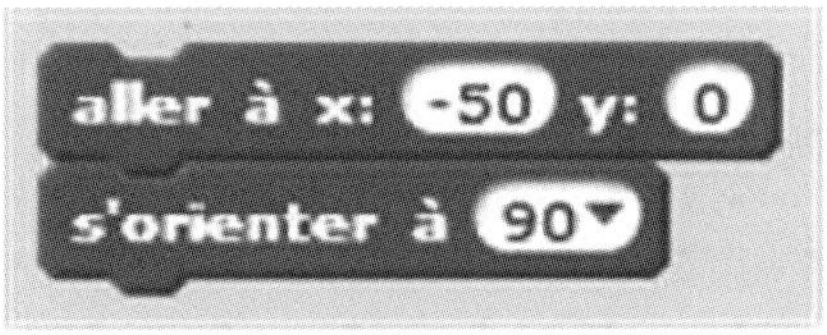

– **Traitement :** on note l'ensemble des instructions de calcul, les boucles de répétition, les tests à effectuer, les déplacements sur l'écran à effectuer ;
Exemple 1 (dans Scratch) : on affecte la valeur $n + 1$ à la valeur n (instruction d'affectation).

Exemple 2 (dans Scratch) : on définit un déplacement, après avoir défini une orientation.

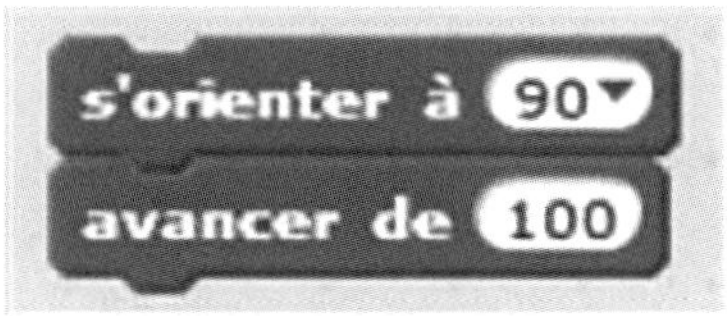

– **Sortie :** lorsque toutes les opérations sont exécutées il faut communiquer les résultats, c'est-à-dire les écrire ou, lorsqu'il s'agit d'une figure, la tracer.
Exemple : quand le programme est terminé, la valeur de n est donnée ou les traits du stylo forment une figure.

Condition dans un algorithme élémentaire

Une action est effectuée si la condition est vérifiée. Si elle n'est pas vérifiée, une autre action est effectuée ou, si rien n'est précisé, le programme passe à l'étape suivante.
Si condition, **alors** traitement 1.
Sinon traitement 2.
FinSi
Exemple (dans Scratch) :

Si la touche flèche droite est pressée, le curseur avance de 50 à l'horizontale vers la droite. Si ce n'est pas le cas, ici, il n'y a pas de « traitement 2 ».

Boucles dans un algorithme élémentaire

Dans un algorithme, la répétition de la même suite d'instructions un certain nombre de fois s'appelle une « boucle ».
La question importante est « comment arrêter la boucle » ?
Il y a deux méthodes à choisir en fonction du problème : soit on connaît le nombre de fois que l'on doit effectuer la répétition, soit on connaît un test d'arrêt.
Il y a trois structures possibles.
– Avec un compteur : **pour** variable **variant de ..., faire** traitement. **FinPour**
Exemple (dans Scratch) : le traitement est dans la boucle « répéter 10 fois ».

– Avec une condition : **tant que** condition, **faire** traitement. **FinTantque**
Exemple : tant que $k^2 < 1\,000$, faire affecter à k la valeur $k + 1$.
– Avec répétition jusqu'à condition : **répète** traitement **jusqu'à** condition. **FinTantque**
Exemple (dans Scratch) : le traitement est après ou dans la boucle ci-dessous.

Sujet de métropole, juin 2023, exercice 3

Cet exercice est un questionnaire à choix multiples (QCM). **Une seule réponse est exacte.** Aucune justification n'est demandée.

Question	Réponse A	Réponse B	Réponse C
1. Dans une classe de 25 élèves, 60 % des élèves sont des filles. Combien y a-t-il de filles dans cette classe ?	10	15	20

Vous devez utiliser la proportionnalité de cette situation sans vous précipiter et en utilisant toutes les données numériques de l'énoncé pour obtenir la bonne réponse.

Question	Réponse A	Réponse B	Réponse C
2. Quelle est la décomposition en produit de facteurs premiers de 126 ?	$2 \times 9 \times 7$	$2^2 \times 5^2 + 2 \times 13$	$2 \times 3^2 \times 7$

Il faut connaître le vocabulaire de cette question, savoir en quoi consiste une décomposition en produit de facteurs et bien connaître la définition des nombres premiers pour ne pas choisir une réponse avec des nombres non premiers.

Question	Réponse A	Réponse B	Réponse C
3. Dans un sac, il y a 17 jetons rouges, 23 jetons jaunes et 20 jetons bleus, tous indiscernables au toucher. On tire au hasard un jeton du sac. Quelle est la probabilité d'obtenir un jeton rouge ou un jeton jaune ?	$\frac{2}{3}$	0,6	$\frac{17}{23}$

Pour répondre à cette question, il faut calculer le nombre total de jetons, et ne pas oublier de simplifier les fractions obtenues pour répondre correctement.

Question	Réponse A	Réponse B	Réponse C
4. Sur l'octogone régulier ci-dessous, quelle est l'image du segment [*DC*] par la rotation de centre O qui transforme A en D ? 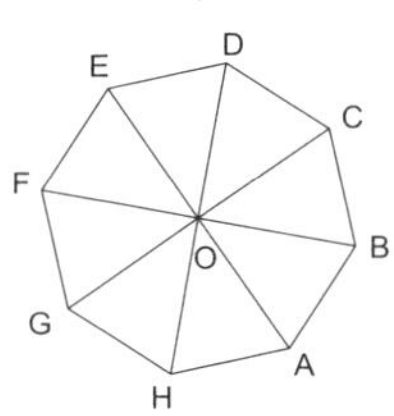 	[*GE*]	[*GF*]	[*AH*]

Il faut bien observer bien la figure proposée et réfléchir aux propriétés caractéristiques de la transformation indiquée pour trouver l'image de chaque point utilisé.

Question	Réponse A	Réponse B	Réponse C
5. Quel est le volume d'un pavé droit de hauteur 1,5 m et de base rectangulaire de 2 m de longueur et 1,3 m de largeur ? *On rappelle que* 1 m^3 = 1 000 L.	2,6 m^3	3 900 L	3 000 L

Il faut connaitre la formule donnant le volume d'un pavé droit et ne pas se laisser piéger par les différentes unités proposées dans cette question.

1. On calcule : $25 \times \frac{60}{100} = 15$. **Réponse B**.

2. On décompose le nombre 126 : $126 = 2 \times 63 = 2 \times 9 \times 7 = 2 \times 3^2 \times 7$. **Réponse C**.

3. On calcule le nombre total de jetons : 17 + 23 + 20 = 60 puis le nombre de jetons rouges ou jaunes : 17 + 23 = 40. La probabilité d'obtenir un jeton rouge ou jaune est donc de $\frac{40}{60} = \frac{2}{3}$. **Réponse A**.

4. Le point C se transforme en F et le point D se transforme en G. On obtient donc le segment [*FG*]. **Réponse B**.

5. Le volume d'un pavé droit est donné par la formule : $V = L \times l \times h$. On calcule donc : $V = 1{,}5 \times 2 \times 1{,}3 = 3{,}9$ m^3 soit 3 900 litres. **Réponse B.**

Sujet de métropole, juin 2022, exercice 2

20 points

Cet exercice est un questionnaire à choix multiples (QCM). Aucune justification n'est demandée.

Pour chaque question, trois réponses (A, B et C) sont proposées. **Une seule réponse est exacte.**

Recopier sur la copie le numéro de la question et la réponse.

Questions	**Réponse A**	**Réponse B**	**Réponse C**
1. On considère les deux figures suivantes. Par quelle transformation la figure 2 est-elle l'image de la figure 1 ? 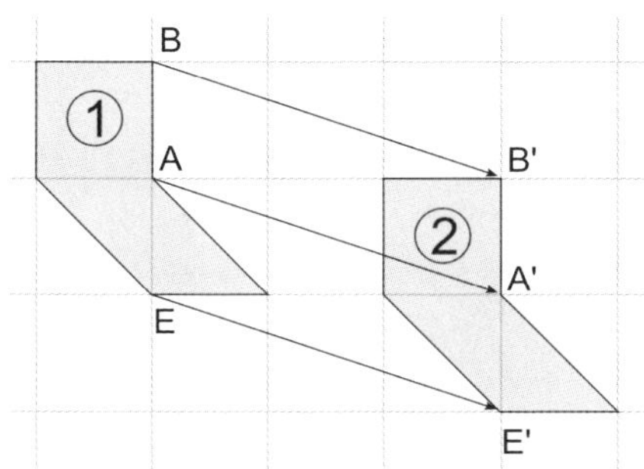 	Une translation	Une homothétie	Une symétrie axiale

Observez bien les deux figures proposées et réfléchissez aux propriétés caractéristiques de chacune des transformations proposées pour choisir celle qui est utilisée ici.

Questions	Réponse A	Réponse B	Réponse C
2. On considère la représentation graphique de la fonction g suivante : 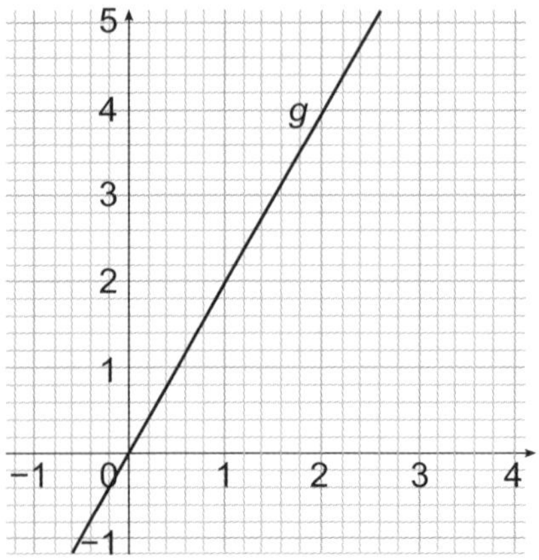 Quel est l'antécédent de 2 par la fonction g ?	2	1	4
3. Soit f la fonction définie par : $f : x \to 3x^2 - 7$ Quelle affirmation est correcte ?	29 est l'image de 2 par la fonction f.	$f(3) = 20$	F est une fonction affine.

Dans ces questions 2 et 3, on étudie deux fonctions, l'une représentée graphiquement et l'autre dont on connaît la formule. Il faut donc maîtriser le vocabulaire de base des fonctions (image, antécédent, fonction affine...) afin de comprendre la question pour ne pas tomber dans les pièges des différentes réponses proposées.

Questions	Réponse A	Réponse B	Réponse C
4. On a relevé les performances, en mètres, obtenues au lancer du poids par un groupe de 13 élèves d'une classe. 3,41 m ; 5,25 m ; 5,42 m ; 4,3 m ; 6,11 m ; 4,28 m ; 5,15 m ; 3,7 m ; 6,07 m ; 5,82 m ; 4,62 m ; 4,91 m ; 4,01 m. Quelle est la médiane de cette série de valeurs ?	7	4,91	5,15

Il faut que vous pensiez à réaliser les étapes de calculs d'une médiane dans l'ordre vu en classe afin d'éviter les erreurs de précipitation. N'hésitez pas à faire la rédaction au brouillon même si elle ne vous est pas demandée dans cet exercice, afin de ne rien oublier.

Questions	**Réponse A**	**Réponse B**	**Réponse C**
5. On considère la configuration suivante, dans laquelle les triangles LAC et BUT sont semblables. 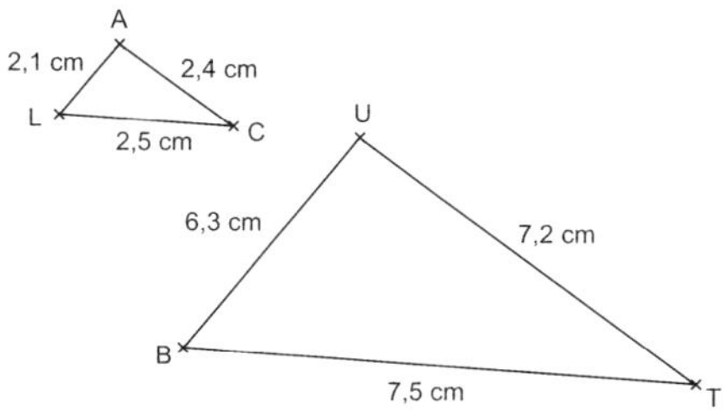 Par quel nombre doit-on multiplier l'aire du triangle LAC pour obtenir l'aire du triangle BUT ?	3	6	9

Souvenez-vous que les triangles semblables sont également des situations de proportionnalité et d'agrandissement. Utilisez donc toutes vos connaissances sur ces thèmes pour résoudre cette question.
N'hésitez pas à calculer approximativement l'aire de ces triangles pour vérifier grossièrement le coefficient qui les relie.

1. La figure 2 est l'image de la figure 1 par la translation qui transforme le point A en A'. **Réponse A**.

2. Graphiquement, on observe que la droite passe par le point vérifiant g(1) = 2. Ainsi, 1 est l'antécédent de 2 par la fonction g. **Réponse B**.

3. On calcule : $f(3) = 3 \times 3^2 - 7 = 3 \times 9 - 7 = 27 - 7 = 20$. **Réponse B**.

4. On commence par classer les valeurs de la série dans l'ordre croissant : 3,41 ; 3,7 ; 4,01 ; 4,28 ; 4,3 ; 4,62 ; 4,91 ; 5,15 ; 5,25 ; 5,42 ; 5,82 ; 6,07 ; 6,11.
Comme la série est composée de 13 valeurs, la valeur médiane est la 7e valeur de la série, soit 4,91 m. **Réponse B**.

5. En calculant le coefficient d'agrandissement entre les deux triangles, on observe que les longueurs du triangle LAC sont toutes multipliées par 3 pour obtenir celles du triangle BUT.
L'aire du triangle LAC est donc multipliée par 3^2 soit 9. **Réponse C**.

Sujet de métropole, juin 2021, exercice 3

20 points

Cet exercice est un questionnaire à choix multiples (QCM). Aucune justification n'est demandée. Pour chaque question, trois réponses (A, B et C) sont proposées. **Une seule réponse est exacte.** Recopier sur la copie le numéro de la question et la réponse.

Partie A

Une urne contient 7 jetons verts, 4 jetons rouges, 3 jetons bleus et 2 jetons jaunes. Les jetons sont indiscernables au toucher. On pioche un jeton au hasard dans cette urne.

Questions	Réponse A	Réponse B	Réponse C
1. À quel événement correspond une probabilité de $\frac{7}{16}$?	Obtenir un jeton de couleur rouge ou jaune.	Obtenir un jeton qui n'est pas vert.	Obtenir un jeton vert.
2. Quelle est la probabilité de ne pas tirer un jeton bleu ?	$\frac{13}{16}$	$\frac{3}{16}$	$\frac{3}{4}$

> Il faut que vous pensiez à calculer le nombre total d'issues de cette expérience pour bien analyser la situation et ne pas choisir la réponse trop précipitamment. Les questions de ce QCM sont ici assez simples, et rapportent chacune 4 points, il faut donc bien prendre son temps pour y répondre correctement.

Partie B

On considère la figure suivante, composée de vingt motifs numérotés de 1 à 20, dans laquelle :

- $\widehat{AOB} = 36°$.
- Le motif 11 est l'image du motif 1 par l'homothétie de centre O et de rapport 2.

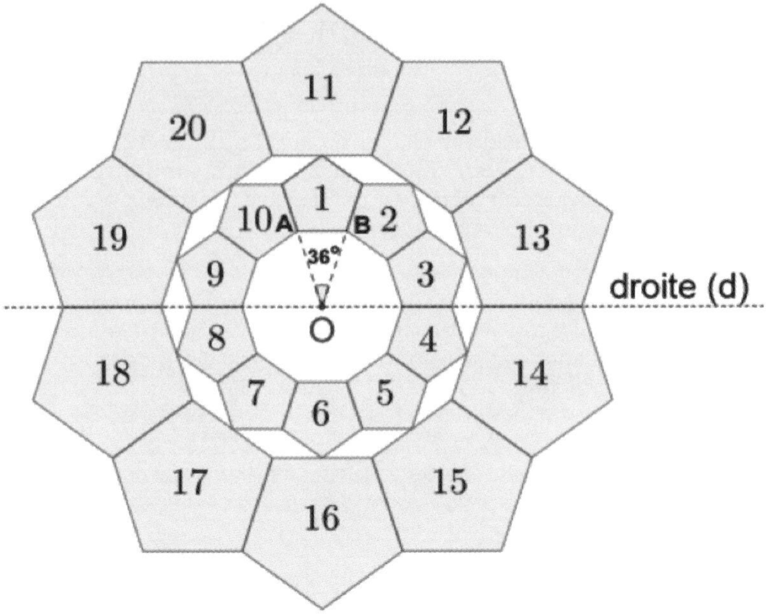

Questions	Réponse A	Réponse B	Réponse C
3. Quelle est l'image du motif 20 par la symétrie d'axe de la droite (d) ?	Le motif 17	Le motif 15	Le motif 12
4. Par quelle rotation le motif 3 est-il l'image du motif 1 ?	Une rotation de centre O, et d'angle 36°.	Une rotation de centre O, et d'angle 72°	Une rotation de centre O, et d'angle 90°.
5. L'aire du motif 11 est égale :	au double de l'aire du motif 1.	à 4 fois l'aire du motif 1.	À la moitié de l'aire du motif 1.

Mettez les éléments significatifs de chaque transformation en couleur pour mieux visualiser les figures initiales et les figures obtenues et ainsi mieux répondre.
Pour la rotation, vous devez compter le nombre de « cran » de décalage de la figure initiale lors de la rotation pour obtenir l'angle par un calcul en fonction de ces crans.
Pour l'homothétie, vous devez vous souvenir que le rapport d'agrandissement s'applique aux longueurs. Les aires sont alors multipliées par le même coefficient, mais au carré.

Partie A

1. Au total, il y a 16 jetons car : 7 + 4 + 3 + 2 = 16.

Donc la probabilité de piocher un jeton vert est de $\frac{7}{16}$. Réponse C.

2. Si le jeton n'est pas bleu, il peut être vert, rouge ou jaune. On a donc une probabilité de $\frac{13}{16}$ de ne pas piocher un jeton bleu. Réponse A.

Partie B

1. L'image du pentagone 20 par la symétrie axiale d'axe (d) est le pentagone 17. Réponse A.

2. Le pentagone 3 est l'image du pentagone 1 par la rotation de centre O et d'angle 72°, car on calcule 36° × 2. Réponse B.

3. Le pentagone 11 est l'image du pentagone 1 par l'homothétie de centre O et de rapport 2. C'est donc un agrandissement de rapport 2, donc l'aire de la figure est multipliée par 2^2 soit 4. Réponse B.

Sujet de métropole, juin 2022, exercice 3

20 points
Une collectionneuse compte ses cartes Pokémon afin de les revendre.
Elle possède 252 cartes de type « feu » et 156 cartes de type « terre ».

1. a) Parmi les trois propositions suivantes, laquelle correspond à la décomposition en produit de facteurs premiers du nombre 252 :

Proposition 1	Proposition 2	Proposition 3
$2^2 \times 9 \times 7$	$2 \times 2 \times 3 \times 21$	$2^2 \times 3^2 \times 7$

b) Donner la décomposition en produit de facteurs premiers du nombre 156.

Prenez le temps de bien réfléchir à la notion de décomposition en produit de facteurs premiers et n'hésitez pas à lister les nombres premiers inférieurs à 30 pour vous aider à réaliser ces deux questions.Pour la question b, notez bien toutes vos étapes de calculs.

2. Elle veut réaliser des paquets identiques, c'est-à-dire contenant chacun le même nombre de cartes « terre » et le même nombre de cartes « feu » en utilisant toutes ses cartes.

a) Peut-elle faire 36 paquets ?

Ne cherchez pas une résolution trop compliquée pour cette question.
Pensez à bien détailler vos calculs et vos explications.

b) Quel est le nombre maximum de paquets qu'elle peut réaliser ?

Utilisez les décompositions en produit de facteurs premiers obtenues pour trouver le plus grand diviseur commun aux deux nombres et donc le plus grand nombre de paquets que la collectionneuse peut réaliser. Pensez à bien noter tous vos calculs.

c) Combien de cartes de chaque type contient alors chaque paquet ?

Pensez à bien détailler vos calculs et vos explications.
Pensez à bien terminer la réponse avec une phrase concrète.

3. Elle choisit une carte au hasard parmi toutes ses cartes. On suppose les cartes indiscernables au toucher. Calculer la probabilité que ce soit une carte de type « terre ».

Vous devez ici utiliser vos connaissances sur les probabilités pour résoudre cette question. Votre réponse peut être écrite sous différentes formes (fraction, nombre décimal ou pourcentage), mais vous devez dans tous les cas écrire vos étapes de calcul.

1. a) Comme les nombres 9 et 21 ne sont pas des nombres premiers, cela élimine les propositions 1 et 2 qui ne sont donc pas les décompositions cherchées.
La décomposition en produit de facteurs premiers de 252 est donc obtenue avec la proposition 3 : $2^2 \times 3^2 \times 7$.
b) On calcule la décomposition : $126 = 2 \times 78 = 2 \times 2 \times 39 = 2^2 \times 3 \times 13$.
La décomposition en produit de facteurs premiers du nombre 156 est donc $2^2 \times 3 \times 13$.
2. a) Le nombre 156 n'est pas divisible par 36 car $156 \div 36 \approx 4{,}33$.
Elle ne peut donc pas réaliser 36 paquets avec ses cartes.
b) La décomposition en produit de facteurs premiers du nombre 252 est : $2^2 \times 3^2 \times 7$ et celle du nombre 156 est : $2^2 \times 3 \times 13$.
Ces deux nombres ont donc $2^2 \times 3$ en commun dans leurs décompositions en produit de facteurs premiers. Comme $2^2 \times 3 = 12$, le plus grand diviseur commun aux nombres 252 et 156 est donc 12.
La collectionneuse peut donc réaliser 12 paquets au maximum.
c) On calcule le nombre de cartes par paquet : $252 \div 12 = 21$ et $156 \div 12 = 13$.
Dans chaque paquet, il y aura donc 21 cartes Pokémon de type « feu » et 13 cartes Pokémon de type « terre ».
3. Au total, cette collectionneuse possède 408 cartes Pokémon ($252 + 156 = 408$).
La probabilité qu'elle tire une carte de type « terre » dans son paquet est donc égale à $\frac{156}{408}$ qui se simplifie par 12 et donne $\frac{13}{34}$ ou encore environ 0,38 en nombre décimal soit 38 %.

Sujet de métropole, juin 2021, exercice 2

20 points

Le Futuroscope est un parc de loisirs situé dans la Vienne. L'année 2019 a enregistré 1,9 million de visiteurs.

1. Combien aurait-il fallu de visiteurs en plus en 2019 pour atteindre 2 millions de visiteurs ?

> Pensez à écrire les nombres en chiffres pour faire le calcul facilement.

2. L'affirmation « Il y a eu environ 5 200 visiteurs par jour en 2019 » est-elle vraie ? Justifier la réponse.

> Pensez à bien détailler vos calculs et vos explications.
> Pensez à l'interprétation concrète de la notion de moyenne qui permet ici de trouver le calcul à réaliser pour répondre à la question posée.

3. Un professeur organise une sortie pédagogique au Futuroscope pour ses élèves de troisième. Il veut répartir les 126 garçons et les 90 filles par groupes. Il souhaite que chaque groupe comporte le même nombre de filles et le même nombre de garçons.

a. Décomposer en produit de facteurs premiers les nombres 126 et 90.

> La décomposition doit être justifiée avec l'écriture des calculs, mais on vous recommande de vérifier vos résultats avec la touche decomp de la calculatrice.

b. Trouver tous les entiers qui divisent à la fois les nombres 126 et 90.

> Vous devez ici utiliser les décompositions obtenues à la question précédente et trouver ce qu'elles ont en commun. À partir de cela, vous pourrez en déduire les diviseurs en commun en calculant toutes les combinaisons possibles.

c. En déduire le plus grand nombre de groupes que le professeur pourra constituer. Combien de filles et de garçons y aura-t-il alors dans chaque groupe ?

> Utilisez les diviseurs en commun obtenus pour trouver le plus grand nombre de groupes que le professeur peut réaliser. Pensez à bien noter tous vos calculs.

4. Deux élèves de 3e, Marie et Adrien, se souviennent avoir vu en mathématiques que les hauteurs inaccessibles pouvaient être déterminées avec l'ombre. Ils souhaitent calculer la hauteur de la Gyrotour du Futuroscope.
Marie se place comme indiquée sur la figure ci-dessous, de telle sorte que son ombre coïncide avec celle de la tour. Après avoir effectué plusieurs mesures, Adrien effectue le schéma ci-dessous (le schéma n'est pas à l'échelle), sur lequel les points A, E et B ainsi que les points A, D et C sont alignés.
Calculer la hauteur BC de la Gyrotour.

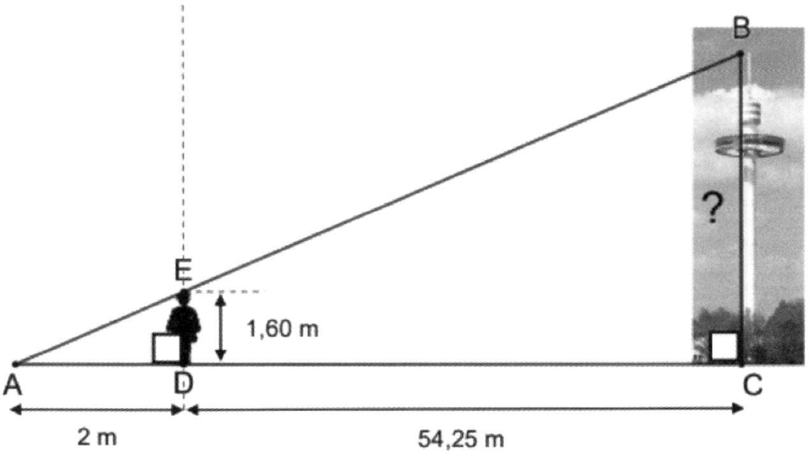

Vous devez reconnaître rapidement les situations classiques qui font penser aux théorèmes de Thalès et de Pythagore. Vous devez penser à justifier le parallélisme des droites pour appliquer le théorème de Thalès. Faites attention également, car les mesures données invitent à une erreur de calcul si vous ne calculez pas la longueur AC.

1. On sait que 1,9 million correspond à 1 900 000.
On calcule : 2 000 000 − 1 900 000 = 100 000.
Il aurait fallu 100 000 ou 0,1 million de visiteurs en plus en 2019 pour que le parc ait 2 millions de visiteurs dans l'année.

2. Pendant l'année 2019, il y a eu 365 jours, car ce n'était pas une année bissextile.
Au total, il y a eu 1 900 000 visiteurs dans cette année.

En moyenne, on a donc : $\frac{1\,900\,000}{365} \approx 5\,205$.

En moyenne, en 2019 il y a eu 5 205 visiteurs par jour soit environ 5 200 visiteurs.
L'affirmation est donc vraie.

3. a. On calcule : $126 = 2 \times 63 = 2 \times 7 \times 9 = 2 \times 3^2 \times 7$.
On a aussi : $90 = 2 \times 45 = 2 \times 5 \times 9 = 2 \times 3^2 \times 5$.

b. Dans la décomposition de 126 et 90, ces deux nombres ont en commun 2×3^2. Les diviseurs en commun pour ces deux nombres sont donc : 1 ; 2 ; 3 ; 6 (2×3) ; 9 (3^2) et 18 (2×3^2).

c. Compte tenu des diviseurs qu'ils ont en commun, on voit que le professeur pourra constituer 18 groupes au maximum avec le même nombre de filles et de garçons.
Dans chaque groupe, il y aura alors 7 garçons ($126 \div 18 = 7$) et 5 filles ($90 \div 18 = 5$).

4. Dans cette situation, les points A, D et C et les points A, E et B sont alignés dans le même ordre. De plus, comme Marie et le Gyrotour sont supposés verticaux et donc perpendiculaires au sol, on en déduit que les droites (DE) et (CB) sont parallèles.

D'après le théorème de Thalès, on a : $\frac{AD}{AC} = \frac{AE}{AB} = \frac{DE}{BC}$.

Ainsi, on obtient : $\frac{2}{(2 + 54{,}25)} = \frac{AE}{AB} = \frac{1{,}6}{BC}$.

Avec un calcul de produit en croix, on a : $BC = 1{,}6 \times 56{,}25 \div 2 = 45$ m.
Conclusion : la Gyrotour mesure 45 m de haut.

Sujet de métropole, juin 2023, exercice 2

Sur la figure ci-dessous :
- BCDE est un rectangle, BAE est un triangle rectangle en A ;
- la perpendiculaire à la droite (CD) passant par A coupe cette droite en H ;
- les droites (AE) et (CD) se coupent en F.

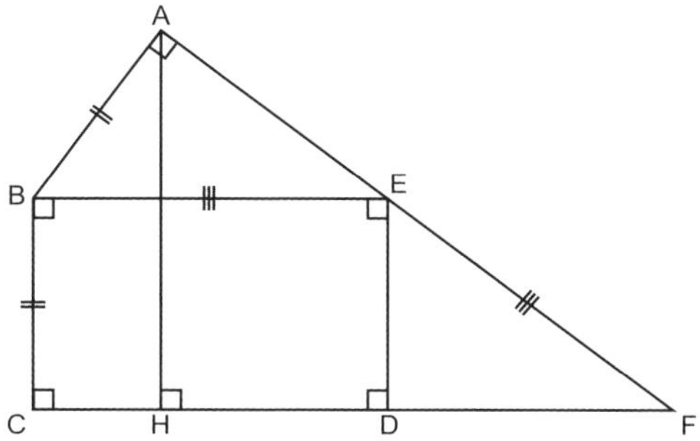

On donne :
- *AB* = *BC* = 4,2 *cm* ;
- *EB* = *EF* = 7 *cm*.

1. Montrer que l'aire du rectangle BCDE est égale à 29,4 cm².

C'est la première question de l'exercice. Il faut connaitre la formule donnant l'aire d'un rectangle et la réponse donnée dans la question permet d'être sûr de son calcul pour continuer l'exercice sereinement.

2. a. Montrer que la longueur AE est égale à 5,6 cm.

Il faut ici se laisser guider par la figure de l'exercice qui nous oriente vers un théorème fondamental de la géométrie afin de trouver la mesure annoncée dans cette question.

b. Calculer l'aire du triangle rectangle ABE.

Pour répondre à cette question, il faut connaitre la formule donnant l'aire d'un triangle rectangle et se souvenir qu'on peut retrouver cette formule grâce à celle du rectangle. En effet, le triangle rectangle s'obtient grâce à un découpage simple d'un rectangle.

3. a. Montrer que les droites (*ED*) et (*HA*) sont parallèles.

Dans cette question de l'exercice, nous n'avons pas assez de mesures pour utiliser le théorème de Thalès, il faut donc chercher dans les notions plus basiques afin de montrer le parallélisme des deux droites.

b. Calculer la longueur AH.

Avec le parallélisme obtenu à la question précédente, il faut se laisser guider par l'exercice et utiliser l'un des théorèmes fondamentaux pour trouver cette mesure.

1. L'aire d'un rectangle est donnée par la formule : $A = L \times l$.
Cela donne : $A = 7 \times 4{,}2 = 29{,}4$.
L'aire du rectangle BCDE est donc bien égale à 29,4 cm².

2. a. Dans le triangle BAE rectangle en A, on peut appliquer le théorème de Pythagore et on obtient : $BE^2 = AB^2 + AE^2$.
Ainsi, on a : $AE^2 = BE^2 - AB^2 = 7^2 - 4{,}2^2 = 49 - 17{,}64 = 31{,}36$.
Donc, on obtient : $AE = \sqrt{31{,}36} = 5{,}6$.

La longueur AE mesure donc bien 5,6 cm.

b. L'aire d'un triangle rectangle est donnée par la formule : $A = \dfrac{b \times h}{2}$.

Cela donne : $A = \dfrac{AB \times AE}{2} = \dfrac{4{,}2 \times 5{,}6}{2} = 11{,}76$.

L'aire du triangle rectangle ABE est donc égale à 11,76 cm².

3. a. Comme les droites (DE) et (AH) sont perpendiculaires à la même troisième droite (CD), on peut conclure que les deux droites (DE) et (AH) sont parallèles entre elles.

b. Dans le triangle AFH, on a :
- Les points F, E, A et F, D, H qui sont alignés dans le même ordre ;
- Les droites (DE) et (AH) qui sont parallèles.

D'après le théorème de Thalès, on obtient : $\dfrac{FE}{FA} = \dfrac{FD}{FH} = \dfrac{ED}{AH}$.

D'après les données numériques de l'exercice, on sait que $FA = FE + EA = 7 + 5{,}6 = 12{,}6$ cm et $ED = BC = 4{,}2$ cm (car BCDE est un rectangle).

On obtient alors : $\dfrac{7}{12{,}6} = \dfrac{4{,}2}{AH}$ soit $AH = \dfrac{4{,}2 \times 12{,}6}{7} = 7{,}56$.

La longueur AH mesure donc 7,56 cm.

Sujet de métropole, juin 2023, exercice 4

On veut fabriquer un escalier en bois de hauteur 272 cm.
La figure ci-dessous représente une vue de profil de cet escalier.
La hauteur d'une marche est de 17 cm.
La profondeur d'une marche pour poser le pied mesure 27 cm.

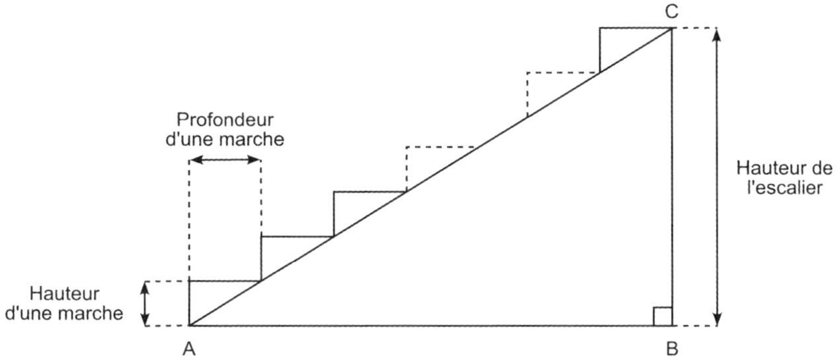

1. a. Montrer qu'il faut prévoir 16 marches pour construire cet escalier.
b. Montrer que la longueur AB est égale à 432 cm.

> Vous devez utiliser la proportionnalité de cette situation sans vous précipiter et en utilisant toutes les informations données dans l'énoncé pour obtenir la réponse proposée. Pensez à détailler vos calculs et à bien noter votre réponse concrète.

2. Pour permettre une montée agréable, l'angle $\widehat{BAC}$ doit être compris entre 25° et 40°.
a. Calculer la mesure de l'angle $\widehat{BAC}$, arrondie au degré près.

> Cette question de trigonométrie n'est pas simple. Il faut bien prendre le temps d'observer la figure, connaître le vocabulaire des triangles rectangles et sélectionner la bonne formule. Il faut être rigoureux sur la rédaction et vigilant sur l'utilisation de la calculatrice.

b. L'escalier permet-il une montée agréable ?
3. On rédige le programme ci-dessous avec le logiciel Scratch pour dessiner cet escalier. (1 cm dans la réalité est représenté par 1 pas dans le programme.)
Recopier les lignes 5, 6, 7 et 9 sur la copie en les complétant.

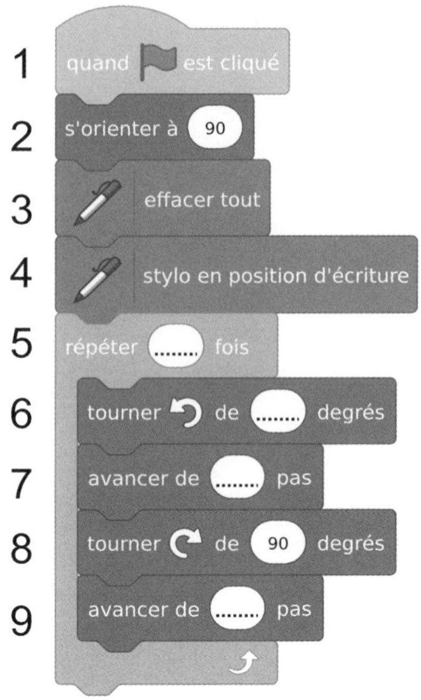

Souvenez-vous que les différentes étapes de tracé géométrique sur le logiciel se font pas à pas avec un personnage qui s'oriente dans l'espace.
Essayez donc d'orienter votre stylo sur votre feuille comme si vous étiez ce personnage afin de trouver les bonnes valeurs à mettre dans les bulles du programme. Utilisez bien les valeurs que vous avez obtenues aux questions précédentes, car c'est ici la dernière question de l'exercice.

1. a. Comme une marche mesure 17 cm de hauteur, il faut calculer $\frac{272}{17} = 16$.

On doit donc bien prévoir 16 marches.

b. On calcule : 16 × 27 = 432. La longueur AB est donc bien égale à 432 cm.

2. a. Le triangle ABC est rectangle en B, on peut utiliser la trigonométrie pour calculer l'angle $\widehat{BAC}$.

On a la formule : $tan\left(\widehat{BAC}\right) = \frac{\textit{côté opposé}}{\textit{côté adjacent}} = \frac{BC}{AB} = \frac{272}{432}$.

Avec la calculatrice, on obtient : $\widehat{BAC} \approx 32°$. La mesure de l'angle $\widehat{BAC}$ arrondie au degré près est égale à 32°.

b. L'angle étant de 32° environ, sa mesure est bien comprise entre 25° et 40°, donc la montée est agréable.

3.

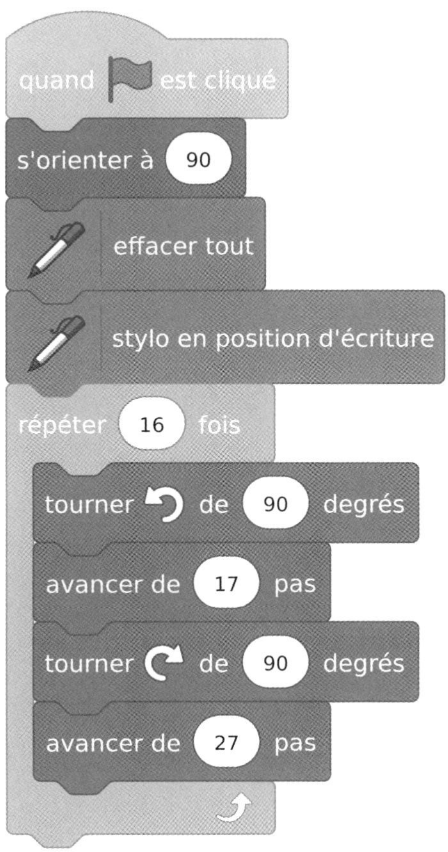

Sujet de métropole, juin 2022, exercice 1

20 points

Une famille se promène au bord d'une rivière.

Les enfants aimeraient connaître la largeur de la rivière.

Ils prennent des repères, comptent leurs pas et dessinent le schéma ci-dessous sur lequel les points C, E et D, de même que A, E et B sont alignés. (Le schéma n'est pas à l'échelle.)

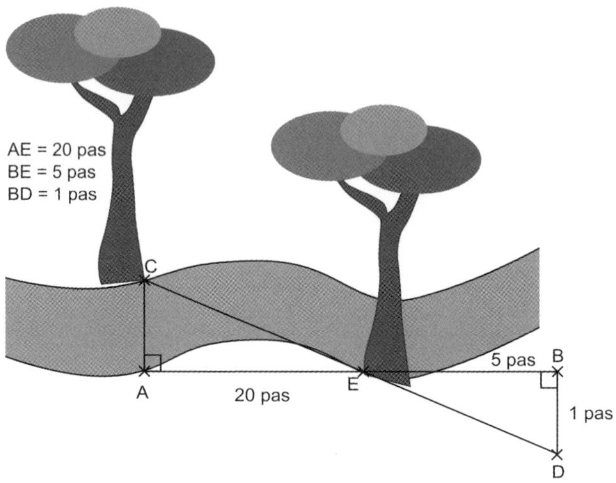

1. Démontrer que les droites (AC) et (BD) sont parallèles.

> C'est la première question de l'exercice et nous n'avons pas assez de mesures pour utiliser le théorème de Thalès, il faut donc chercher dans les notions plus basiques afin de montrer le parallélisme des deux droites.

2. Déterminer, en nombre de pas, la largeur AC de la rivière.

> Avec le parallélisme obtenu à la question précédente, il faut se laisser guider par l'exercice et utiliser l'un des théorèmes fondamentaux pour trouver cette mesure.

Pour les questions qui suivent, on assimile la longueur d'un pas à 65 cm.

3. Montrer que la longueur CE vaut 13,3 m, en arrondissant au décimètre près.

> À nouveau, on se laisse guider par la figure de l'exercice qui nous guide vers un autre théorème fondamental pour trouver la mesure demandée dans cette question.

4. L'un des enfants lâche un bâton dans la rivière au niveau du point E. Avec le courant, le bâton se déplace en ligne droite en 5 secondes jusqu'au point C.

a) Calculer la vitesse du bâton en m/s.

> Vous pouvez procéder de plusieurs manières pour résoudre cette question. On est en présence d'un problème de proportionnalité, il faut donc utiliser les méthodes de calcul appropriées et bien rédiger les étapes de vos calculs.

b) Est-il vrai que « le bâton se déplace à une vitesse moyenne inférieure à 10 km/h » ?

1. Les droites (AC) et (BD) sont toutes les deux perpendiculaires à la droite (AB). Ainsi, on en déduit que les droites (AC) et (BD) sont parallèles entre elles.

2. Dans les triangles EAC et EBD, on a :
- Le point E qui appartient aux segments [AB] et [CD] ;
- Les droites (AC) et (BD) qui sont parallèles.

D'après le théorème de Thalès, on obtient : $\frac{\mathrm{EC}}{\mathrm{ED}} = \frac{\mathrm{EA}}{\mathrm{EB}} = \frac{\mathrm{AC}}{\mathrm{BD}}$.

On obtient alors : $\frac{20}{5} = \frac{\mathrm{AC}}{1}$ soit AC = 4.

La largeur de la rivière est donc de 4 pas.

3. Dans le triangle ACE rectangle en A, on peut appliquer le théorème de Pythagore et on obtient : $CE^2 = AC^2 + AE^2$. Ainsi, on a : $CE^2 = 4^2 + 20^2 = 16 + 400 = 416$.

Donc, on obtient : $\mathrm{CE} = \sqrt{416}\ \mathrm{pas} \approx 20,4\ \mathrm{pas}$.

Comme un pas mesure 65 cm, on obtient : $\mathrm{CE} = 0,65 \times \sqrt{416} \approx 13,3\,\mathrm{m}$

lorsqu'on arrondit au dm près.

4. a) La vitesse du bâton est donnée par la formule : $\mathrm{v} = \frac{\mathrm{d}}{\mathrm{t}}$. Ainsi, on a :

$\mathrm{v} = \frac{\mathrm{CE}}{5} = \frac{0,65 \times \sqrt{416}}{5} \approx 2,65\ \mathrm{m/s}$.

Remarque : si on prend CE $\approx$ 13,3 m, la vitesse moyenne obtenue est d'environ 2,66 m/s.

b) On sait que 1 km représente 1 000 m et que 1 h compte 3 600 secondes.

Ainsi, si on convertit, on obtient : $10\ \mathrm{km/h} = \frac{10\,\mathrm{km}}{1\mathrm{h}} = \frac{1000\ \mathrm{m}}{3600\ \mathrm{s}} \approx 2{,}78\ \mathrm{m/s}$.

Ainsi, l'affirmation proposée est exacte, car le bâton se déplace à une vitesse inférieure à 10 km/h.

Sujet de métropole, juin 2021, exercice 5

20 points

La production annuelle de déchets par Français était de 5,2 tonnes par habitant en 2007. Entre 2007 et 2017, elle a diminué de 6,5 %.

1. De combien de tonnes la production annuelle de déchets par Français en 2017 a-t-elle diminué par rapport à l'année 2007 ?

> Vous devez utiliser la proportionnalité de ces situations utilisant des pourcentages soit à l'aide de fractions, ou à l'aide d'un tableau de proportionnalité. Pensez à détailler vos calculs.

2. Pour continuer à diminuer leur production de déchets, de nombreuses familles utilisent désormais un composteur.

Une de ces familles a choisi le modèle ci-dessous, composé d'un pavé droit et d'un prisme droit (la figure du composteur n'est pas à l'échelle). Le descriptif indique qu'il a une contenance d'environ 0,5 m^3. On souhaite vérifier cette information.

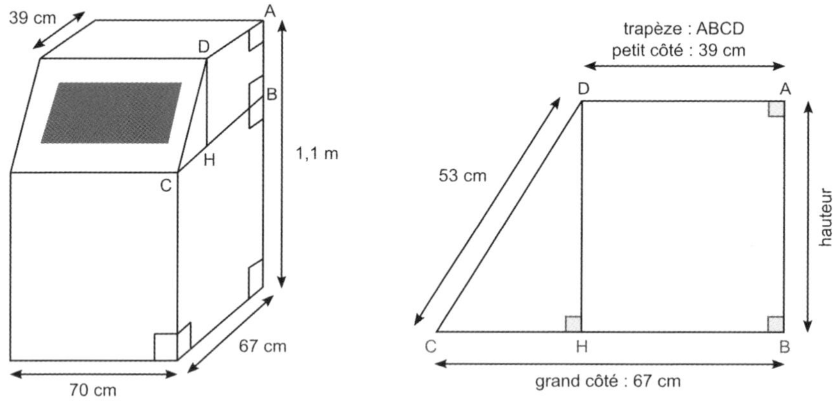

a. Dans le trapèze ABCD, calculer la longueur CH.

> Pensez à bien utiliser le fait que le quadrilatère ABHD est un rectangle, ce qui vous permet d'obtenir la longueur BH. N'hésitez pas à l'ajouter sur la figure de votre sujet.

b. Montrer que la longueur DH est égale à 45 cm.

> Comme ci-dessus, pensez à ajouter la longueur CH que vous connaissez grâce à la question précédente.
> On reconnaît alors un triangle rectangle dans lequel on recherche une longueur, il faut donc utiliser le théorème de Pythagore. Pensez à vous appliquer sur la rédaction, ne négligez aucune étape et notez bien vos calculs.

c. Vérifier que l'aire du trapèze ABCD est de 2 385 cm^2.

> Pour cette question, deux possibilités s'offrent à vous. Vous pouvez utiliser la formule qui est rappelée à la fin de l'énoncé de cet exercice, et dans ce cas détailler votre réflexion et vos calculs. Sinon, vous pouvez remarquer que le trapèze ABCD est constitué d'un rectangle et d'un triangle rectangle. Vous pouvez alors calculer l'aire de chacun d'eux grâce aux formules usuelles, puis en déduire l'aire du trapèze. Attention aux unités dans vos phrases réponses.

d. Calculer le volume du composteur.
L'affirmation « Il a une contenance d'environ 0,5 m^3 » est-elle vraie ? Justifier.

> De nouveau, le volume du composteur peut être calculé de deux façons. Soit vous remarquez que ce composteur à une forme de prisme, vous devez alors calculer l'aire totale d'un côté du composteur pour utiliser la formule du prisme. Sinon vous pouvez décomposer le composteur en deux solides : un pavé droit pour la partie basse et un prisme droit pour la partie haute. Vous pouvez alors calculer chaque volume, en vous aidant de la question précédente pour le volume du prisme.
> Soyez vigilant avec les unités dans vos calculs, notamment lors de la conversion pour répondre correctement à la question posée.

Rappels :

$$\text{Aire du trapèze} = \frac{(\text{petit côté} + \text{grand côté}) \times \text{hauteur}}{2}$$

Volume du prisme droit = Aire de la base × hauteur
Volume du pavé droit = Longueur × largeur × hauteur

1. Pour calculer la baisse de production annuelle de déchets entre 2007 et 2017, on peut construire un tableau de proportionnalité :

Production de déchets (en tonnes)	5,2	
Pourcentages (%)	100	6,5

On calcule alors à l'aide du produit en croix : $5,2 \times 6,5 \div 100 = 0,338.$

La production de déchets en France a baissé de 0,338 tonne, soit 338 kg, entre 2007 et 2017.

On peut aussi calculer : $\frac{6,5}{100} \cdot 5,2 = 0,338.$

2. a. Les points C, H et B sont alignés. Ainsi, on peut calculer :
CH = CB − HB = 67 − 39 = 28 cm.

b. Dans cette situation, le triangle CHD est rectangle en H.
D'après le théorème de Pythagore : $HD^2 = CD^2 - CH^2$.
Ainsi, on a : $HD^2 = 53^2 - 28^2 = 2\,809 - 784 = 2\,025$.
Donc : $\mathrm{HD} = \sqrt{2025} = 45\mathrm{cm}.$

Ainsi, la longueur HD est de 45 cm.

c. On peut calculer l'aire de ce trapèze de deux manières.

$$\mathrm{Aire}_{\mathrm{trapèze\,ABCD}} = \frac{(\text{Petit côté} + \text{Grand côté}) \times \text{Hauteur}}{2}$$
$$= \frac{(39+67) \times 45}{2} = 2385\ \mathrm{cm}^2.$$

OU : $\mathrm{Aire}_{\mathrm{trapèze\,ABCD}} = \mathrm{Aire}_{\mathrm{triangle\,CHD}} + \mathrm{Aire}_{\mathrm{rectangle\,DABH}} = \frac{\mathrm{L} \times \mathrm{l}}{2} + \mathrm{L} \times \mathrm{l}$

$$\mathrm{Aire}_{\mathrm{trapèze\ ABCD}} = \frac{28 \times 45}{2} + 39 \times 45 = 2385\ \mathrm{cm}^2.$$

d. Le composteur est composé d'un prisme de base CDAB et d'un pavé droit.

$\mathrm{Volume}_{\mathrm{composteur}} = \mathrm{Volume}_{\mathrm{prisme}} + \mathrm{Volume}_{\mathrm{pavé\ droit}}$.
$\mathrm{Volume}_{\mathrm{prisme}} = \mathrm{Aire}_{\mathrm{base}} \times \mathrm{hauteur} = 2\,385 \times 70 = 166\,950\ \mathrm{cm}^3$.
$\mathrm{Volume}_{\mathrm{pavé\ droit}} = \mathrm{L} \times \mathrm{l} \times \mathrm{h} = 67 \times 70 \times (100 - 45) = 304\,850\ \mathrm{cm}^3$.
$\mathrm{Volume}_{\mathrm{composteur}} = 166\,950 + 304\,850 = 471\,800\ \mathrm{cm}^3 \approx 0,472\ \mathrm{m}^3$.
L'affirmation est donc vraie, le composteur a donc un volume assez proche de $0,5\ \mathrm{m}^3$.

Sujet de métropole, juin 2019, exercice 3

17 points
Les questions 1 et 2 sont indépendantes.
Un sablier est composé de :
- deux cylindres C_1 et C_2 de hauteur 4,2 cm et de diamètre 1,5 cm ;
- un cylindre C_3 ;
- deux demi-sphères S_1 et S_2 de diamètre 1,5 cm.

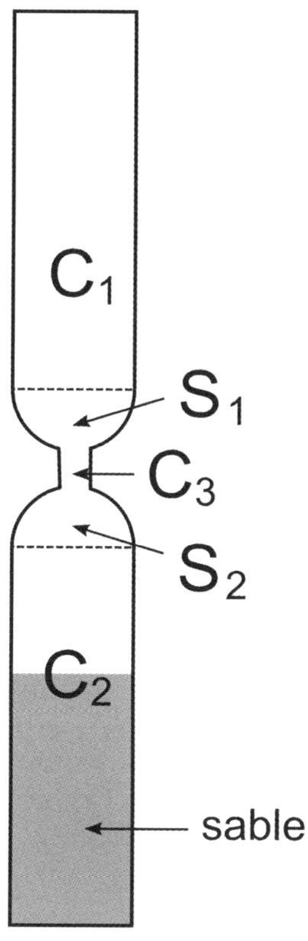

On rappelle le volume V d'un cylindre d'aire de base B et de hauteur h : $V = B \times h$.

1. a) Au départ, le sable remplit le cylindre C_2 aux deux tiers. Montrer que le volume du sable est environ 4,95 cm³.

> À nouveau, il est recommandé de noter les mesures sur le schéma du sablier. Vous devez faire attention pour le calcul du volume du cylindre : il faut calculer l'aire de la base du cylindre, en utilisant la formule de l'aire d'un disque. Dans la formule de l'aire d'un disque, vous devrez utiliser le rayon du disque et pas le diamètre donné dans l'énoncé.

b) On retourne le sablier. En supposant que le débit d'écoulement du sable est constant et égal à 1,98 cm³/min, calculer le temps en minutes et secondes que va mettre le sable à s'écouler dans le cylindre inférieur.

> Pensez à convertir les minutes en secondes pour éviter d'avoir des nombres décimaux et de vous tromper dans les calculs de temps.
> Le débit étant une situation de proportionnalité, n'hésitez pas à construire un tableau de proportionnalité pour vous aider dans vos calculs.

2. En réalité, le débit d'écoulement d'un même sablier n'est pas constant. Dans une usine où on fabrique des sabliers comme celui-ci, on prend un sablier au hasard et on teste plusieurs fois le temps d'écoulement dans ce sablier. Voici les différents temps récapitulés dans le tableau suivant :

Temps mesuré	2 min 22 s	2 min 24 s	2 min 26 s	2 min 27 s	2 min 28 s	2 min 29 s	2 min 30 s
Nombre de tests	1	1	2	6	3	7	6

Temps mesuré	2 min 31 s	2 min 32 s	2 min 33 s	2 min 34 s	2 min 35 s	2 min 38 s
Nombre de tests	3	1	2	3	2	3

a) Combien de tests ont été réalisés au total ?

> Pensez à justifier votre réponse (par exemple, avec un calcul).

b) Un sablier est mis en vente s'il vérifie les trois conditions ci-après, sinon il est éliminé.
- L'étendue des temps est inférieure à 20 s.
- La médiane des temps est comprise entre 2 min 29 s et 2 min 31 s.
- La moyenne des temps est comprise entre 2 min 28 s et 2 min 32 s.

Le sablier testé sera-t-il éliminé ?

> Vous devez écrire tous les calculs pour justifier chacune de vos réponses.
> Vous devez connaître la différence entre une médiane et une moyenne. La médiane représente la valeur au milieu de la série, c'est-à-dire la valeur centrale telle que la moitié des valeurs de la série sont supérieures ou égales à la médiane, et la moitié lui sont inférieures ou égales. La moyenne d'une série représente la valeur que tous les termes de la série devraient prendre pour un partage équitable.
> Dans cette série, le mélange des unités peut provoquer des erreurs de calculs, il est donc recommandé de transformer les durées en ne gardant que des secondes pour simplifier les calculs et n'avoir qu'une unité.

1. a) On calcule le volume du cylindre C_2 et on utilise la formule : $V = B \times h$.
Dans le cylindre, l'aire de la base est donnée par la formule : $B = \pi \times h^2$.
On a donc besoin du rayon du cylindre : $r = d \div 2 = 0,75$ cm.
Donc on calcule le volume de C_2 : $V = \pi \times r^2 \times h = \pi \times 0,75^2 \times 4,2 \approx 7,42$ cm³.

Comme le sable remplit le cylindre aux deux tiers : $V_{sable} = \frac{2}{3} \times V \approx 4,95$ cm³.

b) On sait que le débit du sablier est de 1,98 cm³ en 1 min donc 1,98 cm³ en 60 s.
On peut construire le tableau de proportionnalité :

Volume de sable (en cm³)	1,98	4,95
Temps (en sec)	60	

On fait un produit en croix : $t = 60 \times 4,95 \div 1,98 = 150$.

Donc il faut 150 secondes, c'est-à-dire 2 min 30 s pour que le sable s'écoule complètement entre les deux cylindres.

2. a) Au total, il y a eu 40 tests de réalisés dans l'usine.

b) L'étendue de ces tests : e 2 min 38 sec − 2 min 22 sec = 16 sec. Donc l'étendue est bien inférieure à 20 secondes.
La médiane de ces tests : il y a 40 tests donc on partage la série en deux groupes de 20 valeurs. La médiane s'obtient donc entre la 20ᵉ et la 21ᵉ valeur. La 20ᵉ valeur est 2 min 29 s, et la 21ᵉ valeur est 2 min 30 s, donc la médiane est entre 2 min 29 s et 2 min 30 s. Donc la médiane est bien comprise entre 2 min 29 s et 2 min 31 s.
La moyenne de cette série se calcule en mettant toutes les valeurs dans la même unité, donc on transforme tous les temps pour les mettre uniquement en secondes.
2 min 22 s = 142 s ; 2 min 24 s = 144 s ; ... ; 2 min 38 s = 158 s.

$$m = \frac{142 + 144 + 2 \times 146 + 6 \times 147 + 3 \times 148 + 7 \times 149 + 6 \times 150 + 3 \times 151}{40}$$

$$\frac{+ 152 + 2 \times 153 + 3 \times 154 + 2 \times 155 + 3 \times 158}{} = 150,1.$$

La moyenne est donc d'environ 150 s, soit 2 min 30 s. La moyenne est bien comprise entre 2 min 28 s et 2 min 32 s. Comme les trois conditions sont réunies, le sablier testé ne sera pas éliminé.

Sujet de métropole, juin 2023, exercice 1

Un opticien vend différents modèles de lunettes de soleil.
Il reporte dans le tableur ci-dessous des informations sur cinq modèles vendus pendant l'année 2022.

	A	B	C	D	E	F	G
1	Lunettes de soleil	Modèle 1	Modèle 2	Modèle 3	Modèle 4	Modèle 5	Total
2	Nombre de paires de lunettes vendues	1 200	950	875	250	300	
3	Prix à l'unité en euros	75	100	110	140	160	

1. Montrer que l'étendue des prix de ces paires de lunettes de soleil est de 85 euros.

> Il faut connaître la définition de l'étendue et être vigilant pour bien choisir les prix extrêmes et non les effectifs de paires vendues qui sont donnés à la ligne 2 du tableau.

2. a. Quelle formule doit-on saisir dans la cellule G2 pour calculer le nombre total de paires de lunettes de soleil vendues en 2022 ?

> Pour vous aider à trouver la formule adéquate, réfléchissez à la manière de calculer une valeur totale et surtout, souvenez-vous de toujours mettre le symbole « = » avant une formule dans le tableur et d'utiliser le nom des cellules.

b. Calculer le nombre total de paires de lunettes de soleil vendues en 2022.

3. a. Calculer le montant total, en euros, des ventes des paires de lunettes de soleil en 2022.

> Faites attention à ne pas oublier de valeurs du tableau et pensez à bien multiplier l'effectif de chaque modèle vendu par le prix de ce modèle.

b. Calculer le prix moyen d'une paire de lunettes de soleil vendue en 2022, arrondi au centime près.

> Pensez à bien diviser par le nombre total de paires de lunettes vendues pour avoir le prix moyen sur l'année 2022 et détaillez bien vos calculs.

1. L'étendue est égale à $Prix_{max} - Prix_{min} = 160 - 75 = 85$.

2. a. Dans la cellule G2, on doit saisir l'une des deux formules suivantes : *somme*(*B*2:*F*2) ou alors *B*2+*C*2+*D*2+*E*2+*F*2.

b. On calcule : 1 200 + 950 + 875 + 250 + 300 = 3 575. En 2022, il y a eu 3 575 paires de lunettes de soleil vendues.

3. a. Pour chaque modèle, on multiplie les effectifs vendus par le prix : (1 200 × 75) + (950 × 100) + (875 × 110) + (250 × 140) + (300 × 160) = 364 250. Le montant total des ventes de paires de lunettes de soleil était de 364 250 euros en 2022.

b. Pour calculer le prix moyen, on utilise la formule :

$$m = \frac{\textit{prix total}}{\textit{nombre total de paires}}.$$

On obtient : $m = \frac{364250}{3575} \approx 101{,}89$.

Le prix moyen d'une paire de lunettes était donc de 101,89 €.

Sujet de métropole, juin 2021, exercice 1

20 points

Cette feuille de calcul présente les températures moyennes mensuelles à Tours en 2019.

	A	B	C	D	E	F	G	H	I	J	K	L	M	N
1	Mois	J	F	M	A	M	J	J	A	S	O	N	D	Moyenne sur l'année
2	Température en °C	4,4	7,8	9,6	11,2	13,4	19,4	22,6	20,5	17,9	14,4	8,2	7,8	

1. D'après le tableau ci-dessus, quelle a été la température moyenne à Tours en novembre 2019 ?

2. Déterminer l'étendue de cette série.

> Il faut connaître la définition de l'étendue et soyez vigilant pour bien choisir les températures extrêmes et pas celles du premier et du dernier mois de l'année.

3. Quelle formule doit-on saisir en cellule N2 pour calculer la température moyenne annuelle ?

> Pour vous aider, réfléchissez à la manière de calculer une moyenne pour trouver la formule adéquate et surtout, souvenez-vous de toujours mettre le symbole « = » avant une formule dans le tableur et utilisez le nom des cases et pas les valeurs pour les calculs.

4. Vérifier que la température moyenne annuelle est 13,1 °C.

> Faites attention à ne pas oublier de valeurs du tableau et pensez à bien diviser par 12 pour avoir la température moyenne sur l'année.

5. La température moyenne annuelle à Tours en 2009 était de 11,9 °C.
Le pourcentage d'augmentation entre 2009 et 2019, arrondi à l'unité, est-il de : 7 % ; 10 % ou 13 % ?
Justifier la réponse.

> Vous pouvez procéder de plusieurs manières pour résoudre cette question. Dans chaque cas, pensez à bien noter vos calculs.
> Vous pouvez utiliser les propositions pour voir laquelle fonctionne ou bien trouver la bonne réponse par un calcul de pourcentage et vérifier si elle se trouve bien parmi les solutions proposées dans la question.

1. En novembre 2019, la température moyenne à Tours était de 8,2 °C.

2. On calcule la différence entre le mois le plus chaud et celui le plus froid : 22,6 − 4,4 = 18,2 °C.
L'étendue de cette série est de 18,2 °C.

3. Il y a trois formules possibles : MOYENNE (B2 : M2) ou = (SOMME(B2 : M2)) / 12 ou = (B2 + C2 + D2 + E2 + F2 + G2 + H2 + I2 + J2 + K2 + L2 + M2) / 12.

4. En partant de l'hypothèse que les mois comportent globalement tous le même nombre de jours, on calcule :

$$\mathrm{m} = \frac{4,4+7,8+9,6+11,2+13,4+19,4+22,6+20,5+17,9+14,4+8,2+7,8}{12}$$

donc $\mathrm{m} = \frac{157,2}{12} = 13,1$.

La température moyenne à Tours sur l'année 2019 était de 13,1 °C.

5. Pour calculer le pourcentage d'évolution de la température moyenne annuelle entre 2009 et 2019, on peut construire un tableau de proportionnalité :

Températures (°C)	11,9	13,1
Pourcentages (%)	100	

On calcule alors à l'aide du produit en croix : $100 \times 13,1 \div 11,9 \approx 110$.
La température moyenne a donc augmenté de 10 % environ entre 2009 et 2019.

On peut aussi calculer : $\frac{13,1}{11,9} \approx 1,10$ ou $\frac{13,1 - 11,9}{11,9} = \frac{1,2}{11,9} \approx 0,10$.

Sujet de métropole, juin 2023, exercice 5

Voici deux programmes de calcul.

Programme A	Programme B
- Choisir un nombre	- Choisir un nombre
- Multiplier ce nombre par –2	- Soustraire 5 à ce nombre
- Ajouter 5 à ce résultat.	- Multiplier le résultat par 3
	- Ajouter 11 au résultat.

1. a. Montrer que, si on choisit –3 comme nombre de départ, le résultat obtenu avec le programme A est 11.

b. Quel résultat obtient-on avec le programme B si on choisit 5,5 comme nombre de départ ?

> Vous devez appliquer les deux programmes de calcul, en réalisant les étapes de calcul avec le nombre choisi au départ. Souvenez-vous que vous devez rédiger vos étapes de calcul sur votre copie et pensez à bien noter votre réponse.

2. En désignant par x le nombre de départ, on obtient $-2x + 5$ comme résultat avec le programme A.

Montrer qu'avec le même nombre de départ, le résultat du programme B est égal à $3x - 4$.

> Vous devez à présent appliquer le programme de calcul, en réalisant les étapes de calcul avec le nombre x. Rédigez bien vos étapes de calcul sur votre copie et pensez à bien détailler vos modifications dans les formules de calcul littéral obtenues.

3. a. On a représenté ci-dessous les fonctions f et g définies par $f(x) = -2x + 5$ et $g(x) = 3x - 4$.

Associer, en justifiant, chaque droite à la fonction qui lui correspond.

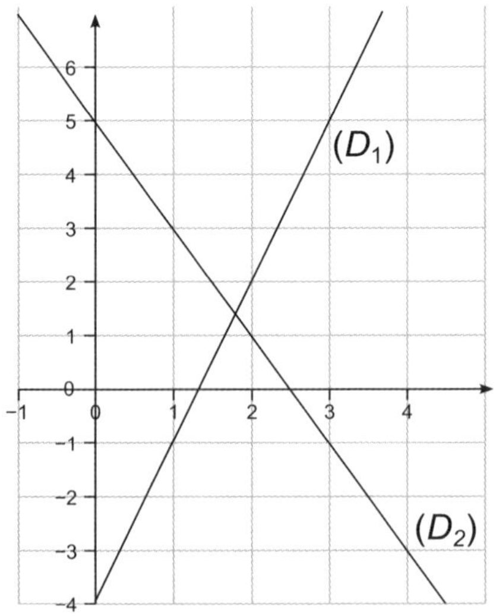

b. Par lecture graphique, donner, le plus précisément possible, le nombre dont l'image est la même par la fonction f et la fonction g.

> Dans ces questions, on étudie deux fonctions représentées graphiquement dont on connait également l'expression. Il faut donc maitriser le vocabulaire de base des fonctions (image, antécédent, fonction affine, coefficients, etc.) afin de comprendre la représentation graphique proposée et associer correctement les informations aux fonctions étudiées.

4. Déterminer par le calcul le nombre de départ pour lequel les programmes A et B donnent le même résultat.

> Cette question est la plus difficile du sujet. Il faut oser entamer une recherche avec les formules obtenues aux questions précédentes, et donc travailler avec des expressions littérales. Ensuite, il ne faut pas hésiter à faire des essais et des tentatives, en rédigeant toutes vos idées sur votre copie pour utiliser au mieux vos connaissances.

1. a. On calcule : $-3 \times (-2) = 6$ puis $6 + 5 = 11$.
On obtient donc bien 11 avec le programme A si on choisit –3 comme nombre de départ.
b. On calcule : $5{,}5 - 5 = 0{,}5$ puis $0{,}5 \times 3 = 1{,}5$ et enfin $1{,}5 + 11 = 12{,}5$.
On obtient donc 12,5 avec le programme B si on choisit 5,5 comme nombre de départ.
2. On choisit le nombre x au départ du programme B. On calcule alors : $x - 5$ (qu'on ne peut pas réduire), puis $(x - 5) \times 3 = 3x - 15$ et enfin $3x - 15 + 11 = 3x - 4$ (pensez à bien réduire l'expression en regroupant les termes similaires entre eux). On obtient donc bien $3x - 4$ avec le programme B si on choisit x au départ.
3. a. La fonction $f(x) = -2x + 5$ est une fonction affine dont le coefficient directeur $a = -2$ est négatif, donc quand x augmente de 1, $f(x)$ diminue de 2. Sa représentation graphique est donc la droite D_2.
La fonction $g(x) = 3x - 4$ est une fonction affine dont le coefficient directeur $a = 3$ est positif, donc quand x augmente de 1, $g(x)$ augmente de 3. Sa représentation graphique est donc la droite D_1.
Remarque : on peut aussi calculer l'image de 0 ou de 1 pour chaque fonction pour retrouver les bonnes représentations graphiques.
b. Par lecture graphique, le nombre dont l'image est la même par la fonction f et par la fonction g est environ 1,75 (abscisse du point où les droites se croisent).
4. Pour trouver la valeur de x cherchée, on doit résoudre l'équation $f(x) = g(x)$.
Cela revient à résoudre l'équation : $-2x + 5 = 3x - 4$.
On obtient : $-2x - 3x = -5 - 4$, soit $-5x = -9$ et donc $x = \dfrac{-9}{-5} = 1{,}8$.

La valeur pour laquelle les deux programmes donnent le même résultat est donc bien 1,8.

Sujet de métropole, juin 2022, exercice 4

20 points

Dans cet exercice, x est un nombre strictement supérieur à 3.

On s'intéresse aux deux figures géométriques dessinées ci-dessous :

- Un rectangle dont les côtés ont pour longueurs $x - 3$ et $x + 7$;
- Un carré de côté x.

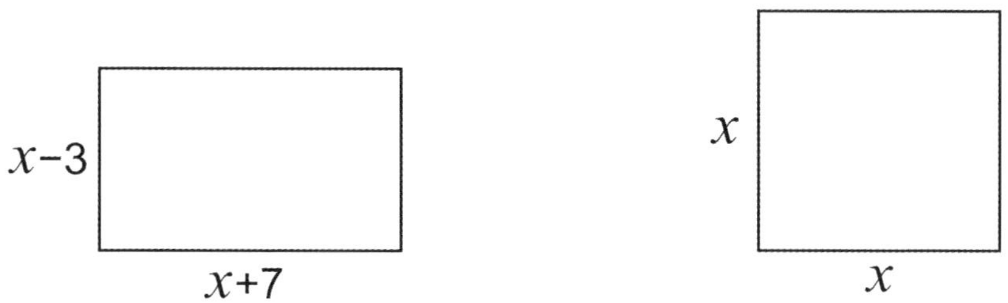

1. Quatre propositions sont écrites ci-dessous.

Recopier sur la copie celle qui correspond à l'aire du carré. On ne demande pas de justifier.

$4x$	$4 + x$	x^2	$2x$

> Vous n'avez pas à justifier, mais pensez à bien utiliser la formule de l'aire du carré que vous avez apprise depuis de nombreuses années.

2. Montrer que l'aire du rectangle est égale à : $x^2 + 4x - 21$.

> La réponse étant donnée dans la question cela peut vous aider dans votre recherche pour vérifier que vous ne partez pas dans une mauvaise direction. Vous devez ici utiliser la formule de l'aire du rectangle que vous connaissez depuis longtemps, mais dans le cadre d'un exercice de calcul littéral ce qui complique les étapes de calcul, notamment au niveau des règles d'écriture et des règles de priorité. Pensez également à bien détailler vos calculs.

3. On a écrit le script ci-dessous en Scratch.

On veut que ce programme renvoie l'aire du rectangle lorsque l'utilisateur a rentré une valeur de x (strictement supérieure à 3).

Écrire sur la copie les contenus des trois cases vides des lignes 5, 6 et 7, en précisant les numéros de lignes qui correspondent à vos réponses.

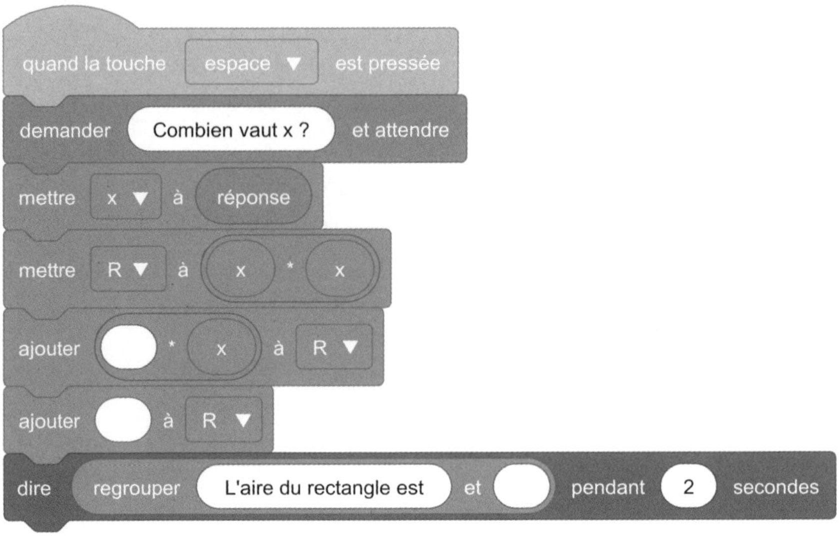

Souvenez-vous que les différentes variables utilisées dans un script rédigé avec le logiciel Scratch sont des variables qui permettent de stocker des valeurs intermédiaires lors des calculs.
Pensez également que les symboles de multiplication sont différents sur Scratch par rapport à la calculatrice.
Enfin, dans les bulles blanches, il faut se souvenir que l'on peut noter des nombres, positifs ou négatifs, ou des lettres symbolisant les variables utilisées dans le programme.

4. On a pressé la touche *espace*, puis saisi le nombre 8. Que renvoie le programme ?

Vous devez continuer d'appliquer le programme de calcul, mais en réalisant les étapes avec le nombre choisi au départ. Souvenez-vous que vous devez rédiger vos étapes de calcul sur votre copie.

5. Quel nombre x doit-on choisir pour que l'aire du rectangle soit égale à l'aire du carré ?
Toute trace de recherche, même non aboutie, sera prise en compte.

Cette question est la plus difficile du sujet. Il faut oser entamer une recherche avec les formules obtenues aux questions 1 et 2, et donc travailler avec des expressions littérales. Ensuite, il ne faut pas hésiter à faire des essais et des tentatives, en rédigeant toutes vos idées sur votre copie pour utiliser au mieux vos connaissances, notamment celles du calcul littéral.

1. L'aire du carré est donnée par la formule : $A = c \times c$.
Dans ce carré, le côté est x, donc son aire est : $A = x \times x = x^2$.
2. L'aire du rectangle est donnée par la formule : $A = L \times l$.
Dans ce rectangle, la longueur est $x + 7$ et la largeur est $x - 3$, donc son aire est : $A = (x + 7) \times (x - 3) = x \times x - x \times 3 + 7 \times x - 7 \times 3 = x^2 - 3x + 7x - 21 = x^2 + 4x - 21$.
3. Si on complète les lignes 5, 6 et 7 du programme Scratch, on obtient le programme ci-dessous :

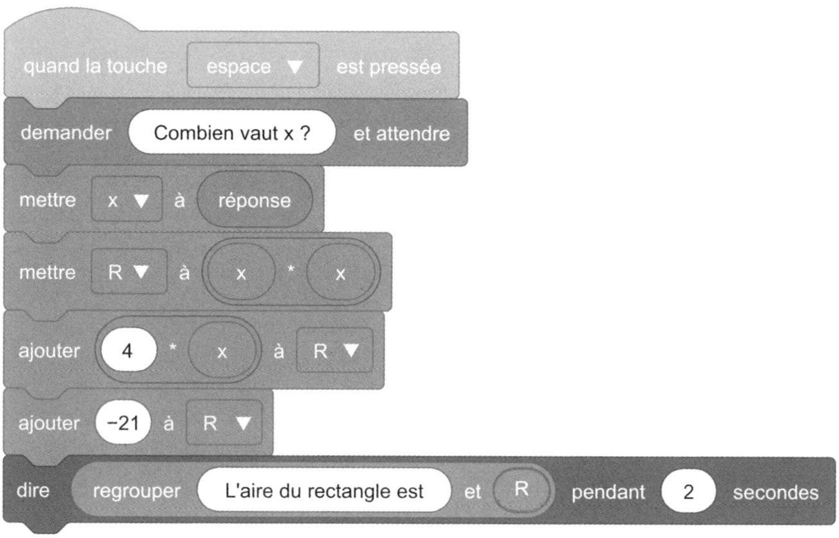

4. On a choisi le nombre 8 et on applique le programme de calcul :
- $8^2 = 64$
- $64 + 4 \times 8 = 64 + 32 = 96$
- $96 + (-21) = 75$.

On obtient alors la valeur 75 pour ce programme de calcul avec 8.
5. On cherche la valeur de x pour que l'aire du carré et celle du rectangle soient égales, c'est-à-dire pour que : $x^2 = x^2 + 4x - 21$.
On cherche donc à résoudre l'équation du premier degré : $4x - 21 = 0$ soit $4x = 21$ et donc on obtient : $x = \dfrac{21}{4} = 5{,}25$.

Pour que les deux aires soient égales, il faut donc choisir $x = 5{,}25$.

Sujet de métropole, juin 2021, exercice 4

20 points

Voici un programme de calcul :

Choisir un nombre.
Prendre le carré du nombre de départ.
Ajouter le triple du nombre de départ.
Soustraire 10 au résultat.

1. Vérifier que si on choisit 4 comme nombre de départ, on obtient 18.

> Vous devez noter toutes les opérations, pour chaque étape du programme, en séparant bien vos calculs pour que la rédaction soit correcte. Pensez à la phrase réponse.

2. Appliquer ce programme de calcul au nombre – 3.

> Faites bien attention à vos calculs avec ce nombre négatif. En effet, si vous utilisez la calculatrice pour vous aider, vous devez penser à noter des parenthèses autour du nombre – 3 avant de mettre au carré, car sinon le moins ne sera pas mis au carré et le signe du résultat sera faux. Avec des petits nombres, il est conseillé de faire les calculs par vous-même, sans calculatrice, pour éviter ces erreurs de signe, en pensant bien qu'un nombre au carré c'est ce nombre multiplié par lui-même.

3. Vous trouverez ci-dessous un script, écrit avec Scratch.

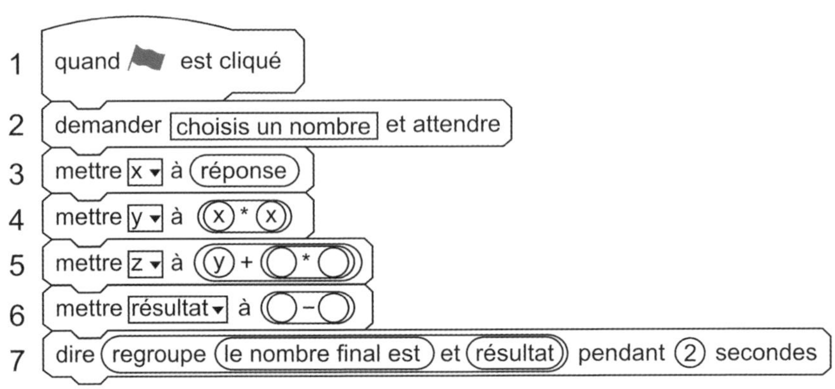

Compléter les lignes 5 et 6 pour que ce script corresponde au programme de calcul.

> Souvenez-vous que les différentes variables utilisées dans un script rédigé avec le logiciel Scratch sont des variables qui permettent de stocker des valeurs intermédiaires lors des calculs.
> Pensez également que les symboles de multiplication sont différents sur Scratch par rapport à la calculatrice.
> Enfin, dans les bulles blanches, il faut se souvenir que l'on peut noter des nombres ou des lettres symbolisant les variables utilisées dans le programme.

4. On veut déterminer le nombre à choisir au départ pour obtenir zéro comme résultat.

a. On appelle x le nombre de départ. Exprimer en fonction de x le résultat final.

> Vous devez continuer d'appliquer le programme de calcul, mais en réalisant les étapes avec le nombre x choisi au départ. Souvenez-vous que vous ne pouvez pas réduire les expressions littérales si les éléments ne sont pas similaires, les éléments contenants des x^2 ne peuvent donc pas être regroupés avec les éléments contenant des x.

b. Vérifier que ce résultat peut aussi s'écrire sous la forme $(x + 5)(x - 2)$.

> Vous pouvez partir du résultat proposé dans la question, car il est toujours plus simple de développer l'expression que de la factoriser. En développant, vous devez alors obtenir l'expression que vous avez trouvée à la question précédente.

c. Quel(s) nombre(s) doit-on choisir au départ pour obtenir le nombre 0 à l'arrivée ?

> Cette question est liée aux deux questions précédentes, car ces trois questions font partie de la question 4. Vous devez donc utiliser ce que vous avez trouvé précédemment pour résoudre cette équation et faire le lien entre toutes ces questions pour répondre et bien obtenir les deux solutions cherchées. Si vous essayez avec plusieurs nombres, vous pouvez trouver les solutions, mais vous risquez de perdre du temps et surtout de ne trouver qu'une seule solution alors qu'il faut en trouver deux.

1. On choisit 4 et on applique le programme de calcul :

- $4^2 = 16$
- $16 + 4 \times 3 = 28$
- $28 - 10 = 18$.

On obtient bien 18 quand on choisit 4 comme nombre de départ.

2. On choisit (− 3) et on applique le programme de calcul :

- $(-3)^2 = 9$
- $9 + (-3) \times 3 = 0$
- $0 - 10 = -10$.

On obtient alors (−10) quand on choisit (−3) comme nombre de départ.

3. Si on complète les lignes 5 et 6 du programme Scratch, on obtient le programme ci-dessous :

```
1 quand [drapeau] est cliqué
2 demander [choisis un nombre] et attendre
3 mettre [x] à (réponse)
4 mettre [y] à ((x) * (x))
5 mettre [z] à ((y) + ((3) * (x)))
6 mettre [résultat] à ((z) - (10))
7 dire (regroupe (le nombre final est) et (résultat)) pendant (2) secondes
```

4. a. On choisit x et on applique le programme de calcul :

- x^2
- $x^2 + x \times 3$
- $x^2 + 3x - 10$.

On obtient alors $x^2 + 3x - 10$ pour ce programme de calcul.

b. Si on développe l'expression, on a : $(x + 5)(x - 2) = x \times x + 5 \times x - x \times 2 - 5 \times 2 = x^2 + 5x - 2x - 10 = x^2 + 3x - 10$.

c. On souhaite que le programme soit égal à zéro, on veut donc résoudre l'équation $x^2 + 3x - 10 = 0$, ce qui correspond à l'équation produit nul : $(x + 5)(x - 2) = 0$. Cette équation est nulle si $x + 5 = 0$ ou si $x - 2 = 0$.

Les solutions de cette équation produit nul sont $x = -5$ et $x = 2$.

Ainsi, pour obtenir 0 à la fin, on peut choisir comme nombre de départ − 5 ou 2.

Histoire

1914-1918 : quatre années de combats

Le 28 juin 1914, l'archiduc François-Ferdinand, l'héritier du trône d'Autriche-Hongrie est assassiné par un terroriste serbe. L'Empire austro-hongrois, allié à l'Allemagne, prend prétexte de cet assassinat pour envahir la Serbie, pays soutenu par la Russie, elle-même alliée au Royaume-Uni et à la France. Le jeu des alliances opère et la guerre est déclarée le 1er août 1914. Quelles en sont les trois principales phases ?

Triple Alliance contre Triple Entente

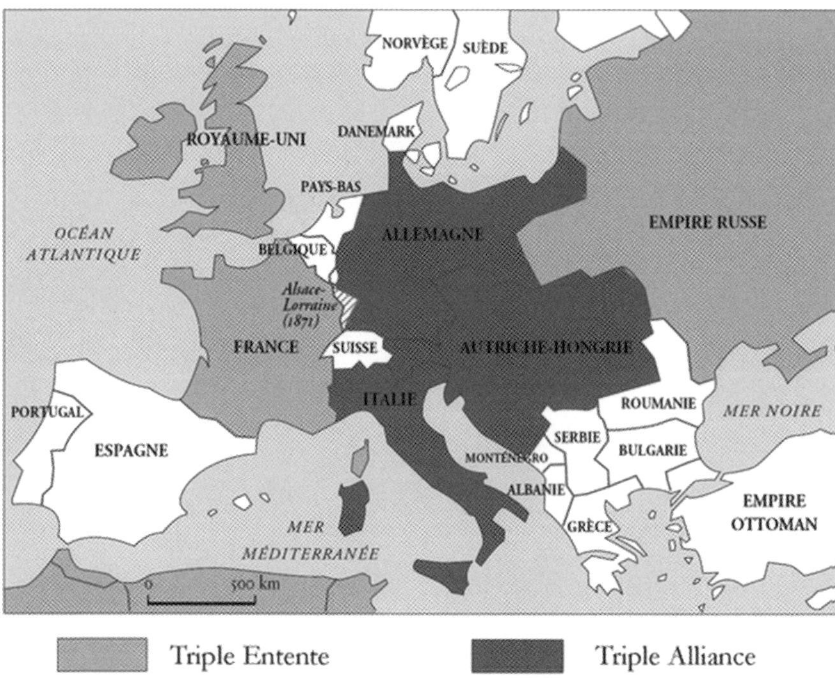

I. La guerre de mouvement (1914)

- La plupart des belligérants sont persuadés que **la guerre sera courte** : l'Allemagne est prise en tenailles entre la France et la Russie, la flotte britannique menaçant son approvisionnement par voie maritime.
- Élaboré depuis le début du siècle, le plan allemand, dit **plan Schlieffen**, prévoit de prendre à revers les armées françaises en passant par la Belgique avant de se retourner contre la Russie, plus lente à se mobiliser.
- L'avancée allemande est d'abord très rapide : en septembre 1914, les armées allemandes sont à 40 km de Paris. Sur le front russe, elles remportent en août une première victoire, à **Tannenberg**.

- Le général français Joffre lance cependant une vigoureuse contre-offensive, la **bataille de la Marne** (du 5 au 10 septembre 1914), qui stoppe l'avancée allemande. Le front se stabilise et s'étend bientôt sur 650 km, de la frontière suisse à la mer du Nord. **La guerre de mouvement a échoué** : les troupes s'enterrent dans les tranchées.

II. La guerre de position (1915-1917)

- Pendant trois ans, les positions sur le front occidental n'évoluent guère. De part et d'autre, les soldats creusent un **réseau de tranchées** (celles de la première ligne sont reliées à la deuxième ligne par un boyau permettant d'assurer la relève des troupes, de même pour la troisième ligne) pour se protéger des assauts de l'artillerie ennemie, souvent très proche.
- De temps à autre, les armées tentent une **percée** afin d'affaiblir l'adversaire. La plupart de ces offensives se soldent cependant par des échecs et de **terribles pertes humaines**. Ni l'offensive de l'Entente en Artois en 1915 ni celle des Allemands à Verdun (de février à juin 1916) ne modifient le front, pas plus que ne le font l'offensive britannique lancée sur la Somme (de juillet à novembre 1916), puis celle du Chemin des Dames en avril 1917.
- Enfin, de **nouveaux fronts** apparaissent : l'Empire ottoman, en 1914, et la Bulgarie, en 1915, s'engagent aux côtés des empires centraux. Le Japon dès 1914, l'Italie en 1915, puis la Roumanie en 1916 et la Grèce en 1917 soutiennent l'Entente.
- **La guerre devient mondiale** : on se bat en Afrique (les colonies allemandes sont conquises) et en Palestine. En 1915, l'expédition alliée dans les Dardanelles, qui doit permettre d'écraser l'armée turque et de prendre à revers les empires centraux, se heurte à une résistance qu'on avait sous-estimée.
- Cette phase de la guerre qu'est la **guerre de tranchées** est à la fois la plus longue du conflit et celle qui occasionna le plus de pertes. Ainsi, la **bataille de Verdun** dure 300 jours, 30 millions d'obus sont déversés sur le champ de bataille, soit le chiffre incroyable de 4 tonnes au mètre carré ! 163 000 Français et 143 000 Allemands y trouvent la mort. Si l'on ajoute les blessés, on arrive à un total de 306 000 morts et 403 000 blessés, soit plus de 700 000 victimes. La même année, la bataille de la Somme totalise 800 000 victimes ; celle du Chemin des Dames, en 1917, 350 000. La guerre est une **guerre d'anéantissement** : jamais jusqu'alors la guerre n'a mis en œuvre une telle **violence de masse**.

III. La rupture d'équilibre et la reprise de la guerre de mouvement

- Les **États-Unis**, qui jusqu'alors soutiennent l'Entente, décident d'entrer en guerre en avril 1917 et envoient des troupes en juillet 1918, ce qui modifie l'équilibre des forces en présence.
- La **Russie**, en revanche, se désengage du conflit : après la révolution bolchevique, elle demande l'armistice à Brest-Litovsk, en décembre 1917. L'Allemagne peut alors reporter tout son effort à l'ouest. Elle doit vaincre rapidement, car le temps joue pour les Alliés (les approvisionnements de l'Allemagne sont de plus en plus compromis). Elle lance quatre grandes offensives au printemps 1918.
- La dernière, en juillet, est contrée en Champagne par les Alliés, sous la direction unique du général français Foch. Alors que les empires centraux accumulent les revers et que l'Autriche-Hongrie se disloque, la situation intérieure allemande se détériore. L'Allemagne, isolée, demande la paix début octobre. **L'armistice de Rethondes est signé le 11 novembre 1918.**

Une guerre totale

Une guerre « totale » est un conflit où un État met tout en œuvre pour remporter la victoire. Pendant la guerre de 1914-1918, toute la population est mobilisée.

I. Employer tous les moyens disponibles

1. Des États renforcés

- En Allemagne, le pouvoir civil laisse la place aux militaires : Hindenburg impose une dictature. En Russie, le tsar Nicolas II gouverne seul. En France, l'« **Union sacrée** » suspend les luttes politiques ; régulièrement, les députés se heurtent aux militaires qui veulent prendre seuls, en secret, les décisions les plus importantes.

2. Une économie de guerre

- Dès la fin de 1914, on réalise que **le conflit sera long**. Les États mettent en place une **économie de guerre** : de nouveaux impôts sont créés, des emprunts lancés, du matériel est réquisitionné. L'inflation s'installe : la hausse des prix rend la vie quotidienne difficile. Dès 1915, l'Allemagne rationne la nourriture des civils. Des troubles éclatent. En 1917, des grèves ouvrières, s'inspirant de l'exemple russe, réclament de meilleures conditions de vie.

3. Propagande et censure

- Pour maintenir le moral du pays, l'État met en place une **propagande** officielle : des affiches et des campagnes de presse cherchent à ridiculiser l'adversaire et à exalter les chefs militaires ou le comportement héroïque, exemplaire des soldats. On ouvre les lettres des soldats, on **censure** les journaux. Les Français surnomment « **bourrage de crâne** » cette propagande qui affirme, par exemple, que « les balles allemandes ne tuent pas ».

II. Mobiliser l'ensemble de la population…

1. … au front

- On envoie sur le **front** les réservistes, on engage des volontaires, on appelle de jeunes recrues. L'armée britannique, constituée de soldats de métier, instaure la conscription dès 1916. Les Alliés engagent également des **troupes coloniales** venues de l'Inde, de l'Afrique du Nord ou d'Afrique noire (les fameux « tirailleurs sénégalais » qui firent preuve d'un véritable héroïsme).

2. … à l'arrière

- La Première Guerre mondiale est aussi la **première guerre industrielle**. La guerre de position favorise l'emploi de nouvelles armes, particulièrement meurtrières (artillerie en usage intensif, mitrailleuses, avions, chars d'assaut, gaz de combat). Certains ouvriers qualifiés sont rappelés du front et affectés à l'**arrière** dans les usines d'armement. En 1916, l'Allemagne rend le travail obligatoire le dimanche. Surtout, les **femmes** doivent remplacer les hommes, aux champs, bien sûr, mais aussi dans les usines d'armement. En France, où elles fabriquent balles et obus, on les appelle les « **munitionnettes** ».

La vie des poilus sur le front

Sur le front, dans les tranchées, les conditions de vie des soldats sont éprouvantes. Ils vivent dans la boue et dans le sang. Les combats sont meurtriers : près de 23 % des fantassins français y sont tués.

I. La vie du poilu

1. Les poilus, nerf de la guerre

• Près de **66 millions d'hommes** (dont 8,5 millions en France) ont été mobilisés sur tous les fronts au cours de la guerre. Des volontaires s'engagent, les États font appel aux troupes coloniales. Si les blindés et les avions apparaissent sur le champ de bataille (surtout à partir de 1918), les hommes jouent toujours le premier rôle. En France, les soldats qui combattent sur le front sont appelés les **« poilus »**, sans doute parce qu'ils n'avaient ni le temps ni les moyens de se raser.

• Pour conserver à tout prix le terrain conquis, les troupes s'enterrent dans des **tranchées**, parfois fortifiées, qui forment bientôt un labyrinthe boueux. Les intempéries et la promiscuité favorisent la prolifération des rats et des poux. Derrière cette ligne s'étendent les stocks de matériel, les dépôts de munitions, de vivres, les quartiers de l'état-major et les hôpitaux de campagne, sur plusieurs kilomètres. De l'autre côté, la tranchée ennemie n'est souvent qu'à quelques centaines de mètres, mais pour y parvenir il faut, sous le feu ennemi, franchir des barbelés et avancer au milieu des cratères creusés par les obus.

2. Les combats

• La guerre de position favorise l'emploi **d'armes nouvelles**, particulièrement meurtrières : le tir de l'artillerie rend la protection des tranchées illusoire, les obus sifflent puis éclatent en blessant les soldats, en faisant s'effondrer les tranchées, en brisant l'assaut d'une section ; l'emploi des gaz ou des lance-flammes terrorise l'ennemi.

• Face à ces armes nouvelles, les poilus montent à l'assaut avec leur fusil, leurs grenades et leur baïonnette. Les armes automatiques, comme les mitrailleuses, transforment l'attaque en une boucherie.

3. Des hommes très occupés

• Le nombre des blessés est si important qu'on ne peut tous les soigner. Ils sont triés et les médecins s'occupent d'abord de ceux qui peuvent retourner au combat. Les mutilés sont nombreux, on les surnomme les **« gueules cassées »** : l'usage d'armes comme les shrapnels (obus à balles) ou les obus à haut pouvoir explosif provoque des dégâts considérables sur les corps humains. Les gueules cassées ont le plus souvent été des objets de dégoût, malgré les premiers progrès de la chirurgie réparatrice.

4. Le sacrifice des poilus

• Pour les motiver et maintenir la discipline, les gradés ne laissent **jamais les troupes inactives**. Les poilus accomplissent les corvées de rigueur, doivent rester propres et vérifier leur équipement, qu'on appelle le « barda », en vue des inspections. On leur donne souvent des missions périlleuses : ramasser les cadavres ou secourir les blessés sur le champ de bataille, reconnaître la position d'une mitrailleuse, cisailler les barbelés ennemis, etc.

II. Le moral des poilus

1. L'enfer du front

- Les privations, la mauvaise hygiène, la peur de mourir ou d'être blessé pèsent sur le moral des poilus. Ils se confient parfois dans des carnets, où ils racontent l'horreur de leur quotidien : « J'entreprends de franchir les cinquante mètres de boyau qui me séparent de la première ligne. Justement voilà le téléphoniste qui répare les lignes : vous parlez d'un fourbi ! Rien ne veut tenir là-dedans. C'est de la boue et du cadavre. Oui, du cadavre. Les vieux morts des combats d'automne, qu'on avait enterrés sommairement dans le parapet, réapparaissent par morceaux… ».

2. Permissions et relèves

- Les poilus trouvent du réconfort dans le soutien de leurs camarades, dans les lettres ou parfois les colis qu'ils reçoivent de l'arrière et dans les lettres qu'ils peuvent envoyer malgré la censure. Les **permissions** sont rares et courtes, et les soldats qui retournent dans leur famille sont souvent désagréablement surpris : à l'arrière, on ne connaît rien de leur vie au front. Les poilus s'emportent contre les « embusqués », les « planqués » qui sont parvenus à éviter le combat par des intrigues.
- Lorsqu'une bataille dure longtemps, les unités sont relevées pour éviter qu'une même troupe ne soit décimée au front. Les poilus attendent avec impatience cette relève qu'ils appellent le **« tourniquet »**. Ainsi, presque toutes les unités françaises ont combattu à tour de rôle lors de la bataille de Verdun, de février à juin 1916.

3. Les mutineries de 1917

- Les poilus, dans l'ensemble, « tiennent bon ». Ce sont surtout des paysans, habitués aux intempéries et à des conditions de vie difficiles. Ils veulent défendre l'honneur de la France et récupérer l'Alsace-Lorraine.
- Cependant, en mai 1917, certains se révoltent, et refusent de combattre. Ils savent qu'en Russie les soldats désertent et que la révolution bolchevique a éclaté. La plupart d'entre eux ne veulent pas faire la révolution et même réclament moins la fin du conflit qu'un commandement plus humain des troupes, plus économe en offensives sanglantes. Ces **mutineries de 1917** touchent l'ensemble des forces belligérantes.
- L'état-major français redoute cette désobéissance et fait condamner à mort 554 soldats. Pour servir d'exemple, 49 sont fusillés. Ce n'est qu'en 1999 que la République française a reconnu publiquement l'injustice de ce châtiment.

III. En conclusion

- À la fin du conflit, le bilan est lourd : **1 400 000 poilus ont été tués ou sont portés disparus**. On compte 3,6 millions de blessés, dont 1 million d'invalides. Pour les survivants, la guerre constitue un choc sans précédent. Beaucoup d'entre eux se regroupent dans des **associations d'anciens combattants**, pour défendre leurs intérêts et préserver la paix. Parce qu'ils ont beaucoup souffert, ils veulent que cette guerre soit la **« der des ders »**, la dernière…

Le règlement du conflit

*Au terme de quatre années de guerre, les Alliés ont remporté la victoire. Il s'agit maintenant, selon le mot de Clemenceau, de « **gagner la paix** », c'est-à-dire d'essayer d'empêcher tout nouveau conflit européen en établissant une* **coopération internationale**, *mais aussi d'obtenir une* **paix avantageuse** *pour la France, notamment en affaiblissant l'Allemagne. Quelles sont les principales étapes du règlement de ce conflit ?*

I. Une paix difficile à construire

1. La conférence de Paris

- La conférence de Paris s'ouvre en **janvier 1919** avec pour mission l'élaboration des traités de paix. 27 États sont représentés **: les pays vaincus ainsi que la Russie bolchevique n'ont pas été invités**. En fait, les débats sont dirigés par le **Conseil des Quatre** : les États-Unis (le président Thomas Woodrow Wilson) ; la France (le président du Conseil Georges Clemenceau) ; le Royaume-Uni (le ministre David Lloyd George) et l'Italie (le président du Conseil Vittorio Emanuele Orlando).
- Les débats ont pour base les « **quatorze points** » présentés par Wilson au Congrès américain, qui reposent sur le **droit des peuples à disposer d'eux-mêmes** et la fondation d'une société capable de maintenir la paix.
- Les Français, qui ont subi d'importantes destructions sur leur sol, entendent affaiblir l'Allemagne et exigent de lourdes **réparations** financières, les Britanniques souhaitent contenir l'influence de la Russie en Europe et ne pas trop handicaper l'Allemagne. Les divergences et les tensions sont importantes.

2. Le traité de Versailles

- Le 28 juin 1919, le **traité de Versailles** règle le sort de l'Allemagne. L'article 231 du traité affirme sa responsabilité dans la guerre. Elle est donc **traitée en coupable**. Elle perd 10 % de son territoire : elle restitue l'Alsace-Lorraine à la France, la Posnanie et la Prusse-Occidentale à la Pologne, Eupen et Malmedy à la Belgique, le Schleswig au Danemark. Le corridor de Dantzig, qui traverse l'Allemagne, devient polonais. L'Allemagne perd au total 67 000 km^2 et près de 7 millions d'habitants.

Signature du traité à la galerie des Glaces, au château de Versailles

• Son **armée est limitée** à 100 000 hommes : elle ne peut posséder ni aviation ni forces blindées. La Rhénanie est démilitarisée. Les **colonies allemandes** (en Afrique, dans le Pacifique et en Chine) sont confiées aux principales puissances, qui doivent les conduire vers l'indépendance. Enfin, l'Allemagne subit des **sanctions économiques** : elle doit verser des réparations considérables (132 milliards de marks or) aux vainqueurs et livrer à la France le charbon de la Sarre pendant quinze ans.

3. Les autres traités

• Appliquer le droit des nationalités en Europe centrale se révèle une mission quasi impossible. Plusieurs traités tentent de régler la situation : les **traités de Saint-Germain-en-Laye, de Trianon et de Sèvres**, de septembre 1919 à août 1920, **démantèlent les Empires ottoman et austro-hongrois**. C'est la **fin des grands empires multinationaux**, la fin de l'ordre établi en 1815 à la défaite de Napoléon. L'Autriche est réduite à 85 000 km^2 et la Hongrie perd les deux tiers de sa superficie.

• La **Pologne**, qui était rayée de la carte depuis le XVIIIe siècle, redevient un État indépendant. Sur les ruines des empires multinationaux naissent une **Tchécoslovaquie** et une **Yougoslavie** indépendantes, qui adoptent des régimes démocratiques : la Constitution tchécoslovaque, par exemple, est calquée sur la Constitution française de 1875.

II. Une paix fragile

1. Les rancœurs et les frustrations nationales

• La paix divise très tôt les Européens : l'Allemagne est contrainte de signer le traité de Versailles, qu'elle considère comme un **diktat**, une paix injuste imposée, « dictée » par l'égocentrisme des vainqueurs. Elle ne paie que très lentement ses réparations de guerre. Face aux Allemands humiliés, les Français restent inflexibles. Les Italiens irrédentistes sont également insatisfaits : ils ont combattu, mais ne reçoivent pas les terres de langue italienne promises par leurs Alliés.

• Dans ces pays mécontents, la démocratie est remise en question, à gauche par des révolutionnaires (qui suivent l'exemple de la Russie, dont la révolution bolchevique suscite des émules), à droite par des ligues nationalistes (qui réclament un régime autoritaire et contestent les traités de paix). Entre 1918 et 1921, plusieurs **soulèvements communistes** éclatent ainsi à travers l'Europe, notamment en Allemagne (les spartakistes) et en Hongrie ; ils sont durement réprimés.

2. L'espoir de la Société des Nations

• Le traité de Versailles met en place la **Société des Nations (SDN)**. Cet organisme a pour objectif de régler pacifiquement les conflits, par la négociation, et de conduire le monde vers un désarmement général. La Société des Nations, dont le siège est à Genève, est dotée d'un conseil composé de cinq délégués permanents (la France, le Royaume-Uni, l'Italie, les États-Unis et le Japon).

• L'organisation ne parvient pas à élaborer un système rigoureux de sanctions contre les États qui enfreignent la loi internationale. De plus, elle est affaiblie, dès sa création, par l'absence des États-Unis : le Congrès américain a en effet refusé, en 1920, de ratifier les traités et d'entrer ainsi dans la SDN. La politique américaine est encore profondément **isolationniste**.

• L'idéal de la sécurité collective montre vite ses limites et les traités de paix contiennent en germe les conflits futurs. À cet égard, on peut dire, comme l'a fait le maréchal Foch, le 20 février 1920, que les signataires du traité de Versailles « ont mis un an à perdre la paix ».

Le bilan de la Première Guerre mondiale

À la fin de 1918, l'Entente sort vainqueur d'un long conflit. Mais peut-on vraiment parler de victoire ? L'Europe tout entière est affaiblie. La guerre a coûté très cher, le traumatisme causé par cette première guerre « industrielle » est sans précédent. L'Europe est en crise.

I. La guerre a ruiné l'Europe

1. Les pertes humaines

• La guerre a fait, en Europe, **plus de 8,5 millions de morts et 6 millions d'invalides** ; 8 millions d'enfants sont orphelins. En France, 10 % de la population active masculine ont été tués ou sont portés disparus ; 3,6 millions de soldats français ont été blessés : un million d'entre eux restent invalides. La population, affaiblie par les privations, subit de surcroît les assauts d'une épidémie de grippe espagnole (ainsi appelée en France, parce que la censure militaire ne parlait que de l'épidémie qui sévissait en Espagne...), en 1918. La **grippe espagnole**, véritable pandémie, probablement originaire de Chine, fait le tour du monde en deux années, touche un milliard de personnes et fait **de 20 à 50 millions de morts** dans le monde, selon les estimations les plus raisonnables. La guerre, enfin, a entraîné un déficit de naissances, les hommes étant au front.

• Certaines populations doivent abandonner, non sans mal, leur région d'origine : 1 million d'Allemands quittent la Pologne, les pays Baltes et l'Alsace-Lorraine pour se réfugier sur le territoire réduit de l'Allemagne.

Le bilan désastreux de la Première Guerre mondiale

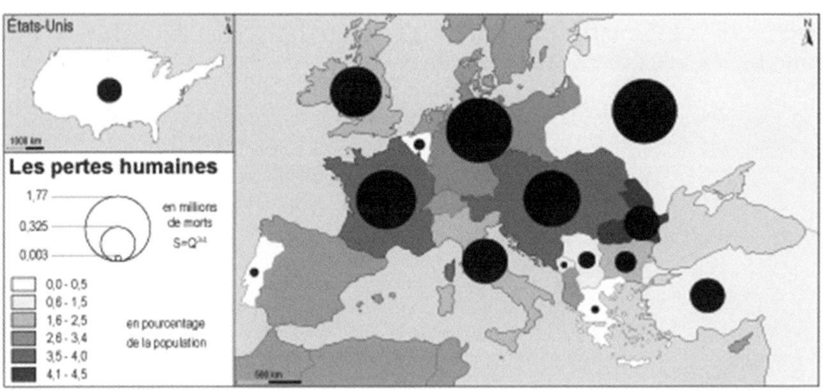

2. Les conséquences économiques

• Dans certaines régions, qui ont servi de champs de bataille, comme la Picardie ou la Champagne, tout est à **reconstruire** : les maisons, les ponts, les routes et les usines sont en ruine. Or l'Europe s'est terriblement appauvrie pendant la guerre : pour acheter du matériel de guerre et se ravitailler, **les**

États se sont endettés. Ils doivent maintenant rembourser leurs emprunts et verser des **pensions** aux mutilés, aux veuves et aux orphelins.

- La reconstruction de l'Europe dépend en partie des **États-Unis**, qui sont les **grands bénéficiaires** de la guerre. Les Américains prêtent de l'argent au monde entier, le dollar devient la monnaie la plus utilisée dans le commerce international.

II. Des sociétés profondément bouleversées

1. La crise politique

- La Première Guerre mondiale a vu la **disparition de quatre empires** et la **naissance de dix nouveaux États**. La démocratie semble triompher en Allemagne, en Pologne ou encore en Yougoslavie. Elle reste pourtant très fragile, étant menacée à gauche par les plus extrémistes, qui suivent l'exemple de la Russie révolutionnaire, et à droite par des ligues nationalistes qui réclament un régime autoritaire (à l'instar de l'Italie).
- Par ailleurs, **des revendications émergent au sein des colonies** : elles ont fourni leur quota de soldats et attendent des métropoles une certaine reconnaissance. C'est le cas en Inde, par exemple.

2. La crise sociale

- Certains banquiers et surtout de gros industriels ont profité de la guerre pour s'enrichir. À l'inverse, la hausse des prix pénalise salariés et retraités. On dénonce les « **profiteurs de guerre** ». Les femmes qui, pendant la guerre, ont travaillé dans les usines et élevé seules leurs enfants demandent plus de liberté et le respect de leurs droits. Tous ces éléments modifient les mentalités européennes.

III. Le choc de la guerre

1. Les combattants marqués à vie

- L'horreur des combats, la peur du soldat dans les tranchées sont décrites dans des livres publiés pendant ou après la guerre, comme *Le Feu* d'Henri Barbusse, qui obtient le prix Goncourt en 1916. En 1918, Barbusse fonde le mouvement pacifiste Clarté pour que les peuples fraternisent et que cette guerre barbare soit la dernière.
- La plupart des anciens soldats essaient cependant d'oublier, de profiter de la vie dans les tout nouveaux cinémas ou les boîtes de nuit des Années folles.

2. Le renouveau artistique

- Le **mouvement dada** rejette toute autorité et dénonce l'absurdité d'une société qui a permis la guerre. Tristan Tzara, chef de file du mouvement, écrit en 1918 dans son manifeste : « Je détruis les tiroirs du cerveau et ceux de l'organisation sociale, démoraliser partout et jeter la main du ciel en enfer, les yeux de l'enfer au ciel... ». Ce mouvement donne naissance au **surréalisme**, qui critique les valeurs établies et refuse les contraintes du monde réel. Ce qui compte, c'est la liberté.
- Le bilan de la Première Guerre mondiale montre ainsi **une Europe affaiblie**, où les anciens repères ont disparu. Dans certains pays, cette perte de repères favorisera la naissance de régimes autoritaires qui veulent retrouver, coûte que coûte, leur puissance perdue.

La révolution russe et la naissance de l'URSS

En août 1914, la Russie tsariste a le statut d'une grande puissance. Cependant, la guerre révèle vite les faiblesses du pays et, en 1917, les révolutionnaires en profitent pour prendre le pouvoir. Comment cette double révolution, de Février puis d'Octobre, a-t-elle pu avoir lieu ?

I. La Russie « colosse aux pieds d'argile »

1. Une grande puissance en déclin

- Avant la Première Guerre mondiale, la Russie compte **170 millions d'habitants**. Elle dispose d'une armée de quelque 8 millions de soldats (13 millions de mobilisés au total), ce qui en fait une force militaire considérable. Grâce à l'afflux de capitaux étrangers, **le pays s'industrialise rapidement** et devient la cinquième puissance économique du monde.
- Elle reste cependant un **pays fragile**. La population rurale y est majoritaire et souffre de **grandes inégalités**. Les impôts sont trop lourds, le surpeuplement rural est croissant. Les tensions sont également politiques : malgré l'adoption d'une Constitution après la révolution de 1905, **le tsar Nicolas II gouverne en autocrate**.

2. Le choc de la guerre

- La Russie entre en guerre le 30 juillet 1914 pour soutenir la Serbie slave. Très rapidement, son économie est désorganisée : l'industrie manque de bras, comme l'agriculture (qui, de surcroît, est privée de ses chevaux). Les usines ne peuvent plus fonctionner, les paysans ne livrent plus leurs récoltes. La **famine** touche bientôt les villes, les soldats eux-mêmes sont affamés et mal équipés.
- À cela s'ajoutent les **défaites militaires** et le nombre élevé de morts : plus de 2,5 millions. Dès 1916, des grèves et des manifestations éclatent dans tout le pays.

II. D'une révolution à l'autre

1. La révolution de Février, ou la chute du tsarisme

- À partir du 23 février 1917 (dans le calendrier russe, mais le 8 mars dans le calendrier occidental), les grèves prennent de l'ampleur. L'armée passe dans le camp des insurgés. Le tsar n'a plus aucune autorité. Un **gouvernement provisoire**, formé de bourgeois et de nobles, est créé pour poursuivre la guerre. Il se heurte au soviet révolutionnaire (le « conseil » des représentants), qui exige le retour à la paix. Le tsar abdique le 16 mars.

2. La révolution d'Octobre, ou la prise de pouvoir par les bolcheviks

- Revenu d'exil en avril 1917, **Lénine** demande, dans ses ***Thèses d'Avril***, « tout le pouvoir aux soviets, la paix immédiate et la terre aux paysans ».

Les **bolcheviks**, les plus révolutionnaires des socialistes russes (qui ont Lénine à leur tête), bénéficient d'une popularité croissante.

- Dans la **nuit du 24 au 25 octobre 1917** (6-7 novembre dans le calendrier occidental), les bolcheviks armés s'emparent des points stratégiques de la capitale, Petrograd. Le gouvernement provisoire prend la fuite. Les bolcheviks ont conquis le pouvoir.

III. Le pouvoir bolchevik face aux difficultés

1. L'application du programme de Lénine

- Le 26 octobre (c'est-à-dire le 8 novembre) est formé un gouvernement bolchevique, le Conseil des commissaires du peuple, présidé par **Lénine**. **Trotski** dirige les Affaires étrangères et **Staline** est responsable des Nationalités (les peuples non russes vivant en Russie).
- Ce gouvernement adopte plusieurs réformes importantes :

– le « **décret sur la paix** », qui propose la fin des hostilités à tous les pays en guerre avec la Russie ;
– le « **décret sur la terre** », qui remet aux soviets paysans les terres des grands propriétaires ;
– le « **décret sur les nationalités** », qui reconnaît l'égalité de tous les peuples de Russie ;
– l'**armistice de Brest-Litovsk** est conclu ; la paix avec l'Allemagne sera signée en mars 1918.
– Mais des difficultés persistent ou resurgissent. La **guerre civile entre Blancs** (partisans du tsar) **et Rouges** (bolcheviks) continue à ravager le pays. La situation est critique, d'autant que la **famine** touche de nouveau les villes (les paysans cachent une partie des récoltes pour échapper aux impôts). Les usines ne fonctionnent plus et des pillards menacent la population.

2. Le communisme « de guerre »

- À situation exceptionnelle, mesures exceptionnelles : la **dictature du Parti communiste** est instaurée. Les autres partis sont interdits. Les bolcheviks créent une police politique, la **Tchéka**, qui emprisonne les ennemis du régime et massacre la famille du tsar. Les terres deviennent la propriété de la collectivité et les paysans rebelles sont exécutés. **L'Armée rouge**, créée par Trotski en janvier 1918, finit par repousser les armées blanches. La population est épuisée, l'économie en très mauvais état.
- Après avoir nationalisé les banques, les terres et l'industrie, Lénine doit mettre en place une **nouvelle politique économique, la NEP (1921-1929)**. Il ouvre les frontières aux capitaux étrangers et réintroduit l'idée de profit.
- Si la révolution est sauvée, ce n'est qu'au prix de nombreuses concessions. **L'Union des républiques socialistes soviétiques (URSS),** qui naît en 1922, est un pays amputé de nombreux territoires, coupé du reste du monde. C'est un État fédéral qui regroupe plusieurs républiques, mais, en pratique, le **Parti communiste de l'Union soviétique** (PCUS) exerce depuis Moscou un **pouvoir sans partage**. Au sein du Parti, le secrétaire général impose sa propre politique, et, dès 1922, c'est Staline qui occupe ce poste.

Le génocide arménien de 1915

Le XXe siècle est le siècle de la violence de masse, jusqu'au génocide, c'est-à-dire l'extermination systématique d'un peuple. Le génocide arménien de 1915 est le premier en date. Comment a-t-il pu avoir lieu ?

I. L'Empire ottoman avant 1914

• L'Empire ottoman est **un empire multinational** centré sur la Turquie actuelle, mais débordant largement sur le Proche-Orient et le Moyen-Orient à l'est et sur les Balkans à l'ouest. En déclin depuis le XVIIIe siècle, l'empire perd l'essentiel de ses possessions européennes dans les Balkans après les guerres balkaniques de 1912 et de 1913.
• Au tournant du siècle, l'Empire ottoman compte environ **36 millions d'habitants**, **dont 2 millions d'Arméniens**, populations chrétiennes en pays musulman. Ces Arméniens vivent pour l'essentiel dans le très ancien royaume d'Arménie (parfois appelé **Grande Arménie**), au pied du Caucase, et en Cilicie, au sud de l'Asie Mineure, une région parfois nommée **Petite Arménie**.
• Les populations arméniennes sont, bien avant 1915, la cible d'exactions de la part des autorités ottomanes, le sultan attisant les **haines religieuses contre les chrétiens** pour mieux asseoir son autorité. Ainsi, ce sont 200 000 à 250 000 d'entre eux qui sont massacrés entre 1894 et 1896, notamment avec le concours des Kurdes, grands rivaux des Arméniens en Anatolie orientale.
• En 1909, le **mouvement des Jeunes-Turcs** prend le pouvoir dans l'empire. Ils prônent un **nationalisme panturc** (rassembler les populations de langue turque) et souhaitent **créer une nation turque racialement homogène**, ce qui explique le massacre de 20 000 à 30 000 Arméniens à Adana, dès leur prise de pouvoir.

II. Le génocide de 1915

• En 1914, lorsque éclate la Première Guerre mondiale, les Jeunes-Turcs, humiliés par l'impérialisme russe qui tente de protéger les minorités de l'Empire ottoman, poussent le sultan à rallier les **empires centraux**, Allemagne et Autriche-Hongrie.
• Les opérations militaires sont vite catastrophiques pour l'armée ottomane, qui bat retraite, tout en multipliant les exactions contre les populations civiles arméniennes. Les Russes se servent de la situation pour soulever à leur profit les Arméniens de Turquie, comme les Turcs ont tenté de soulever les Arméniens de Russie, quelques mois auparavant. Le 7 avril 1915, à Van, dans l'est de la Turquie, est proclamé un **gouvernement arménien autonome**. Au même moment, les Alliés préparent l'opération des Dardanelles.
• Les Jeunes-Turcs saisissent l'occasion pour mettre en œuvre leur projet de Turquie racialement homogène : ils décident **l'élimination des Arméniens de l'Asie Mineure**. Ce projet est mis en œuvre **avec méthode**. Le ministre de l'Intérieur turc transmet ce télégramme aux Jeunes-Turcs

de la province d'Alep : « Le gouvernement a décidé de **détruire tous les Arméniens résidant en Turquie**. Il faut mettre fin à leur existence, aussi criminelles que soient les mesures à prendre. Il ne faut tenir compte ni de l'âge ni du sexe. Les scrupules de conscience n'ont pas leur place ici. » Il s'agit donc d'un **projet politique**, réalisé sous couvert de transférer les populations arméniennes loin du front, pour éviter leur collaboration avec l'ennemi.

- Le gouvernement turc fait ainsi désarmer les soldats arméniens de l'armée ottomane. Ces derniers sont alors employés à des travaux pénibles avant d'être discrètement assassinés. En avril 1915, l'élimination des élites arméniennes d'Istanbul, notables et intellectuels, marque le début du génocide. Les opérations ont lieu **de mai à juillet 1915**, dans les sept provinces d'Anatolie orientale, puis **à la fin de l'année**, dans le reste du pays.
- Dans tous les villages d'Anatolie, les opérations sont quasi identiques : perquisition dans les maisons des notables, qui sont torturés pour leur faire avouer un complot contre l'État ; mise à l'écart des hommes, qui sont ensuite assassinés par petits groupes ; déportation des femmes, enfants et personnes âgées, qui doivent prendre la route : le convoi est souvent décimé par des bandes kurdes, les femmes et les enfants sont parfois enlevés.
- Dans le reste de l'empire, une **déportation systématique** est organisée : les déportés meurent à petit feu dans de véritables **camps de concentration** ou sont envoyés dans le désert de Mésopotamie, où la soif les achève.
- Au total, le bilan varie de 800 000 à 1 500 000 victimes, selon les sources. Un chiffre moyen de **1,2 million de personnes** est le plus couramment retenu aujourd'hui, soit les **deux tiers de la population arménienne de l'empire.** C'est le **premier génocide de l'histoire.**

III. Conclusion : débat sur le génocide

- Après la défaite de 1918, l'Empire ottoman se recentre sur sa partie turque et, en 1923, Mustapha Kemal, père de la Turquie moderne, prononce une amnistie générale pour tous les responsables du génocide. Depuis cette date, la Turquie est clairement sur une **position négationniste**, reconnaissant des massacres, mais niant le fait qu'ils aient été programmés dans le but de détruire les populations arméniennes, donc le fait qu'il s'agisse d'un génocide.

De la révolution russe au totalitarisme stalinien

En août 1914, la Russie tsariste a le statut d'une grande puissance. Cependant, la guerre révèle vite les faiblesses du pays et, en 1917, les révolutionnaires en profitent pour prendre le pouvoir.
Une décennie plus tard, le pays est dans les mains d'un seul homme : Staline.

I. De la Russie des tsars à l'URSS (1914-1922)

1. Une guerre qui affaiblit un peu plus le pays

• La Russie entre en guerre le 30 juillet 1914 pour soutenir la Serbie slave. Très rapidement, son économie est désorganisée : l'industrie manque de bras, comme l'agriculture (qui, de surcroît, est privée de ses chevaux). Les usines ne peuvent plus fonctionner ; les paysans ne livrent plus leurs récoltes. La famine touche bientôt les villes ; les soldats eux-mêmes sont affamés et mal équipés.
• À cela s'ajoutent les défaites militaires et le nombre élevé de morts : plus de 2,5 millions. Dès 1916, des grèves et des manifestations éclatent dans tout le pays.

2. Les révolutions de février et octobre 1917

• À partir du 23 février 1917 (dans le calendrier russe, mais le 8 mars dans le calendrier occidental), les grèves prennent de l'ampleur. L'armée passe dans le camp des insurgés. Le tsar, Nicolas II, qui gouvernait en autocrate jusque-là, n'a plus aucune autorité. Un gouvernement provisoire, formé de bourgeois et de nobles, est créé pour poursuivre la guerre. Il se heurte au soviet révolutionnaire (le « conseil » des représentants), qui exige le retour à la paix. Le tsar abdique le 16 mars.
• Revenu d'exil en avril 1917, Lénine demande, dans ses *Thèses d'avril*, « tout le pouvoir aux soviets, la paix immédiate et la terre aux paysans ». Les bolcheviques, les plus révolutionnaires des socialistes russes (qui ont Lénine à leur tête), bénéficient d'une popularité croissante.
• Dans la nuit du 24 au 25 octobre 1917 (6-7 novembre dans le calendrier occidental), les bolcheviques armés s'emparent de la capitale, Petrograd. Le gouvernement provisoire prend la fuite. Les bolcheviques ont conquis le pouvoir.

3. La naissance de l'URSS (1917-1922)

• Le 26 octobre (c'est-à-dire le 8 novembre) est formé un gouvernement bolchevique, le Conseil des commissaires du peuple, présidé par Lénine. Trotski dirige les Affaires étrangères, et Staline est responsable des Nationalités (les peuples non-russes vivant en Russie).
• Ce gouvernement adopte plusieurs réformes importantes :
– le « décret sur la paix », qui propose la fin des hostilités à tous les pays en guerre avec la Russie ;
– le « décret sur la terre », qui remet aux soviets paysans les terres des grands propriétaires ;

– le « décret sur les nationalités », qui reconnaît l'égalité de tous les peuples de Russie ;
– l'armistice de Brest-Litovsk est conclu ; la paix avec l'Allemagne sera signée en mars 1918.

• Mais des difficultés persistent ou resurgissent. La guerre civile entre Blancs (partisans du tsar) et Rouges (bolcheviques) continue à ravager le pays. La situation est critique, d'autant que la famine touche de nouveau les villes. Les usines ne fonctionnent plus, et des pillards menacent la population.

• Après avoir nationalisé les banques, les terres et l'industrie, Lénine doit mettre en place une Nouvelle Politique économique, la NEP.

• Si la révolution est sauvée, ce n'est qu'au prix de nombreuses concessions. L'Union des républiques socialistes soviétiques (URSS), qui naît en 1922, est un pays amputé de nombreux territoires, coupé du reste du monde. Le Parti communiste de l'Union soviétique (PCUS) exerce un pouvoir sans partage. Au sein du Parti, le secrétaire général impose sa propre politique et, dès 1922, c'est Staline qui occupe ce poste. En 1924, Lénine meurt, et le pouvoir de Staline ne cesse de s'accroître.

II. Le régime soviétique : la collectivisation de l'économie

1. Collectiviser l'agriculture

• En 1928, Staline abandonne la Nouvelle Politique économique (NEP), mise en place par Lénine. Il impose, par la force, la collectivisation des terres. Les paysans doivent mettre en commun terres, outils et bétail dans le cadre de fermes collectives, les kolkhozes. Les koulaks, les paysans aisés, et les opposants à la collectivisation sont éliminés ou déportés.

2. Collectiviser l'industrie

• L'industrie et les services sont également collectivisés : à partir de 1929, nul ne possède son atelier ou son commerce. La planification de l'économie est instaurée : un plan quinquennal (d'une durée de cinq ans) fixe la nature et la quantité de la production. Le Gosplan (Comité étatique pour la planification), créé par Lénine en 1920, est chargé d'évaluer les ressources et les besoins du pays et de préparer les plans quinquennaux.

• Conformément aux vues de Staline, les plans quinquennaux privilégient l'équipement lourd (centrales électriques, barrages, chemins de fer) et les industries de base (production d'acier), au détriment des biens de consommation.

3. Un bilan médiocre

• Dans l'agriculture, la collectivisation est à l'origine d'un effondrement de la production agricole. La famine fait des millions de victimes, notamment en Ukraine.

• L'URSS se hisse au troisième rang mondial en tant que puissance industrielle. Mais le secteur souffre de graves déséquilibres, imposant d'importants sacrifices à la population.

III. Le totalitarisme stalinien (1924-1953)

1. Au sommet, un homme

- Après la mort de Lénine, Staline réussit à éliminer ses rivaux pour prendre la tête du Parti et du pays. Lors des grands procès de Moscou, en 1936-1938, les plus anciens membres du Parti, qui pourraient faire concurrence à Staline, sont accusés de saboter l'économie. Des communistes de la première heure, certains officiers de l'Armée rouge et des responsables de l'administration sont ainsi accusés d'être des « ennemis du socialisme ». Soumis à la torture, ils « avouent » la plupart du temps leurs crimes. C'est la période de la Grande Terreur. Parallèlement, un véritable culte de la personnalité est mis en place : chansons, poèmes, statues, photos et affiches à la gloire de Staline en font une figure de chef presque mythique et omniprésente.

La plupart des nouveaux responsables doivent leur pouvoir à Staline. Lui seul contrôle la police. La censure surveille les journaux et les livres.

2. Le contrôle des esprits

- La propagande est omniprésente. Les manuels scolaires et les actualités des journaux sont censurés et falsifiés. L'histoire « officielle » de l'URSS est ainsi récrite pour masquer les événements gênants ou en faire disparaître les acteurs tombés en disgrâce.
- Une police politique est chargée de contrôler la société :

– le NKVD (Commissariat du peuple aux Affaires intérieures), la police politique, arrête et déporte tous les suspects. Ces derniers sont « rééduqués » par le travail au goulag (le goulag est l'ensemble des camps de travail soviétiques). Rares sont ceux qui en reviennent. On y meurt généralement d'épuisement, de faim ou de froid ;

– les dénonciations sont encouragées. La population vit dans une angoisse permanente, dans un climat de peur où chacun court le risque d'être dénoncé, parfois même par ses propres enfants !

3. Le modèle de l'homme soviétique

- La société communiste veut créer un homme nouveau, à l'image de Staline. La jeunesse, enrôlée dans les Jeunesses communistes ou le Mouvement des pionniers, est le symbole de cette nouvelle génération, sportive et performante. Elle défile régulièrement en uniforme sur la place Rouge, par exemple le jour anniversaire de la révolution.
- Dans le même esprit, les sportifs soviétiques doivent apporter au monde entier la preuve de la supériorité de l'homme communiste : ils sont soumis à un entraînement draconien, souvent aux dépens de leur propre santé.
- Le mineur Stakhanov est souvent cité en exemple : il extrait quatorze fois plus de charbon que ses camarades, lançant ainsi un mouvement d'émulation socialiste, le stakhanovisme. On apprendra, en 1986, qu'il s'est fait aider de deux autres ouvriers pour établir ce faux record médiatisé par la propagande stalinienne. Cette dernière s'efforce, par tous les moyens possibles, d'exalter l'esprit soviétique, d'amener le peuple à se dépasser et à accepter avec enthousiasme de nouveaux sacrifices.

La démocratie allemande en crise

En 1930, Goebbels, futur ministre de la Propagande nazie sous le IIIe Reich, parlait ainsi de la démocratie : « Puisque le régime est assez bête pour nous permettre [...] de nous exprimer, nous allons combattre la République de Weimar de l'intérieur. Le NSDAP (Parti national-socialiste des travailleurs allemands) sera le loup dans la bergerie. » Pourquoi la république de Weimar s'est-elle montrée si faible face à ses ennemis ?

I. Une démocratie fragile

1. Un régime né dans la douleur

- Après la défaite militaire, **la république est proclamée, le 9 novembre 1918**, lendemain de **l'abdication de l'empereur Guillaume II**. L'Allemagne est en proie à une agitation révolutionnaire menée par les **spartakistes** (notamment Karl Liebknecht et Rosa Luxemburg). Ils veulent suivre l'exemple de la révolution bolchevique en Russie et tentent une insurrection à Berlin en janvier 1919. Le gouvernement (social-démocrate) réprime brutalement ce mouvement. Les ouvriers proches du Parti communiste (le KPD) lui en gardent rancune, privant ainsi le régime de l'un de ses soutiens.

2. Une opposition violente

- La gauche est divisée, la situation sociale est critique (d'où les émeutes de 1920 et de 1923). Les **nationalistes, à l'extrême droite**, reprochent au régime de s'être installé grâce à la défaite et même de l'avoir provoquée. Ils n'acceptent pas le **diktat du traité de Versailles**. Les anciens combattants se regroupent dans des organisations paramilitaires, comme les Casques d'Acier.
- Ces adversaires de la République tentent un **coup d'État à Berlin, en 1920**. Le **putsch de Kapp** échoue de justesse. Ils organisent des attentats contre les personnalités politiques : de 1919 à 1922, 376 personnes sont assassinées, dont Erzberger, qui a signé le traité de Versailles, et Rathenau, grand industriel juif qui dirige le Parti démocrate.
- La République semble impuissante. Les mécontents rallient peu à peu le Nationalsozialistische Deutsche Arbeiterpartei (**NSDAP**, Parti national-socialiste des travailleurs allemands). **Hitler** en devient le président en 1921.

II. La crise économique

1. Une société divisée

- À cause des dépenses de guerre, puis du paiement des réparations prévues par le traité de Versailles, l'Allemagne connaît une **inflation galopante**. La monnaie se déprécie à une vitesse exceptionnelle. En novembre 1923, il faut 39 milliards de marks pour acheter une livre de pain ! Les commerçants doivent augmenter leurs prix quotidiennement ; les ouvriers sont payés deux fois par jour et emportent les billets dans des valises. En 1931, un économiste raconte : « Comme la Reichsbank ne parvenait pas à fournir des quantités suffisantes de billets, des monnaies secondaires surgirent de toute part. [...] Les villes en imprimèrent, puis les villages, puis les industriels, puis tout le monde. On vit des billets portant un dessin des sports d'hiver, une glissade à skis, avec cette légende : "Ceci est l'image du mark„. »

• Les grands industriels profitent de la crise en rachetant des entreprises ou des machines à un très bon prix. En revanche, les salariés sont touchés de plein fouet par la misère. Cette **hyperinflation** de 1923 a laissé des traces profondes et durables dans les mentalités collectives allemandes, qui expliquent, encore de nos jours, leur attachement à une monnaie forte et stable.

2. Un redressement compromis par la crise de 1930

• L'aide des États-Unis permet de mettre en place une nouvelle monnaie, le Reichsmark, et de redresser l'économie. Mais, dès 1930, l'Allemagne entre à son tour dans la crise mondiale. Partout les entreprises font faillite. Les Allemands n'ont plus le droit de retirer leurs économies placées dans les caisses d'épargne. L'année 1932 est terrible : on compte 6 millions de chômeurs, et ils sont de plus en plus nombreux à adhérer au NSDAP.

III. Les nazis à la conquête du pouvoir

1. Adolf Hitler et le parti nazi

• Né en 1889 en Autriche, Hitler s'engage dans l'armée allemande en 1914. Il milite dans un petit groupe extrémiste qui va devenir le NSDAP. Une tentative de coup d'État en Bavière en 1923 (le **putsch de la brasserie**) le conduit en prison pour quelques mois : il y rédige son programme, ***Mein Kampf*** (*Mon combat*). Il y développe sa théorie du chef (le **Führer**), de l'espace vital (***Lebensraum***), sa volonté de restaurer la grandeur de l'Allemagne par **l'expansion à l'est**, l'existence d'une race supérieure, la nécessité d'éliminer les Juifs, responsables du déclin de son pays, etc.

• En critiquant les communistes, il attire les industriels et les banquiers. En vouant aux gémonies le diktat de Versailles, il recrute parmi les militaires et les patriotes. En promettant du travail aux chômeurs, il s'assure le soutien de la population. Nombreux sont les Allemands qui s'accommodent de son antisémitisme violent.

2. Une prise de pouvoir légale

• Après l'échec de son coup d'État, Hitler ne veut plus prendre de risques : « Nous devons nous tenir tranquilles, entrer au Reichstag et y lutter contre les députés catholiques et marxistes. Les abattre à coups de bulletins de vote prendra plus de temps que les abattre à coups de fusil, mais, au moins, le résultat sera garanti par leur propre Constitution. » Aux élections de 1930, à la faveur de la **Grande Dépression,** les nazis remportent 6,5 millions de voix et... 14 millions en juillet 1932. **Le NSDAP est devenu le premier parti au Parlement**.

• **Le 30 janvier 1933**, le maréchal Hindenburg, président de la République, prend acte de ces résultats et nomme **Hitler chancelier**. Dans cette Allemagne ravagée par la crise, Hitler est donc arrivé légalement au pouvoir. En quelques mois, il transforme le régime en dictature.

La dictature nazie et la marche à la guerre

Arrivé légalement au pouvoir le 30 janvier 1933, Adolf Hitler met en place un régime totalitaire. Comment parvient-il à contrôler la société ? Comment installe-t-il la dictature nazie ?

I. Un homme, un parti au pouvoir

- L'idéologie nazie peut être résumée par ce slogan : « *Ein Volk, ein Reich, ein Führer !* » (« Un seul peuple, un seul État, un seul chef ! »). Le peuple allemand doit s'unir autour de son chef, Adolf Hitler, pour mieux assurer sa domination sur les autres peuples et conquérir un espace à sa mesure, le *Lebensraum* (l'« espace vital »). Hitler met en place un véritable culte de la personnalité du führer : il est au centre de tout. Ainsi peut-on lire dans certaines dictées de 1934 : « Comme Jésus a délivré les hommes du péché et de l'enfer, Hitler a sauvé le peuple allemand de la ruine. »
- Dans la nuit du 28 février 1933, un incendie détruit le Reichstag (la chambre des députés). Un ex-membre du Parti communiste, manipulé par les nazis eux-mêmes, est arrêté et accusé. Hitler prétexte cet événement pour interdire le Parti communiste, supprimer la liberté de la presse et ouvrir les premiers camps de concentration. Au Reichstag, l'arrestation des députés communistes donne de facto la majorité absolue aux nazis. Hitler reçoit les pleins pouvoirs le 23 mars et, en juillet, le Parti nazi (national-socialiste) devient parti unique : il est le seul à pouvoir présenter des candidats aux élections.
- Le 30 juin 1934, lors de la Nuit des longs couteaux, Hitler fait assassiner Ernst Röhm et d'autres dirigeants des SA qui critiquaient son attitude conciliante envers les grands industriels. Il se débarrasse ainsi d'un rival encombrant. À la mort d'Hindenburg, en août 1934, Hitler devient à la fois chancelier et président de la République. Il prend le titre de *Reichsführer*.
- Certains Allemands (des communistes, des socialistes, des catholiques et des protestants) tentent néanmoins de résister. Beaucoup d'artistes et d'intellectuels quittent le pays et dénoncent les exactions nazies. Parmi eux, un certain Albert Einstein…

II. La prise en main de la société allemande

- Hitler entend museler toute opposition et contrôler les esprits. Cette tâche est confiée à Joseph Goebbels, ministre de l'Information et de la Propagande. Goebbels utilise tous les moyens modernes de communication (le cinéma, la presse, la radio) pour endoctriner la population. De spectaculaires manifestations (grandes fêtes nocturnes, rassemblements militaires impressionnants) sont organisées, notamment à Nuremberg, où Hitler organise les congrès du Parti nazi, tel celui de 1934, baptisé *Triumph des Willens* (« Triomphe de la volonté »). Les Allemands ont l'impression que le pays fait bloc autour de son führer. De fait, le Parti nazi compte, en 1939, 5 300 000 membres.
- L'art est mis au service du régime. Les œuvres non conformes sont interdites ; les livres subversifs sont brûlés dans de grands autodafés. L'art et la

culture sont nazifiés. On exalte les exploits sportifs, notamment lors des jeux Olympiques de Berlin, en 1936.

- L'État entend régir tous les aspects de la vie publique, professionnelle et privée des Allemands. La société est encadrée par le Parti : les Jeunesses hitlériennes (*Hitlerjugend*) enrôlent les enfants et les adolescents pour en faire des individus obéissants, disciplinés, physiquement bien entraînés, entièrement dévoués à leur führer et, pour les garçons, les éléments de futures troupes d'élite.
- Dès 1933, les opposants au régime sont traqués par les SS (de la Schutzstaffel, « escadron de protection », que l'on traduit parfois par « section de sécurité » pour conserver le « SS »), dirigés par Heinrich Himmler (qui contrôle également la police secrète d'État, la Gestapo, c'est-à-dire la police politique). Ils sont envoyés dans des camps de concentration, à Dachau par exemple. En six ans, 350 000 communistes sont ainsi arrêtés, internés et condamnés au travail forcé, dans des conditions extrêmement difficiles.

III. Le projet d'une société antisémite et raciste

- Hitler expose ses idées dans un livre programme intitulé *Mein Kampf* (« *Mon combat* ») : la société doit être dominée par une race supérieure, les Aryens. Pour assurer la pureté de cette dernière, il faut éliminer les races inférieures, en particulier les juifs et les Tziganes (Roms). Les femmes allemandes sont encouragées à fonder des familles nombreuses. Des lois sur l'eugénisme prévoient l'élimination des handicapés de la société ; les homosexuels font l'objet de mesures de répression.
- Hitler met progressivement ses idées en pratique : en septembre 1935, les lois de Nuremberg condamnent d'une peine d'emprisonnement toute union d'un(e) Aryen(ne) avec une personne juive. Les juifs ne peuvent plus enseigner ni publier. Lors de la Nuit de cristal (le 9 novembre 1938), 7 000 magasins juifs sont détruits et 26 000 juifs, arrêtés.
- Les juifs sont obligés de se signaler par le port d'une étoile jaune ; ils sont de plus en plus nombreux à être déportés dans les camps de concentration.

IV. L'Allemagne glisse vers la guerre

- Pour relancer l'économie, le régime réalise de grands travaux : construction d'autoroutes, défrichement de forêts, etc. De nombreux ouvriers sont employés dans les usines d'armement. Certes, le chômage recule, mais la population est soumise au rationnement. En 1935, le Service du travail oblige les jeunes à travailler gratuitement. Progressivement, le pays met en place une politique économique fondée sur l'autarcie (le fait de subvenir seul à ses propres besoins). En 1936, en violation flagrante du traité de Versailles, l'Allemagne met en place un programme de production massive d'armement. Son économie tourne autour de la préparation de la guerre.
- L'expansion du Reich

Hitler met en œuvre son projet politique : assurer l'espace vital de la race allemande, liquider le diktat du traité de Versailles et préparer la guerre qui permettra la conquête des ressources dont l'Allemagne a besoin. Dès 1933, l'Allemagne quitte la Société des Nations (SDN).

- En violation du traité de Versailles, l'Allemagne rétablit le service militaire en 1936. En mars 1936, les troupes allemandes occupent la Rhénanie, région officiellement démilitarisée.

- Enfin, l'Allemagne se fait des alliés : elle signe, en 1936, des accords avec l'Italie fasciste (Axe Rome-Berlin), avec le Japon et, trois ans plus tard, un pacte de non-agression avec l'URSS, le Pacte germano-soviétique.
- Hitler pratique la politique du fait accompli : il agit d'abord et se justifie ensuite. En 1938, il masse ses troupes à la frontière et fait pression sur le gouvernement autrichien. Les forces allemandes entrent en Autriche, l'Anschluss (le « rattachement ») est réalisé, bientôt massivement approuvé par la population autrichienne.
- Profondément pacifistes, la France et l'Angleterre pensent qu'il vaut mieux céder à Hitler que s'engager dans un conflit mal préparé. En 1938, Hitler réclame l'annexion du territoire tchèque des Sudètes, peuplé d'Allemands. En septembre, à la conférence de Munich, la France et l'Angleterre acceptent les exigences de Hitler et sacrifient à la paix leur allié tchécoslovaque.
- En mars 1939, l'Allemagne s'empare du reste de la Tchécoslovaquie (protectorat de Bohême-Moravie). Elle réclame ensuite la ville de Dantzig et son corridor (accès à la mer Baltique). À la suite de l'attaque allemande de la Pologne, le 1er septembre 1939, la France et l'Angleterre déclarent la guerre à l'Allemagne, le 3 septembre.

Les années 1920 : la fin de l'Union sacrée et les forces politiques dans une France victorieuse

Dans les années 1920, la vie politique française évolue. Le retour à la paix crée de nouvelles problématiques qui structurent l'entre-deux-guerres et, au-delà, le paysage politique français. Comment la classe politique française négocie-t-elle le virage du retour à la paix ?

I. La « Chambre bleu horizon »

• L'immédiat après-guerre marque le **retour à une vie politique normale**, c'est-à-dire marquée par les divisions. L'Union sacrée, formée en 1914, largement entamée depuis 1917, disparaît avec la paix. La vie politique suspendue par la guerre reprend son cours normal. Les **élections législatives** ont lieu en 1919.
• Les droites forment le **Bloc national républicain**, dont la campagne est axée sur le danger bolchevique : la révolution russe de 1917 est en effet présente dans tous les esprits et inquiète l'opinion, surtout avec les excès qui marquent la guerre civile. **Le Bloc national triomphe aux élections de 1919** et obtient 436 députés, contre 180 à la gauche et au centre gauche. Majoritairement composée d'anciens combattants de la Grande Guerre, la Chambre dominée par la droite reçoit le nom de **« Chambre bleu horizon »**, de la couleur des uniformes français de la Première Guerre mondiale.
• **Clemenceau aspire à se retirer**. Né en 1841, il approche des 80 ans. Pressenti pour les élections à la présidence de la République, il est cependant critiqué à gauche, où on le juge autoritaire, comme à droite, où on lui reproche son anticléricalisme. Le 17 janvier 1920, Paul Deschanel remporte l'élection présidentielle et Clemenceau présente la démission de son gouvernement avant de se retirer définitivement de la vie politique.

II. L'éclatement de la gauche française

• Une partie de la victoire du Bloc national est manifestement due aux **divisions de la gauche** française. La **SFIO** (Section française de l'Internationale ouvrière, parti socialiste) est écartelée entre les pro et antibolcheviques. Le **Parti radical** est isolé.
• Après la déroute électorale, la gauche française se fractionne : au **Congrès de Tours**, **en 1920**, la SFIO voit le départ des partisans de la IIIe Internationale communiste, organisation révolutionnaire internationale. Ils constituent le **Parti communiste**, dévoué aux ordres de Lénine. La minorité socialiste, autour de **Léon Blum**, garde **« la vieille maison »**, le parti SFIO réformiste.
• Pareillement, le **monde syndical**, historiquement proche de la SFIO, se divise : la Confédération générale du travail éclate en une **CGT** qui demeure affiliée à la SFIO et une **CGTU** (« U » pour « unitaire »), qui s'aligne progressivement sur le Parti communiste.

Les années 1930 : de la crise au Front populaire

Si la crise française est plus tardive (puisqu'elle ne commence qu'en 1931) que la crise américaine (qui a commencé en 1929), elle est aussi plus profonde que dans d'autres pays. Comment la France l'affronte-t-elle ? Quelles solutions le Front populaire tente d'apporter ?

I. Une crise économique, sociale et politique

- Les signes de la crise économique se font vite ressentir en France. La production industrielle chute de moitié. Les faillites se multiplient, le nombre de chômeurs augmente. La crise est particulièrement forte en France parce que le marché intérieur est faible : très rurale, avec encore 50 % de la population vivant dans les campagnes en 1930, la population française a un pouvoir d'achat relativement modeste. De plus, le franc apparaît largement surévalué, ce qui gêne les exportations.
- Le revenu moyen des Français a diminué d'un tiers entre 1930 et 1935 : les agriculteurs et les petits commerçants sont les plus touchés. Dans la même période, le nombre de chômeurs est multiplié par cinq. Le mécontentement s'accroît : les chômeurs critiquent les fonctionnaires, certains incriminent les étrangers (Belges, Polonais, Italiens, etc.). Tous mettent en cause l'incompétence des gouvernements. La crise économique, puis sociale, débouche donc sur une crise politique.
- Les gouvernements qui se succèdent de 1932 à 1934 semblent impuissants. Les victimes de la crise accusent le régime parlementaire et les partis au pouvoir. Les ligues d'extrême droite (comme l'Action française, les Camelots du roi ou Jeunesse patriote) relaient cet antiparlementarisme.
- En janvier 1934 éclate l'affaire Stavisky : cet escroc, enrichi grâce à ses relations politiques, est retrouvé mort. L'extrême droite soutient qu'il a été tué car il représentait une menace pour des hommes politiques influents.

II. De la crise politique au Front populaire

- Le 6 février 1934, les ligues d'extrême droite manifestent devant la Chambre des députés. L'émeute, d'une grande violence (les manifestants allant jusqu'à couper les jarrets des chevaux de la police), fait 17 morts et près de 1 500 blessés. Le président du Conseil démissionne le lendemain. Le régime semble à bout de souffle. Le 6 février 1934 n'est pas une tentative de coup d'État d'extrême droite : les ligues en effet encerclent la Chambre des députés, qu'ils auraient pu envahir, mais elles ne tentent pas de s'emparer des leviers du pouvoir. Pour la gauche, en revanche, cette journée est clairement une tentative de coup d'État fasciste. Il faut dès lors réagir… Les partis de gauche forment donc une alliance : le Front populaire, qui réunit, en 1935, radicaux, socialistes et communistes. Le Front populaire établit un programme de gouvernement centré sur la lutte contre la crise et la préservation d'une démocratie qu'elle estime menacée. Son slogan : « Pain, paix et liberté ».

III. Le Front Populaire au pouvoir

- Le Front populaire gagne les élections en mai 1936, et le socialiste Léon Blum, leader de la Section française de l'Internationale ouvrière (SFIO, le parti socialiste), devient président du Conseil en juin 1936. C'est la première fois dans l'histoire de la France qu'un socialiste dirige le gouvernement.
- Le gouvernement de Front populaire est novateur à plus d'un titre. Pour la première fois, le gouvernement comporte un ministre des Loisirs, Léo Lagrange ; cela fait scandale dans les rangs de la droite, qui dénonce l'hédonisme de la classe ouvrière. Léo Lagrange favorise la pratique du sport, crée des équipements publics, des auberges de jeunesse et met en place des billets de train à tarif réduit pour les bénéficiaires des congés payés. Quatre femmes (qui n'ont pourtant pas encore le droit de vote !) entrent au gouvernement.
- En juin 1936, pour faire pression sur le nouveau gouvernement, mais aussi dans un mouvement spontané de joie, 2 millions de salariés se mettent en grève et occupent les usines. Ces grèves joyeuses mettent la production française à l'arrêt. Léon Blum réunit patrons et syndicats, qui signent, le 7 juin, les accords de Matignon : les salaires des ouvriers sont fortement augmentés, et des conventions collectives sont créées. Dans les semaines suivantes, la durée du travail est limitée à 40 heures par semaine, les congés payés sont institués, et leur durée, fixée à deux semaines.
- La Banque de France est réformée ; certaines entreprises (notamment les industries d'armement ou de transport, avec la création de la SNCF) sont nationalisées. Des mesures sont prises pour assurer des revenus plus stables aux paysans touchés par la crise ; la scolarité est rendue obligatoire jusqu'à 14 ans.

L'ensemble de ces mesures, novatrices pour la plupart, ont contribué à faire du Front populaire une expérience mythique, productrice d'avancées sociales historiques.

- Les journaux de droite et le patronat mènent une campagne virulente contre le Front populaire, avec des accents antisémites très nets, notamment contre Léon Blum. Poussé à bout par une campagne de presse calomnieuse, le ministre de l'Intérieur, Roger Salengro, se suicide.
- Mais c'est la fragilisation du franc, la fuite des capitaux vers l'Espagne et la non-intervention du Front populaire dans la guerre d'Espagne pour soutenir les républicains qui fragilisent ce gouvernement. En juin 1937, le président du Conseil démissionne. C'est la fin de l'expérience du Front populaire.

S'il n'a pas su résoudre la crise, le Front populaire lègue à la société française des avancées sociales considérables.

Les étapes de la Seconde Guerre mondiale

En 1939, l'Europe, résignée, entre de nouveau en guerre. Les Allemands, unis autour du führer, s'y sont préparés ; ils remportent une série de victoires jusqu'en 1942. Comment les Alliés parviennent-ils à stopper l'avance des forces de l'Axe, puis à renverser la situation à leur avantage ? Comment s'explique la défaite de l'Allemagne et de ses alliés, en 1945 ?

I. Une « guerre éclair » qui surprend l'Europe

1. L'effondrement de la Pologne, du Danemark et de la Norvège

• Le **1er septembre 1939**, l'aviation et les blindés allemands attaquent la **Pologne** : c'est la « guerre éclair » (Blitzkrieg). En trois semaines, l'armée polonaise est balayée. En vertu du **Pacte germano-soviétique**, signé le 23 août 1939 (par lequel l'Allemagne et l'URSS se sont secrètement partagé le territoire polonais), l'Union soviétique a simultanément attaqué la Pologne à l'est.

• Le 3 septembre 1939, en réponse à l'offensive allemande en Pologne, la France et l'Angleterre déclarent la guerre à l'Allemagne, mais adoptent une stratégie défensive. Les Français, retranchés derrière la ligne Maginot, attendent l'attaque allemande. C'est la « **drôle de guerre** », qui dure huit mois.

• Pour assurer son approvisionnement en fer, Hitler conquiert le Danemark et la Norvège en avril 1940.

2. La campagne de France

• Le **10 mai 1940**, les Français se portent au secours de la Belgique et de la Hollande attaquées. Mais les blindés allemands, entrés en France par les Ardennes, ouvrent la voie aux fantassins et encerclent Britanniques et Français. Ceux-ci se retrouvent bloqués dans la poche de Dunkerque. Malgré les bombardements, 330 000 soldats regagnent l'Angleterre. Les prisonniers sont nombreux, le matériel militaire abandonné est considérable.

• Début juin, l'armée allemande reprend sa marche vers l'ouest et le sud. Paris tombe le 14 juin 1940. La population française fuit devant les armées allemandes, le pays est désorganisé : c'est l'**exode**. L'écrivain allemand Ernst Jünger raconte dans son journal de guerre : « Le paysage offre l'aspect fantastique d'un désert abandonné par les hommes. »

• Pour beaucoup, la défaite semble inéluctable. Le **maréchal Pétain**, appelé au pouvoir, demande l'armistice le 17 juin 1940. Mais déjà le **général de Gaulle**, réfugié à Londres, a fait entendre sa voix en lançant le **18 juin un appel** à continuer le combat. L'armistice est signé le **22 juin 1940 à Rethondes**.

3. La bataille d'Angleterre

• Hitler projette alors de débarquer au Royaume-Uni. Il lui faut, pour cela, maîtriser le ciel anglais. Pendant l'automne 1940, l'aviation allemande, la Luftwaffe, bombarde les villes anglaises, notamment Londres : c'est le **Blitz**.

• À l'aide du radar, invention qui vient tout juste d'être mise au point, les pilotes de la RAF (Royal Air Force) font face. Ils sont soutenus par le peuple britannique, qui, à l'image du **Premier ministre Churchill**, reste déterminé. Hitler doit abandonner son plan d'invasion : c'est le premier échec des armées allemandes.

II. La guerre mondiale

1. L'attaque allemande en URSS

• Le **22 juin 1941**, Hitler lance 4 millions de soldats, 3 300 chars et 5 000 avions sur l'Union soviétique, en violant ainsi le Pacte germano-soviétique. **L'opération Barbarossa** surprend les Soviétiques, qui reculent dans un premier temps de 1 000 km. L'Armée rouge perd plus de 1 million d'hommes, faits prisonniers par les Allemands. Mais l'offensive allemande bute sur Moscou et sur Leningrad : le Blitzkrieg a échoué, la Wehrmacht s'apprête à passer l'hiver sur la défensive.

2. Pearl Harbor : l'entrée en guerre des États-Unis

• Le Japon, qui voulait étendre son influence en Extrême-Orient, profite de la défaite de la France et des Pays-Bas pour envahir leurs colonies. Cet expansionnisme se heurte cependant à la présence américaine dans la région Pacifique. Le **7 décembre 1941**, l'aviation japonaise détruit la flotte américaine basée à **Pearl Harbor**. Les États-Unis déclarent aussitôt la guerre à l'Allemagne et à ses alliés.

3. 1942 : le tournant de la guerre

• Jusqu'en 1942, les forces de l'Axe (Allemagne, Italie, Japon et leurs alliés) semblent invincibles. Entre 1942 et 1943, elles sont cependant arrêtées : sur mer, les Américains reconquièrent peu à peu les îles du Pacifique (à partir de leur victoire à **Midway**, en juin 1942) ; dans l'Atlantique, ils remportent la bataille face aux sous-marins allemands.
• En Afrique du Nord, depuis 1940, la « guerre du désert » oppose aux Anglais les Italiens, largement soutenus par l'Afrikakorps de Rommel. Ces derniers reculent en octobre 1942 après leur défaite à **El-Alamein**.
• En Union soviétique enfin, les nazis, affaiblis par la tactique de la terre brûlée, n'arrivent pas à prendre **Stalingrad.** 1,5 million de soldats allemands et soviétiques s'y affrontent, combattant rue par rue, maison par maison, pièce par pièce. **La mobilisation est totale** dans chaque camp. L'enjeu est en effet considérable : prendre Stalingrad (mot qui signifie « ville de Staline ») serait pour l'Allemagne une victoire majeure, symbolique, mais aussi militaire, qui lui ouvrirait tout le sud du pays et le pétrole du Caucase ; conserver Stalingrad marquerait le point d'arrêt à l'avance nazie pour les Soviétiques. Ni dans un camp ni dans l'autre on n'accepte de reculer : Staline ordonne de fusiller sommairement ceux qui le font ; Hitler laisse les 330 000 hommes de Von Paulus se faire encercler plutôt que de se replier. Après sept mois de combats acharnés, **Von Paulus finit par capituler, le 2 février 1943**. Stalingrad, gigantesque bataille d'anéantissement, a un retentissement considérable et marque véritablement le tournant de la Seconde Guerre mondiale.

III. Les défaites de l'Axe

1. Les alliés à la conquête de l'Europe

- En **novembre 1942**, **les Américains débarquent en Afrique du Nord, puis en Sicile**. Après avoir pris pied dans le sud de l'Italie, leur progression est rapide et provoque **l'effondrement du régime de Mussolini**.
- En Union soviétique, à **Koursk**, la plus grande bataille de blindés de l'histoire se termine par une victoire soviétique. Pour mieux coordonner leurs efforts, les Alliés – **Roosevelt, Churchill et Staline** – se rencontrent à **Téhéran** en novembre 1943 et à **Yalta** en février 1945.

2. La libération de la France

- La victoire passe par l'ouverture d'un nouveau front : **le 6 juin 1944 a lieu l'opération Overlord, c'est-à-dire le débarquement en Normandie**. Américains et Britanniques, aidés par la Résistance française, surprennent la Wehrmacht et réussissent, après des combats difficiles, à percer le front allemand. Un deuxième débarquement est entrepris, en **Provence**, au mois d'août. Le territoire français est progressivement libéré, et notamment Paris, le 25 août 1944.

3. Vers la victoire alliée

- Les Alliés à l'ouest et les Soviétiques à l'est marchent sur l'Allemagne, qui mobilise en vain de nouvelles armes, les missiles V1 et V2, et fait combattre des adolescents. Le 26 avril 1945, les armées américaines et soviétiques se rejoignent à Torgau, sur l'Elbe. Quelques jours plus tard, **le 30 avril, Hitler se suicide. Le 8 mai 1945, les Allemands signent une capitulation sans condition**.
- Dans le Pacifique, les Japonais se défendent jusqu'au bout. Là aussi, **la mobilisation est totale**, tant sur le plan militaire qu'industriel : en 1944, les États-Unis ont engagé, dans le Pacifique, 40 porte-avions, 280 autres navires de surface et plus de 11 000 avions de combat. Mais la résistance japonaise est extrêmement forte : les soldats nippons se battent jusqu'à la mort, n'hésitant pas à massacrer leurs propres civils ou à se suicider plutôt que de se rendre, à Iwo Jima ou Okinawa. Pour les faire céder, le président des États-Unis, **Harry Truman** (entré en fonction depuis la **mort de Roosevelt en avril 1945**), décide d'utiliser la bombe atomique à **Hiroshima et à Nagasaki, les 6 et 9 août 1945**. Le bilan des deux explosions est effroyable : entre 110 000 et 240 000 morts selon les estimations. Les civils sont des cibles au même titre que les militaires. **Le 2 septembre 1945, le Japon capitule**. La guerre est finie.

Une guerre d'anéantissement

La Seconde Guerre mondiale est différente des guerres qui l'ont précédée. En effet, ce n'est pas seulement une guerre qui sert des buts politiques, il s'agit également d'une guerre idéologique, menée contre les races inférieures pour les nazis et menée contre le nazisme, le fascisme ou l'impérialisme nippon pour les Alliés. Finalement, pour chaque camp, il s'agit d'une lutte entre le bien et le mal. Cette opposition idéologique, presque essentielle, engendre une utilisation illimitée de la violence.

I. Un affrontement sans limite

- Les **armements** utilisés sont **les plus modernes** jamais conçus : l'usage de l'**aviation**, en particulier, a fait d'énormes progrès depuis la Première Guerre mondiale ; les **chars**, utilisés seulement à partir de 1918, sont également devenus de redoutables machines de combat ; la **bombe atomique**, enfin, constitue l'aboutissement ultime de ces armes de dernière génération.
- Les **pertes militaires** résultant des grandes batailles d'anéantissement sont **colossales** : 1,75 million pour le Japon, 3,5 millions pour l'Allemagne, 4 millions pour la Chine et 8,6 millions pour l'URSS ! Ces chiffres incluent les morts au combat, mais aussi les prisonniers de guerre alliés, que les forces de l'Axe, dans l'irrespect absolu du droit de la guerre, ont fait périr par centaines de milliers, de faim, de froid, d'épuisement ou même ont assassinés.
- Nouveauté majeure, cependant : les militaires ne sont plus les seules victimes de la guerre. **Les populations civiles ont été systématiquement ciblées**, d'un côté comme de l'autre : populations chinoises massacrées par les Japonais (massacre de Nankin, en 1937), villes anglaises bombardées par la Luftwaffe pendant la bataille d'Angleterre (Coventry, le 14 novembre 1940), stratégie alliée du « tapis de bombes » sur les villes allemandes ou japonaises (destruction totale de Dresde en deux jours, du 13 au 15 février 1945), bombardements nucléaires contre le Japon, enfin, les 6 et 9 août 1945. Dans les zones occupées par les forces de l'Axe, les populations civiles servent d'otages contre les faits de résistance, d'autres sont déportées ou assassinées (Oradour-sur-Glane). Sur le front de l'est, les soldats de l'Armée rouge massacrent les hommes et violent les femmes systématiquement.

II. Crimes de guerre et génocides

- Les forces de l'Axe sont responsables de **crimes de guerre,** dont certains ont été qualifiés de « **crimes contre l'humanité** », une catégorie née précisément en 1945 pour juger les criminels de guerre nazis.
- L'antisémitisme nazi s'est déjà exprimé avant la guerre, en Allemagne. La guerre provoque son déchaînement : les Juifs d'Europe sont enfermés dans des ghettos (ghetto de Varsovie), où ils sont souvent laissés sans approvisionnement et meurent de faim. À partir de juin 1941 (invasion de l'URSS), des commandos SS suivent les armées et mettent en œuvre une politique de nettoyage ethnique. Les ***Einsatzgruppen*** (groupes d'intervention),

souvent avec la complicité des populations locales, massacrent les Juifs, en les fusillant en masse avant de les faire disparaître dans des fosses communes, ou sur des bûchers : c'est la **Shoah par balle**.

• Les nazis ont mis en œuvre, à partir de 1942, une politique très soigneusement préparée de « destruction des Juifs d'Europe » : la « **solution finale** », dite aussi la **Shoah** (en hébreu, la « catastrophe »). À travers toute l'Europe occupée, selon une organisation méthodique, les Juifs sont acheminés vers des usines à tuer, les **camps d'extermination** : conduits par train, dans des conditions épouvantables, triés, gazés dans des chambres à gaz camouflées en salles de douche, puis brûlés dans des fours crématoires. **Entre 5 et 6 millions de personnes ont ainsi été assassinées**. Les **Tziganes**, également ciblés par les nazis, ont perdu le tiers de leur population, soit 250 000 personnes, dans les camps de la mort.

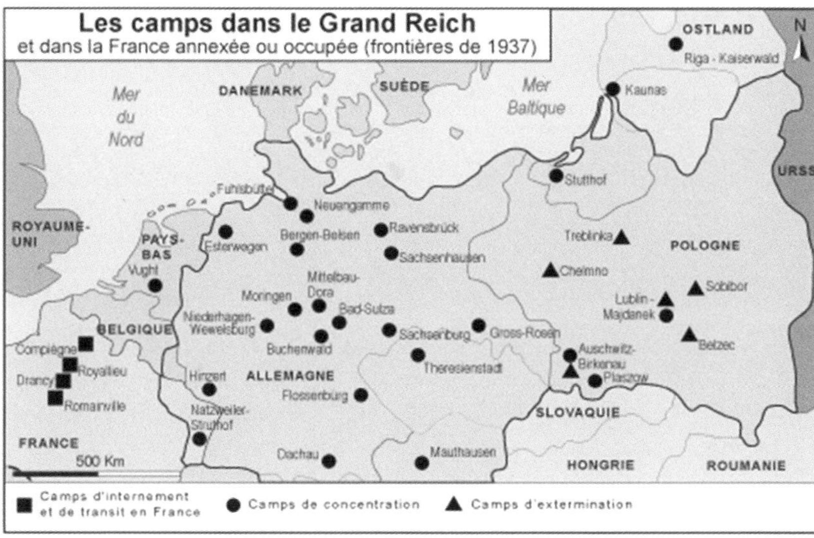

Les camps dans le Grand Reich
et dans la France annexée ou occupée (frontières de 1937)

• Les **crimes de guerre de l'armée japonaise** entre 1937 et 1945 sont beaucoup moins bien connus, mais n'en sont pas moins réels. Les estimations de civils asiatiques ou prisonniers de guerre assassinés ou massacrés varient de 3 à 10 millions, avec une moyenne vraisemblable à **6 millions**. On peut citer le massacre de Nankin, en 1937, où l'armée impériale massacra 260 000 personnes civiles en quelques semaines. L'armée japonaise livra également à la prostitution forcée, ou plus exactement à l'esclavage sexuel, des femmes asiatiques, appelées « **femmes de réconfort** » pour les soldats : on estime leur nombre à 200 000. Les Japonais pratiquèrent la torture, les expériences médicales, chimiques ou bactériologiques sur des êtres humains (comme dans les camps nazis) et même le cannibalisme.

III. Un bilan effroyable

• La Seconde Guerre mondiale présente un effroyable bilan, en nette augmentation sur la précédente. On estime le **nombre de morts entre 50 et 60 millions.** Parmi eux, **plus de la moitié sont des civils**, victimes des combats, des bombardements, mais aussi des massacres et des génocides. Un **degré encore inconnu de violence de masse** a été atteint.

- **L'Europe et la Chine sont les zones les plus touchées**. L'Allemagne a eu 5,5 millions de tués, la Chine 20 millions, l'URSS presque 25 millions. En proportion, les chiffres sont encore plus effarants : la Yougoslavie a perdu 10 % de sa population, l'URSS 14 %, la Pologne 18 %.
- Surtout, **les crimes de guerre et les génocides** (contre les Juifs, contre les Tziganes) marquent la conscience mondiale. Les **procès de Nuremberg et de Tokyo** jugent les criminels de guerre nazis et japonais, définissant ainsi pour la première fois la notion de **crime contre l'humanité**. Une humanité qui vit désormais sous la **menace nucléaire**, c'est-à-dire d'une arme capable, pour la première fois dans l'histoire, de détruire la race humaine dans sa totalité.

L'Europe sous la domination nazie

La stratégie de la guerre éclair permet à l'Allemagne de remporter rapidement des victoires en Europe. De nombreux États tombent sous sa domination. Quel sort l'Allemagne réserve-t-elle aux pays vaincus ? Comment s'organise le pillage économique ? Comment se met en place la politique nazie ?

I. Que faire de l'Europe ?

1. La mainmise sur l'Europe

• **En 1942, l'Allemagne est à son apogée et domine l'Europe**, de la Bretagne au Caucase, de la Norvège à la Méditerranée. Seuls quelques pays échappent à cette domination : l'Angleterre et quelques pays neutres, comme, par exemple, la Suisse ou l'Espagne. D'autres, la Roumanie, la Hongrie, la Bulgarie ou encore l'Italie, se sont alliés à l'Allemagne. Dans les faits, ils lui sont soumis.

2. Le Grand Reich

• Les territoires dominés par l'Allemagne ne le sont pas tous de la même façon. Certains lui sont **annexés**, l'Allemagne et ses annexions constituant le **Grand Reich** : c'est le cas de l'Autriche, de la Bohême-Moravie, d'une partie de la Pologne, de l'Alsace et de la Lorraine, du Luxembourg et de la Slovénie. Les Allemands justifient ces annexions par le fait que leurs populations sont germanophones.

3. L'organisation des autres territoires

• Les nazis définissent **trois autres catégories de territoires**. Certains pays, comme la France ou le Danemark, **gardent un pouvoir politique plus ou moins autonome et collaborent** avec l'Allemagne, espérant l'indulgence de Hitler.
• D'autres régions, jugées stratégiques, sont placées sous **administration militaire directe**. C'est le cas de la Belgique ou du Nord-Pas-de-Calais.
• Enfin, les régions de l'Europe orientale subissent une occupation très dure, régie par une **administration civile allemande**.

II. Exploiter l'Europe

1. Des objectifs différents

• Les dirigeants nazis ne sont pas toujours d'accord entre eux. Les chefs de la Wehrmacht veulent empêcher le développement des réseaux de résistants ; les dignitaires nazis pensent surtout à piller les richesses des pays occupés, les œuvres d'art des plus grands musées d'Europe, par exemple ; les économistes espèrent faire travailler les populations soumises pour le compte du Reich, comme main-d'œuvre servile à coût presque nul ; Hitler, lui, est obsédé par sa volonté d'éliminer les « races inférieures ».

2. Contribuer à l'effort de guerre allemand

• Les vaincus doivent **verser de lourdes sommes** (400 millions de francs par jour pour la France) censées financer l'occupation de leur propre pays : le paiement de cette indemnité, comme la réquisition des matières premières et des produits industriels, sert en réalité à renforcer l'économie allemande. La France livre 20 % de sa production agricole. C'est le pays occupé qui a, malgré la politique de collaboration du maréchal Pétain, le plus contribué à l'effort de guerre allemand. Les habitations des Juifs ainsi que tous leurs biens sont confisqués. **Les populations manquent de nourriture**. Quand elles le peuvent, elles s'approvisionnent au **marché noir**.

3. Travailler pour l'Allemagne

• Pour remplacer les jeunes Allemands partis au front, **la main-d'œuvre européenne est exploitée**. Les Allemands ont recours, en 1943, au **Service du travail obligatoire (STO)** : des millions d'Européens partent travailler dans les usines allemandes, surtout pour fabriquer des armes. De nombreux prisonniers de guerre travaillent alors déjà dans les fermes.

• En Pologne et dans la partie de la Russie occupée par l'armée allemande, **les Slaves, considérés comme des races inférieures**, travaillent jusqu'à l'épuisement. Himmler, le chef des SS, déclare en 1943 : « Que 10 000 femmes russes tombent d'épuisement en creusant un fossé antichar, cela m'est complètement indifférent pourvu que le fossé soit creusé. » De même, 6 millions de civils polonais paient de leur vie l'occupation allemande.

III. La répression nazie en Europe

1. Vaincre toute résistance

• La **Gestapo**, la police secrète d'État, et les **SS** terrorisent les populations. Ils exécutent les élites polonaises et soviétiques. Partout, ils assassinent des otages et brûlent parfois des villages entiers, comme à Lidice, près de Prague (Tchécoslovaquie), ou à Oradour-sur-Glane, aux environs de Tulle (France).

• Le **décret Nacht und Nebel** de 1941 ordonne la déportation dans les camps de concentration de tous les résistants. Pourtant, au fil de la guerre et des défaites allemandes, les **réseaux de résistance** s'organisent dans toute l'Europe.

2. L'extermination des Juifs et des Tsiganes

• Pour Hitler, la Seconde Guerre mondiale apparaît aussi comme un moyen de faire triompher la race aryenne et d'**éliminer les Juifs d'Europe**. En Union soviétique, beaucoup de Juifs et de Tsiganes sont exécutés au fur et à mesure de l'avancée de la Wehrmacht ; en Pologne, les Juifs sont d'abord enfermés dans des **ghettos** surveillés par l'armée nazie.

• En janvier 1942, lors de la **conférence de Wannsee**, les nazis décident **l'extermination totale du peuple juif** dans des camps tels que Treblinka ou Auschwitz-Birkenau : c'est la « solution finale ». Plus de 5 millions de Juifs trouvent la mort dans ces camps.

Le régime de Vichy

La France vaincue est dirigée de juillet 1940 à août 1944 par le maréchal Pétain. Installé à Vichy, cet homme déjà âgé (il a 84 ans en 1940) entend remettre le pays au travail. Comment le régime de Vichy peut-il espérer redresser une nation qui est en fait soumise à l'Allemagne ?

I. Un régime né de la défaite

1. Une défaite rapide

• L'attaque allemande du **10 mai 1940** surprend l'armée française à travers les Ardennes : la percée du général Guderian à Sedan perfore la défense française. La Wehrmacht, l'armée allemande, progresse rapidement vers la capitale. En juin, la retraite est générale. La désorganisation est totale, d'autant plus que, sous les bombardements allemands, des millions de civils français fuient l'avance ennemie et s'ajoutent aux soldats sur les routes : c'est l'**exode**.

2. La signature de l'armistice

• Dans un discours radiodiffusé le 17 juin, le vainqueur de Verdun, le **maréchal Pétain**, nommé président du Conseil après Paul Reynaud, annonce aux Français qu'il a demandé l'armistice. Celui-ci est signé à **Rethondes** et entre en vigueur le 25 juin 1940. Il laisse à la France un gouvernement et son empire, mais coupe le pays en deux : le Nord (55 % du territoire) est une **zone occupée** par les Allemands, le Sud reste une **zone libre**. L'Alsace et la Lorraine sont rattachées au Reich. À Londres, le **général de Gaulle** a lancé à la radio (BBC), le **18 juin**, un appel à la résistance.

3. Un nouveau régime

• Le 10 juillet 1940, à Vichy, les députés confient à Philippe Pétain les **pleins pouvoirs constitutionnels**. Celui-ci met fin à la IIIe République et instaure l'**État français**.

La France occupée

II. La Révolution nationale

1. Un régime réactionnaire

• Une fois au pouvoir, Pétain veut **restaurer l'autorité de l'État et remettre le pays au travail**. Le 25 juin 1940, il annonce ainsi ses ambitions : « C'est à un redressement intellectuel et moral que d'abord je vous convie. Français, vous l'accomplirez, et vous verrez, je vous le jure, une France neuve surgir de notre ferveur. »

• Rejetant la devise républicaine « Liberté, égalité, fraternité » et la démocratie, il supprime le suffrage universel et les partis politiques. La France doit se tourner vers des **valeurs traditionnelles** : le patriotisme, la famille, la religion. « **Travail, famille, patrie** » devient la devise du nouveau régime. Les femmes doivent rester au foyer pour éduquer les enfants ; on met en valeur la fête des Mères et on décore les parents de famille nombreuse. Le travail des paysans est cité en exemple : « La terre, elle, ne ment pas. [...] Elle est la patrie elle-même. » Les Français, enfin, sont invités à retourner vers la religion catholique.

• Dans les écoles, les enfants participent à des **chantiers de jeunesse**, où ils reçoivent une éducation sportive, mais aussi patriotique et morale.
De plus, le maréchal développe autour de lui un véritable **culte de la personnalité** : chansons (« Maréchal, nous voilà ! »), portraits dans toutes les classes, etc.

2. Vichy, un régime autoritaire

• Dès ses débuts, le régime a **supprimé la liberté de la presse et le droit de grève, interdit les partis et les syndicats**. Pour Pétain, le pays ne peut se relever, en effet, que s'il est uni. Les fonctionnaires doivent prêter serment. L'État favorise le corporatisme.

• Les dirigeants de la IIIe République, dont Léon Blum et Édouard Daladier, sont arrêtés et jugés en 1942, au **procès de Riom** : le régime les accuse de n'avoir pas préparé la France à la guerre.

3. Un régime d'exclusion

• Dès le mois d'octobre 1940, Vichy prend l'initiative de promulguer des **lois antisémites** (l'accès à certains métiers est désormais interdit aux Juifs) : c'est le **statut des Juifs**, qui fait d'eux des citoyens de seconde zone. En juin 1941, le recensement des Juifs est obligatoire ; un an plus tard, ils doivent porter une étoile jaune. Plus tard, on les livre aux Allemands.

III. Le durcissement du régime

1. L'illusion de la collaboration

• En serrant la main de Hitler le 24 octobre 1940 à **Montoire**, Pétain entend lui témoigner le soutien de la France. Il espère en retour l'indulgence du vainqueur. Le régime de Vichy tente d'atténuer les clauses de l'armistice. Persuadé de la victoire finale de l'Allemagne, le maréchal Pétain entame une **politique de collaboration de sa propre initiative**. Cela n'empêche pas Hitler, le 11 novembre 1942, alors que les Alliés viennent de débarquer au Maroc et en Algérie, d'envahir la zone dite « libre ».

2. L'État policier

• Très favorable aux Allemands, **Pierre Laval** dirige le gouvernement français à partir d'avril 1942. Il multiplie les initiatives dans le cadre de la **politique de collaboration d'État** ; l'Allemagne ayant besoin de main-d'œuvre, il instaure la **relève** (un prisonnier français libéré contre l'envoi de trois travailleurs français en Allemagne) en 1942, puis le STO, le **service du travail obligatoire**, un an plus tard.

• La politique d'exclusion à l'encontre des Juifs devient une **politique de persécution**. La police française aide les Allemands à pourchasser les Juifs (**rafle du Vel'd'Hiv'** des 16-17 juillet 1942), les francs-maçons et les étrangers, qui sont enfermés dans des camps d'internement, avant d'être envoyés dans les camps de concentration. Sur les 300 000 Juifs habitant en France en 1939, 75 000 ont été déportés.

• En 1943, Laval crée la **Milice**, une organisation paramilitaire qui lutte contre les résistants, main dans la main avec les Allemands. Certains combattent même sous uniforme allemand dans la **LVF**, la Légion des volontaires français, contre le bolchevisme et finissent dans la division SS Charlemagne. Le régime de Vichy n'a plus aucune autonomie.

3. La fin du régime

• Pour la grande majorité des Français, la préoccupation quotidienne reste l'approvisionnement en nourriture. Les familles sont soumises au **rationnement** ; les vivres et les produits de consommation courante se font rares.

• Vichy est de plus en plus clairement soumis aux Allemands. Après le débarquement des Alliés en Normandie, l'occupation se durcit ; en représailles contre les actions de la Résistance, la division SS Das Reich massacre, le 10 juin 1944, la population du village d'**Oradour-sur-Glane** (642 hommes, femmes et enfants).

• Le 2 juin 1944, le général de Gaulle proclame le gouvernement provisoire de la République française. À cette date, le régime de Vichy a en fait cessé, depuis longtemps, d'exercer un véritable pouvoir. En août 1944, Pétain, Laval et quelques autres sont emmenés par les Allemands dans leur retraite, à Sigmaringen, en Allemagne.

• En France, pendant l'été 1945, l'« **épuration** » s'organise : les collaborateurs sont pourchassés (certains sont exécutés sans jugement). Pétain, qui est rentré en France, est condamné à mort, mais sa peine est commuée en détention perpétuelle par de Gaulle. Laval et d'autres collaborateurs sont exécutés. Il faudra du temps pour que les Français puissent se réconcilier et prennent la pleine mesure de ce qu'est cette triste période de leur histoire : les « **années noires** ».

La France libre et la Résistance

Dans un pays occupé par l'ennemi, gouverné par un État qui pratique la collaboration, résister est un choix difficile et dangereux. Pourquoi entre-t-on dans la Résistance ? Comment se bat-on ? Comment la Résistance a-t-elle contribué à la libération et au redressement du pays ?

I. Pourquoi résister ?

1. Le refus de la défaite

• Après la déroute française face aux armées allemandes, le maréchal Pétain, appelé au gouvernement, annonce aux Français le 17 juin 1940 qu'il s'apprête à demander l'armistice. Dès le lendemain, le **18 juin**, le **général de Gaulle** lance, depuis Londres, un appel à tous les Français qui souhaitent continuer le combat : « La défaite est-elle définitive ? non ! [...] Cette guerre n'est pas tranchée par la bataille de France. Cette guerre est une guerre mondiale [...]. La flamme de la Résistance ne doit pas s'éteindre et ne s'éteindra pas ! » Peu entendu, ce message marque pourtant **le début de la Résistance**.

2. Le refus de la collaboration

• En France même, **les résistants de la première heure sont peu nombreux**. Ils agissent d'abord contre l'occupant allemand ; très vite, avec le début de la collaboration, ils se dressent également contre le régime de Vichy. Ces résistants n'ont pas tous les mêmes idées politiques, mais tous se battent d'abord pour l'honneur et pour leur patrie, contre le fascisme.

3. Une résistance accrue avec la guerre

• Plus la guerre dure, plus les résistants, toujours très minoritaires dans la population française, voient leur nombre grandir. Les **communistes** rejoignent massivement la Résistance après l'attaque de l'Union soviétique par la Wehrmacht, en **juin 1941**. La politique de collaboration du régime de Vichy, notamment la persécution des Juifs, et l'invasion de la zone non occupée en 1942 poussent certains à s'engager. Enfin, beaucoup de jeunes hommes requis pour travailler en Allemagne par le **Service du travail obligatoire** rejoignent les maquis en 1943. Les défaites de l'Axe font naître l'espoir d'une libération prochaine : le **débarquement de Normandie**, le 6 juin 1944, provoque un nouvel afflux de résistants.

II. Comment résiste-t-on ?

1. À Londres, la France libre

• Les résistants sont peu nombreux à rejoindre de Gaulle dans la capitale britannique. Cependant, grâce aux 7 000 hommes présents à Londres, en juillet 1944, grâce au soutien des Anglais et de quelques colonies (comme le Tchad), les **Forces françaises libres** (FFL) participent aux combats : à Bir

Hakeim, en Afrique du Nord, ou sur le front de l'est (escadrille Normandie-Niemen). Cette participation est modeste sur le plan militaire, mais elle revêt une grande importance politique.

• De Gaulle et ses amis à Londres entretiennent des relations avec les résistants de l'intérieur notamment grâce aux dix minutes quotidiennes de l'émission radiophonique sur la BBC : « **Les Français parlent aux Français** ».

Charles de Gaulle au micro de la BBC à Londres

2. En France, « le peuple de l'ombre »

• En France, la Résistance commence par la distribution de tracts et de journaux. Les résistants collectent des renseignements militaires, d'autres infiltrent les administrations ou encore aident des personnes à quitter la France. Peu à peu, des **réseaux** s'organisent, comme Combat en zone libre ou comme Libération Nord en zone occupée. Enfin, des groupes rassemblent des armes dans des caches en prévision de la libération, prennent le **maquis** ou organisent des expéditions punitives.

3. L'unification de la Résistance

• Pour être plus efficace, **la Résistance doit s'unifier**, de Gaulle pouvant ainsi parler au nom de toute la France libre et les résistants intérieurs pouvant ainsi recevoir les armes qui leur manquent. Le 27 mai 1943, sous l'action de **Jean Moulin**, le **Conseil national de la Résistance** regroupe les plus importants réseaux intérieurs et pose les bases d'un État clandestin. Peu après, Jean Moulin est arrêté, torturé et exécuté par les Allemands. Mais son action a permis de rassembler les résistants dans les FFI (**Forces françaises de l'intérieur**) à partir de mars 1944. De Gaulle réussit à associer Français libres et résistants de l'intérieur.

III. Insurrection et libération

1. Le soulèvement des résistants

• Au signal du **débarquement de Normandie**, les résistants multiplient les actions : ils sabotent les voies de communications et harcèlent les troupes allemandes et la Milice. Certaines régions sont ainsi libérées par les Français avant même l'arrivée des Alliés. C'est le cas de Paris, qui se soulève et qui se libère alors qu'arrivent les chars de la deuxième division blindée de Leclerc, le 24 août 1944. De Gaulle salue le combat des résistants parisiens : « Paris martyrisé ! Mais Paris libéré ! Libéré par lui-même, libéré par son peuple ! »

• Ces combats sont parfois menés au prix de lourdes pertes, comme sur le plateau du Vercors. Les SS répliquent également en exécutant des **otages**, voire des villages entiers, comme à **Oradour-sur-Glane**. Dans la France libérée, certains résistants, notamment communistes, mènent une **épuration** parfois expéditive.

2. L'honneur sauvé de la France

• Le rôle militaire de la Résistance n'est pas négligeable. C'est surtout sur le **plan politique** qu'il a son importance : les résistants lavent l'affront de la défaite et de la collaboration. Le pouvoir de **de Gaulle** est affermi : le 2 juin 1944, il s'impose comme **chef du gouvernement provisoire de la République française** (GPRF) et permet à la France de figurer parmi les vainqueurs.

• La Résistance est un **combat de l'ombre**, et non le fait de la majorité de la population. 100 000 résistants sont morts au combat, fusillés ou en déportation.

La politique d'extermination des Juifs

Lorsque les troupes alliées découvrent les camps de la mort, en 1945, elles ne peuvent que constater l'effroyable massacre, le génocide opéré par les nazis. Plus de 5 millions de Juifs d'Europe ont été exterminés. Comment le régime nazi a-t-il décidé, puis appliqué sa politique antisémite ? Comment est-il passé de la persécution à la création de ghettos, puis à la « solution finale » ?

I. La persécution des Juifs en Allemagne

1. Une idéologie raciste

• Dans son livre programme, *Mein Kampf* (*Mon combat*), Hitler affirme la supériorité de la race aryenne et la nécessité de l'extension de l'« espace vital » allemand, le *Lebensraum*. Les éléments « étrangers » doivent être soumis, exploités, expulsés ou éliminés. Parmi eux, les Juifs, auxquels Hitler voue une haine farouche. « Une fraction restreinte, mais puissante de la population mondiale a choisi le parasitisme [...]. L'espèce la plus dangereuse de cette race est la juiverie », écrit-il en 1924.

2. Le sort des Juifs allemands

• Hitler applique ses idées antisémites dès son arrivée au pouvoir, en 1933. Les Juifs sont régulièrement humiliés, leurs magasins pillés. En septembre **1935**, les **lois de Nuremberg** leur interdisent d'exercer certaines professions (médecin, professeur, etc.).

• L'État organise la persécution. Pendant de la **Nuit de cristal**, le 9 novembre 1938, les nazis détruisent 7 000 magasins et arrêtent 26 000 Juifs. Ces derniers doivent désormais porter sur leurs vêtements une **étoile jaune** pour être facilement distingués des autres Allemands. Ceux qui s'y refusent risquent la déportation dans un camp de travail. Beaucoup y meurent, épuisés et à la suite des mauvais traitements.

II. Une persécution qui s'étend à toute l'Europe

1. La mise en place des ghettos à l'Est

• Après la conquête de la Pologne par la Wehrmacht, les nazis organisent le **regroupement de la population juive dans les ghettos**. Les Juifs ne peuvent sortir de ces quartiers murés que pour travailler dans des ateliers qui, souvent, leur ont été confisqués. Les Allemands créent des Conseils juifs chargés de veiller eux-mêmes à l'administration des ghettos. Les 435 000 Juifs du ghetto de Varsovie sont affamés, maltraités par la police nazie, soumis au travail forcé : beaucoup meurent peu à peu.

2. La politique appliquée en Europe occidentale

• Dans les territoires occupés, les Juifs doivent se faire recenser et certaines professions leur sont interdites. L'inscription « Juif » est apposée sur leurs papiers d'identité ; le port de l'étoile jaune leur est imposé.

• Le maréchal Pétain, chef de l'État français, **devance les demandes allemandes** : il décrète en **octobre 1940** un **statut des Juifs**, inspiré des lois de Nuremberg. Souvent spoliés de leurs biens, ils sont recherchés par la police française qui les « parque » dans des camps, tel celui de Drancy. Ils sont ensuite déportés en convois (wagons à bestiaux fermés) vers les camps de concentration, en Allemagne ou en Pologne. 76 000 Juifs français sont fusillés ou déportés.

3. L'extermination massive, dès juin 1941

• Les *Einsatzgruppen* et la SS qui suivent l'avancée de la Wehrmacht en URSS (Lituanie, Ukraine, etc.) massacrent systématiquement les Juifs des villages qu'ils traversent. Hommes, femmes et enfants sont fusillés au bord d'un profond fossé, qu'ils ont creusé eux-mêmes. Après plusieurs heures d'exécutions, lorsque la fosse est pleine, les nazis en font faire une nouvelle. Le massacre peut durer des journées entières : à Kiev (Babi Yar), en Ukraine, plus de 30 000 personnes sont ainsi tuées pendant deux jours : le compositeur russe Dimitri Chostakovitch leur a dédié sa 13e symphonie, dite « symphonie Babi Yar ». C'est la **Shoah par balle**.

III. La mort programmée

1. La « solution finale »

• La « **solution finale** », c'est-à-dire la décision de supprimer physiquement tous les Juifs d'Europe, est adoptée officiellement le 20 janvier 1942, lors de la **conférence de Wannsee**. « Dans le cadre de la solution finale, déclare Heydrich, chef adjoint des SS, les Juifs devront dorénavant être emmenés dans l'est, pour y être employés comme main-d'œuvre. [...] Sans aucun doute, une grande partie d'entre eux disparaîtra par le jeu d'une élimination naturelle. Les autres, ceux qui auront survécu à tout cela, [...] devront être traités en conséquence. » L'État nazi organise la déportation massive des Juifs d'Europe vers les camps.

2. Camps de concentration, camps d'extermination

• Les **Juifs** et les **Tziganes**, considérés comme des sous-hommes, arrivent par trains entiers dans les camps. Beaucoup meurent pendant le trajet. Les autres sont dépouillés de tous leurs biens, numérotés et vêtus d'un uniforme rayé. Ils ne résistent pas longtemps aux privations, aux coups, au travail forcé, dont le but est de les épuiser. Ils sont parfois victimes **d'expériences « médicales »** tentées par les médecins nazis.
• Certains camps, comme **Auschwitz**, sont à la fois des **camps de concentration et d'extermination** : ceux qui ne peuvent pas travailler, les enfants et les vieillards, sont exécutés dès leur arrivée dans les **chambres à gaz** ; leurs corps sont brûlés dans les **fours crématoires**. Les hommes et les femmes valides doivent travailler jusqu'à épuisement de leurs forces ; les plus faibles sont alors achevés. À Auschwitz, plus de 1 million de Juifs sont exécutés.
• La politique d'extermination nazie a fait **plus de 5 millions de victimes juives**. C'est **le plus important génocide de l'histoire**. On l'appelle la **Shoah** (la « catastrophe » en hébreu).

Le bilan de la Seconde Guerre mondiale

La durée du conflit, le nombre de belligérants, l'implication des civils dans la guerre, l'utilisation d'armements nouveaux ainsi que la politique d'extermination menée par les nazis ont fait de la Seconde Guerre mondiale le conflit le plus meurtrier de l'histoire.

I. Le lourd bilan d'une guerre totale

1. Des pertes humaines considérables

• Le nombre de morts de la Seconde Guerre mondiale est estimé **entre 50 et 60 millions**. Il faut ajouter à cela d'importants transferts de population (exodes, déportations, changements de frontières). En Europe, on estime à 30 millions le nombre de personnes déplacées.

2. Des territoires ravagés, des économies désorganisées

• **Les destructions sont considérables**. Si le **Japon** a été dévasté par les bombes, c'est en **Europe** que les destructions sont les plus importantes : 2 millions de tonnes de bombes ont été déversées sur le continent européen. Des villes entières, comme Francfort, Varsovie, Stalingrad et Caen, doivent être reconstruites. Le territoire russe a grandement souffert de la tactique de la terre brûlée. La Pologne a perdu 80 % de son potentiel industriel. Les populations doivent encore attendre plusieurs années avant de voir le **rationnement** et la **pénurie** alimentaires prendre fin.

3. Le choc moral de la guerre

• La Seconde Guerre mondiale a particulièrement marqué les consciences en raison du nombre sans précédent des victimes, mais aussi et surtout des méthodes utilisées. En 1945, on découvre l'ampleur de la **Shoah**.

• L'utilisation de la **bombe atomique** par les Américains sur deux villes japonaises, Hiroshima et Nagasaki, frappe également fortement les esprits. Le monde sait qu'il est désormais capable de s'autodétruire.

• Les Alliés entreprennent le **procès des vaincus** : pour la première fois dans l'histoire, les vainqueurs déclarent que cette guerre fut l'œuvre de criminels qui doivent être jugés en conséquence. À partir d'octobre 1945, le **tribunal international de Nuremberg** juge vingt-trois responsables nazis du génocide juif et en condamne douze à mort pour crimes contre la paix, crimes de guerre, manquement à la convention de Genève et **crimes contre l'humanité**.

II. Organiser la paix

1. Yalta, la coopération des Alliés

• Réunis à **Yalta** (en Crimée) en **février 1945**, Churchill, Staline et Roosevelt s'entendent d'abord sur la stratégie à adopter pour terminer la guerre. Ils prévoient ensuite d'occuper les pays vaincus et d'y organiser des élections libres. Enfin, ils s'accordent sur le principe de la création d'un organisme international chargé de maintenir la paix mondiale.

2. Les changements territoriaux

• Les Alliés ont imposé à l'Allemagne et au Japon une **capitulation sans condition** : ces pays doivent se soumettre à l'occupation des troupes alliées. L'**Allemagne**, dont la frontière orientale est ramenée à la ligne Oder-Neisse, est **divisée en quatre zones,** administrées par l'Union soviétique, les États-Unis, le Royaume-Uni et la France. **La Pologne est « décalée » vers l'ouest**, jusqu'à la ligne Oder-Neisse. L'Union soviétique est en position de force en Europe de l'Est. **Les États-Unis occupent le Japon** (qui a perdu la Corée et la Mandchourie). Pour accueillir les survivants des massacres nazis et les autres Juifs qui le souhaitent, **l'État d'Israël est créé en Palestine**.

3. La naissance de l'Organisation des Nations Unies

• Le projet, déjà évoqué en 1941 dans la **Charte de l'Atlantique**, voit le jour à San Francisco en avril-juin 1945. **L'Organisation des Nations Unies (ONU)** a pour ambition de remplacer efficacement la malheureuse SDN. Elle doit disposer de moyens armés pour protéger la paix. En 1948, l'ONU adopte la **Déclaration universelle des droits de l'homme**.

III. Un nouvel ordre mondial

1. Le déclin de l'Europe

• La guerre a accentué le **déclin de l'Europe**, déclin qui a commencé au début du XXe siècle. La puissance financière de la Grande-Bretagne est très affaiblie. La France, après la défaite de 1940 et la collaboration, a du mal à retrouver le rang d'une grande puissance.

• Les puissances coloniales européennes ont montré leurs faiblesses, ce qui encourage les **mouvements indépendantistes dans les colonies**.

2. L'émergence de deux nouvelles puissances

• Les **États-Unis** sortent du conflit renforcés, surtout sur le plan économique. Leur production industrielle a globalement doublé entre 1939 et 1945, date à laquelle ils détiennent 80 % du stock d'or mondial. De plus, jusqu'en 1949, ils possèdent le monopole de l'arme atomique.

• **L'Union soviétique** jouit également d'un grand prestige. La victoire de Stalingrad reste pour le monde entier la première défaite de l'Allemagne nazie. L'Union soviétique accroît son territoire de plus de 70 000 km² et son influence est importante dans les régions qu'elle a libérées.

3. La désunion des vainqueurs

• Dès la **conférence de Potsdam**, qui s'ouvre le 17 juillet 1945 près de Berlin, la méfiance s'installe entre les Alliés. L'avancée de l'Armée rouge en Europe de l'Est inquiète Churchill, qui soupçonne Staline de ne pas vouloir organiser des élections libres. L'Europe apparaît comme un enjeu que se disputent les grandes puissances. La **Grande Alliance** contre le nazisme montre très rapidement ses limites ; une fois l'ennemi commun abattu, chacun reprend sa propre politique.

La décolonisation

La décolonisation s'affirme dès 1945 comme l'un des phénomènes majeurs de l'après-guerre. En moins de trente ans, les puissances européennes doivent abandonner leurs colonies. De nouveaux États apparaissent. Quelles sont les étapes de cette marche vers l'indépendance ?

I. Un phénomène déjà ancien

• Dès le début du XXe siècle, des **mouvements nationalistes** apparaissent dans les colonies. Nourries par les idéaux occidentaux, formées parfois dans les universités européennes, les élites locales reprennent à leur compte les principes des **droits de l'homme** (liberté, égalité, démocratie). En Inde, par exemple, entre les deux guerres, **Gandhi** dénonce l'occupation britannique et organise de vastes manifestations pacifiques. Le mouvement nationaliste algérien se développe à partir de 1926 avec Messali Hadj. Enfin, le **démantèlement de l'Empire ottoman**, après la Première Guerre mondiale, fait figure de précédent : le Liban, la Palestine et la Syrie sont placés **sous mandats** français ou britannique dans l'attente d'une prochaine autodétermination. L'idée que ces anciennes colonies puissent un jour accéder à l'indépendance est ainsi énoncée par les Occidentaux eux-mêmes.

• Les nationalistes réclament de pouvoir prendre en main leurs propres destinées. Ils demandent le **transfert des pouvoirs politiques** contrôlés par les Européens aux élites locales. Plus que d'indépendance, on parle volontiers d'**autonomie** avant la Seconde Guerre mondiale, c'est-à-dire d'une indépendance restreinte aux affaires intérieures.

II. L'accélération de la décolonisation

1. L'impact de la Seconde Guerre mondiale

• **La guerre a considérablement affaibli les puissances coloniales**. Elles sont vaincues (la France, la Belgique, les Pays-Bas) ou mises en difficulté (le Royaume-Uni) par l'Allemagne et perdent de leur prestige aux yeux des peuples colonisés.

• En échange de leur participation à la guerre, les peuples colonisés reçoivent des **promesses d'indépendance**. En 1944, à Brazzaville, le général de Gaulle évoque leur participation à « la gestion de leurs propres affaires ». Dans les Indes britanniques, les élites locales acceptent de mettre un frein à leurs revendications pour le temps de la guerre, contre l'indépendance à la victoire.

• Les grands vainqueurs de la guerre (les États-Unis et l'URSS) condamnent tous deux le colonialisme et encouragent les mouvements d'indépendance : les États-Unis en raison de leur **statut d'ancienne colonie**, l'URSS par souci de **saper les fondements des puissances occidentales**. L'**ONU** réaffirme, en 1948, le **droit des peuples à disposer d'eux-mêmes** (Déclaration universelle des droits de l'homme) : pourquoi ce droit serait-il restreint aux peuples d'Europe ?

2. En Asie

• En Asie, de nombreux chefs indépendantistes, comme le Vietnamien Hô Chi Minh ou l'Indonésien Sukarno, se montrent sensibles aux **idées communistes anticoloniales**. Surtout, l'**occupation japonaise**– et sa propagande anti-blanc – a porté un coup décisif au prestige des Occidentaux. À peine le Japon a-t-il évacué l'Indochine, en 1945, que déjà le Viêt Nam (partie de l'ex-Indochine française) proclame son indépendance, bientôt suivi par l'Indonésie.

• En 1947, la Grande-Bretagne comprend la première que le processus est inéluctable et accorde son **indépendance à l'Inde**. Faute d'entente entre hindous et musulmans, et malgré l'opposition de Gandhi, la négociation débouche sur le **partage en deux États : l'Union indienne et le Pakistan**. La séparation provoque des déplacements massifs de populations et des massacres. Les deux États conservent cependant une place dans le **Commonwealth**.

• La France adopte une politique différente, et tente de **demeurer en Indochine**, au prix d'une longue guerre (1946-1954). Après le désastre de **Diên Biên Phu**, en 1954, elle doit cependant se retirer. Son ancienne colonie est alors divisée en plusieurs États : Viêt Nam du Nord (communiste), Viêt Nam du Sud, Laos et Cambodge.

• Dans la même région, **l'Indonésie obtient son indépendance en 1949**, après un conflit de deux ans contre les Pays-Bas.

3. L'extension de la décolonisation

• Les succès obtenus par les peuples asiatiques encouragent d'autres revendications. À partir de 1955, **une deuxième vague de décolonisation touche le continent africain**.

• En 1956, les deux **protectorats français de la Tunisie et du Maroc** deviennent indépendants. Le statut particulier de l'**Algérie** (colonie de peuplement, elle fait partie intrinsèque du territoire français) la conduira à la guerre (1954-1962).

• Les **colonies françaises d'Afrique noire** obtiennent l'indépendance de façon plus pacifique : en 1956 sont créées des assemblées locales élues au suffrage universel (loi-cadre Defferre). Les différents territoires sont ensuite intégrés, à partir de 1958, dans une Communauté française (qui leur octroie l'autonomie, tout en les plaçant sous l'autorité de la France en matière de politique étrangère). **En 1960, les pays africains colonisés par la France, mais pas encore l'Algérie, accèdent à l'indépendance**.

• Dans les années 70, le mouvement s'étend à l'Océanie (les Fidji), aux Caraïbes (les Bahamas) ou aux anciennes colonies portugaises d'Afrique (l'Angola, le Mozambique).

La création de l'ONU

La Société des Nations, créée en 1919 après la Première Guerre mondiale pour préserver une paix chèrement acquise, a manifestement failli à sa mission. Dans le monde de 1945, les Alliés vainqueurs de l'Axe remettent sur le métier l'ouvrage.

I. La création de l'Organisation des Nations Unies

• La création de l'**Organisation des Nations Unies (ONU)** est évoquée dès 1941 dans la **Charte de l'Atlantique**, confirmée le 1er janvier 1942 dans la Déclaration des Nations Unies, 26 pays unis dans la lutte contre le nazisme. À la **conférence de Téhéran**, en 1943, les Alliés s'engagent à créer cette organisation chargée de résoudre pacifiquement les conflits entre États. La **conférence de Dumbarton Oaks**, en 1944, élabore un projet de charte que la **conférence de Yalta** finalise en 1945, donnant notamment naissance au Conseil de sécurité et au célèbre droit de veto des grandes puissances.
• **L'ONU est créée à la conférence de San Francisco, le 25 juin 1945**, par les 50 nations en guerre contre l'Axe, qui en sont donc les membres fondateurs (51 avec la Pologne). Elle commence à fonctionner le 24 octobre 1945, qui devient la journée des Nations Unies. **Son siège est fixé à New York**, à partir de 1946, marquant ainsi **l'engagement des États-Unis** dans la nouvelle organisation, contrairement à ce qui s'était passé avec la SDN.
• L'ONU est donc **née de la Seconde Guerre mondiale**. Les fondateurs en sont les vainqueurs, mais les vaincus sont admis progressivement (Italie en 1955, Japon en 1956, Allemagne en 1973).

II. Objectifs et structure de l'ONU

• Les quatre buts essentiels de l'ONU sont :
– maintenir la **paix dans le monde** ;
– développer des **relations amicales entre les nations** ;
– **aider les nations à travailler ensemble** pour aider les pauvres à améliorer leur sort, pour vaincre la faim, la maladie, l'analphabétisme et pour encourager chacun à respecter les droits et les libertés d'autrui ;
– **coordonner l'action des nations** pour les aider à atteindre ces objectifs.
• **L'Assemblée générale** est le principal organe délibérant de l'ONU, elle comprend tous les membres (51 en 1945, 193 aujourd'hui). Le **Secrétariat** s'occupe des tâches quotidiennes : à sa tête, un **secrétaire général** est le véritable représentant de l'ONU dans le monde. D'autres organismes complètent l'organigramme : le **Conseil de sécurité** ; la **Cour internationale de justice**, dont le siège est à La Haye (Pays-Bas) ; le **Conseil de tutelle** ; le **Conseil économique et social**.
• Le **Conseil de sécurité** a la responsabilité principale du maintien de la paix et la sécurité internationales : il s'agit de l'**organe exécutif de l'ONU**. Il dispose de pouvoirs spécifiques tels que l'établissement de sanctions internationales et l'intervention militaire. Il rassemble **cinq membres permanents** (États-Unis, URSS, puis Russie à partir de 1992, Chine, Taïwan

jusqu'en 1971, puis Chine populaire, France, Royaume-Uni), dotés du **droit de veto**, et six membres non permanents (dix depuis 1963).

• Enfin, des **institutions spécialisées** sont créées au fil du temps, chargées d'actions spécifiques d'envergure internationale : ONUAA, ou FAO (Organisation des Nations Unies pour l'alimentation et l'agriculture, ou Food and Agriculture Organization) ; FMI (Fonds monétaire international) ; Banque mondiale ; OMS (Organisation mondiale de la santé) ; UNESCO, pour l'éducation, la science et la culture ; UNICEF, pour l'enfance ; HCR, pour les réfugiés ; OMT, pour le tourisme, etc.

III. L'ONU : espoir et désillusions

• La création de l'ONU représente un **immense espoir de paix universelle** après les horreurs de la Seconde Guerre mondiale.

• Pourtant, **la guerre froide en paralyse rapidement le fonctionnement**. L'URSS pratique, jusqu'en 1951, la « politique de la chaise vide » pour dénoncer la non-reconnaissance de la Chine communiste. Mais cette absence permet l'adoption des résolutions 83 et 84 du Conseil de sécurité, condamnant l'agression nord-coréenne et autorisant le recours à la force sous l'égide des États-Unis. Depuis cette date, l'URSS (puis la Russie) a toujours siégé. Les deux superpuissances rivales bloquent alors le fonctionnement du Conseil de sécurité en utilisant leur droit de veto à outrance : 242 veto en 45 ans !

• Avec la décolonisation, le nombre de membres augmente et l'ONU devient une **tribune d'expression** anticolonialiste, fréquemment anti-occidentale, pour les États nouvellement indépendants, le tiers-monde, contribuant ainsi à **l'affaiblissement de l'institution**.

1945-1962 : la guerre froide

Au lendemain de la Seconde Guerre mondiale, les États-Unis et l'URSS se retrouvent face à face. Ils ont combattu dans le même camp, mais leurs différences idéologiques et leur volonté de se poser en modèles les conduisent à s'opposer radicalement. Surtout, en 1945, chacun veut éviter la reconstruction d'une Allemagne qui s'allierait au camp opposé. Quel type de relations entretiennent-ils jusqu'en 1962 ?

I. 1947-1953 : la logique bipolaire

1. La rupture

• Dès 1946, l'Armée rouge favorise la mise en place de **gouvernements communistes** dans les pays d'Europe de l'Est qu'elle occupe. Dans son discours de Fulton, en 1946, Churchill dénonce le « **rideau de fer** » qui s'est « abattu sur l'Europe ».

• Inquiets, les Américains cherchent à contenir l'expansion soviétique. Ils proposent une aide financière et matérielle, le **plan Marshall**, aux pays européens qui se reconstruisent. Sous la pression de l'URSS, les démocraties populaires, ces pays d'Europe orientale dans l'orbite soviétique, refusent cette aide.

2. L'affrontement des deux camps

• L'affrontement des deux grands a la particularité de se produire **par pays interposés**, un affrontement direct entre les deux superpuissances nucléaires (1945 pour les États-Unis, 1949 pour l'URSS) étant impossible.

• En Europe, l'URSS soutient le « **coup de Prague** », coup d'État communiste de février 1948 en Tchécoslovaquie. Staline tente de prendre Berlin – toujours divisée en quatre secteurs d'occupation, dont un seul tenu par les Soviétiques – en décrétant le **blocus** de la ville. Les Américains le contournent grâce à un **pont aérien** massif : au bout de 11 mois, Staline abandonne. **La république fédérale d'Allemagne (RFA) est alors créée à l'ouest, en mai 1949 ; à l'est, en octobre 1949 naît la République démocratique allemande (RDA).** Ces deux Allemagnes sont le symbole de la guerre froide.

• En Asie, avec la **victoire de Mao Zedong**, la Chine devient communiste (1949). En 1950, les troupes communistes de la Corée du Nord envahissent la Corée du Sud. Les États-Unis et 19 autres pays interviennent, sous le drapeau de l'ONU, pour contrer cette nouvelle poussée communiste. La **guerre de Corée** débute. L'URSS, qui pratique la « politique de la chaise vide » pour exiger que la Chine communiste prenne la place de Taïwan au Conseil de sécurité, ne peut empêcher dès lors le vote du Conseil qui déclenche l'intervention. Au bout de plusieurs mois de durs combats et l'intervention de « volontaires chinois », le front se stabilise jusqu'en 1953.

3. Des alliances défensives

• Les **deux blocs** se constituent peu à peu. Des **alliances militaires et économiques** sont signées : l'**OTAN** (Europe occidentale et Canada) en 1949, l'ANZUS (Australie, Nouvelle-Zélande), l'OTASE (Asie du Sud-Est) et le pacte de Bagdad (de la Turquie au Pakistan) assurent la sécurité des alliés des Américains. Le bloc de l'Est répond avec la création du **Pacte de Varsovie**, en 1955, assorti d'une alliance économique, le Conseil d'assistance économique mutuelle (COMECON).

L'Europe de la guerre froide, vers 1950

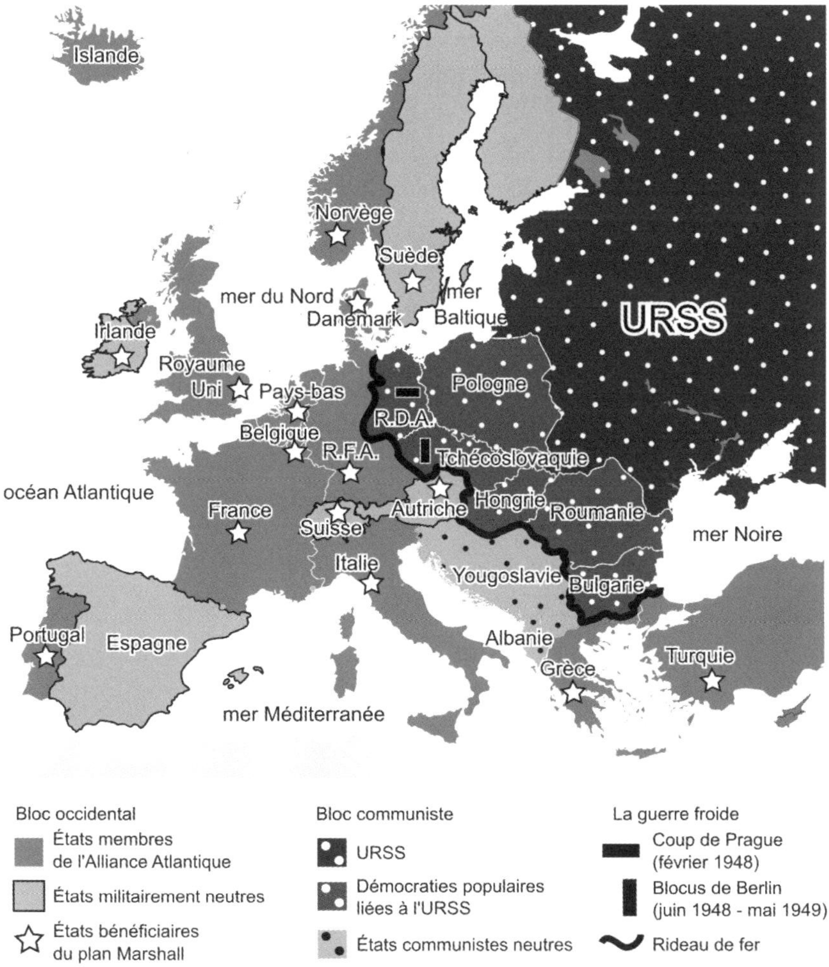

II. 1953-1959 : la « coexistence pacifique »

1. Le dégel

• La **mort de Staline, en mars 1953,** est l'occasion d'un certain dégel dans les rapports est-ouest : la guerre de Corée s'achève sur un *statu quo* (1953), l'URSS normalise ses relations avec la RFA. En 1956, Nikita **Khrouchtchev** propose que les deux grands vivent côte à côte, chacun avec son système. C'est la « **coexistence pacifique** », mais l'URSS poursuit en secret ses programmes d'armement, notamment nucléaire.

• Le mouvement de décolonisation explique en partie l'apaisement proposé par Khrouchtchev : avec le démantèlement des empires coloniaux apparaissent de nouveaux pays que l'URSS entend séduire en se montrant pacifiste. En 1956, les États-Unis et l'URSS soutiennent tous deux l'Égypte quand elle nationalise le canal de Suez.

2. Des tensions toujours vives

• **Des tensions apparaissent à l'intérieur des blocs**. Ainsi, en Europe de l'Est, les Soviétiques interviennent pour écraser toute tentative d'émancipation (entrée des chars russes à **Budapest**, en novembre 1956).

• La **course aux armements** se poursuit. L'URSS possède bientôt la bombe H (1953, deux ans après les États-Unis) et envoie dans l'espace le premier satellite artificiel, le **Spoutnik**, en 1957, militarisant l'espace et démontrant ainsi sa capacité à frapper n'importe quel point du globe.

III. 1959-1962 : le paroxysme de la guerre froide

• Purement tactique, l'apaisement des relations entre les deux blocs ne dure pas.

1. La question allemande

• En 1960, les négociations en cours concernant le sort de l'Allemagne sont brutalement interrompues. Un an plus tard, la tension monte d'un cran à Berlin : pour éviter l'émigration massive de ses ressortissants vers la RFA, l'Allemagne de l'Est (RDA) construit un mur infranchissable au cœur de la ville. La division des deux blocs n'a jamais été aussi tangible qu'avec le **mur de Berlin**, aussitôt baptisé « mur de la honte ».

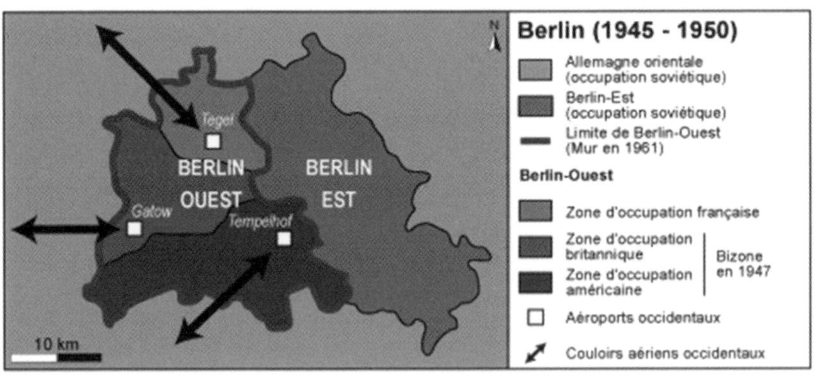

2. La crise de Cuba

• La **crise des fusées à Cuba** (1962) constitue sans doute le point culminant de l'affrontement entre les deux blocs. En 1959, Fidel Castro prend le pouvoir à Cuba. Les États-Unis soutiennent un débarquement d'exilés cubains qui échoue (baie des Cochons, avril 1961). Castro demande alors la protection des Soviétiques, qui tentent d'installer des missiles nucléaires sur l'île. Le président américain John F. Kennedy ordonne le blocus de Cuba : les cargos soviétiques font demi-tour. Des négociations permettent d'éviter une confrontation directe entre les deux grands. Jamais la tension n'avait été aussi forte.

La crise des fusées de Cuba, 1961-1962

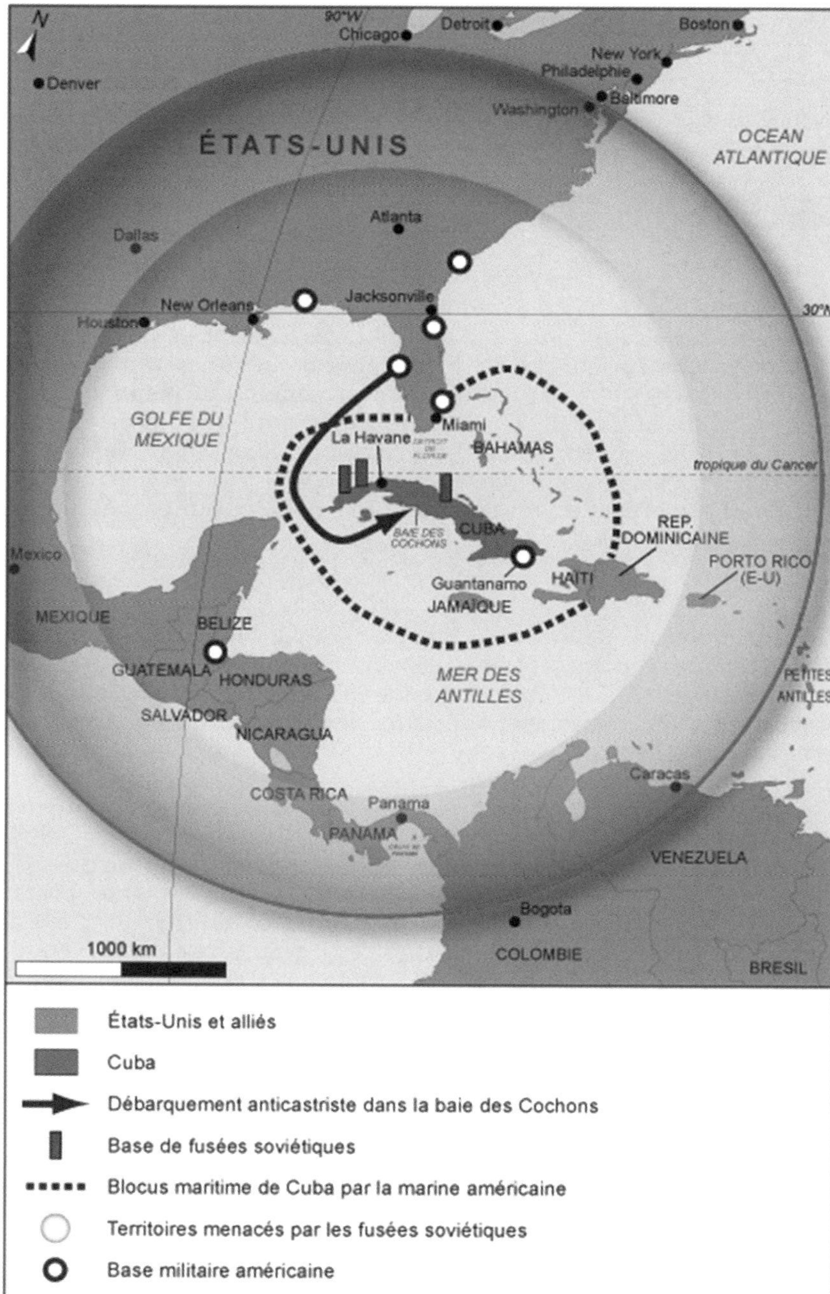

1963-1989 : la détente

En 1962, avec la crise des fusées à Cuba, le monde est au bord du conflit nucléaire. Prenant conscience des risques d'une troisième guerre mondiale, les deux superpuissances amorcent une période de détente de leurs relations, non sans arrière-pensées. Comment les relations entre les deux grands ont-elles évolué depuis lors ? Doit-on parler d'un rapprochement progressif ou d'une victoire sans appel du bloc occidental ?

I. 1963-1975 : la détente

1. La normalisation des relations

• Au lendemain de la crise des fusées à Cuba, les relations est-ouest s'apaisent. Pour désamorcer les conflits ouverts entre deux puissances surarmées, une liaison directe, le **téléphone rouge**, est établie entre Moscou et Washington. Des **accords sur l'armement nucléaire** (traité de non-prolifération en 1968) ou sur le **désarmement** (SALT 1 en 1972) sont signés. En 1972, les deux Allemagnes se reconnaissent mutuellement. Le président américain Nixon se rend en Chine populaire. En 1975, les **accords d'Helsinki** entérinent les frontières de 1945 en Europe et proposent une coopération économique entre l'Est et l'Ouest.

2. Les limites de la détente

• Les deux grands s'affrontent indirectement dans les **guerres périphériques** comme celle du Viêt Nam (1964-1973) ou les conflits israélo-arabes de 1967 et de 1973. L'intervention soviétique contre le **Printemps de Prague**, en 1968, montre que le principe des zones d'influence n'est pas remis en cause : les Russes entendent conserver le contrôle de l'Europe de l'Est.

• Cette détente limitée ne s'explique que par **l'affaiblissement relatif des deux grands** : le modèle soviétique est contesté par la Chine, les démocraties populaires en Europe cherchent à s'émanciper ; la France quitte le commandement militaire intégré de l'OTAN en 1966, et la RFA tente, à partir de 1969, un rapprochement avec la RDA (l'**Ostpolitik** du chancelier ouest-allemand Willy Brandt) que les États-Unis désapprouvent ; enfin, les retards économiques et scientifiques de l'URSS d'une part, l'importance du déficit budgétaire américain, d'autre part, obligent les deux grands à ralentir la course aux armements, d'autant plus qu'à partir de 1975 les Soviétiques parviennent enfin à la **parité nucléaire stratégique** avec les États-Unis.

II. 1975-1985 : la « guerre fraîche »

1. De nouvelles avancées soviétiques

• À la fin des années 70 cependant, **l'influence de l'URSS gagne du terrain** en Extrême-Orient (Viêt Nam, 1975 ; Cambodge, 1978), en Afrique (Angola, 1975 ; Éthiopie, 1977), en Asie centrale (Afghanistan, 1979) et en Amérique latine (Nicaragua, 1979). Humiliés par une prise d'otages dans leur ambassade à Téhéran (1979), après le **renversement du shah d'Iran**, leur principal allié dans la région, par une révolution islamique, les Américains sont sur la défensive.

2. La réaction américaine

- L'**élection de Ronald Reagan** (1980) annonce la réaction des États-Unis : **« America is back »** (« l'Amérique est de retour »), déclare le nouveau président, qui fustige **« l'empire du mal »** qu'est l'URSS. Le budget militaire est accru, les marines débarquent sur l'île de Grenade (1983) pour empêcher l'établissement d'un régime marxiste, la course aux armements est relancée. Les États-Unis soutiennent les résistances aux régimes communistes : au Nicaragua, par exemple, ils aident la guérilla hostile au gouvernement.
- Reagan lance un projet de « bouclier spatial » capable de protéger les États-Unis de toute attaque nucléaire. Cette initiative de défense stratégique, immédiatement baptisée « **guerre des étoiles** », est un défi technologique et financier (100 milliards de dollars) que l'URSS ne peut pas relever.

III. 1985-1990 : la fin de la guerre froide

- Malgré ses avancées, **l'URSS s'épuise**. Elle s'enlise dans une guerre sans fin en Afghanistan et peine à contrôler les dissidences en Europe. En Pologne, le syndicat libre Solidarnosc ébranle le régime. Le système soviétique, surtout, **ne parvient plus à répondre aux besoins** agricoles, technologiques et économiques du pays.
- Le nouveau dirigeant soviétique, **Mikhaïl Gorbatchev** (1985-1991), tente des réformes, la **perestroïka** (la « reconstruction » ou la « restructuration »), pour libéraliser l'économie, et la **glasnost** (la « transparence »), pour rétablir les libertés politiques. Le ton adopté à Moscou favorise la reprise du dialogue. Les négociations sur le désarmement aboutissent à des **accords de réduction des arsenaux nucléaires** (traité de Washington, 1987).
- Les Soviétiques se retirent d'Afghanistan en 1989 et abandonnent la « **doctrine Brejnev** » d'intervention militaire dans les pays frères : presque immédiatement, **les régimes communistes d'Europe de l'Est s'effondrent les uns après les autres**. L'URSS elle-même n'échappe pas aux bouleversements. Elle est **dissoute en 1991** après la déclaration d'indépendance de quinze Républiques.
- Avec la disparition de l'un des deux adversaires, **la guerre froide s'achève**. Si l'opposition des deux grands fut violente et radicale, les États-Unis semblent désormais imposer leur modèle de société.

L'éclatement du monde communiste

Au lendemain de la Seconde Guerre mondiale, le monde communiste se constitue en un bloc solide. Dans les années 90, il implose. L'URSS elle-même disparaît dans la tourmente. Quelles forces ont raison du bloc communiste ?

I. Les dysfonctionnements internes de l'URSS

- La société soviétique des années 80 semble bloquée : **le système économique ne répond plus aux besoins**. L'URSS, ancien « grenier de l'Europe », doit importer les biens de consommation courants qu'elle se révèle incapable de produire et des produits alimentaires, des céréales notamment. La population s'insurge, par ailleurs, contre le **manque de démocratie**, **l'immobilisme des dirigeants** et la **corruption**.
- À partir de 1985, **Mikhaïl Gorbatchev** lance un programme de réformes. La **perestroïka** (la « reconstruction » ou la « restructuration ») accorde une certaine autonomie de gestion aux entreprises. La **glasnost** (la « transparence ») abolit la censure et donne aux dissidents, comme Andreï Sakharov, la possibilité de s'exprimer.
- Mais les difficultés s'aggravent, les pénuries persistent, le chômage et l'inflation font leur apparition, le cours du rouble s'effondre. **L'URSS n'a plus les moyens de tenir son rang de grande puissance.** La perestroïka désorganise l'économie plus qu'elle ne l'améliore ; la glasnost permet à une opposition de s'affirmer plus qu'elle ne la rallie au système.

II. Le démantèlement de l'« empire »

- Dans les années 60, la **Chine** a rompu ses relations avec l'URSS. Elle critique le modèle soviétique et cherche à s'émanciper de son trop encombrant voisin. Les États-Unis ont d'ailleurs cherché un certain rapprochement diplomatique pour exploiter ce coin enfoncé entre les deux grandes puissances communistes.
- En 1989, l'URSS se retire d'Afghanistan. La guerre, devenue impopulaire, coûte trop cher pour un pays menacé de faillite. Par souci d'économie, Gorbatchev décide de suspendre les aides accordées à ses alliés européens. Il annonce le retrait des forces militaires stationnées sur leurs territoires et annonce l'**abandon de la doctrine Brejnev** qui autorise les interventions militaires du Pacte de Varsovie dans les pays frères.
- **Les pays de l'Europe de l'Est abandonnent progressivement le modèle soviétique**. Certains le font pacifiquement (la Pologne d'abord, puis la Tchécoslovaquie), d'autres de manière plus brutale : en Roumanie, Ceausescu est arrêté, jugé sommairement et exécuté.
- En **novembre 1989, le mur de Berlin est détruit**. En **1990**, avec la **réunification allemande**, l'Allemagne de l'Ouest absorbe de fait la RDA. On assiste ainsi à la désatellisation de l'Europe de l'Est.

III. L'implosion de l'URSS

• Face aux difficultés, les peuples de l'URSS réclament leur indépendance. En 1990, la Lituanie fait sécession. Dans le Caucase, les nationalités s'affrontent (Azéris contre Arméniens, par exemple). La Russie se proclame bientôt souveraine (juin 1990). Une tentative de coup d'État pour rétablir l'ancien régime échoue en 1991. La majorité se rallie aux réformateurs : Boris Eltsine, président de la république de Russie, propose le pluralisme politique et l'économie de marché. Gorbatchev démissionne et **l'URSS se dissout le 25 décembre 1991** ; elle est remplacée par quinze États indépendants, réunis en une Communauté des États indépendants (CEI) à l'avenir incertain.
• Dépossédé de sa sphère d'influence en Europe orientale et de son « empire colonial », le nouvel État russe se trouve diminué : il perd 25 % de sa superficie (22 à 17 millions de km^2) et 16 % de ses habitants (passant de 174 à 147 millions). Surtout, il recule vers le nord et l'est, alors que ses anciens satellites et ses ex-Républiques passent quelques années plus tard dans le camp de l'OTAN, voire adhèrent à l'Union européenne, consacrant la **faillite du modèle soviétique**.

IV. Les derniers bastions du communisme

• Malgré l'effondrement de l'URSS, **le monde communiste n'a pas totalement disparu**. La Chine et quelques pays, comme le Viêt Nam, Cuba ou la Corée du Nord, restent des démocraties populaires, des régimes dans lesquels la direction du pays est assurée par un parti unique, le parti communiste.
• Mais les réformes engagées par les dirigeants chinois, notamment, pour construire un « socialisme de marché » (l'agriculture est décollectivisée, les entreprises sont plus autonomes, des zones d'économie spéciales - ZES -, libérales, sont créées) permettent d'envisager une **sortie du communisme**, même si **la sphère politique et sociale est toujours étroitement contrôlée par le parti**.
• Seule la **Corée du Nord**, totalement fermée sur l'extérieur, conserve un **totalitarisme communiste**.

La construction européenne : une volonté de paix en Europe

L'Europe est sortie ruinée de la Seconde Guerre mondiale. Comment a-t-elle retrouvé sa place dans le monde ?

I. Les besoins de l'Europe

- Au **lendemain de la Seconde Guerre mondiale**, l'Europe doit être reconstruite : de très nombreuses villes sont en ruines ; les infrastructures de communications sont désorganisées : les ponts coupés, les voies de chemin de fer détruites. L'endettement favorise l'inflation. La pénurie de produits alimentaires se prolonge : en France comme en Allemagne, les tickets de rationnement restent en place jusqu'à la fin des années 40.
- **L'Europe n'est déjà plus le centre du monde** : pour se reconstruire, elle a besoin de l'aide des États-Unis. En 1946, Winston Churchill relance l'idée, proposée dans les années 20 par Richard Coudenhove-Kalergi, homme politique français, de construire les « États-Unis d'Europe ». Dans le **contexte de la guerre froide naissante**, les Américains soutiennent le projet, qui ne peut que renforcer leurs alliés européens face au bloc soviétique.

II. L'aide américaine

- En 1947, le **plan Marshall** accorde une aide matérielle et financière aux États qui en font la demande. Pour répartir l'argent entre les pays européens est fondée l'**OECE** (Organisation économique de coopération européenne). En 1949, le **Conseil de l'Europe** est créé avec pour mission de travailler au rapprochement politique, social et culturel des pays d'Europe de l'Ouest.
- En France, **Jean Monnet et Robert Schuman**, les « pères de l'Europe », proposent une union économique avec l'Allemagne. Le **couple franco-allemand** devient le moteur de la construction européenne.

III. Le traité de Rome (1957)

- La construction européenne concerne d'abord l'économie, domaine dans lequel les obstacles sont moins nombreux, les réticences moins puissantes. En 1951, la **CECA** (Communauté européenne du charbon et de l'acier) permet de coordonner les productions de six pays (France, Allemagne, Italie, Belgique, Pays-Bas et Luxembourg). Le succès de cette expérience conduit les Six à étendre leur coopération à l'énergie nucléaire civile (**Euratom**).
- Un traité plus général est signé le **25 mars 1957 : le traité de Rome**. Il fonde la Communauté économique européenne (**CEE**), avec pour objectif l'établissement d'un **marché commun** (libre circulation des marchandises, des capitaux et des hommes) et l'instauration de **politiques communes**, notamment en matière agricole. Une **Cour de justice européenne** doit trancher les différends entre les États membres.
- En revanche, le **projet d'une Communauté européenne de défense** (1954) avorte, rejeté par les Parlements français (opposition des gaullistes et des communistes) et italien.

Les principales lignes de force de la géopolitique mondiale

Comment s'organise le monde depuis la fin de la guerre froide ? Après la chute de l'URSS, les États-Unis apparaissent comme les grands vainqueurs. Qu'ont-ils fait de leur victoire ?

I. L'hyperpuissance américaine

• La **guerre froide** se termine en 1991 avec la **disparition de l'URSS**. La **nouvelle Russie**, qui reprend l'essentiel de l'héritage soviétique, connaît une décennie de chaos économique et politique : les mandats du président Eltsine sont marqués par une corruption sans précédent, et même par une crise constitutionnelle en 1993 qui dégénère en émeutes meurtrières à Moscou ; pendant cette période, le PIB russe baisse de moitié. Cet **effacement géostratégique** temporaire ouvre la voie à une **recomposition complète de l'Europe orientale**.

• Les **anciennes démocraties populaires** deviennent, parfois dans le calme, parfois dans la douleur, des **démocraties libérales** et des **économies de marché** plus ou moins abouties : les pays baltes font ainsi figure d'élèves modèles, alors que la Bulgarie et la Roumanie, ou encore d'autres pays des Balkans, basculent d'une économie socialiste sclérosée à un capitalisme mafieux corrupteur de l'État. En 2004, Pologne, République tchèque, Slovaquie, Hongrie, Slovénie, de même que les trois anciennes Républiques soviétiques baltes, Estonie, Lettonie et Lituanie, entrent dans l'Union européenne. En 2007 les rejoignent la Roumanie et la Bulgarie. **L'organisation géostratégique née de 1945 et de la guerre froide est désormais effacée.**

• Dans la décennie 1990, **les États-Unis** détiennent le **premier rang dans tous les domaines de la puissance** : militaire, politique, économique, technologique, etc. C'est l'**hyperpuissance** du XXe siècle finissant. Leur domination militaire, par exemple, est sans équivalent dans l'histoire du monde : avec près de la moitié du budget militaire de la planète et des systèmes d'armes très avancés, les États-Unis peuvent intervenir sur n'importe quel théâtre d'opérations avec la certitude d'un succès militaire rapide.. Pourtant, cette hyperpuissance n'empêche pas les désordres et les conflits de toute nature dans le monde. Elle favorise même des **conflits asymétriques**, car seuls la guérilla ou le terrorisme peuvent s'opposer à l'hyperpuissance américaine.

II. Le nouveau désordre mondial

• Sur le continent européen même, la guerre reprend entre les Républiques yougoslaves, qui accèdent à l'indépendance les unes après les autres. Ces **guerres de l'ex-Yougoslavie** sont multiples et durent de 1991 à 2001. La résolution de ces conflits, avec l'intervention diplomatique et militaire de l'UE, des États-Unis et de l'OTAN, est longue et douloureuse. Les guerres en Bosnie sont notamment marquées par des **crimes de guerre**, essentiellement imputables, cependant, aux Serbes de Bosnie ou à l'armée serbe régulière, soutenue par la Russie, son allié traditionnel.

• L'année 1994 est marquée par la **guerre civile au Rwanda** et le **génocide** perpétré par les Hutus contre 800 000 Tutsis. La communauté internationale réagit peu, moins encore les États-Unis, échaudés par une intervention ratée en Somalie en 1992-1993, menée au nom du droit d'ingérence humanitaire.
• Le **11 septembre 2001**, le monde bascule dans une nouvelle ère : les **attentats islamistes d'Al-Qaïda** contre les tours jumelles du World Trade Center de New York traumatisent l'opinion occidentale. Le **terrorisme international islamique** s'impose comme le nouvel ennemi des démocraties. Les États-Unis du président Bush déclarent la guerre globale contre le terrorisme (**« global war on terror »**). Ils renversent le régime des **talibans**, principal soutien d'Al-Qaïda, en Afghanistan en 2001 ; puis **l'Irak de Saddam Hussein** en 2003, à la recherche d'armes de destruction massive qui n'ont finalement jamais été trouvées.

III. L'Union européenne au début du XXe siècle

• À la fin des années 1980, le bilan de la Communauté économique européenne est satisfaisant : l'Europe est non seulement reconstruite, mais elle est devenue l'**un des trois grands pôles de l'économie mondiale**. Les objectifs du traité de Rome sont atteints.
• Les Douze définissent un nouveau programme : créer une Europe aux compétences élargies. Le **traité de Maastricht** (1992) renforce ainsi les pouvoirs de l'Europe en matière de politique étrangère et de sécurité et surtout prévoit la mise en place, au 1er janvier 1999, d'une monnaie unique : l'**euro**, qui doit se substituer totalement aux monnaies nationales à partir de 2002.
• À partir de 1995, l'Europe change de nom : elle s'appelle désormais **Union européenne**. Elle s'élargit à quinze États, à la faveur de la chute de l'URSS en 1991 et change également de dimension (intégration de la Suède, de la Finlande et de l'Autriche en **1995**). Certaines compétences des États membres sont transférées vers des institutions communautaires (Parlement, Conseil de l'Union, Commission). Une coopération judiciaire et policière se met en place.
• Avec la fin de la guerre froide et l'affaiblissement de la Russie, une nouvelle époque commence, caractérisée par une diminution des tensions est-ouest, la baisse des budgets militaires et les soubresauts de la fin du monde soviétique. Même si l'Union européenne n'y est pas totalement préparée, la chute du mur de Berlin, la disparition du rideau de fer, la création de nouveaux États pleinement indépendants ouvrent de nouvelles opportunités, font émerger de **nouveaux enjeux** dans une Europe où l'UE fait désormais figure de centre d'attraction.

IV. Vers un monde multipolaire

• En dépit de leur extraordinaire puissance militaire, les opérations américaines ne parviennent pas à stabiliser l'**arc de crise islamique**. La situation en Afghanistan est trouble, toujours pas résolue, et le Pakistan aide en sous-main les talibans. Le gouvernement afghan officiel n'a que peu de prise sur les féodalités régionales ou locales, et s'efforce principalement de monnayer son pouvoir par une corruption omniprésente. L'Iran cherche à se doter de l'arme nucléaire. Le **Printemps arabe de 2011** débouche dans la plupart des États concernés sur des régimes islamiques. Aidé dans un premier temps par des rebelles touaregs, AQMI (Al-Qaïda au Maghreb islamique) s'empare du nord du Mali et y impose une charia (loi islamique) sans concession.

• La **Russie de Vladimir Poutine**, rendue plus forte par une décennie de croissance économique, retrouve une partie de sa puissance géostratégique et intervient militairement (Géorgie) ou diplomatiquement (Iran, Syrie). Usant de son droit de veto au Conseil de sécurité, elle soutient son dernier allié au Proche-Orient, la Syrie de Bachar el-Assad, qui tente d'écraser, sous les armes lourdes, la révolte d'une partie de sa population.

• Les **pays émergents**, Brésil, Inde et surtout Chine, revendiquent un nouvel ordre mondial, fondé sur un plus grand partage des responsabilités, notamment au Conseil de sécurité. L'**impérialisme chinois** se déploie, notamment à l'échelle régionale, en Asie et particulièrement en mer de Chine méridionale. Les budgets militaires sont partout en augmentation... sauf en **Europe**, dont le **déclin**– politique, économique – se précise.

Refonder la République

La Libération de la France par la Résistance et les forces alliées marque le retour à la légalité républicaine. La République intègre politiquement les femmes. L'important programme de réformes du Conseil national de la Résistance est mis en application par le gouvernement provisoire de la République française (1944-1946), puis la IVe République.

I. Libération, épuration, pacification

• En juin 1944, le Comité français de Libération nationale devient le gouvernement provisoire de la République française. Sous la présidence de Charles de Gaulle, le GPRF est confronté à d'immenses chantiers : achever la Libération de la France, reconstruire le territoire et refonder la République. La situation économique est pourtant désastreuse dans certaines régions et pèse sur le quotidien des Français. Ainsi, le pain est rationné jusqu'en 1949. La France est endettée, et la monnaie perd de la valeur à cause d'une forte inflation.
• Malgré les tentatives des préfets et de l'État, une épuration sauvage se met en place lors des premiers temps de la Libération. Une « justice populaire » condamne parfois à mort les anciens collaborateurs ou ceux suspectés de l'être. L'exemple le plus frappant est le sort réservé aux femmes accusées de « collaboration horizontale ». Celles ayant eu des relations avec des Allemands sont tondues, maltraitées, parfois aussi exécutées de façon sommaire. Cette phase d'épuration, bien que brève, marque les esprits.
• Afin d'éviter les règlements de compte entre résistants et collaborateurs sous l'Occupation, le GPRF prend rapidement des décisions sur l'épuration administrative, économique ou médiatique. Des industriels, comme Louis Renault, accusés d'avoir collaboré avec l'ennemi, perdent la propriété de leur entreprise au profit de l'État. Afin d'accélérer la reconstruction et le retour à la normale, de grands groupes nationaux sont créés dans des secteurs stratégiques (SNCF pour le rail ou EDF et GDF pour le secteur de l'énergie). L'épuration touche aussi le secteur médiatique et la presse. Dès 1944, les journaux qui ont collaboré se voient interdire de publication, et leurs outils de production sont distribués aux journaux de la Résistance (ex. : *Libération*, *Ouest-France*...).

II. Le retour à l'ordre républicain

• L'année 1945 est marquée par la restauration de la République. Des élections doivent renouveler le personnel politique et refonder le régime républicain. Le 29 avril 1945, les femmes votent pour la première fois lors d'élections municipales. Le suffrage devient véritablement universel. Le 21 octobre 1945, les Françaises et les Français rejettent, par référendum, toute idée de retour à la IIIe République. Ils élisent une nouvelle Assemblée constituante, chargée d'élaborer une nouvelle Constitution républicaine.
• Jusqu'en 1946, les débats sont nombreux pour fixer les principes de la nouvelle Constitution. Charles de Gaulle est favorable à un système politique dominé par le président de la République. Son projet s'oppose à celui

des partis de gauche (communistes et socialistes) et du Mouvement républicain et populaire, partisans d'un régime parlementaire. Mais ces derniers se divisent eux-mêmes entre ceux désirant une assemblée unique et ceux prônant le bicamérisme (système politique dominé par deux assemblées). En janvier 1946, Charles de Gaulle démissionne de la présidence du GPRF, dénonçant le retour à un régime marqué par la rivalité des partis.

• Le 13 octobre 1946, la Constitution de la IVe République est adoptée : elle donne naissance à un régime parlementaire au sein duquel le président de la République dispose de peu de pouvoir. L'Assemblée nationale en détient l'essentiel et joue un rôle prépondérant dans la nomination du président du Conseil. La IVe République doit gérer dès le départ une division des forces politiques. Trois partis dominent, sans qu'aucun d'entre eux ne puisse obtenir une majorité stable pour gouverner. Il s'agit du PCF (communiste), de la SFIO (socialiste) et du Mouvement républicain populaire (parti situé au centre droit de l'échiquier politique).

III. De nouveaux chantiers, une nouvelle société

• Le GPRF et la IVe République mettent en place les points les plus importants du programme du Conseil national de la Résistance. La République accorde de nouveaux droits aux Français.

• En 1944, le Conseil national de la Résistance, dans son programme intitulé « Les Jours heureux », prévoit des réformes afin d'instaurer un ordre social plus juste. C'est la naissance de l'État providence, dont le but est d'apporter une certaine protection et une redistribution des fruits de la prospérité à toute la population. Le GPRF institue la Sécurité sociale, créant un système de solidarité qui vise à améliorer la santé des Français. En 1946, le préambule de la Constitution de la IVe République garantit à tous la protection de la santé, la sécurité matérielle, le repos et les loisirs.

• Par les nationalisations, l'État devient l'actionnaire principal ou le propriétaire de grandes entreprises ou administrations : la Banque de France, Air France, Renault. Il est aussi à l'origine de la création des deux grands établissements publics de l'énergie : EDF (Électricité de France) et GDF (Gaz de France).

La Ve République de De Gaulle à nos jours

La IVe République disparaît peu de temps après sa naissance du fait de ses difficultés à se stabiliser et à gérer la décolonisation. La Ve République qui lui succède a été conçue par et pour le général de Gaulle, qui en est le premier président. Après onze ans de présidence, le régime survit à son créateur en faisant preuve d'une souplesse et d'une adaptation aux changements dans la société.

I. La République gaullienne (1958-1969

- Empêtrée dans les guerres de décolonisation (guerre d'Indochine puis guerre d'Algérie) et dans l'instabilité parlementaire, la IVe République favorise le retour au pouvoir du général de Gaulle en tant que président du Conseil. Charles de Gaulle, retiré des affaires depuis 1946, est considéré par une majorité des Français comme l'homme qui peut mettre fin à la crise algérienne et politique.
- Afin de se donner les moyens politiques de stabiliser le pouvoir, Charles de Gaulle propose l'adoption d'une nouvelle Constitution. Cette dernière est approuvée par référendum, le 28 septembre 1958. Le maître du jeu politique devient le président de la République. En 1962, sa place est renforcée car les Français approuvent la réforme proposée par Charles de Gaulle d'élire le président au suffrage universel direct. Chef des armées, chef de l'État, le président nomme le Premier ministre et se détache des querelles de partis qui traversaient les assemblées de la IVe République.
- Revenu au pouvoir à la suite de la crise algérienne de mai 1958, Charles de Gaulle met fin au problème colonial. En 1960, la plupart des colonies françaises situées en Afrique de l'Ouest ou en Afrique-Équatoriale obtiennent leur indépendance vis-à-vis de la France. La séparation entre la métropole et les anciennes colonies se fait « en douceur » : de nombreux accords de coopération lient la France aux nouveaux pays indépendants. Il n'en va pas de même avec l'Algérie. Après des hésitations et des années de guerre, Charles de Gaulle se lance dans des négociations avec le FLN et les indépendantistes algériens. Ces négociations aboutissent aux accords d'Évian, le 18 mars 1962. L'Algérie devient indépendante, entraînant le retour en France des milliers d'anciennes familles de colons et de harkis, ces Algériens qui militaient et se battaient pour une « Algérie française ».
- La politique de la République gaullienne est marquée aussi par une volonté d'indépendance et de grandeur nationale, dominée dans le monde de la guerre froide. Charles de Gaulle poursuit le programme nucléaire et la construction européenne lancés sous la IVe République. Ces deux leviers politiques sont pour lui le moyen d'affirmer et confirmer la place de la France au sein des grandes puissances mondiales.
- En mai 1968, une crise ébranle le pays. D'abord universitaire, la crise devient sociale ; une grève générale paralyse bientôt l'économie. Le 27 mai sont signés les accords de Grenelle, aussitôt rejetés par la base ouvrière. Le 30 mai, De Gaulle dissout l'Assemblée. La lassitude de l'opinion lui assure un triomphe lors des législatives de juin : les gaullistes remportent

294 sièges sur 485 (auxquels s'ajoutent 64 députés alliés, les Républicains indépendants).

• De Gaulle tente de répondre à la crise par un projet de participation : des régions à la nation, des travailleurs à l'entreprise, etc. Il propose un référendum sur la régionalisation et la réforme du Sénat (avril 1969) : 52 % des Français votent contre. Estimant qu'il s'agit là d'un désaveu personnel, De Gaulle démissionne le lendemain.

II. Le temps de la succession, des réformes et de l'alternance (1969-1986)

• Prenant en compte les aspirations des Français exprimées en mai 1968, le nouveau président de la République, Georges Pompidou, et son Premier ministre, Jacques Chaban-Delmas, font passer au second plan la politique étrangère. Ils cherchent à bâtir une « nouvelle société ». La croissance permet des avancées sociales : le SMIG est remplacé par le SMIC (salaire minimum indexé sur la croissance), la formation permanente est développée, un nouveau régime de convention collective est institué.

• Élu de justesse en 1974, Valéry Giscard d'Estaing multiplie les réformes : majorité abaissée à 18 ans, loi Veil légalisant la contraception, puis l'avortement, libéralisation du divorce. Les modes de vie se transforment. Mais les chocs pétroliers de 1973 et de 1979 accentuent une crise marquée par l'inflation et l'apparition d'un chômage persistant. À partir de 1976 est mise en place une politique d'austérité. Économies d'énergie, restructurations industrielles, encouragement à l'épargne, blocage des prix, augmentation des impôts et limitation des salaires contiennent le déficit budgétaire, ménagent la stabilité du franc, mais n'enrayent pas la montée du chômage (1,5 million de sans-emploi en 1981), ni celle de l'inflation (elle atteint alors 14 %).

• Le 10 mai 1981, l'opposition gagne les élections. François Mitterrand est élu à la présidence de la République. Pour la première fois au cours de la Ve République, la gauche est au pouvoir. Le gouvernement conduit par Pierre Mauroy entreprend de « changer la vie » : abolition de la peine de mort, autorisation des radios libres, adoption de la semaine de 39 heures, octroi de la cinquième semaine de congés payés, de la retraite à 60 ans, et augmentation du salaire minimum. De grandes entreprises sont nationalisées.

• Cette politique de relance se solde par un nouvel échec. Le nombre de chômeurs atteint les 2 millions en 1982. Si le retour à la rigueur permet de réduire le déficit commercial, le chômage continue de progresser et devient la préoccupation première des Français, du monde économique et politique.

III. Les cohabitations (1986-2002)

• En 1986, la France connaît sa première cohabitation : le président et le Premier ministre n'appartiennent pas à la même tendance politique. François Mitterrand doit gouverner avec un Premier ministre issu d'une majorité à l'Assemblée dont les idées lui sont opposées. Il nomme Jacques Chirac à ce poste. Affaibli par des manifestations étudiantes, une crise en Nouvelle-Calédonie et une situation économique stagnante, Jacques Chirac est battu par François Mitterrand lors des présidentielles de 1988.

• En 1993, une nouvelle cohabitation commence. François Mitterrand est toujours président, mais le Premier ministre, choisi à droite, est Édouard

Balladur. Deux ans plus tard, les élections présidentielles de 1995 marquent, avec la victoire de Jacques Chirac, le retour de la droite gaulliste. Mais la dissolution ratée de l'Assemblée en 1997 entraîne une troisième cohabitation, avec le gouvernement socialiste de Lionel Jospin. Le mandat présidentiel passe alors à cinq ans pour éviter de nouvelles cohabitations paralysantes.

- Les années 1990 et les trois cohabitations restent dominées par les mêmes axes politiques : construction européenne, fort niveau de chômage et problème du déficit budgétaire. En 2002, le président Chirac est réélu avec 82 % des voix face au candidat d'extrême droite, Jean-Marie Le Pen.
- Les mutations économiques et sociales considérables qui affectent la France rendent le paysage politique français beaucoup plus complexe. La crise économique et du marché de l'emploi remet en cause ce modèle d'État providence construit à la Libération. Précarité, chômage, pauvreté, violence, insécurité deviennent des maux structurels de la société française.
- Le clivage gauche-droite reste un marqueur originel et essentiel de la politique française, notamment lors des élections présidentielles, moment fort de la vie démocratique, privant ainsi d'espace le centre, mais aussi les extrêmes (extrême gauche et extrême droite).
- Cependant, les multiples problèmes qui se posent à la France, les cohabitations, l'affirmation de courants différents, voire divergents, au sein des grands partis rendent le clivage gauche-droite moins lisible dans l'opinion, favorisant l'émergence de forces politiques plus tranchées ou aux sensibilités nouvelles : écologistes, extrême gauche ou extrême droite, plus ou moins unifiées.

La société française des années 1950 aux années 1980

Dans leur vie quotidienne, tout au long de leur existence, les Français de la seconde moitié du XXe siècle ont vu le développement de nombreuses innovations technologiques, médicales, et ont pu assister aux changements des mœurs. Quels sont les grands changements qu'ont connus les Français et les Françaises après la Seconde Guerre mondiale ?

I. Une période de croissance puis de crise

- Avec la fin de la Seconde Guerre mondiale et de la reconstruction qui s'ensuit, la France, comme les autres pays industrialisés, entre dans une période de croissance : les Trente Glorieuses. Durant ces trois décennies (1945-1975), l'économie française se caractérise par une forte croissance du PIB et un chômage très bas. Plusieurs causes sont à l'origine de cet accroissement de la production et des richesses : les gains de productivité, grâce à la mécanisation et aux progrès techniques, ainsi que la diminution des tarifs douaniers et des coûts de transport alimentent cet essor économique.
- Dans leur vie quotidienne, les Français profitent de cette croissance. Le consommateur accède à de nombreux produits, réservés jusque-là à une certaine élite. L'automobile, la télévision, l'électroménager se démocratisent au fil des années. Certains objets deviennent mythiques, à l'image de la voiture DS, crée par Citroën, ou la 4L de Renault, pour les ménages plus populaires. C'est aussi la naissance d'une civilisation des « loisirs » qui permet aux Français d'accéder plus facilement aux biens culturels ou de partir en vacances.
- Mais l'augmentation des prix pétroliers (1973-1979) entraîne le début d'une crise économique. Si le PIB et la production continuent de croître, la croissance se ralentit. Le chômage augmente, sans connaître en France de véritable décrue depuis les années 1980. Plusieurs raisons à cela : aux chocs pétroliers sont venues s'ajouter les délocalisations vers les pays où la main-d'œuvre est moins chère (Asie de l'Est).
- Les industries traditionnelles (aciéries, automobiles, textiles...) et l'agriculture se sont grandement transformées durant cette période.

II. Une population française urbaine, plus nombreuse, vieillissante et cosmopolite

- Les Trente Glorieuses ont transformé l'économie, les emplois et la structure de la population active. L'agriculture a besoin de moins de bras car elle s'est réorganisée autour de grandes exploitations. L'industrie et le secteur des services sont en expansion. Les campagnes se dépeuplent au profit des centres urbains, industrialisés et tournés vers les services. Entre 1945 et les années 1980, la France devient plus urbaine. Les jeunes quittent les campagnes pour travailler en ville : c'est l'exode rural.
- L'espérance de vie progresse considérablement. Entre 1950 et 1980, l'âge moyen d'un Français à sa mort passe de 60 à 70 ans. Cela s'explique par

l'amélioration des conditions de vie, en lien avec la croissance économique, mais aussi grâce aux innovations médicales, nombreuses dans la seconde moitié du XXe siècle. La mise en place de la Sécurité sociale et d'un système de protection sociale (caisses de retraite...) explique aussi cet allongement de la durée de vie. La population vieillit.

- Durant les Trente Glorieuses (1945-1975), la France attire une population d'origine européenne et africaine. La prospérité économique et le besoin de main-d'œuvre rendent nécessaire et souhaitable l'arrivée de nombreux étrangers. À partir des années 1980, face aux difficultés économiques, plusieurs politiques ont cherché à limiter l'entrée des immigrés. L'Afrique, l'Europe et l'Asie sont aujourd'hui les principales régions d'origine des migrants.
- Durant cette période, la natalité a augmenté, c'est ce qu'on appelle le « baby-boom ». Puis elle a diminué, pour se stabiliser depuis quelques années à un niveau qui n'assure pas le renouvellement des générations (moins de 2,1 enfants par femme). L'immigration, bien qu'elle se soit ralentie depuis les années 1970, explique également en partie l'augmentation de la population : un Français sur quatre a aujourd'hui au moins un grand-parent d'origine étrangère.

III. Des bouleversements dans la société et les familles

- Les Français sont donc plus riches, mieux soignés, plus diplômés et plus urbains qu'au début du XXe siècle. La société s'en trouve bouleversée.
- En mai 1968, la France est secouée par une révolte étudiante qui fédère autour d'elle aussi des mouvements ouvriers. La jeunesse revendique plus d'égalité, un autre mode de vie, détourné de la consommation, et conteste le pouvoir établi (que ce soit celui du président Charles de Gaulle ou de l'homme au sein des familles et couples).
- La société se fait plus libérale : le poids de la religion et des traditions est moins présent. Les structures familiales se modifient, avec une augmentation du nombre de divorces par exemple.
- De nombreuses lois attestent ces modifications :
- 1967, lois sur la contraception ;
- 1974, loi sur l'interruption volontaire de grossesse (IVG) ;
- 1975, création du collège unique ;
- ...

Sujet de métropole, juin 2023

Document 1

Témoignage d'une enfant pendant la Première Guerre mondiale

En 1914, Juliette Eychenne-Bareil a sept ans et vit dans le sud de la France, à Carcassonne.

Lorsque la guerre a été déclarée, ma sœur m'emmenait avec d'autres jeunes filles à la gare voir passer les soldats qui partaient pour le front. Quel enthousiasme ! Ils chantaient joyeux : « Tous à Berlin ! » Tout le monde s'embrassait.

Quelque temps après, ce n'était plus la même chose.

Nous allions voir arriver les trains de blessés, c'était bien triste. Les écoles étaient transformées en hôpitaux militaires : Saint-Stanislas, André Chénier, l'École normale de garçons et d'autres locaux. On manquait de beaucoup de choses malgré le dévouement des dames de la Croix-Rouge.

Les hommes étant partis, ceci explique qu'on ait utilisé les femmes dans les usines pour faire des obus. L'usine Plancard était une fonderie qui se consacra à la fabrication des obus grâce aux femmes qui considéraient ce genre de travail comme un acte patriotique ; mais c'était très pénible.

Beaucoup de femmes confectionnaient des vêtements militaires à domicile ; tout cela était peu payé, ma mère travaillait tous les jours, mais malgré tous ses efforts, c'était quand même la misère.

Pour la nourriture, on a surtout manqué de pain. Les pommes de terre étaient rares, il fallait faire des queues interminables pour avoir 2 kg par personne : j'accompagnais ma mère qui me donnait un sac, et je passais et repassais.

Source : Témoignage recueilli et publié en 1983 dans l'ouvrage Années cruelles. 1914-1918, © Atelier du Gué, coll. Terres d'Aude

Document 1

1. Identifiez la nature de ce document.
2. Relevez trois extraits montrant les souffrances des civils.
3. Montrez ce qu'apporte ce document par rapport au point de vue d'un soldat de la Première Guerre mondiale.

Document 2

Affiche française de 1918 appelant les civils à poursuivre l'effort de guerre en participant au quatrième emprunt

Source : Affiche de Raoul Cabrol, 1918, Gallica-Bibliothèque nationale de France

Document 2

4. Décrivez l'affiche en montrant comment les personnages représentent le front et l'arrière.

5. Expliquez l'objectif de cette affiche.

Documents 1 et 2

6. Montrez comment les civils participent à l'effort de guerre entre 1914 et 1918.

1. Le document est un texte. Il s'agit du **témoignage** de Juliette Eychenne-Bareil, qui est âgée de 7 ans en 1914.

2. Trois éléments sont attendus pour répondre à cette question et démontrer la souffrance des civils :
« On manquait de beaucoup de choses. » ; « (…) ce genre de travail (…) c'était très pénible. » ; « Ma mère travaillait tous les jours (…) c'était quand même la misère. » ; « (…) on a surtout manqué de pain. » ; « (…) il fallait faire des queues interminables pour avoir 2 kg [de pommes de terre] par personne. »

3. Le témoignage d'un soldat évoque souvent les conditions de vie et de combat sur le front. Ce document apporte un éclairage sur les conditions de vie à l'arrière. Il évoque à la fois les difficultés et les souffrances des civils. Il décrit aussi des aspects de la mobilisation de l'arrière. Les femmes confectionnent les vêtements pour les militaires, travaillent dans les usines d'armement, etc. Le texte permet également d'apprécier le nombre important de blessés à travers les écoles transformées en hôpitaux militaires, l'absence des hommes et la vie quotidienne difficile.

4. Les deux personnages situés au premier plan sont des civils : un homme et une enfant. Ils représentent l'arrière. Debout, dans une tranchée, ils tendent une grenade, une caisse contenant sans doute des munitions, au troisième personnage. Ce dernier est un « poilu », c'est-à-dire un combattant de la Première Guerre mondiale. Il jette un coup d'œil au front, un fusil à la main. Le paysage représenté évoque les ravages de la guerre de position, symbolisés par la présence de l'arbre mort situé à l'arrière-plan.

5. Cette affiche s'adresse aux civils. Ils sont appelés à participer au quatrième emprunt de guerre. Grâce à l'argent des Français prêté à l'État, ce dernier finance l'effort de guerre. En 1918, la reprise de la guerre mobile permet d'entrevoir la fin du conflit. C'est ce qu'évoque le slogan de l'affiche, qui mentionne les « dernières cartouches ».

6. La Première Guerre mondiale a mobilisé de nombreux hommes. Cependant la mobilisation des civils, et notamment des femmes, constitue un aspect important du conflit.
Celle-ci est nécessaire pour soutenir les soldats envoyés au front. Dans les écoles, les élèves écrivent des lettres pour soutenir le moral des poilus. La population est invitée à souscrire aux emprunts de guerre. L'État emprunte pour financer les armes et les moyens nécessaires pour remporter la victoire. L'industrie participe également au conflit. Des industriels convertissent leurs chaînes de production, contribuant à l'effort de guerre. Ainsi, les usines Renault commencent à fabriquer les premiers chars d'assaut dès 1916.
Les femmes jouent un rôle particulier dans l'effort de guerre. Bien qu'elles ne combattent pas, certaines se retrouvent près du front pour soigner les soldats. Marie Curie milite pour l'emploi de la radiographie afin de faciliter les soins à apporter aux blessés. Elle est à l'origine de l'envoi des centres de radiographie mobiles au plus près des zones de combat. Les hommes, partis au front, sont remplacés par les femmes aux champs ou dans l'industrie. Certaines travaillent dans les usines fabriquant les différentes munitions, comme les obus. Elles héritent du surnom de « munitionnettes ». Enfin, il y eut toutes celles qui, par leur travail dans l'agriculture ou le secteur des transports, ont permis de « nourrir » la population et de soutenir l'économie du pays jusqu'à l'armistice du 11 novembre 1918.

Sujet de métropole, juin 2022

1. Sous la forme d'un développement construit d'une vingtaine de lignes, présentez les principales caractéristiques du régime mis en place en Allemagne entre 1933 et 1945. Vous illustrerez chaque caractéristique par un exemple de votre choix.

> Commencer par définir le caractère totalitaire et dictatorial de l'Allemagne d'Adolf Hitler. Appuyez-vous sur des mots-clés (antisémitisme, nazi, culte de la personnalité, propagande…) en y associant un événement daté et étudié en classe (lois de Nuremberg, Shoah…).

2. 1. Datez les trois événements ou périodes ci-dessous à l'emplacement des pointillés prévus à cet effet.

a. Avec la Révolution russe, les bolcheviks dirigés par Lénine s'emparent du pouvoir en Russie. Un régime fondé sur les idées communistes est mis en place. Indiquez la date de cet événement : ....

b. La Deuxième Guerre mondiale débute par l'invasion de la Pologne par l'Allemagne. C'est une guerre d'anéantissement au bilan très lourd : plus de 50 millions de victimes. Elle se termine par la capitulation de l'Allemagne suivie de celle du Japon quelques mois plus tard. Indiquez les dates de début et fin de la Deuxième Guerre mondiale : .... et ....

> Pour cet événement, il est demandé les dates de début et fin. On attendra donc de vous dans la deuxième partie de la question que vous représentiez, sur la frise, la Seconde Guerre mondiale comme une période.

c. Le Front populaire est une union des trois partis de gauche. Cette union gagne les élections législatives et fait adopter des lois sociales en France. Parmi ces mesures, il y a notamment la semaine de travail de 40 heures ou encore les 14 jours de congés payés. Indiquez la date de la victoire électorale du Front populaire : ....

2. 2. Sur la frise ci-dessous, placez, en utilisant des figurés adaptés, les trois événements ou périodes présentés à la question 1.

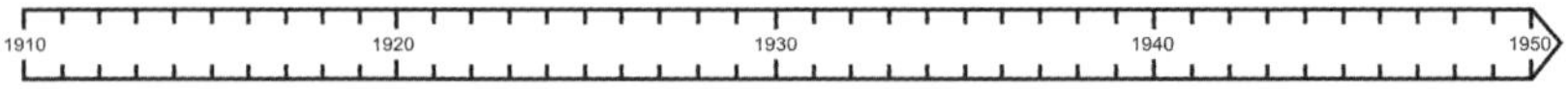

1. Après avoir perdu la Première Guerre mondiale (1914-1918), l'Allemagne connaît une crise économique et politique. En 1933, ces crises amènent Adolf Hitler à occuper le poste de chancelier. Dès lors, il met en place un régime totalitaire. Ce régime se caractérise notamment par son expansionnisme et la conquête d'un espace vital durant la Seconde Guerre mondiale entre 1939 et 1945.

De 1933 à 1945, l'ensemble des pouvoirs politiques est confisqué par un parti unique : le parti nazi (ou national-socialiste). Les libertés sont réduites, les opposants politiques pourchassés et pour certains d'entre eux emprisonnés dans les premiers camps de concentration dès 1934. Les pouvoirs politiques sont concentrés dans les mains du führer Adolf Hitler. Le culte de la personnalité, la propagande et la censure constituent des moyens de contrôler l'opinion publique.

Ce régime se définit par son emprise sur tous les aspects de la vie publique et privée des Allemands. Les programmes scolaires sont réécrits pour éduquer les jeunes Allemands selon les principes et idées des nazis. Des organisations de la jeunesse (comme les *Hitlerjugend*), de travailleurs... permettent au parti nazi d'exercer un contrôle et une surveillance sur chaque membre de la société allemande.

Enfin, ce régime totalitaire se caractérise par sa politique raciale et antisémite (contre la culture et la religion juive). Adolf Hitler, comme les nazis, tente de créer une société fondée sur l'idée raciste de la supériorité d'une race : les Aryens. Pour mener cette politique, dès 1935, les lois de Nuremberg excluent les personnes juives du reste de la société allemande. Durant la Seconde Guerre mondiale, cette politique d'exclusion se transforme en politique d'extermination (Shoah ou solution finale) qui conduira à la mort dans les camps de concentration et d'extermination d'environ 6 millions de juifs entre 1941 et 1945.

2. 1. a. 1917

b. 1939 et 1945

c. 1936

2. 2.

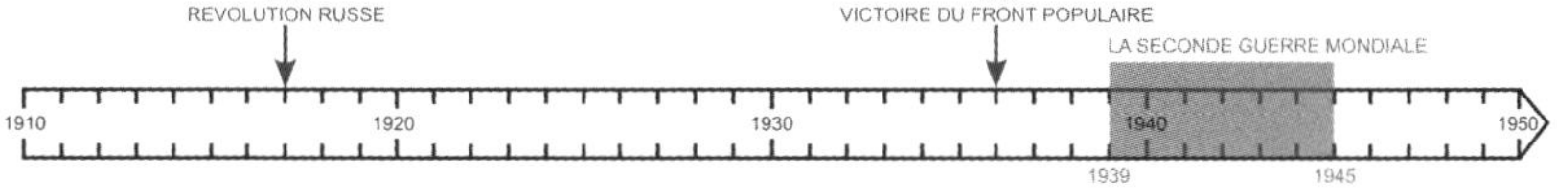

Sujet de métropole, juin 2019

L'Europe, un théâtre majeur des guerres totales

Document 1

Circulaire de la préfecture de police de Paris ordonnant la rafle du « Vél' d'Hiv » des 16 et 17 juillet 1942.

« À messieurs les commissaires [...].
Paris, le 13 juillet 1942.
Les autorités occupantes ont décidé l'arrestation et le rassemblement d'un certain nombre de Juifs étrangers. [...] [La mesure] concerne tous les juifs étrangers, quel que soit leur sexe, pourvu qu'ils soient âgés de 16 à 60 ans. Les enfants de moins de 16 ans seront emmenés en même temps que les parents.[1]
[...] Vous constituerez des équipes d'arrestation. Chaque équipe sera composée d'un gardien en tenue et d'un gardien en civil ou d'un inspecteur des Renseignements Généraux ou de la Police Judiciaire. [...]
Les équipes chargées des arrestations devront procéder avec le plus de rapidité possible, sans paroles inutiles et sans commentaire. [...] Des autobus seront mis à disposition. Lorsque vous aurez un contingent suffisant pour remplir un autobus, vous dirigerez :
a) Sur le Camp de Drancy les individus ou familles n'ayant pas d'enfant de moins de 16 ans.
b) Sur le Vélodrome d'Hiver : les autres.
En ce qui concerne le Camp de Drancy, le contingent prévu doit être de 6 000. [...]
La garde du Vélodrome d'Hiver sera assurée, tant à l'intérieur qu'à l'extérieur par la gendarmerie de la région parisienne et sous sa responsabilité.
Le directeur de la police municipale, Hennequin. »

Source : archives de la police, sorties à l'occasion d'une exposition organisée par la mairie du IIIe arrondissement de Paris en 2012.

Questions

Document 1

1. À l'aide de l'expression soulignée, présentez la situation de la France en 1942.
2. Identifiez les personnes visées par cette circulaire.
3. Décrivez ce qu'est une rafle à l'aide de ce document.
4. Montrez comment les services de l'État français collaborent avec l'occupant.

1. En réalité, la rafle s'est portée sur tous les juifs, français comme étrangers et de tout âge.

Document 2

Principaux itinéraires des convois de déportation à destination d'Auschwitz durant la Seconde Guerre mondiale

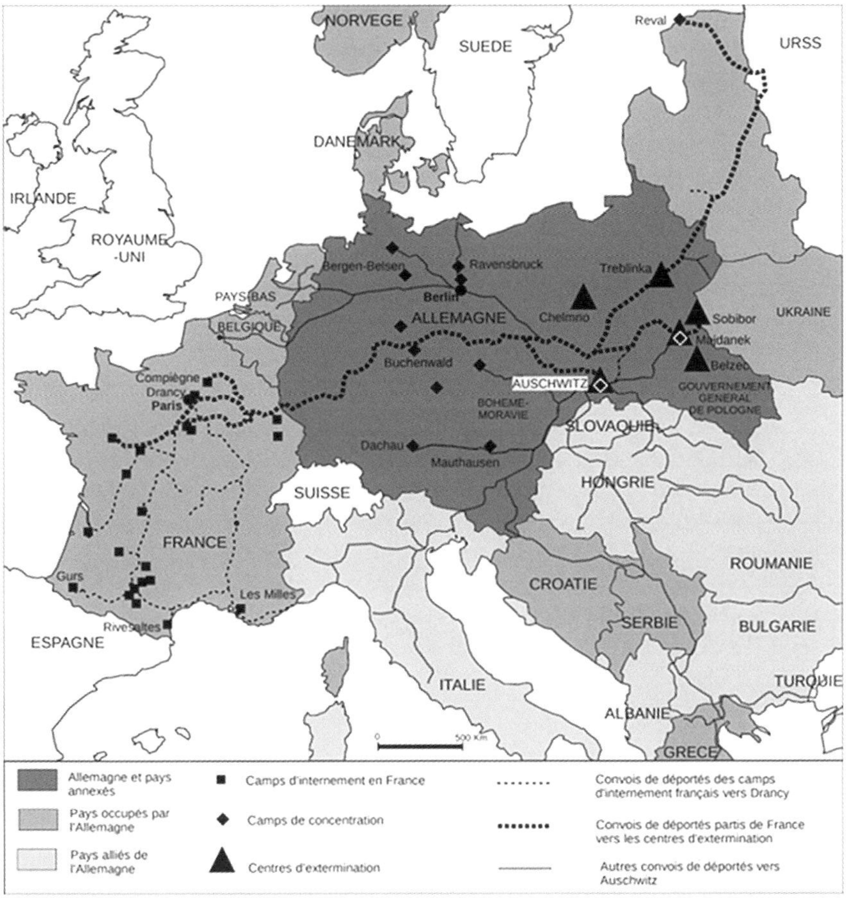

Source : Mémorial de la Shoah

Questions

Document 2

5. Expliquez pourquoi la rafle du « Vél d'Hiv » n'est qu'une étape dans la politique nazie mise en place en Europe durant la Seconde Guerre mondiale.

Cette question demande d'évoquer la politique nazie d'extermination des juifs en Europe décidée lors de la conférence de Wannsee en juin 1942. À l'aide de la carte et de la légende, démontrez que la rafle du Vél' d'Hiv' n'est que la première étape conduisant les juifs vers la mort. Évoquez aussi le cadre européen de cette politique.

1. En 1942, la France est occupée par l'Allemagne nazie désignée par l'expression « les autorités occupantes ». Cette occupation est la conséquence de la défaite française en 1940 au début de la Seconde Guerre mondiale (1939-1945). Les autorités allemandes occupent le nord de la France ainsi qu'une partie de l'Europe. Le sud de la France est sous l'autorité du gouvernement de l'État français installé à Vichy. Le chef de l'État français, le maréchal Philippe Pétain, mène une politique de collaboration avec l'Allemagne.

2. Cette circulaire vise les juifs étrangers de 16 à 60 ans, mais aussi leurs enfants. La note nous apprend que, dans les faits, la circulaire a concerné l'ensemble des juifs, français comme étrangers. D'autres acteurs sont mentionnés qui doivent exécuter les ordres donnés dans cette circulaire (commissaires, gardiens...).

3. Une rafle est une arrestation rapide, arbitraire, d'un groupe de personnes selon des critères définis, qui ne sont pas liés, ici, à une situation judiciaire. Cette arrestation s'accompagne d'une privation de liberté plus ou moins longue.

4. La rafle du Vél' d'Hiv' illustre la politique de collaboration de l'État français avec l'occupant.

Ce sont les autorités occupantes (nazies) qui prennent la décision de l'arrestation des juifs. Mais ce sont les services de l'État français qui doivent mettre en œuvre cette politique et l'exécuter. Ainsi, la préfecture de police de Paris et le directeur de la police municipal Hennequin donnent les ordres et détaillent le rôle de chacun des services. Les gardiens, inspecteurs des renseignements généraux ou de la police judiciaire sont mobilisés pour arrêter et surveiller les juifs désignés.

5. La rafle du Vél' d'Hiv' n'est qu'une étape dans la politique nazie antisémite. Celle-ci cherche à éliminer de la société les juifs pour des raisons racistes.

Une fois internés, les juifs arrêtés sont déportés vers des camps de concentration. Cette déportation se fait par convois ferroviaires. Ils ont pour destination des camps de concentration comme celui de Buchenwald (en Allemagne) et des camps d'extermination comme Auschwitz (Pologne).

La rafle des juifs ne se limite pas à Paris ou même à la France. L'ensemble des juifs d'Europe subit la politique d'extermination décidée par les nazis en 1942. Dans les pays occupés (comme en Belgique) ou alliés à l'Allemagne nazie (Italie) se mettent en place des convois de déportés vers les camps d'extermination.

La rafle du Vél' d'Hiv' a concerné plus de 13 000 personnes qui ont été arrêtées. La politique antisémite et d'extermination menée par les nazis a fait plus de 6 millions de morts parmi les juifs.

Géographie

Les aires urbaines

De nos jours, le territoire national est majoritairement urbanisé. Les notions d'espace urbain et d'espace rural ne sont plus perçues de la même manière qu'auparavant.

I. Une France urbaine

- De nos jours, la population française est très majoritairement urbaine. Elle peut vivre dans des zones assez différentes, que ce soit des centres-villes, des banlieues, plus ou moins lointaines, ou encore dans des espaces périurbanisés (espaces qui s'urbanisent en périphérie, contiguë ou non, des agglomérations). **Les villes** en France – comme partout dans le monde développé –**se sont dilatées dans l'espace**, prenant des formes différentes, mais toujours urbaines.
- Pour mieux évaluer les limites qui existent entre France urbaine et France rurale, l'INSEE a mis au point la définition d'« aire urbaine ». Une **aire urbaine** intègre les villes-centres (noyaux centraux des villes), les banlieues, mais aussi les communes rurales périurbaines, dont au moins 40 % des emplois se situent dans le reste de l'aire urbaine. Aujourd'hui, **les aires urbaines comprennent 50 millions de personnes, soit 82 % de la population sur 40 % du territoire**. 45 % de la population française se concentrent dans 17 grandes aires urbaines.
- La **périurbanisation**, avec ses espaces pavillonnaires en périphérie des agglomérations, a ainsi remis en question la définition même de l'espace urbain. Ces espaces périurbains se développent aux périphéries des agglomérations, le plus souvent autour d'un **ancien noyau rural**, à condition d'être bien desservis, notamment par des **voies rapides**.

II. Étalement urbain et explosion des mobilités

- Les aires urbaines sont ainsi **des territoires de moins en moins denses** (70 habitants par km^2 dans la couronne périurbaine en moyenne) en raison de **l'étalement urbain** qui grignote l'espace rural environnant. Le **coût du foncier et de l'immobilier** dans les espaces centraux a favorisé ce mouvement. Les prix de l'immobilier en centre-ville excluent de fait les jeunes ménages, surtout avec enfants, qui doivent chercher plus loin des prix plus raisonnables. Or le **rêve de la maison individuelle** avec jardin continue de hanter les esprits. On délaisse donc les banlieues classiques, dont certaines sont toujours chères, pour s'installer plus loin, faire construire sur un terrain moins onéreux.
- En revanche, l'éloignement des populations par rapport aux centres pourvoyeurs d'emplois ou aux lieux de commerce ou de loisirs a généré des **flux pendulaires** considérables. On ne dort pas là où on travaille, et pas toujours non plus là où l'on se distrait (cinéma, musée, stade, etc.) ni là où l'on se ravitaille (hypermarché, zone commerciale). **La mobilité a donc fortement augmenté**, favorisée par l'accès de tous, ou presque, à l'automobile.

III. Quel développement durable ?

- Cet étalement urbain et la congestion qu'il engendre posent des **problèmes de coût de gestion de l'espace urbain et de l'environnement**. On a ainsi calculé que le temps perdu dans les embouteillages en région parisienne équivalait au PIB de Lyon (essence dépensée, heures non travaillées, etc.) ! La **pollution** atmosphérique, sonore, visuelle est également un problème dont les sociétés sont de plus en plus conscientes, notamment en raison des problèmes de santé qui peuvent y être associés, par exemple avec la multiplication des problèmes respiratoires. Le fonctionnement du système urbain pose enfin des **problèmes sociaux** : dans un **système spatial gouverné par les prix**, les couches les moins favorisées de la population sont rejetées des centres, mais n'ont pas non plus toujours les moyens de vivre dans les banlieues pavillonnaires ou périurbaines ; elles se concentrent alors dans des banlieues formées de grands ensembles, souvent dégradés. La **ségrégation sociospatiale** s'exprime alors pleinement.
- Les **politiques publiques** s'efforcent de freiner ou de corriger ces évolutions jugées négatives. D'où des opérations fréquentes de **réhabilitation des centres** ou de **rénovation de banlieues défavorisées**. La **loi SRU** (relative à la solidarité et au renouvellement urbains) de 2000 tente d'imposer une mixité sociale relative par commune. Enfin les communes, en liaison avec l'Agenda 21 issu du sommet de Rio en 1992, s'efforcent de promouvoir les transports en commun ou des opérations immobilières durables.

Un territoire varié, propice à l'occupation humaine

Le territoire de la France actuelle est peuplé depuis la préhistoire. Les populations qui s'y sont succédé ont tenté d'exploiter, avec plus ou moins de réussite, la combinaison de potentialités offertes par un territoire varié.

I. Un territoire ouvert

1. L'Hexagone

• L'espace français est situé **au cœur de la zone tempérée**, à égale distance du pôle et de l'équateur. Le méridien de Greenwich passe près de Paris ; le 45e parallèle (le milieu de l'hémisphère Nord) passe à Bordeaux.
• Sa surface (551 000 km^2) se répartit en une **forme compacte, quasi géométrique : un hexagone** (d'où le surnom qui est donné au pays). Aucun point du territoire n'est situé à plus de 600 km de la mer, ce qui favorise les **influences maritimes**. Les deux points les plus distants du territoire sont Brest et Menton, à un peu plus de 1 000 km l'un de l'autre.

2. Une situation stratégique

• L'Europe est à la pointe de l'Eurasie, la France à la pointe de l'Europe, en situation de ***finisterre***. La situation stratégique de la France a provoqué le **brassage des populations**, des coutumes, des langues, etc. De nos jours, les flux touristiques qui traversent la France allant du nord-ouest vers le sud témoignent de son **rôle toujours actuel de point de passage**.
• La France compte quatre façades maritimes : Méditerranée, Atlantique, Manche et mer du Nord. Ses **façades maritimes** lui assurent une grande ouverture sur le monde, bien que la France n'ait jamais été une grande puissance maritime. Enfin, son histoire lui garantit la permanence de **« confettis d'empire »** que sont aujourd'hui la **France d'outre-mer**.

II. Une grande variété de reliefs

• La France présente une **grande variété de reliefs**, des plaines les plus plates aux montagnes les plus élevées (comprenant notamment le point culminant du continent, le mont Blanc, à 4810 m). 61 % du territoire français sont situés au-dessous de 250 m d'altitude.
• Au nord et à l'ouest se trouvent les grands bassins sédimentaires : Bassin parisien, Bassin aquitain, une partie de la grande plaine du Nord, en Flandre. Ces étendues planes sont accompagnées de massifs montagneux aujourd'hui érodés (comme le Massif armoricain).
• Au sud et à l'est, la France des altitudes rassemble des montagnes moyennes (Massif central, Vosges, Jura) ou hautes (Pyrénées, Alpes) ponctuées par de profondes vallées ou des bassins d'effondrement (plaine du Languedoc, vallée du Rhône, plaine d'Alsace).
• Le relief ne présente pas de contraintes insurmontables, et ses ressources pédologiques (c'est-à-dire les qualités agronomiques du sol)

associées au climat tempéré représentent un **potentiel agricole de premier choix**. En revanche, le sous-sol a toujours été fort **pauvre en énergie et en matières premières**. Les **risques naturels** concernent essentiellement l'outre-mer (cyclones, volcanisme).

• La France est un **territoire très anciennement humanisé**. La pression exercée aujourd'hui sur le milieu par la croissance urbaine, périurbaine ou par l'agriculture productiviste a rendu nécessaires des politiques de **préservation de l'environnement**. Le *lobbying* environnemental va cependant jusqu'à empêcher l'exploration de nouvelles ressources, comme les **gaz et huiles de schiste**, qui pourraient réduire la dépendance énergétique de la France.

III. Un climat très favorable

1. Quatre saisons thermiques

• Le **climat tempéré** permet à la France d'éviter les excès climatiques : le climat connaît certes des irrégularités, comme la grande sécheresse de 1976, les tempêtes de décembre 1999 ou la canicule mortelle de l'été 2003, mais qui ne sont en rien comparables aux sécheresses du Sahel, aux inondations dans le delta du Gange ou aux cyclones de la Jamaïque. Seule la France d'outre-mer, notamment les Antilles, est confrontée à des risques climatiques sévères (cyclones).

• Les contrastes les plus réguliers et les plus repérables sont ceux des saisons : l'hiver est marqué (gel et neige possibles sur tout le territoire) mais sans excès (la température moyenne du mois le plus froid est au-dessus de 0° C). L'été est également prononcé, sans être torride (la température moyenne du mois le plus chaud est inférieure à 25° C). Le printemps et l'automne sont des saisons intermédiaires lors desquelles les précipitations sont fréquentes.

• La France métropolitaine est soumise à deux mécanismes climatiques essentiels : l'influence **océanique** de l'ouest, qui s'atténue vers l'intérieur du pays du fait de la **continentalité**, et l'influence **méditerranéenne** du sud.

• L'importance de ces influences varie suivant les saisons. Le territoire français est en effet la zone d'affrontement de quatre masses d'air :

– l'air polaire maritime, frais et humide, véhiculé par les dépressions d'Islande ;

– l'air polaire continental, froid et sec, véhiculé par l'anticyclone de Sibérie ;

– l'air tropical maritime, chaud et humide, véhiculé par l'anticyclone des Açores ;

– l'air tropical continental, chaud et sec, véhiculé par l'anticyclone saharien.

• La France constitue ainsi un « **raccourci de l'Europe** ». L'affrontement entre ces masses d'air est à l'origine des perturbations qui engendrent des précipitations relativement importantes.

2. Quatre climats bien marqués

Types de climats	Température minimum en °C	Température maximum en °C	Température moyenne en °C	Température minimum par mois en °C	Température maximum par mois en °C	Température totale en °C sur un an
méditerranéen	6,5	23,3	14,5	14,2	84	568,8
montagnard	-1	15,7	7,1	57	135	1 146
océanique	6,2	16,1	10,8	51,2	145,2	1 122,3
semi-continental	0,8	18,9	10	32,9	74,6	586,9

- Le climat **océanique** couvre la façade occidentale du pays. Les précipitations sont abondantes et régulières toute l'année, sans mois sec. Les températures sont peu différenciées (l'amplitude thermique est de 10° C) : l'été est relativement frais et l'hiver doux.
- Dans l'est du pays, les caractères continentaux commencent à s'affirmer (on ne peut pourtant pas parler de climat **continental**) : les précipitations faiblissent et se concentrent surtout en été, l'amplitude thermique est plus importante.
- Dans le sud du pays règne le climat **méditerranéen** : les températures sont plus élevées (en raison de la latitude, déjà méridionale, et de la présence de la Méditerranée), l'hiver est doux et l'été beaucoup plus chaud. Les précipitations sont très contrastées : à la sécheresse d'été succèdent les abondantes pluies d'automne.
- En **montagne**, ces zones climatiques sont moins marquées : l'altitude entraîne un abaissement des températures ; lorsque les montagnes sont bien exposées, les précipitations peuvent être très abondantes, parfois sous forme neigeuse.

La répartition de la population française

En 2023, la population française bat un nouveau record : **68 millions d'habitants** *(outre-mer inclus). Elle se classe au cinquième rang en Europe. Ce chiffre élevé dissimule pourtant des disparités notables dans la répartition. Quelles sont ces particularités françaises ?*

I. La répartition spatiale : des densités moyennes faibles

• Avec une densité moyenne de **115 habitants par km²** (hab./km²), la France se classe loin derrière les pays de sa catégorie : 523 hab./km² aux Pays-Bas, 386 en Belgique, 239 en Allemagne. Elle devance d'assez peu la moyenne du continent européen (environ 100 hab./km², Russie exclue).
• Cette **faiblesse relative des densités** a deux conséquences : le territoire français constitue une **réserve d'espace** (un atout), mais également une zone à gérer disproportionnée par rapport au nombre des hommes (un handicap).
• La répartition de la population française sur le territoire est extrêmement **contrastée** : 10 % des Français occupent 50 % du territoire (21 hab./km²), alors que **40 % de la population sont concentrés sur 1 % du territoire**, avec des densités dépassant les 20 000 hab./km² (à Paris). L'espace français est nettement polarisé sur les zones urbaines.

II. La France du plein

• La **France du plein** est constituée de zones urbaines ou périurbaines qui ont jadis profité de l'exode rural. Dans certains cas, notamment au sud, le facteur explicatif primordial réside dans le bilan migratoire.
• Les régions de fortes densités sont les suivantes :
– d'abord **les grandes villes et les périphéries rurales** telles que Paris et la région parisienne (20 % de la population française), Bordeaux, Lyon et parfois de véritables conurbations, comme Lille-Roubaix-Tourcoing. Les **aires urbaines** concentrent aujourd'hui l'essentiel de la population ;
– les **vieux bassins industriels**, comme les régions au nord et à l'est (département du Nord, Lorraine, Alsace) ;
– **certains littoraux**, par exemple l'Armor en Bretagne, la Côte d'Azur dans le Midi (ensembles urbains de Marseille-Toulon et Nice-Grasse-Cannes-Antibes) ;
– **certaines grandes vallées** telles que la vallée de la Seine, la vallée de la Garonne de Toulouse à Bordeaux, les vallées de la Saône et du Rhône (agglomération lyonnaise), la vallée du Rhin (agglomération strasbourgeoise), voire la vallée de la Loire (autrefois « jardin des rois de France ») ;
– la **France d'outre-mer**, en dehors de la Guyane et des terres Australes et Antarctiques françaises (TAAF), est un monde dense ; ainsi la densité est-elle de 248 hab./km² en Guadeloupe, de 334 à la Réunion, de 356 en Martinique, etc.

III. La France du vide

• La **France du vide** rassemble les zones du rural profond, vidées de leurs habitants à partir du XIXe siècle. Aujourd'hui, le réservoir rural est pratiquement tari. La structure par âges de la population y rend le **bilan naturel négatif**.

• Les **régions de faibles densités** sont :

– certaines **régions de montagne**, par exemple les Alpes du Sud, le Jura, les Vosges centrales, la montagne corse, les Pyrénées, le Massif central et le Morvan ;

– l'est du Bassin parisien tels les plateaux de Champagne et de Lorraine ;

– la plaine sableuse des Landes, aujourd'hui entièrement forestière (premier massif forestier d'Europe, Scandinavie exclue) ;

– les « **intérieurs** » comme l'intérieur breton (Arcoat contre Armor), la Normandie profonde, entre littoral et Loire.

• Rassemblant plusieurs de ces sous-ensembles, une **dépression démographique** prend la France en écharpe : c'est la « **diagonale du vide** ». La **polarisation de l'espace français** s'est accentuée entre 1982 et aujourd'hui ; les régions les moins densément peuplées voient ainsi leur population diminuer. Ce phénomène risque de se renforcer dans les années à venir, inaugurant une France duale : la France du plein et la France du vide. Cependant, les espaces ruraux les plus proches des aires urbaines, et qui leur sont bien reliés, tendent à présent à regagner des habitants par desserrement des zones urbanisées. Aussi **la France du plein a-t-elle tendance à se dilater dans l'espace**, alors que **la France du vide continue de se contracter**, à la fois sur le plan démographique et sur le plan spatial.

Les dynamiques de la population française

La population française n'est ni immobile ni figée : elle se déplace sur le territoire et évolue selon des mobilités et une démographie originales.

I. Les mobilités régionales

• Chaque année, 6 % des Français changent de domicile. Les **migrations intérieures** ont connu un certain bouleversement. Autrefois gagnantes, les régions du Nord et de l'Est ont aujourd'hui un bilan migratoire négatif : les vieux bassins industriels continuent, après la crise, de perdre des habitants, bien que ce mouvement de perte soit en net ralentissement depuis 1999. La région parisienne maintient ses positions depuis 1982 (seule la région Centre bénéficie de la décongestion parisienne).

• Les Français sont nettement plus attirés, en revanche, par les Midis (les « 3 S », le soleil, le sable et le ski), qui connaissent une forte croissance migratoire (installation de retraités et de jeunes actifs des industries de pointe notamment), suivis par l'Ouest et l'ensemble Alpes du Nord-Lyon. Les **régions du Sud et de l'Ouest** connaissent donc des dynamiques très positives, liées à l'**héliotropisme** (attirance pour les régions ensoleillées) et à l'**halieutropisme** (attirance pour les régions littorales) des populations. Les migrations interrégionales font donc apparaître des variations positives pour la Bretagne, le littoral atlantique, le Midi toulousain et le Midi méditerranéen.

II. De l'urbanisation à la rurbanisation

1. Un réseau urbain primatial

• Le réseau urbain français présente de fortes particularités, avec, tout d'abord, le **gigantisme parisien** : plus de 2 millions d'habitants à Paris, et presque 11 millions pour son agglomération. Les autres grandes villes ont souffert de cette hypertrophie parisienne : l'agglomération lyonnaise, troisième agglomération de France, ne dépasse guère 1,8 million d'habitants. Le réseau urbain français est dit **primatial** : la première ville écrase les autres.

• On distinguait autrefois une France urbaine et des grandes villes, à l'est d'une **ligne Le Havre-Marseille**, et une France rurale et des petites et moyennes villes. Cette image d'une France urbaine partagée en deux est aujourd'hui en grande partie inexacte.

• On peut également considérer la France comme un **vaste système urbain** : les villes polarisent l'espace et la population. Si certaines régions sont encore rurales, est-ce vraiment le cas de leur population ? Les **modes de vie urbains** ont pénétré la quasi-totalité de la société française et seule la population vivant dans le rural profond est encore authentiquement rurale. Combien de représente-t-elle ? On estime que **4,5 millions de personnes vivent dans les espaces français de faible densité, soit 6 % de la population totale.**

2. Le retour à la campagne ?

• Depuis la Seconde Guerre mondiale, l'urbanisation s'est nettement accentuée, au point de nécessiter la définition d'un nouveau type d'espace, les **aires urbaines**. Les citadins représentent plus de 80 % de la population totale. Depuis 1975 est apparu un phénomène nouveau : la croissance des agglomérations est devenue très lente (0,2 % par an seulement), alors que celle des communes rurales s'intensifie (1,1 % par an). S'agit-il d'un retour à la campagne ?

• Depuis 1975 la **périurbanisation**, également appelée **rurbanisation**, se développe. Les aires urbanisées s'étendent, bénéficiant à la fois du développement de la motorisation, de l'aspiration des ménages à la maison individuelle et de la présence de terrains peu onéreux tant pour les ménages que pour les entreprises industrielles et commerciales.

3. De nouvelles campagnes françaises

• Alors que les campagnes profondes voient leur population diminuer, la population continue de progresser dans les zones de rurbanisation. Les actifs n'hésitent pas à faire de 20 à 40 km, parfois plus, pour se rendre à leur travail. La recherche d'un cadre de vie meilleur paraît l'avoir emporté sur les autres considérations. Ces **campagnes rurbanisées** représentent aujourd'hui près de la moitié de l'espace rural.

• De nos jours, au-delà de la couronne périurbaine, les **zones rurales bien reliées aux aires urbaines** gagnent des habitants. En revanche, le **rural profond** s'enfonce dans la crise démographique.

III. Une démographie originale

• La **démographie française**, enfin, est particulièrement originale en Europe. La France métropolitaine (plus de 65 millions d'habitants) et les DROM (plus de 2 millions d'habitants) comptent **68 millions d'habitants** en 2023. C'est 20 millions de plus qu'en 1958 ! La France est aujourd'hui le seul grand pays de l'UE qui poursuit une croissance démographique relativement vigoureuse. La France devrait ainsi dépasser l'Allemagne d'ici au milieu du siècle. Comment l'expliquer ?

• Même si la France demeure un **pays d'immigration**, avec un solde migratoire positif d'environ 75 000 personnes par an, **le principal moteur de la croissance démographique est le solde naturel**, positif d'environ 280 000 personnes par an depuis 2000, avec un **taux de fécondité de 2,01 enfants** par femme : une situation presque unique en Europe. Les femmes françaises font ainsi presque 50 % d'enfants de plus que les femmes allemandes. La population continue certes de vieillir, mais nettement moins vite que les autres pays européens, Irlande exclue.

Les espaces de faible densité

La population est inégalement répartie sur le territoire français. Ainsi, la moitié du territoire métropolitain est occupée par moins de 30 habitants au km². Pour autant, ces territoires à densité faible sont loin d'être « vides ».

I. Des espaces de faible densité divers et variés

- Zones montagneuses (Massif central), grandes plaines agricoles, bas plateaux (Bourgogne)..., les territoires peu peuplés sont très différents les uns des autres. Ils ont pour point commun d'avoir une densité de population 4 fois inférieure à la moyenne française, qui est de 115 habitants par km². Ces « campagnes » se sont souvent vidées entre les années 1950 et 1980, lors de l'exode rural.
- Il y a trente ans, toutes les chaînes de montagnes connaissaient déjà une densité de population assez faible. Si les vallées furent toujours plus peuplées que les sommets, aujourd'hui certaines vallées « meurent ». Éloignée des services d'usages courants et des métropoles, la population connaît un vieillissement accéléré avec le départ des jeunes vers les villes. C'est le cas notamment des montagnes corses, des vallées alpines éloignées des stations touristiques ou des Pyrénées centrales et orientales.
- Les campagnes, elles, peuvent être divisées en trois types. Certaines sont reliées à des villes, un littoral ou des vallées urbanisées (littoral breton, vallée du Rhône...). D'autres connaissent une faible influence urbaine et mêlent activités agricoles et industrielles (Bourgogne, Beauce...). Enfin, d'autres sont considérées comme vieillissantes, tournées vers l'agriculture et parfois le tourisme (Corrèze, contreforts du Massif central...).

II. Dynamisme et difficultés

- Ces espaces faiblement peuplés ne connaissent pas tous le même dynamisme.
- Les territoires les mieux connectés aux aires urbaines ou situés à proximité sont plutôt attractifs. Les citadins vont chercher de meilleures conditions de vie dans ce rural périurbain, loin des nuisances de la ville ou de la cherté des loyers. La population est plutôt jeune. Leur situation économique est, elle-même, plutôt favorable, bien que parfois marquée par un chômage supérieur à la moyenne. Les habitants ont accès à de nombreux services et commerces.
- Les espaces de faible densité plus isolés, eux, sont en retrait. Éloignés des aires urbaines ou mal reliés à elles, ils attirent beaucoup moins. Leur population vieillit, diminue. Les services publics deviennent moins nombreux, renforçant les difficultés économiques et le manque d'attractivité de ces territoires.

III. Des espaces de faible densité pas seulement agricoles

- Les éléments naturels (bois, forêts, lacs...) occupent une place importante dans le paysage. Souvent, les espaces de faible densité voient dominer les activités agricoles dans leurs paysages. Les grandes plaines d'Île-de-France sont consacrées à une agriculture essentiellement intensive, caractérisée par de vastes parcelles céréalières. Dans les campagnes du Sud-Ouest ou les coteaux de l'Aude, l'agriculture a une autre place, marquée par les vignobles ou l'élevage. Le bocage normand, lui, se caractérise par des parcelles de tailles et de formes différentes, séparées par une végétation haute. Dans cette campagne normande, l'urbanisation est restreinte à des villes moyennes et un nombre important de petits bourgs.

- Les espaces ruraux ne se limitent pas à l'agriculture, et le tourisme leur donne parfois un nouvel essor. Le Lubéron, les Cévennes, victimes d'un exode rural important jusqu'aux années 1990, deviennent des territoires attractifs pour les touristes.

Enfin, l'industrie est aussi présente. Souvent associée à l'agriculture, on trouve la présence d'industries de transformation dans le secteur agroalimentaire, comme en Bretagne ou en Picardie.

- En montagne, les installations énergétiques (barrages, notamment) font vivre les populations de ces territoires. Les parcs nationaux y constituent aussi un enjeu central. Ainsi, le Parc national de la Vanoise (Alpes) tente de concilier protection de la nature et développement touristique.

Les nouvelles dynamiques du territoire français

Les contrastes territoriaux sont bien marqués en France. S'y expriment, en effet, des dynamiques spatiales qui accentuent les différences entre les types d'espaces.

I. Les facteurs de différenciation du territoire

- Quels sont les contrastes qui affectent le territoire ? Comment les expliquer ?
- **L'État** a longtemps joué seul un rôle d'aménageur du territoire, en vue d'un développement équilibré. L'État n'est plus aujourd'hui l'unique échelon d'aménagement : **l'Union européenne**, par ses politiques régionales, et les **collectivités territoriales**, dont les compétences ont été étendues par les lois de décentralisation, interviennent également sur les territoires. Cette multiplicité d'acteurs rend moins lisible l'évolution de l'espace.
- Mais le grand facteur de différenciation des territoires est aujourd'hui la **capacité d'adaptation à la mondialisation**. Les territoires qui ont su conserver ou créer suffisamment d'**avantages comparatifs** sont à même de se développer dans la compétition internationale. Dans un pays très développé comme la France, les territoires compétitifs sont ceux qui bénéficient d'**activités non délocalisables** (tourisme, agriculture moderne) ou à forte composante d'**innovation technologique** (industries *high tech*) ou de matière grise (services à haute valeur ajoutée).
- Le **tourisme**, par exemple, est clairement une activité non délocalisable, car liée au territoire : malgré les reproductions de Las Vegas, on ne visite la tour Eiffel qu'à Paris. De même, les **vignobles** de Bordeaux ou de Champagne peuvent être imités ailleurs, mais pas reproduits. Dans la compétition internationale, ces activités touristiques ou viticoles bénéficient de l'image de la France dans le monde, expression du **soft power français**. Il s'agit là d'une **rente de situation historique et territoriale héritée**, mais qu'il faut continuer à entretenir et à développer.

II. Les régions gagnantes

- Les **régions métropolitaines**, centrées sur une grande ville, parfois de niveau mondial (Paris), bénéficient d'avantages considérables : haut niveau de vie, haut niveau de formation de la main-d'œuvre, connexion au reste du monde. **Paris** est ainsi l'**une des villes mondiales** (souvent quatrième dans les classements, derrière New York, Londres et Tokyo), elle est bien reliée à l'**archipel mégalopolitain mondial** qui commande les activités mondialisées.
- Les **régions littorales** bénéficient des tendances **héliotropiques et halieutropiques** (attirance vers le soleil et la mer, donc le Midi, et vers les littoraux) des populations, elles offrent des capacités touristiques balnéaires, mais peuvent également tirer profit de la **littoralisation de l'économie**, qui privilégie les zones industrialo-portuaires par rapport aux espaces intérieurs, même si les ports français ne sont pas réputés pour leur compétitivité face à leurs voisins belges et surtout néerlandais (Rotterdam). Ainsi,

les espaces littoraux français connaissent une croissance démographique d'origine essentiellement migratoire, bénéficiant de ces atouts spatiaux.

- Les **espaces frontaliers** dans le Nord, en Lorraine, en Alsace, à la frontière suisse bénéficient de la proximité d'économies complémentaires, notamment celles de la **dorsale européenne ultradéveloppée** (Allemagne rhénane, Luxembourg, Suisse). Cette proximité favorise des flux importants de travailleurs frontaliers : par exemple, des ouvriers lorrains vont travailler au Luxembourg, bénéficiant de salaires plus élevés et d'une offre de travail plus importante. Les politiques transfrontalières de l'UE (programmes Interreg) favorisent d'ailleurs ces dynamiques transfrontalières. Se sont ainsi créées des dizaines d'**eurorégions**, dont plusieurs en France, telle la région métropolitaine trinationale européenne du Rhin supérieur

III. Les régions en crise

- Les **régions anciennement industrialisées** (Nord, Lorraine, bassins houillers du centre) ont vu disparaître leurs activités de première génération, dépassées par la concurrence mondiale sans que les politiques de reconversion aient pu faire autre chose que d'accompagner le déclin. Les régions les mieux connectées au reste de l'UE (métropole lilloise) ont cependant développé un nouveau dynamisme, bénéficiant partiellement des flux transfrontaliers déjà évoqués.
- Les **régions de la diagonale du vide** ainsi que les espaces du rural profond, des intérieurs ou de montagnes peu touristiques connaissent un déclin sévère, tant démographique qu'économique, dont témoignent les implantations de parcs naturels qui sanctuarisent un espace au nom d'impératifs écologiques d'autant mieux venus qu'on ne voit pas bien ce que l'on pourrait y faire d'autre.
- Les **espaces ultramarins** sont également en crise structurelle : trop loin de la France pour être compétitifs, trop isolés de leur environnement régional pour développer des complémentarités, trop petits pour constituer de véritables marchés intérieurs, ils survivent par les transferts financiers depuis la métropole : salaires des fonctionnaires, allocations sociales.

Les territoires ultramarins français : une problématique spécifique

L'outre-mer français est une partie intégrante du territoire national.

I. Les territoires d'outre-mer : des îles tropicales en majorité

• Les outre-mer sont les territoires français très éloignés du territoire métropolitain. Ils sont disséminés tout autour du globe. Ils présentent des caractéristiques différentes.
• Majoritairement, les territoires d'outre-mer sont composés d'îles ou archipels situés sous un climat tropical. Dans les Caraïbes se situent les îles de Martinique et de Guadeloupe. Dans l'océan Pacifique se trouvent la Polynésie française, Wallis-et-Futuna ou encore la Nouvelle-Calédonie. Enfin, l'île de la Réunion se localise dans l'océan Indien. Le tourisme occupe une part importante de leur PIB.
• La Guyane française, située sur le continent sud-américain, au nord du Brésil, est le seul territoire à ne pas être insulaire.
• L'archipel de Saint-Pierre-et-Miquelon, dans l'Atlantique nord, au large du Canada, compte environ 6 000 habitants. Jusque dans les années 1990, l'archipel vivait principalement de la pêche.
• Les Terres australes et antarctiques françaises, situées dans le sud de l'océan Indien et dans l'océan Austral, sont composées d'îlots inhabités au climat inhospitalier.

II. Des caractéristiques différentes du territoire métropolitain

• Les outre-mer français subissent des contraintes bien spécifiques. La majorité de ces territoires sont soumis aux risques liés au climat tropical, et notamment les tempêtes et cyclones qui balayent les îles de Guadeloupe, de Martinique ou de la Réunion.
• Autre risque naturel, spécifique à la Réunion, le volcanisme. Le volcan du piton de la Fournaise représente une menace réelle pour les habitants de l'île.
• Les différents territoires d'outre-mer peuvent bénéficier de statuts politiques locaux différents de ceux de la métropole. Certains sont des DROM (départements et Régions d'outre-mer) et la grande majorité des lois et des institutions y sont calquées sur celles de la métropole. D'autres possèdent un statut spécial, comme la Polynésie française ou la Nouvelle-Calédonie, et jouissent d'une certaine autonomie.
• Ces territoires subissent aussi l'éloignement par rapport au territoire métropolitain et aux centres d'impulsion de l'économie mondiale. L'outre-mer se distingue par une situation économique plus difficile, marquée par un taux de chômage élevé et une richesse produite (PIB) inférieure à la moyenne française. Ces difficultés expliquent les troubles sociaux que ces territoires connaissent de façon régulière.
• Malgré les contraintes et les difficultés, les territoires d'outre-mer sont souvent plus développés que leurs voisins géographiques, composés pour l'essentiel de pays du Sud. Les outre-mer bénéficient du soutien de la métropole et des fonds de l'Union européenne pour leur politique d'aménagement et de développement économique. Ils sont souvent donc des territoires attractifs au niveau local.

L'intégration du territoire national dans l'espace européen et mondial

L'intégration du territoire dans l'espace européen et mondial par les réseaux de transport – qui ont connu par ailleurs de profondes mutations dans les trente dernières années – renforce les contrastes territoriaux à l'échelle nationale.

I. D'un réseau national à un réseau intégré

- Le **réseau de transport français** est **historiquement centré sur Paris**, selon une **morphologie radioconcentrique**. Les liaisons Paris-province ont été privilégiées par des siècles de politique d'un État, monarchique puis républicain, centralisateur. Les liaisons transversales ont longtemps été délaissées. Ainsi, il était impossible d'aller rapidement de Bordeaux à Lyon sans passer par Paris. Le réseau autoroutier construit dans les années 60 et 70 n'a fait que renforcer cette étoile autour de la capitale. La première ligne TGV est ainsi le Paris-Lyon (TGV Sud-Est), ouverte dès 1981. Suivent le TGV Atlantique (Paris-Le Mans et Paris-Tours) en 1989 et le TGV Nord en 1993 (Paris-Lille).
- Mais l'intégration européenne introduit de nouvelles logiques et une nouvelle échelle. **Nouvelles logiques**, comme l'interconnexion des réseaux européens : une **Europe de la grande vitesse** voit progressivement le jour, avec par exemple le TGV Nord Thalys, qui relie Paris à Bruxelles et se raccorde à Amsterdam et à Ostende, aux Pays-Bas et en Belgique, à Essen et Duisbourg en Allemagne ; **nouvelle échelle**, comme les liaisons Europe du Nord-Europe du Sud sans passer par Paris : c'est son rôle de carrefour européen que la France renforce ainsi, par exemple avec **l'autoroute des estuaires**, vaste ensemble autoroutier reliant la Belgique à l'Espagne en un réseau continu, en passant par la Picardie, la Normandie, la Bretagne, la Vendée, l'Aquitaine, non loin des estuaires (Somme, Seine, Loire, Garonne). Dans le même ordre d'idées a été créée une nouvelle ligne permettant le raccordement des TGV Nord, TGV Sud-Est, puis TGV Atlantique à l'est de Paris, mais sans entrer dans la capitale, dite « **interconnexion est** ».

II. Les nouveaux réseaux transeuropéens

- L'UE participe à la création de ces **nouveaux réseaux transeuropéens**, cofinancés par les parties prenantes, par des programmes d'aide spécifiques. Parmi les nouveaux aménagements, le **tunnel sous la Manche**, en service depuis 1994, est l'exemple le plus abouti – car il met fin à une insularité historique – de l'intégration européenne. Le tunnel raccorde la ligne TGV Nord Europe (Paris-Lille) à la nouvelle LGV (ligne à grande vitesse) britannique High Speed 1 (la première LGV du Royaume-Uni, ouverte entre 2003 et 2007), reliant Londres à Paris en 2 heures 15 et Londres à Bruxelles en 1 heure 50. De la même manière, le tunnel, qui est également routier (par navettes, le Shuttle) raccorde le réseau autoroutier britannique (la M20 vers Londres notamment) aux réseaux autoroutiers français, puis belge, néerlandais, allemand, sans discontinuité.

• D'autres aménagements sont en cours d'étude ou de réalisation, témoins d'une intégration en marche. Par exemple :
– la LGV Lyon-Turin à travers les Alpes (projet **Alpes Europe**) ;
– le **raccordement du TGV Est vers Strasbourg au réseau ICE allemand**, vers Mannheim, et suisse, vers Bâle ;
– le **triangle LGV de Dijon**, dont la branche est rejoint Strasbourg, la Suisse, l'Allemagne ;
– la **LGV Sud Europe Méditerranée** (de Nîmes et Montpellier vers l'Espagne) et **Sud Europe Atlantique** (de Bordeaux vers l'Espagne) ;
– les **corridors de fret européens**, dont deux concernent la France, à savoir celui d'Anvers-Bâle-Lyon sur 1 840 km et celui de Valence à Budapest en passant par Lyon et Ljubljana, long de 3 000 km.

III. Les effets spatiaux de l'intégration européenne et mondiale

• Le territoire français tire un grand **bénéfice de cette intégration européenne** des transports, déjà réalisée pour le réseau autoroutier et en cours de réalisation pour le réseau TGV. Ainsi, Paris, Lyon et plus récemment Lille ont renforcé (ou développé) leur rôle de **carrefour européen**. Cette intégration fonctionne également pour le réseau portuaire, Le Havre faisant partie des destinations du hub de Rotterdam, Marseille-Fos du hub de Malte, ou pour le réseau aéroportuaire, à l'échelle européenne et mondiale, avec le hub de Roissy interconnecté au hub de Schiphol, aux Pays-Bas.
• Cependant, les nouveaux réseaux à grande vitesse génèrent aussi des **effets spatiaux négatifs**, comme l'**effet tunnel** : les espaces distants d'un point d'accès au réseau deviennent plus isolés. Les espaces proches d'un échangeur autoroutier ou d'une gare TGV sont connectés aux réseaux à grande vitesse et bénéficient d'avantages substantiels. Mais les espaces situés entre deux échangeurs autoroutiers ou gares TGV voient passer des flux qui traversent leur région sans s'y arrêter : bien que situés près d'un réseau à grande vitesse, ces espaces sont marginalisés par leur absence de connexion.
• Pour tenter de réduire ces effets spatiaux négatifs, les pouvoirs publics adoptent parfois une **politique volontariste** en implantant une gare TGV au milieu de nulle part, ce qui permet à un trafic local de s'y agglomérer, sans que la rentabilité d'un tel équipement soit garantie. C'est le cas de la **gare TGV Haute-Picardie**, dite « gare des betteraves », à mi-chemin entre Amiens et Saint-Quentin : Lille a en effet été privilégiée pour la ligne TGV Nord Europe, alors qu'Amiens aurait raccourci le trajet vers Londres via le tunnel sous la Manche. Mais cette gare de compensation ne correspond pas à un trafic réel suffisant pour assurer sa rentabilité.

La construction européenne

Au début des années 2000, avec la fin du monde soviétique, une période riche d'opportunités s'ouvre pour l'Union européenne. Son pouvoir d'attraction sur l'Europe orientale est manifeste, ouvrant la voie à de futurs élargissements. Parallèlement, l'approfondissement progressif des compétences de l'Union est en cours de préparation. Néanmoins, le Brexit en 2020 pose la question de ses évolutions à venir.

I. L'Union européenne : élargissements et approfondissements

- Avec l'entrée en application du **traité de Maastricht** (1992), la CEE – devenue Union européenne (UE) – progresse vers un **approfondissement des compétences communautaires**, au détriment de celles des États. L'euro est en place depuis 2002 : d'abord constituée de onze pays membres, la zone euro en rassemble aujourd'hui dix-sept, profitant des différents élargissements des années 2000. Certaines compétences des États membres sont assumées par des institutions communautaires (Parlement, Conseil de l'Union, Commission) et une coopération judiciaire et policière est mise en place.
- Dès **1995**, à la faveur de la chute du mur de Berlin et de l'effondrement de l'URSS, des pays d'Europe centrale ou septentrionale, autrefois trop proches du bloc de l'Est pour se départir d'une certaine neutralité, entrent dans l'UE : c'est le cas de l'Autriche, de la Suède et de la Finlande. En **2004**, c'est le **grand élargissement** : huit pays d'Europe orientale autrefois satellites de l'URSS (République tchèque, Slovaquie, Hongrie, Pologne, Slovénie, qui appartenait à la Yougoslavie) ou même Républiques soviétiques (Estonie, Lettonie, Lituanie) ainsi que deux petits États méditerranéens (Chypre et Malte) entrent dans l'UE. Le centre de gravité de l'Union se déplace donc vers l'Est. L'Allemagne, jadis coupée en deux, voisine du bloc de l'Est, se retrouve en position centrale. L'adhésion en **2007** de deux autres pays d'Europe orientale ex-satellites de l'URSS, la Bulgarie et la Roumanie, renforce encore cette **composante centrale de l'Allemagne réunifiée**. Enfin, la Croatie, ancienne République yougoslave, adhère à l'UE en **2013**. **Les processus d'élargissement sont donc toujours actifs.**

II. Les difficiles progrès de la gouvernabilité de l'UE

- Les élargissements posent la **question de la gouvernabilité de l'UE**. Ce qui était jadis aisé à six pays d'Europe de l'Ouest relativement proches est devenu très délicat à 25, a fortiori à 27 ou à 28 ! Aussi cherche-t-on à donner du corps à l'UE, à la doter d'institutions plus à même de manœuvrer.
- En juin 2003, un **projet de Constitution** est ainsi présenté. Il prévoit de nombreux changements institutionnels :

– l'élection du **président du Conseil européen** tous les deux ans et demi par les chefs des États de l'UE qui remplacera la présidence tournante d'une durée de six mois ;

– la nomination d'un **ministre des Affaires étrangères**, chargé de mener la politique extérieure de l'UE et de coordonner l'action des États membres dans le domaine de la défense ;

– le **renforcement du Parlement**, qui partagera alors le pouvoir législatif avec le Conseil et vote le budget ;
– la **mise en place d'une commission réduite** à 18 membres chargée de mettre en œuvre la politique de l'Union ;
– le remplacement de la règle de l'unanimité par celle de la **majorité qualifiée** pour de nombreuses décisions communautaires.

• En ce qui concerne la **Constitution**, un long chemin reste à parcourir. La future Constitution n'entrera en vigueur qu'après avoir été ratifiée par les États membres. Or, le 29 mai 2005, si neuf États avaient déjà approuvé le texte proposé, **55 % des Français et 61 % des Néerlandais l'ont rejeté par référendum, ce qui a suffi à enterrer le projet**. Le **traité de Lisbonne de 2007,** entré en vigueur en 2009, réintroduit une partie des réformes projetées et rejetées :
– renforcement de **l'indépendance du président de la Commission européenne** envers les États ;
– création d'un **Haut Représentant de l'Union pour les Affaires étrangères** et la Politique de sécurité ; chargé de la politique européenne de sécurité et de défense, il est élu à la majorité qualifiée par le Conseil de l'Union européenne ;
– le **président du Conseil européen** (c'est-à-dire le sommet des chefs d'État et de gouvernement) est désormais élu à la majorité qualifiée, il assure la représentation extérieure de l'Union.

III. L'Union européenne : une union à problèmes

• L'Union européenne a récemment connu un élargissement en passant à 27 membres en 2007 puis à 28 en 2013 (avec le Brexit, c'est-à-dire la sortie du Royaume-Uni de l'Union, celle-ci compte 27 membres depuis 2020). L'agrandissement pose des problèmes : la **mise à niveau économique des nouveaux membres** est difficile et les populations des pays fondateurs craignent d'avoir à en payer le prix économique et social (délocalisations ou abaissement de leurs droits acquis).

• Dans le domaine de la politique étrangère, la mise en place d'une politique commune s'appuyant sur une organisation de défense à l'échelle de l'Europe est difficile à mettre en œuvre. Les intérêts et les traditions diplomatiques des pays sont encore trop différents. L'intervention américaine en Irak, en 2003, a ainsi montré les profonds désaccords entre les pays membres, la France et l'Allemagne s'y opposant, alors que la Grande-Bretagne, l'Italie, l'Espagne, la Pologne acceptaient d'y participer.

• En fait, **la construction européenne est inachevée** et connaît des fragilités capables de la remettre en cause.

• **Fragilité institutionnelle** : l'UE est une **union à géométrie variable** ; ainsi, la zone euro ne compte que 20 membres sur 28.

• **Fragilité démocratique** : l'UE souffre d'un déficit d'adhésion, car, en dehors du Parlement, aucune institution n'est élue par le peuple ; l'euroscepticisme gagne du terrain, dénonçant la bureaucratie des « eurocrates ». Les peuples d'Europe peinent à comprendre exactement le fonctionnement d'institutions très complexes, qui appliquent des traités incompréhensibles au plus grand nombre.

• **Fragilité financière, enfin** : la **crise de la dette souveraine** européenne met les solidarités à rude épreuve et démontre que les finances publiques ne sont pas sur une trajectoire viable.

Une mosaïque naturelle et culturelle

L'Europe est un petit continent. Sa taille ne l'empêche pas de présenter une diversité extrême, tant sur le plan de la nature qu'en matière culturelle. Quels sont les éléments de cette mosaïque européenne ?

I. Une mosaïque naturelle

1. Europe ouverte, Europe fermée

• Le relief européen laisse apparaître une **Europe fermée**, au nord et au sud, et une **Europe plus ouverte**, au centre, des bassins français à la plaine russe.

• Au nord et au sud de l'Europe se trouvent des montagnes, parfois anciennes, comme le Massif central ou les Vosges, parfois récentes et beaucoup plus élevées (jusqu'à 4 807 m au mont Blanc), comme les Alpes ou les Pyrénées. Dans cette partie de l'Europe, les communications n'ont jamais été impossibles, mais toujours plus difficiles que dans l'Europe ouverte.

• Cette dernière s'étend entre les deux zones précédentes. Elle est constituée de **larges bassins** (Bassins aquitain, parisien, bassin de Londres) et de **vastes plaines** (plaine germano-polonaise, plaine d'Ukraine, plaine russe) qui s'étendent jusqu'à l'Oural. Les liaisons y sont faciles : c'est la grande route des invasions, des Germains, des Huns, des Hongrois, des armées de Napoléon et de celles de Hitler.

2. Les mécanismes d'une zone climatique privilégiée

• **Le climat européen dépend d'abord de la latitude** : les températures sont d'autant plus élevées qu'on se rapproche du tropique, vers le sud, et d'autant plus basses qu'on se rapproche du cercle polaire, vers le nord.

• Aux latitudes tempérées, **les vents dominants viennent de l'ouest**, c'est-à-dire de l'océan Atlantique, et se dirigent vers l'est (l'intérieur du continent), apportant **des précipitations importantes et régulières**.

• À ces caractéristiques générales s'ajoutent quelques particularités : le **relief** fait parfois **obstacle** à ces précipitations (notamment les Alpes scandinaves, où l'influence de l'océan ne joue que sur le versant occidental). Le **caractère très découpé des côtes européennes**, avec une multitude de golfes, de baies et de mers intérieures, renforce la douceur des climats européens, moins chauds en été, moins froids en hiver que ceux des autres continents. De plus, un courant chaud, la **dérive nord-atlantique**, apporte une douceur supplémentaire. Elle a favorisé l'extension des activités humaines au nord (plus que sur n'importe quel autre continent) : Oslo, capitale de la Norvège, est établi à la même latitude que la pointe sud du Groenland. Enfin, la présence d'une **mer méridionale fermée**, la **Méditerranée** (« la mer au milieu des terres ») garantit à l'Europe du Sud un hiver très clément : les Napolitains prennent, certaines années, des bains de Noël quand les New-Yorkais patinent par – 20 °C (alors que les deux villes sont à la même latitude, environ 41° nord).

• Certaines régions échappent cependant à ce schéma général : dans les **zones de montagne**, l'altitude entraîne une baisse des températures (de l'ordre de 0,6 °C tous les 100 m dans les Alpes, par exemple) et, parfois, une hausse des précipitations. La végétation s'adapte au froid progressif grâce à un **étagement.**

3. Trois domaines climatiques

• Le **climat océanique** se localise sur toutes les côtes occidentales. Il se caractérise par une très faible amplitude thermique (8 °C à Valencia, 11,6 °C à Brest), car la présence de l'océan atténue la chaleur estivale et le froid hivernal. Le temps est instable, les précipitations abondantes et régulières.
• À partir de Berlin commence le **climat continental**. Les influences océaniques disparaissent, celles du continent asiatique se font nettement sentir : l'amplitude thermique augmente fortement. En hiver, la neige n'est pas très abondante, mais le sol et les cours d'eau sont gelés. Au printemps, le dégel rend la circulation difficile (débâcle, boue). Les précipitations ne sont pas très abondantes (500 mm) et tombent surtout en été.
• Loin de ces extrêmes se trouve le **climat méditerranéen**. Localisé, comme son nom l'indique, autour de la Méditerranée, il s'agit d'un climat contrasté : l'hiver est doux (8,4 °C à Nice), mais les nuits sont parfois glaciales. L'été est chaud, parfois étouffant (27 °C en juillet à Athènes) et surtout très sec (6 mm à Alicante en juillet). En automne et en hiver, les précipitations sont abondantes et d'une extrême violence, provoquant des inondations, parfois catastrophiques (Nîmes, Vaison-la-Romaine).

II. Une mosaïque culturelle

1. Une très grande diversité

• De nombreux vestiges préhistoriques attestent que l'Europe, avec l'Afrique orientale et l'Extrême-Orient, est l'un des plus anciens foyers de peuplement de la planète. C'est un continent très **anciennement humanisé**, qui a connu de **nombreuses migrations** : Indo-Européens (Grecs puis Latins), Celtes, Germains, Slaves, etc. L'Europe a constitué une sorte de **carrefour des civilisations**.
• La diversité européenne est aussi **religieuse**. Le **catholicisme** est ancré à l'ouest, au centre et au sud du continent ; le **protestantisme** en Europe du Nord ; la religion **orthodoxe** à l'est et au sud-est ; l'**islam** s'est historiquement implanté en Albanie et en Bosnie, ainsi que, plus récemment, en France et en Allemagne, *via* des populations récemment immigrées ; il faut également mentionner le **judaïsme**, présent dans les pays de l'Europe de l'Ouest et longtemps implanté dans les pays d'Europe centrale, mais qui y a vu ses effectifs dramatiquement réduits par la Shoah.
• Les **différences linguistiques** sont aussi importantes et rendent souvent compte des différences nationales. L'Europe comprend la plus forte densité d'États différents : c'est sans doute le continent où les nations se sont le plus battues entre elles, depuis le plus lointain passé (guerres entre tribus gauloises, par exemple) jusqu'aux récentes guerres en ex-Yougoslavie, en Bosnie, au Kosovo.

2. Des facteurs d'unité

• L'Europe présente également des **facteurs d'unité**. Deux exemples : les principales religions européennes sont finalement toutes des **religions chrétiennes** ; les langues sont pour la plupart des **langues indo-européennes**, avec des alphabets dérivés du grec ou du latin.

• Les populations européennes partagent des **héritages historiques communs**, souvent encore présents aujourd'hui dans l'architecture, tel l'art gothique.
• Enfin, les Européens, depuis la chute du mur de Berlin en 1989, partagent globalement un certain nombre de **valeurs morales et politiques** : la liberté, les droits de l'homme, la démocratie, etc., qui font, du reste, partie des conditions requises pour être admis dans l'Union européenne.

3. Vers l'unité du continent ?

• La fin de la Seconde Guerre mondiale a marqué un tournant dans l'histoire de l'Europe. Certains pays ont jugé qu'il était temps de construire une paix durable. Le 25 mars 1957, par la signature du traité de Rome, six pays d'Europe occidentale formaient un marché commun. En 1963, la **réconciliation entre la France et l'Allemagne** était scellée par **le général de Gaulle et par le chancelier Adenauer**. Depuis, neuf pays se sont joints aux fondateurs.
• Cette Communauté économique européenne (CEE), devenue Union européenne (UE) en 1993, ne comprenait à l'origine que des pays d'Europe occidentale. En 1989-1991, les **pays d'Europe de l'Est** se sont libérés de la tutelle soviétique, les frontières se sont ouvertes. Parmi eux, nombreux sont ceux qui ont rejoint ou l'Union Européenne, en 2004 (Estonie, Lettonie, Lituanie, Pologne, République tchèque, Slovaquie, Hongrie, Slovénie), en 2007 (Roumanie, Bulgarie) ou en 2013 (Croatie).

Les inégalités de développement en Europe

L'UE est marquée par une grande diversité : d'États, de langues, de cultures, de religions. Les élargissements ont contribué à accroître les disparités, alors que les six pays de 1957 étaient relativement proches les uns des autres.

I. Europe de l'Ouest, Europe de l'Est

1. À l'échelle continentale

- Si l'on observe l'indice de développement humain (IDH) en Europe, on remarque que l'Ouest européen jouit d'IDH nettement plus élevés ; la **ligne de partage** se situe entre la Finlande et la Russie, entre l'Allemagne et la Pologne, entre l'Italie et la Slovénie.
- **À l'ouest** figurent certains des **États les plus développés de la planète** : la France (au 28e rang mondial sur 191, avec un indice de 0,903), les Pays-Bas (10e avec 0,941) et, en tête du classement, la Norvège (2e avec 0,951). L'État le plus mal classé de cette Europe occidentale au sens large est le Portugal (38e avec 0,866).
- **À l'est** de cette ligne, le premier pays est la Slovénie (24e avec 0,918). La République tchèque est 32e (0,889), la Slovaquie 45e (0,848). Les plus mal classés sont hors de l'UE : l'Albanie (67e avec 0,796), l'Ukraine (77e avec 0,773) et la Moldavie (81e avec 0,767). Plusieurs États, souvent proches de l'Europe de l'Ouest (Slovénie, République tchèque, Slovaquie, Pologne, etc.), ont vu leur **IDH progresser sensiblement** ces dernières années, notamment en raison de leur intégration à l'UE.

2. À l'échelle régionale

- Si l'on analyse les inégalités de développement à l'échelle régionale, on s'aperçoit que chaque ensemble possède ses caractéristiques propres.
- **L'Europe de l'Ouest**, en dépit de son homogénéité fondamentale, se décompose en plusieurs sous-ensembles : **l'Europe scandinave**, puis **l'Europe du Nord-Ouest**, suivie, plus loin, d'une **Europe plus périphérique**, de l'Irlande à la Grèce. La récente crise de la dette souveraine et la récession économique qu'elle entraîne chez les PIGS (Portugal, Irlande et Italie, Grèce, Espagne ; nom insultant – *pigs* signifie « cochons » en anglais – inventé par les marchés financiers pour regrouper ces États en grande difficulté) tendent à accroître ces disparités.
- En **Europe de l'Est**, les différences sont plus significatives. Un **double gradient** peut être repéré : l'un va des régions les **plus industrielles** à l'ouest, vers les **plus rurales** à l'est ; l'autre va des cultures les **plus proches de l'Occident** vers des pays longtemps marqués, par exemple, par **l'empreinte de la domination** ottomane (Balkans) ou de l'Empire russe. Une première couronne, la plus occidentale, comprend la République tchèque, la Slovaquie, la Pologne, la Slovénie et la Hongrie, mais aussi les États baltes et la Croatie : tous des pays intégrés dans l'UE. Une deuxième couronne regroupe les pays de l'ex-URSS, ceux de l'ex-Yougoslavie et l'Albanie hors UE.

II. Centre et périphéries

1. La mégalopole centre-européenne

• Au cœur de l'Europe se trouve une zone de fort développement, centrée sur la vallée du Rhin, mais qui la déborde largement. Cette zone, la **mégalopole centre-européenne**, s'étend du bassin de Londres à la plaine du Pô en Italie du Nord en passant par le Benelux, l'Allemagne rhénane et la Suisse (certains y rattachent la région parisienne).
• Cette région est très densément peuplée. Les villes sont à la fois nombreuses et proches les unes des autres. Les plus dynamiques d'Europe s'y trouvent rassemblées : Londres, Bruxelles, Amsterdam, Francfort, Munich, Zurich, Milan, Turin, etc. Cette mégalopole, ou **dorsale européenne**, est parfaitement intégrée à l'**archipel mégalopolitain mondial**.
• Les réseaux de communications y sont très développés : des **liaisons autoroutières** relient toutes ces métropoles entre elles, complétées aujourd'hui par des **lignes ferroviaires à grande vitesse interconnectées**.
• Les activités industrielles ont beaucoup évolué depuis la crise des années 70. Les reconversions ont été rapides, pour la plupart, et de nombreuses **industries de haute technologie** se trouvent localisées dans la mégalopole centre-européenne. Cette dernière assure les **fonctions de commandement** de l'essentiel de l'économie européenne dans le cadre de la mondialisation.

2. Différents types de périphéries

• La **première périphérie**, immédiatement jointive à la mégalopole centre-européenne, lui est **fortement intégrée** : les Länder orientaux de l'Allemagne, l'Italie centrale, le Bassin parisien, le Nord et l'Est français, les Midlands britanniques. Les investissements sont souvent originaires de la mégalopole centre-européenne ou de la région parisienne.
• La **deuxième périphérie** est formée de régions dont **le retard est plus important**, les populations peu denses, les villes encore moins nombreuses. Une part de cette zone constitue une réserve (espace de loisirs et de villégiature) : du Grand Nord scandinave, auquel il faut rattacher l'Islande, en passant par l'Écosse, l'Irlande, l'Espagne centrale, l'Italie du Sud et la Grèce. Les pays appartenant à l'Union européenne bénéficient d'aides au développement importantes de la part du FEDER (Fond européen pour le développement régional).
• La **troisième périphérie**, au sort beaucoup plus incertain, rassemble les pays de l'ex-URSS, dont le développement est plus chaotique, où les investissements sont plus hasardeux, les mafias plus puissantes, les densités moindres, les populations moins instruites ou la guerre plus présente (Caucase, Balkans). Une partie de cette périphérie, aujourd'hui intégrée dans l'UE, connaît des avancées significatives : Slovénie, Croatie ; Bulgarie, Roumanie ; États baltes surtout.

III. Anciens et modernes

1. La reconversion des régions anciennement industrialisées

• Au sein de l'UE, on peut également distinguer les **régions anciennement industrialisées** (qui ont souffert de la crise des années 70) et certaines **zones à fort potentiel de développement** (dont les capacités industrielles sont aujourd'hui maximales dans le domaine des hautes technologies).

- Certaines des régions anciennement industrialisées font partie de la mégalopole centre-européenne (bassin houiller de la Ruhr en Allemagne rhénane), d'autres appartiennent aux périphéries intégrées (pays noirs anglais des Midlands, Nord et Est français, Silésie allemande et polonaise, Pays basque espagnol). Leurs **activités traditionnelles** ont connu la crise dès les années 50 : extraction houillère, sidérurgie, chantiers navals, chimie de base, textile ont souffert de la concurrence internationale.
- Le déclin de ces activités a entraîné une hausse du chômage d'autan plus importante (de 20 à 35 %) que ces régions n'ont souvent développé que ce type d'activités. Des zones entières ont été sinistrées et livrées aux **friches industrielles**. Le solde migratoire est devenu par endroits fortement déficitaire.
- Depuis une vingtaine d'années, cependant, la **reconversion** a progressé. Les sites non rentables ont été fermés, les paysages ont été réaménagés : certains terrils, dont la fonction était de stocker les déchets miniers après extraction du charbon, sont même transformés en piste de ski synthétiques ! Les vieilles usines sont rasées, certaines sont transformées en musées industriels, d'autres reconverties en logements collectifs. Cependant, en dehors de la mégalopole centre-européenne, privilégiée à cet égard, peu d'industries de pointe se sont implantées.

2. Les régions atlantiques et méridionales de haute technologie

- Dans les régions atlantiques et méridionales de l'Europe, **l'absence de gisements énergétiques** (comme le charbon) n'a pas permis le développement des activités qui sont entrées en crise à partir des années 50. La population y est cependant généralement plus diplômée, le cadre naturel agréable, le solde migratoire positif.
- Ainsi s'est progressivement constituée une **zone de développement atlantique et méridionale** en Europe. Le phénomène est très marqué aussi bien **à l'échelle du continent** (un arc de **développement atlantique**, du Silicon Glen en Écosse à l'Ouest français en passant par l'Irlande, et un axe de **développement méditerranéen**, de la Catalogne au golfe de Gênes en passant par le Midi français) qu'**à l'échelle des États** : le Grand Sud anglais, la Bavière et le pays de Bade en Allemagne ou le Midi français se sont beaucoup développés.

On trouve ainsi, par exemple, l'informatique en Irlande et en Écosse, la construction aéronautique à Toulouse, le complexe technologique de Sophia-Antipolis dans l'arrière-pays niçois, le laboratoire de recherche IBM à Montpellier, etc.

- L'UE reste donc marquée par **des disparités régionales qui définissent trois sous-ensembles** : **l'Europe du Nord-Ouest**, à forte densité et fort PIB par habitant, plus dynamique, qui comprend la dorsale européenne (ou mégalopole centre-européenne) ; **l'Europe méditerranéenne,** en dépression démographique et économique en raison de son endettement catastrophique (PIGS) ; **l'Europe Orientale,** en phase de convergence, qui bénéficie des aides communautaires et des délocalisations compétitives venues des autres pays membres.

La France dans le monde

La France se classe au 23e rang mondial pour la population (1 % de la population de la planète) et au 49e rang pour la superficie (0,4 % des terres émergées). Sa place dans le monde est pourtant bien meilleure que ne le laisse penser la lecture de ces chiffres. Comment se caractérise cette puissance ? Quels sont les outils de la politique internationale française ?

I. L'outre-mer et la puissance de la France

• Après la décolonisation, la France ne possède plus que des **« confettis d'empire » : les possessions d'outre-mer**. On distingue, de façon parfois un peu complexe :
– des départements et régions d'outre-mer (**DROM), à savoir Guadeloupe, Martinique, Guyane, Réunion, Mayotte**) ;
– des collectivités d'outre-mer (**COM**), tels Saint-Pierre-et-Miquelon (qui garde dans l'usage courant l'appellation de « collectivité territoriale de la République française »), Saint-Barthélemy (COM depuis le 15 juillet 2007), de même que Saint-Martin, Wallis-et-Futuna (qui garde dans l'usage courant l'appellation de « territoire d'outre-mer ») ;
– des pays d'outre-mer (**POM**), comme la Polynésie française ;
– enfin, certains territoires sont **sous statut spécifique**. C'est le cas de la Nouvelle-Calédonie, territoire à souveraineté partagée ; des terres Australes et Antarctiques françaises (TAAF), territoires d'outre-mer à statut particulier ; de Clipperton, îlot au large du Mexique, qui appartient au domaine privé de l'État.

• Les possessions d'outre-mer subissent de **fortes contraintes naturelles** (climat, cyclones, volcanisme, voire tremblements de terre). Leur démographie est sensiblement différente de celle de la métropole, avec une **fécondité plus élevée** ; la population y est plus jeune, moins qualifiée. Les **taux de chômage** sont donc souvent **très forts**, nettement plus qu'en métropole.

• Leurs économies souffrent de leur **éloignement de la métropole** et de leur **isolement régional**. L'industrie s'est peu développée, pénalisée par l'étroitesse des marchés locaux et la fréquente absence de ressources naturelles, à quelques exceptions près, comme le nickel en Nouvelle-Calédonie. Son agriculture spécialisée (bananes, vanille) est en position de faiblesse face à la concurrence mondiale en raison de ses coûts de main-d'œuvre trop élevés. Seuls les services ou les administrations, subventionnés par la métropole, et le tourisme constituent des activités génératrices d'emploi. La fonction publique y est donc surreprésentée.

• Son outre-mer offre cependant à la France une **zone économique exclusive** de près de 11 millions de km^2, la 2e au monde (pêche, forages offshore). L'outre-mer lui permet également d'être **présente sur tous les continents et sur tous les océans** et offre un cadre idéal pour les essais nucléaires (à Mururoa, aujourd'hui stoppés) et les activités spatiales (base de Kourou en Guyane, proche de l'équateur).

II. Un hard power *sur la sellette*

- La France joue un rôle politique encore important, quoique en déclin, sur la scène internationale. Elle dispose d'un **siège permanent avec droit de veto** au Conseil de sécurité de l'ONU. Les réfugiés politiques font de la France une destination préférentielle, en raison de ses valeurs (droits de l'homme). Toutefois, les privilèges des membres permanents du Conseil de sécurité, hérités de la Seconde Guerre mondiale, sont de plus en plus remis en cause par les puissances vaincues en 1945 (Allemagne, Japon) et surtout par les pays émergents encore non représentés (Brésil, Inde, Afrique du Sud). Il ne fait donc guère de doute que le système international post-1945 devra tôt ou tard être réformé, dissolvant de ce fait l'influence française.
- Sa **puissance militaire** lui permet encore de conserver cette influence sur les affaires mondiales. Forte de l'**arme nucléaire** et de nombreuses bases militaires, en outre-mer ou dans des pays amis (Abu Dhabi), l'armée française est **présente sur l'ensemble des continents et des océans**. Après avoir quitté le commandement militaire intégré de l'OTAN en 1966, la France y est revenue en 2007. Son **armement** est **à la pointe de la technologie** (missiles intelligents, satellites, avions de combat multirôle Rafale, etc.). Mais son **budget militaire en chute libre**, alors que toutes les grandes puissances mondiales augmentent le leur, ne lui permet plus d'intervenir simultanément sur différents théâtres d'opérations et la rend **dépendante de l'allié américain** pour sa logistique, comme l'a montré l'intervention en Libye en 2011. Et la France accumule du retard dans certains secteurs pourtant vitaux (drones de combat, par exemple).

III. Un soft power *encore mondial*

- La **langue française** est parlée par 320 millions de personnes, 5e langue au monde, servie par le réseau de l'Alliance française. Les pays francophones sont regroupés dans **l'Organisation internationale de la francophonie**. Certains **médias français** ont une audience mondiale : Radio France Internationale ou France 24.
- Les **transnationales françaises** sont présentes à travers le monde et la France compte 2 millions d'expatriés. Elle demeure une **référence mondiale** dans le luxe, la mode, la gastronomie, voire le cinéma. Cette **richesse culturelle** se traduit par une activité touristique de 1er rang mondial, avec 77 millions de visiteurs par an.
- Le fait que **Paris, ville mondiale**, soit un pôle culturel actif (musées, spectacles, expositions) contribue au rayonnement du pays, tout comme les manifestations ou les festivals (festival du cinéma de Cannes, festival d'Avignon pour le théâtre, etc.).

L'Union européenne : un pôle majeur de l'économie mondiale

L'Union européenne est l'un des trois pôles de la Triade, qui regroupe les régions économiques les plus puissantes au monde. Depuis son élargissement à 28 États (puis à 27 suite au Brexit), son PIB (produit intérieur brut) est de 16 640 milliards de dollars, pas loin derrière les États-Unis (25 464) et la Chine (18 100). L'UE représente donc un peu plus du quart (26 %) de la richesse mondiale ! Quelles sont les manifestations de la puissance économique européenne ?

I. Une grande puissance commerciale

1. Le poids de l'Union européenne dans le commerce mondial

• L'Union européenne (UE) joue un rôle prépondérant dans les échanges internationaux : elle est le **premier pôle commercial du monde** (14,6 % des exportations et 17 % des importations dans le monde, hors échanges intracommunautaires). C'est la première zone mondiale exportatrice de marchandises et de services, la **première zone réceptrice et émettrice d'IDE** (investissements directs à l'étranger).

• Ses **principaux partenaires** sont les pays industrialisés, essentiellement les États-Unis, mais aussi la Chine émergente (qui représente 9 % de ses exportations, mais 17 % de ses importations). Au cours des dernières années, les pays de l'Est et les pays de l'aire Pacifique sont également devenus des partenaires majeurs de l'UE. C'est le cas notamment de la Turquie, pays émergent également, qui compte pour environ 5 % du commerce de l'UE.

• L'UE est toujours **dépendante du reste du monde pour les produits de base**, en particulier pour l'énergie. Son taux de **dépendance énergétique** dépasse les 50 % et pourrait atteindre 70 % d'ici à 20 ans. Sa dépendance vis-à-vis des pays de l'OPEP et de la Russie (12 % de ses importations en 2011) est forte. Elle est toutefois compensée par d'importantes exportations de produits manufacturés, qui permettent de limiter le déficit.

• Les échanges avec les autres pays du Sud ont une importance secondaire. Les liens privilégiés que l'Europe préserve avec l'Afrique pèsent peu sur l'ensemble des échanges.

2. Les échanges intracommunautaires

• Les **échanges commerciaux entre les pays membres de l'UE** ont permis de consolider la construction de la communauté européenne. Ils représentent à eux seuls le tiers du commerce mondial et deux tiers des échanges de l'UE. Le passage de 15 à 28 États (puis à 27 suite au Brexit) n'a fait que renforcer cette situation.

• Cet accroissement des **échanges intracommunautaires** est le résultat de l'ouverture des frontières, mise en place par l'Acte unique de 1986, de l'élargissement progressif de la communauté et de la spécialisation des différents espaces européens dans certaines commercialisations.

Les économies de l'UE sont donc **fortement interdépendantes et complémentaires**.

II. Une économie diversifiée

1. Une grande puissance industrielle

- **L'industrie européenne est encore globalement la première du monde**. Trois États (Allemagne, France, Italie) fournissent la majeure partie de la production industrielle de l'UE. On ne peut pas, cependant, parler d'« Europe industrielle », car, dans ce domaine, aucune politique commune n'a été mise en place.
- En ce qui concerne la recherche, l'Europe est souvent dépassée par les États-Unis et par le Japon, ce qui la handicape dans les domaines de pointe, comme l'informatique. Les pays membres ont cependant su mettre en place une **coopération efficace** dans deux secteurs : l'aéronautique (Airbus Industrie) et l'aérospatiale (Arianespace).

2. Une grande puissance agricole

- L'agriculture est la seule activité où une véritable politique commune, la **PAC** (politique agricole commune), a été instaurée. Cette politique a porté ses fruits : après une période de modernisation (mécanisation, usage d'engrais, sélection des plantes et des animaux), l'agriculture est devenue exportatrice et concurrence les États-Unis. L'UE se classe dans les premiers rangs mondiaux pour de nombreux produits (blé, vin, viande de porc et de bœuf, etc.). L'industrie agroalimentaire (qui transforme les produits de l'agriculture) européenne est la première du monde.
- La PAC est cependant **victime de son efficacité** : l'agriculture souffre actuellement de surproduction. Elle est également critiquée par les Américains et par les pays émergents, qui dénoncent une concurrence déloyale.

3. La tertiarisation de l'économie

- Le secteur tertiaire domine l'économie européenne. Les activités concernant le commerce, les transports, les télécommunications, les banques, les assurances et les services aux entreprises représentent les deux tiers du PIB et des emplois de l'UE. La communauté européenne est une **grande exportatrice de services**.

Le rayonnement mondial de l'Union européenne et ses limites

Pôle de la Triade, l'UE est une puissance qui s'exprime à l'échelle régionale et mondiale.

I. La puissance de l'UE à l'échelle régionale

- **La puissance de l'UE s'étend à l'échelle régionale**, sur le reste du continent européen, mais aussi sur l'Asie et l'Afrique. Son influence est importante sur le plan commercial, mais aussi financier, via les IDE (investissements directs à l'étranger). Enfin, l'UE tente de promouvoir les valeurs de démocratie et des droits de l'homme. Son ***soft power*** est réel, quoique nettement inférieur à celui des États-Unis.
- La **politique européenne de voisinage (PEV)**, entamée en 2004, à la suite de l'élargissement de l'UE vers l'Europe orientale, concerne les pays qui n'ont pas vocation à entrer dans l'UE : conçue pour les pays européens de l'ex-URSS (Russie comprise), elle a été étendue aux pays du Caucase (Géorgie, Arménie, Azerbaïdjan), puis aux pays de la Méditerranée, avec **l'Union pour la Méditerranée** (Algérie, Égypte, Israël, Jordanie, Liban, Maroc, Palestine, Tunisie, Syrie). Elle renforce le dialogue au niveau politique ainsi que les relations commerciales et économiques. La PEV concerne seize pays au total.
- Les différents élargissements attestent également l'attraction régionale de l'UE. À ce jour, **quatre pays sont candidats** : Turquie, Macédoine, Monténégro et Islande. Certains bénéficient déjà d'accords de stabilisation et d'association, destinés à préparer une adhésion réussie. Le 1er janvier 2013, la **Croatie** devient le 28e membre de l'Union. La Turquie est le seul pays dont la candidature génère craintes et blocages : il s'agit d'un pays massivement musulman, dont l'identité européenne est sujette à caution et qui entretient des contentieux historiques (génocide arménien) ou géopolitiques (Chypre nord).

II. La puissance de l'UE dans le monde

- Avec les autres membres de la Triade (États-Unis et Japon), **l'UE domine l'économie mondiale**. **L'agriculture européenne** est l'une des plus productives au monde, la **2e mondiale** en terme de production, et est fortement exportatrice.
- Les entreprises européennes sont leaders dans des secteurs comme les assurances ou l'automobile. Elles sont également compétitives dans les **industries de haute technologie**, comme l'aéronautique ou la pharmacie. On compte environ **120 entreprises européennes dans les 500 premières mondiales**.
- L'UE réalise **42 % des investissements directs à l'étranger** dans le monde, loin devant les États-Unis et la Chine. Les places boursières de Paris ou de Francfort, mais surtout de Londres, figurent parmi les plus importantes au monde. L'**euro** est apparu un temps comme un concurrent du dollar. Enfin, l'UE est la **2e puissance commerciale** du monde, avec 37,5 % des échanges mondiaux de marchandises.

• Au total, l'Union européenne apparaît encore comme le plus grand centre de richesse mondiale. Mais les évolutions récentes tendent à remettre en question sa puissance économique et limitent son rayonnement mondial.

III. Les limites de la puissance de l'UE

• Le **hard power** européen n'est pas à la hauteur de ses ambitions mondiales et de son poids économique dans les **domaines diplomatique et militaire** : en effet, si le traité de Maastricht, en 1992, a institué une **politique étrangère et de sécurité commune** (PESC), ses résultats sont médiocres, en raison du souverainisme des États dans ce domaine particulier. Les positions des États membres sont donc souvent différentes, parfois contradictoires. Faute de parler d'une seule voix, l'UE n'est donc qu'un pion sur l'échiquier mondial, souvent bailleur de fonds, rarement décideur. Finalement, les grandes initiatives diplomatiques sont encore le fait des puissances nationales, France et Royaume-Uni pour l'essentiel, qui sont membres permanents du Conseil de sécurité, alors que l'UE ne l'est pas.

• Les traités de Nice et de Lisbonne ont mis en place une **politique de sécurité et de défense commune** (PSDC). L'UE intervient ainsi dans de multiples opérations de maintien de la paix ou de formation militaire dans le monde (Irak, Bosnie, république démocratique du Congo, Afghanistan, Kosovo, Tchad). Mais la puissance militaire de l'UE semble compromise : l'UE et les membres qui la composent sont les seules puissances dans le monde où **les budgets militaires sont en réduction drastique**. Alors que les grandes puissances mondiales manifestent un impérialisme évident (États-Unis, mais aussi Chine, puissance montante), l'UE semble se cantonner à un maintien du statu quo. Plus encore qu'une force militaire en voie d'affaiblissement, c'est le **défaut de volonté politique** qui fait son impuissance internationale.

• Enfin, la puissance de l'UE paraît considérablement affaiblie par la **situation catastrophique de ses finances publiques**, que traduit l'actuelle crise des dettes souveraines. Dans la plupart des pays d'Europe occidentale et méridionale et à l'exception des pays d'Europe du Nord, les déficits budgétaires sont structurels ; les endettements, abyssaux, approchent ou dépassent les 100 % du PIB (85 % en France, 160 % en Grèce avant le défaut partiel du pays face à ses obligations) ; les systèmes bancaires nationaux sont lourdement endettés eux aussi et font peser sur les populations un risque systémique permanent ; les systèmes sociaux créés au temps de l'abondance (Trente Glorieuses) sont à présent incapables de s'autofinancer et rencontrent d'énormes difficultés à se réformer par tant il est difficile, pour les gouvernants comme pour les gouvernés, de revenir sur ces acquis. Sauf sursaut, le déclin est à craindre.

Sujet de métropole, juin 2023

1. Développement construit. En vous appuyant sur un exemple de votre choix, rédigez un développement construit d'environ vingt lignes qui présente les atouts et les dynamiques des espaces de faible densité en France.

> Conseil : En introduction, définissez l'expression « espace de faible densité ». Développez ensuite votre propos en choisissant un exemple précis et en n'oubliant pas de le localiser. Le titre de l'exercice 2 vous invite à choisir un espace rural, de montagne ou de tourisme éloigné de l'urbanisation. Vous pouvez organiser votre texte en deux parties. Évoquez les atouts et points forts de ces territoires. Détaillez, alors, quelques évolutions connues par ces territoires.

2. Sur le schéma ci-dessous :

a. nommez dans la légende les trois espaces qui composent une aire urbaine ;

b. complétez le schéma et la légende en indiquant les mobilités avec un figuré adapté.

3. Sur le fond de carte, localisez et nommez six aires urbaines de votre choix.

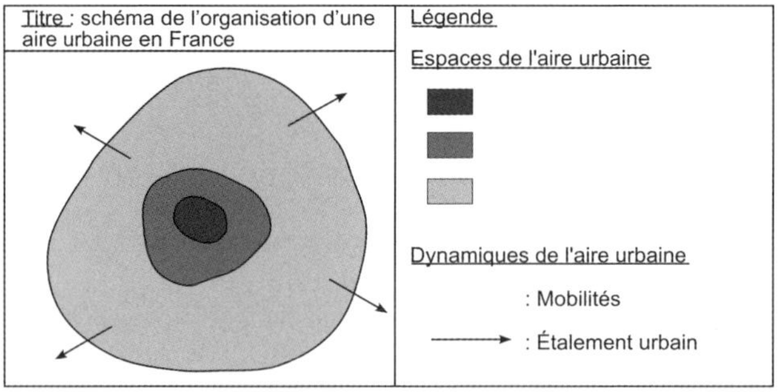

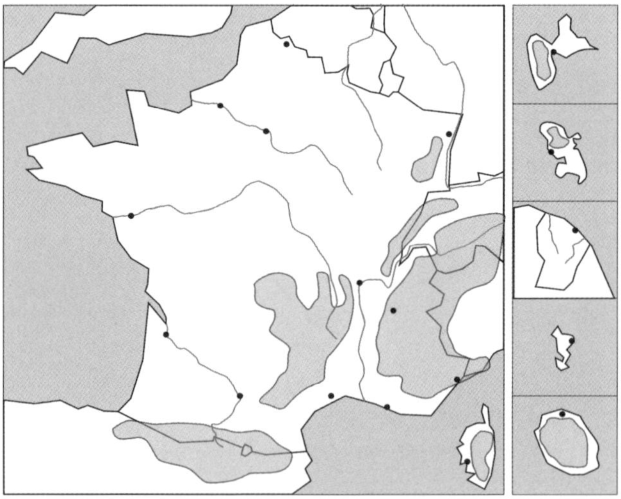

1. Les espaces de faible densité se distinguent par une densité de population inférieure à 30 habitants par km². Espaces montagneux, ruraux, ces territoires sont divers et occupent une superficie importante. Les Cévennes sont situées au sud de la France et du Massif central. Ce territoire a connu des évolutions ces dernières années.

Cette région de moyennes montagnes a vu l'essor du tourisme vert. Grâce à ses paysages et ses atouts naturels, les activités de découverte de la nature, du patrimoine, etc., sont devenues des piliers du tourisme dans la région. Le développement de sports comme la randonnée ou la pratique du canoë et du kayak dans les rivières du Gardon attirent une clientèle jeune et urbaine. La création d'un parc naturel national est un aménagement qui a favorisé le développement de ce tourisme.

Le tourisme s'est substitué à une industrie déclinante. Alors que les paysages sont marqués par la déprise, l'élevage reste néanmoins présent grâce à la valorisation de produits du terroir comme le fromage de chèvre.

Après des décennies d'exode rural, les Cévennes voient s'installer des néo-ruraux. Des habitants des villes et métropoles s'installent dans cette région à la recherche de conditions de vie différentes. La tranquillité, la faiblesse des prix immobiliers, mais aussi la connexion récente au réseau routier à grande vitesse ou à un haut débit pour Internet, constituent des atouts expliquant l'attractivité. Des villes, comme celle d'Alès, voient leur population augmenter ces vingt dernières années et connaître une nouvelle attractivité.

Comme de nombreux espaces de faible densité, les Cévennes ont donc connu l'exode rural pendant des décennies. Cependant, disposant d'atouts, elles se sont transformées pour retrouver un certain dynamisme.

2.

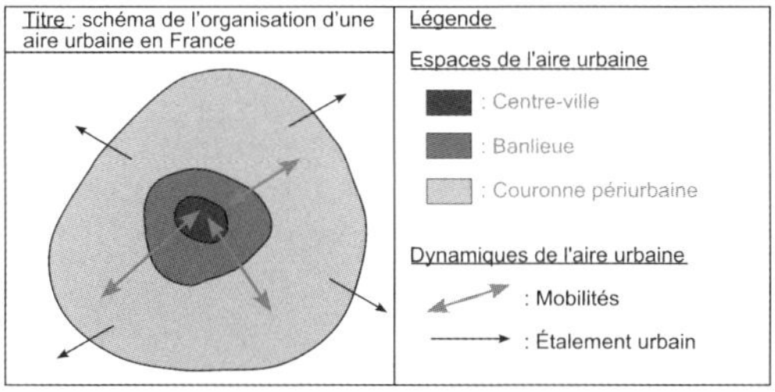

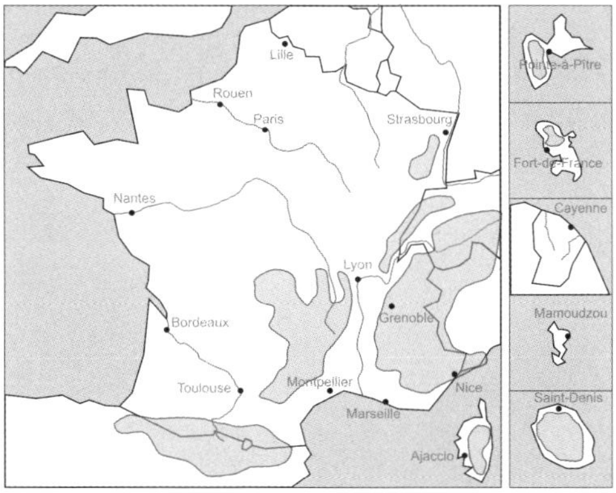

Sujet de métropole, juin 2022

Document 1 : La coopération entre les États de l'Union européenne

La Politique de Cohésion, qui vise à réduire les écarts de développement entre les régions, est la principale politique de l'Union européenne en matière territoriale. [...]
L'intégration européenne passe par le développement de la coopération entre les États membres. Cette coopération prend des formes très diverses et se situe à différents niveaux institutionnels. En matière de sécurité, les États sont amenés à coopérer autour d'une politique commune de défense et d'accords de police (Europol). En matière d'éducation, [...] c'est notamment le cas du programme Erasmus [1]. Toutefois, l'Union européenne promeut surtout la coopération interrégionale, c'est-à-dire l'interaction directe entre régions appartenant à des pays membres différents autour d'un projet commun.

Source : Eloïse Libourel, *Géographie de la France*, 2017 © Armand Colin.

Document 2 : Un exemple de coopération transfrontalière entre la France et l'Espagne

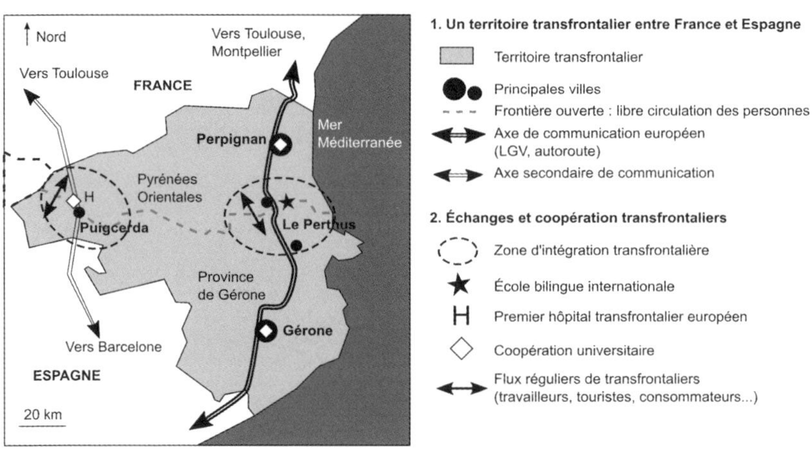

Source : D'après www.eurodistricte.cat et « L'espace "transcatalan" en question », David Giband

1. Erasmus : programme d'échanges d'étudiants entre des établissements d'enseignement

Questions

Document 1

1. Quel est l'objectif de la Politique de Cohésion de l'Union européenne ?

2. Quelles sont les deux échelles de coopération évoquées par le document ?

> Ne confondez pas les notions d'échelles géographiques (classement des territoires en fonction de leur superficie) et les domaines évoqués dans le document (éducation, sécurité...).

Document 2

3. Citez deux éléments qui favorisent les flux entre la France et l'Espagne.

4. Quels aménagements ou équipements ont été réalisés dans le cadre de la coopération entre la France et l'Espagne ?

Documents 1 et 2

5. En vous appuyant sur des exemples précis, montrez que l'Union européenne favorise aux échelles nationale, régionale et locale, les échanges et la coopération.

1. La politique de Cohésion de l'Union européenne a pour objectif de « réduire les écarts de développement entre les régions ».

2. Le document évoque deux échelles de coopération :

- celle des États, donc nationale, (en matière de police ou d'éducation) ;
- celle des régions (programme à l'échelle « interrégionale »).

3. Les flux entre la France et l'Espagne sont favorisés par une frontière ouverte qui assure la libre circulation des personnes. Les déplacements réguliers des touristes, travailleurs, consommateurs sont facilités par l'existence d'axes de communication européens comme les lignes à grande vitesse (LGV) ou les autoroutes reliant les principales villes ou métropoles (comme Montpellier en France et Barcelone en Espagne).

4. Dans le cadre de la coopération entre la France et l'Espagne, plusieurs projets ont été réalisés. Dans le domaine éducatif, la ville frontalière du Perthus accueille une école bilingue internationale. Plus à l'ouest, les Français et Espagnols bénéficient des services du premier hôpital transfrontalier européen installé à Puigcerda. Enfin, les universités de Perpignan et de Gérone ont mis en place des programmes de coopération.

5. L'Union européenne, regroupant aujourd'hui 27 États, est une puissance économique et politique. Parmi ces objectifs, la Politique de Cohésion permet de réduire les écarts de développement entre les différents territoires qui composent l'Union. Cette politique s'organise autour des échanges et des programmes de coopération liant divers acteurs à différentes échelles.
À l'échelle nationale, les États français et espagnols, comme les 25 autres pays membres, coopèrent dans le cadre de programme comme Erasmus (permettant les échanges universitaires) ou des opérations de police. Les États ont ouvert leurs frontières pour favoriser la libre circulation des Hommes et des marchandises.
À l'échelle régionale, les universités coopèrent, complétant ainsi le programme Erasmus. C'est le cas des universités de Gérone (Espagne) et de Perpignan (France). La réalisation d'axes de communication majeurs ou secondaires ne peut se faire sans une coordination transfrontalière régionale à l'image de la ligne à grande vitesse reliant Toulouse à Barcelone.
Cependant c'est à l'échelle locale que les échanges et la coopération ont le plus d'effets sur les populations. Les villes frontalières du Perthus (France) et de Puigcerda (Espagne) bénéficient d'une école bilingue, des services d'un hôpital liant les habitants des territoires espagnols et français. C'est à cette échelle, locale, que les flux sont les plus conséquents avec les déplacements quotidiens des travailleurs et consommateurs transfrontaliers.

Sujet de métropole, juin 2021

Les espaces de faible densité et leurs atouts

Document 1

Le renouveau des territoires ruraux en France

Les territoires ruraux sont désormais considérés comme « espaces de nature et d'authentique », c'est-à-dire où la nature aurait été préservée de l'artificialisation[1] de la civilisation urbaine. Ce renversement des représentations[2] entraîne en particulier le développement du « tourisme vert » et se traduit par la multiplication des résidences secondaires et des hébergements en gîtes ruraux ou à la ferme, par la création d'infrastructures légères (sentiers de randonnée, écomusées, etc.). La mise en tourisme permet aussi le maintien ou le développement d'autres activités : artisanat, productions agricoles, etc.

Si les territoires situés à proximité des grandes villes ou des villes moyennes bénéficient d'un accès convenable aux services élémentaires, en particulier aux services publics, les territoires les plus isolés souffrent d'un déficit de services de plus en plus préoccupant, notamment lorsque les populations sont âgées et/ou en situation de précarité économique et sociale. L'accès aux soins, qui s'exprime à travers l'expression de « désert médical », à l'éducation, à la culture, à l'administration et même aux services du quotidien (alimentation, bureau de poste, etc.) est de plus en plus difficile dans certains territoires peu ou très peu denses situés à l'écart des aires urbaines et des liaisons rapides. Autre enjeu majeur, la « fracture numérique », qui désigne les disparités d'accès aux technologies numériques (Internet, téléphonie mobile, etc.) et aux services qui leur sont associés, renforce l'isolement et donc la fragilité de certains territoires.

Source : Magali Reghezza-Zitt, géographe, *La France dans ses territoires*, 2017 © Armand Colin.

Questions

Document 1

1. Relevez deux difficultés que rencontrent les espaces de faible densité en France.

2. Relevez dans le texte un passage qui montre que l'accessibilité est un enjeu majeur pour les espaces de faible densité.

3. En vous appuyant sur le document, expliquez comment l'activité touristique dynamise ces territoires ruraux.

1. Artificialisation : fait de transformer l'espace en le rendant moins naturel et plus artificiel.
2. Renversement des représentations : changement d'opinion sur les espaces ruraux.

Document 2

Extrait du guide touristique *Pass'malin du Haut-Jura*.

Haut-Jura

Vous allez aimer

- **Les** villages de montagne authentiques**, les** stations familiales et conviviales**, les** activités nordiques **et de** pleine nature.
- **Les balades dans le** Parc naturel régional du Haut-Jura **et la découverte de la** Maison du Parc à Lajoux.
- **Les** savoir-faire d'excellence Made in Jura **artisanaux et industriels (lunette, jouet, bois,…).**
- **La** Station des Rousses **labellisée flocon vert,** frontalière avec la Suisse
- **Les sites incontournables :** Saint-Claude **(capitale de la pipe et du diamant),** les Hautes-Combes **et ses grands espaces,** La Haute Vallée de la Saine **(site naturel protégé),** la cité médiévale de Nozeroy…
- Les caves d'affinage de Comté du Fort des Rousses **et les nombreuses fruitières à Comté et Morbier.**

Offices de Tourisme du Haut-Jura

Questions

Document 2

4. Quel est l'objectif des auteurs du document ? Justifiez votre réponse.

Document 1 et 2

5. En vous appuyant sur les documents, montrez que les espaces de faible densité disposent de nombreux atouts qui les rendent aujourd'hui attractifs.

> Afin de traiter correctement le sujet, n'oubliez pas :
> - en introduction, de définir et localiser les grands espaces de faible densité ;
> - d'évoquer dans des parties différentes, comme le suggère la consigne, les atouts (avantages) de ce territoire et le fait que certains de ces paysages attirent des touristes, des néoruraux ;
> - d'utiliser les deux premières questions portant sur les difficultés à habiter dans un territoire rural afin de nuancer votre propos.

1. Les espaces de faible densité en France font face à des difficultés quant à l'accès aux services, aux soins médicaux et au numérique, comme le montrent les citations suivantes : « les territoires les plus isolés souffrent d'un déficit de services » ; « l'accès aux soins, qui s'exprime à travers l'expression de «désert médical», à l'éducation, à la culture, à l'administration et même aux services du quotidien est de plus en plus difficile » ; « la «fracture numérique», qui désigne les disparités d'accès aux technologies numériques [...] renforce l'isolement ».

2. L'accessibilité est un enjeu majeur pour les espaces de faible densité, car « certains territoires peu ou très peu denses (sont) situés à l'écart des aires urbaines et des liaisons rapides » et « les territoires les plus isolés souffrent d'un déficit de services ».

3. L'activité touristique peut dynamiser ces territoires ruraux. Le développement du tourisme vert permet le maintien et le développement d'entreprises et de l'emploi (« hébergements en gîtes ruraux ou à la ferme » ; « artisanat, productions agricoles »). L'activité touristique a besoin d'aménagements (« création d'infrastructures légères ») et d'êtres humains pour se développer afin d'éviter l'abandon, la déprise ou le déclin démographique que connaissent certains territoires ruraux.

4. Les auteurs de ce document, les offices du tourisme du Haut-Jura, cherchent à promouvoir le patrimoine paysager, artisanal, industriel, culturel du département du Haut-Jura. Le document s'adresse aux touristes et encourage les vacanciers à se rendre dans le Haut-Jura en leur proposant de multiples activités allant du sport (balades, ski avec la Station des Rousses) à la découverte gastronomique (« caves d'affinage de Comté du Fort des Rousses »). En illustrant les multiples découvertes à réaliser, ils espèrent attirer les visiteurs et donc générer de l'emploi, des revenus pour les habitants et le territoire.

5. Les espaces de faible densité en France se localisent essentiellement dans les reliefs montagneux (Alpes, Jura, etc.) et les grandes plaines agricoles (Beauce, Picardie). Ces territoires, où la densité de population est inférieure à 30 habitants au km^2, ont connu l'exode rural, un déclin démographique et économique avant de redevenir, pour une partie d'entre eux des territoires dynamiques.

Les campagnes, les montagnes, présentent des avantages d'être peu peuplés. Le calme, l'absence de pollution, l'image d'une nature préservée constituent des atouts pour de plus en plus de Français. Ce cadre de vie entraîne dans les régions les moins isolées l'arrivée d'urbains cherchant à résider dans la campagne durant une partie ou l'intégralité de l'année. Ces néoruraux sont de plus en plus nombreux. À la suite du confinement lié à la crise sanitaire, certains Français quittent leur logement situé dans les grandes villes. Ils sont à la recherche d'un logement plus spacieux avec un accès à un jardin ou à la nature, que peuvent leur offrir ces territoires.

Les montagnes (Alpes, Pyrénées) ont été les premiers territoires de faible densité à développer un tourisme hivernal avec les stations de ski. Aujourd'hui, ces territoires mettent l'accent sur le tourisme vert.

En conclusion, si les espaces ruraux les moins accessibles souffrent encore de l'isolement et de difficultés, d'autres ont su s'appuyer sur leurs atouts afin de développer de nouvelles activités et freiner leur déclin démographique ou économique.

Sujet de métropole, juin 2019

Dynamiques territoriales de la France contemporaine

Questions

1. En vous appuyant sur un exemple étudié en classe, rédigez un développement construit d'environ vingt lignes montrant l'organisation et les dynamiques d'une aire urbaine en France.

> On attend de vous que vous évoquiez, dans une première partie, la composition d'une aire urbaine, c'est-à-dire les territoires dépendants d'une ville ou d'un pôle urbain. Votre deuxième partie doit présenter les dynamiques, c'est-à-dire l'évolution et les changements que subissent ces aires urbaines.

2. Comprendre et pratiquer un autre langage ; utiliser des repères : les territoires ultramarins français

a. Localisez et nommez les trois océans identifiés sur le planisphère.

b. Reliez, dans le tableau, chaque territoire ultramarin à l'océan dans lequel ou au bord duquel il se situe.

c. Localisez et nommez sur le planisphère deux territoires ultramarins de votre choix.

d. Identifiez l'équateur sur le planisphère par un trait de couleur et complétez la légende.

Les territoires ultramarins français

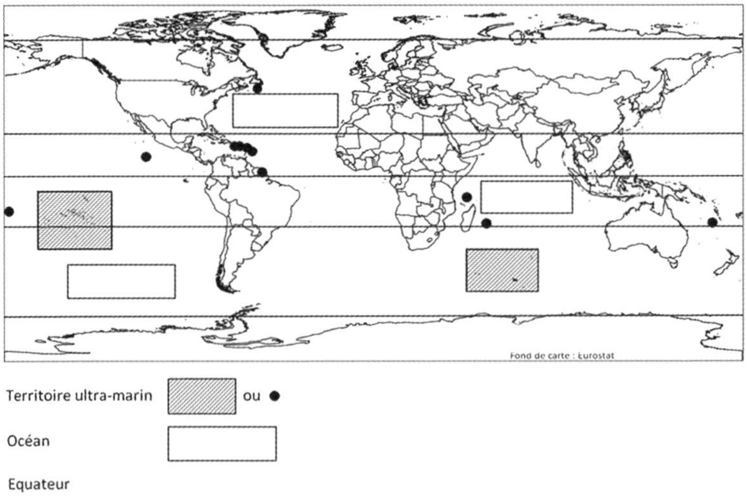

Martinique	○	○ Océan Atlantique
Réunion	○	
Guadeloupe	○	○ Océan Indien
Polynésie française	○	
Mayotte	○	○ Océan Pacifique
Guyane	○	

1. 80 % de la population française vit aujourd'hui dans une aire urbaine. L'aire urbaine rassemble différents territoires aux caractéristiques différentes.
Une aire urbaine s'organise autour d'un hypercentre et d'un centre-ville. Ce centre rassemble les fonctions administratives (préfecture, mairie...) et les densités de population les plus élevées. Autour de ce centre, se trouvent la périphérie et les banlieues de la ville. La densité de population y est moins importante, mais reste forte. Leur fonction est avant tout résidentielle, mais on y trouve aussi les grands centres commerciaux, industriels, des aménagements culturels, sportifs ainsi que des infrastructures économiques, comme des bureaux ou des quartiers d'affaires, situées à proximité des grands axes de communication. Enfin, les communes périphériques sont dépendantes de la ville. La densité de population est moyenne. Elles constituent la couronne périurbaine. Les déplacements quotidiens (migrations pendulaires) sont un des éléments qui lient les habitants aux différentes composantes d'une aire urbaine.
Ces aires urbaines connaissent des évolutions, des dynamiques communes. La majorité des aires urbaines poursuivent une croissance démographique et une extension sur les campagnes environnantes : c'est la périurbanisation et l'étalement urbain. À l'exception de certaines d'entre-elles (Dunkerque...), leur nombre d'habitants continue d'augmenter. Cette attractivité s'explique par le métropolisation : les aires urbaines concentrent les emplois, les activités, les centres de décisions renforçant leur importance (Toulouse, Montpellier, Lyon...). Cette évolution a pour conséquence une hiérarchisation des aires urbaines et des métropoles en France. Favorisée par son intégration dans la mondialisation, l'aire urbaine parisienne et la plus étendue et la plus peuplée avec ses 12 millions d'habitants.

2.

Les territoires ultramarins français

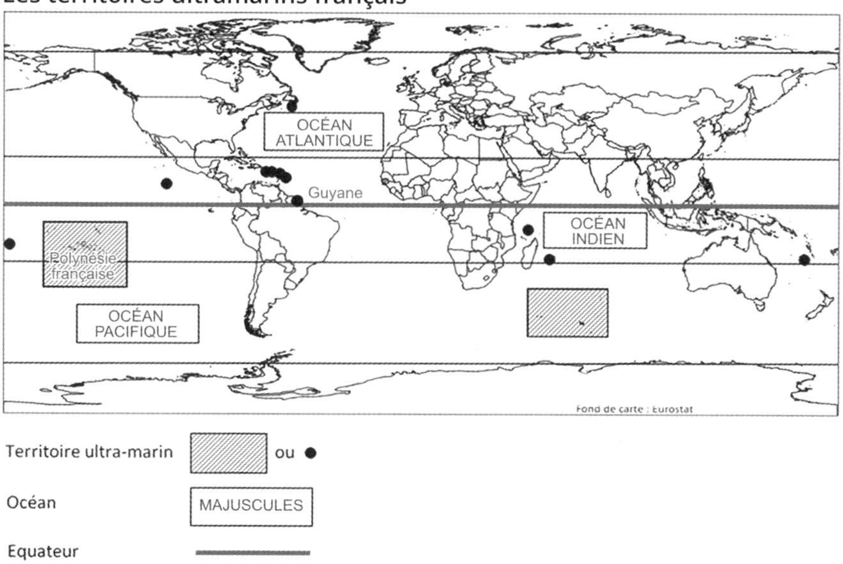

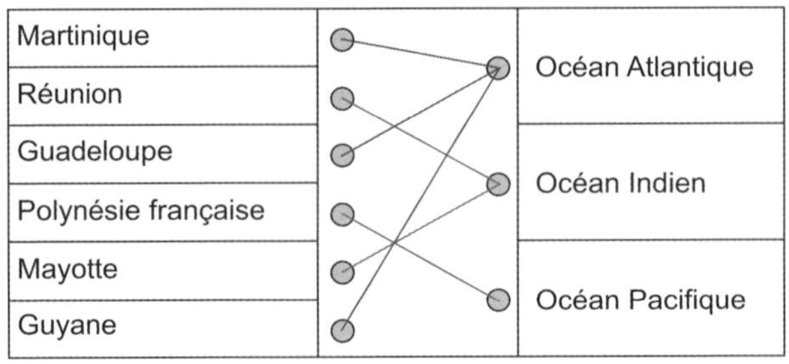

Pour la question c), d'autres territoires peuvent être localisés sur le planisphère : Guadeloupe, Martinique, Saint-Pierre-et-Miquelon, Mayotte, La Réunion, La Nouvelle-Calédonie…

Enseignement moral et civique

Les valeurs fondamentales de la République française

Apparue en France dès 1792, la République a mis près de cent ans pour s'imposer. Que signifie donc le terme république et sur quels principes la République française est-elle fondée ?

I. L'édification de la République

- La République apparaît en France trois ans après le début de la **révolution de 1789** ; la monarchie est alors discréditée et les armées françaises reculent sur tous les fronts. Proclamée le 21 septembre 1792, jour de la victoire de Valmy, la Ire République connaît quatre Constitutions successives avant de disparaître, en 1804, lorsque Napoléon Bonaparte devient empereur des Français.
- Cette fragilité des institutions républicaines se retrouve lors de la brève expérience de la IIe République (1848-1852). La IIIe République, plus durable puisqu'elle s'étend de 1870 à 1940, n'est dotée d'une **Constitution** qu'en 1875 ; elle disparaît dans les circonstances tragiques du désastre militaire de juin 1940.

À l'issue de la Seconde Guerre mondiale, la France opte à nouveau pour le régime républicain. Depuis le début de la Ve République, en 1958, ce choix n'a plus été remis en question.

II. L'idéal républicain

- Le mot *république* vient du latin *res publica* qui signifie « la chose publique ». L'utilisation de ce terme sous-entend l'existence d'un **espace public**, commun à tous les membres de la collectivité. Cet espace est régi par des lois qui s'appliquent également à tous.
- Pour les penseurs de l'Antiquité et du Moyen Âge, la République est d'abord un **État régi par des lois**. Le régime républicain implique donc une soumission des individus à la loi ; c'est l'intérêt public qui prime sur les intérêts particuliers.
- À partir de la Révolution française, la République est pensée comme une association politique librement consentie par les membres de la collectivité. La contrepartie de cette adhésion des individus à l'idéal républicain, c'est la vocation de la République à rechercher le bien commun. **Soumission de chacun à la loi dans le souci du bien de tous**, tel est donc aujourd'hui l'idéal républicain.
- Dans le débat politique actuel, le mot *république* sous-entend toujours **république démocratique**, puisque, dans l'histoire de France, les régimes républicains se confondent avec les progrès de la démocratie. Il faut donc garder à l'esprit que les valeurs républicaines (comme la liberté, l'égalité) sont partagées pour la plupart par toutes les démocraties du monde, mêmes celles qui ne sont pas formellement des républiques – ainsi les monarchies parlementaires comme l'Espagne ou le Royaume-Uni.

III. Les principes de la République

1. Une « République indivisible, laïque, démocratique et sociale »

Dans l'article 1er de la Constitution de 1958, la France est qualifiée de « République indivisible, laïque, démocratique et sociale » :
– **« Indivisible »** implique que l'intégrité du territoire et l'unité politique du pays doivent être maintenues ; ce principe est apparu dès l'origine de la République et s'est cristallisé durant la Terreur révolutionnaire (1793-1794) ;
– **« Laïque »** veut dire que l'État et ses fonctionnaires respectent toutes les religions, mais sans en privilégier aucune ; ce principe s'est définitivement imposé au moment de la séparation de l'Église et de l'État en 1905 ;
– **« Démocratique »** signifie que la souveraineté appartient au peuple et qu'elle ne peut être que déléguée aux représentants du peuple ; c'est ici la principale conquête de la Révolution de 1789 ;
– **« Sociale »** montre l'attachement de la République à la protection des plus humbles ; c'est là un thème qui a cheminé longtemps avant de s'imposer comme principe fondateur au moment de la Libération (1944).

2. « Liberté, égalité, fraternité »

- Ces principes complètent ou précisent les valeurs exprimées par la devise de la République française : « Liberté, égalité, fraternité ».
- Reconnue comme un droit de l'homme par la Déclaration du 26 août 1789, la **liberté** est la valeur fondamentale qui fait passer l'homme de la position de sujet au statut de citoyen. L'**égalité** est également reconnue par la Ire République mais étendue aux femmes (droit de vote) seulement à partir de 1944 ; il s'agit là de l'égalité de tous devant la loi.
- La **fraternité**, enfin, est apparue dans la devise républicaine en 1848 mais il a fallu attendre 1946 pour voir affirmée, dans le préambule de la Constitution de la IVe République, l'existence de droits économiques et sociaux (aide à ceux qui ne peuvent vivre décemment, droit au travail et à l'action syndicale, droit de grève).

La citoyenneté française

Les Français forment une nation, c'est-à-dire une communauté de citoyens qui se reconnaissent dans une histoire et des valeurs communes. L'ensemble de ces valeurs, leur respect et leur pratique constituent la citoyenneté. Quels droits et quels devoirs recouvre-t-elle ?

I. La citoyenneté politique

Depuis la Déclaration des droits de l'Homme et du citoyen (26 août 1789), les Français ne sont plus des sujets, voués à obéir au roi, mais des citoyens. Le roi ne détient plus la **souveraineté** qui réside désormais en la nation. Chaque citoyen est détenteur d'une parcelle de cette souveraineté ; il a donc le droit de choisir les institutions de l'État dans lequel il souhaite vivre. Cet exercice de la souveraineté s'exprime par l'usage du **droit de vote** pour les Français des deux sexes âgés de plus de dix-huit ans et n'ayant subi aucune condamnation ; ils peuvent en user pour donner leur avis sur une question ou pour élire leurs représentants. Le citoyen délègue donc son **pouvoir législatif** et accepte de se soumettre aux lois votées par les **représentants** de la nation ; par une sorte de « contrat » passé avec l'État, il accepte aussi de contribuer aux dépenses publiques et de participer à la défense du pays.

II. Les droits et les devoirs du citoyen

1. Les droits du citoyen

D'après la Déclaration universelle des droits de l'Homme (1948), reconnue par la République française, chaque citoyen peut se prévaloir de **droits individuels et collectifs** fondamentaux : libertés de pensée, d'opinion et d'expression, liberté de la presse, liberté d'association et liberté syndicale, droit de se défendre en justice et droit à l'éducation. Le citoyen doit être pleinement en mesure d'exercer ses droits civiques, d'où l'importance de l'information et de l'instruction.

La **résistance à l'oppression,** qui est l'un des premiers droits reconnu au citoyen en 1789, nécessite en effet la capacité pour le citoyen de décider à partir de quel moment il n'est plus légitime d'obéir au pouvoir politique. Le meilleur exemple de ce droit à la résistance est le refus de Charles de Gaulle de se soumettre aux conditions de l'armistice décidé par le maréchal Pétain en juin 1940.

2. Les devoirs du citoyen

Ces droits sont assortis d'**obligations** qui en constituent à la fois la garantie et la contrepartie. Certaines de ces obligations sont contraignantes : l'assistance à personne en danger, le devoir de témoignage et de jugement, le devoir d'éducation à l'égard de ses enfants mineurs.

D'autres obligations relèvent du **civisme,** c'est-à-dire du sentiment d'appartenir à la collectivité. Il s'agit du devoir de voter, de s'informer et de s'éduquer pour être à même de participer à la vie publique, mais aussi du res-

pect de la liberté et des opinions d'autrui, du refus de toute discrimination et du devoir de solidarité.
La solidarité, valeur fondamentale de la République, est de plus en plus souvent prise en charge par les associations qui s'attaquent aux problèmes du chômage ou du logement ; cela pose la question de l'engagement personnel de chaque citoyen qui ne peut plus se dispenser de son devoir de solidarité en s'en remettant à l'État.

3. Civisme et civilité

Ce que l'on entend par civilité relève davantage des **règles de la vie en société** que des devoirs liés à la condition de citoyen. La frontière entre civisme et civilité est cependant parfois difficile à établir et les « actes d'incivilité », condamnés par les tribunaux, portent souvent atteinte aux biens publics, ce qui témoigne d'une méconnaissance de tout ce qu'implique la citoyenneté.

Le citoyen européen et les institutions européennes

Depuis le traité de Maastricht (1992), tout citoyen d'un pays membre de l'Union européenne est également citoyen européen. Cela facilite notamment sa circulation à l'intérieur de l'UE, où il peut séjourner librement et, dans certains pays, voter et être élu.

I. Les organes de décision

- Trois organes se partagent le **pouvoir exécutif** au sein des institutions européennes.
- Le plus important d'entre eux est le **Conseil européen.** Il réunit, quatre fois par an, les chefs d'État et de gouvernement des pays membres. C'est lui qui définit les orientations générales de l'Union.
- Le **Conseil des ministres** siège à Bruxelles et à Luxembourg et réunit, sous la présidence tournante (tous les six mois) d'un des États de l'Union, les ministres délégués par leurs gouvernements pour examiner un problème spécifique. C'est à lui que revient le pouvoir de voter les actes communautaires.
- La **Commission européenne** est une institution technique qui siège à Bruxelles. Elle est constituée de commissaires spécialisés, vingt-sept actuellement. Elle est nommée pour cinq ans avec l'accord des gouvernements nationaux et du Parlement européen. Elle propose les projets d'actes législatifs au Conseil et en surveille l'exécution. Elle peut être dissoute par le Parlement européen.

II. Les organes de contrôle

- L'Union européenne constitue, un **espace démocratique.** Les citoyens de l'Union y exercent leur droit de vote pour élire directement les députés membres du **Parlement européen.**
- L'Union européenne est également un **espace de droit.** Une **Cour de justice** siège à Luxembourg. Elle contrôle le respect du droit communautaire et des devoirs de chaque État à l'égard de l'Union.

III. Des compétences limitées, mais qui s'accroissent progressivement

- Longtemps en sommeil, la construction européenne a connu une **accélération décisive** avec la signature du **traité de Maastricht** en 1992. Compétente en matière agricole (PAC : politique agricole commune), l'Union européenne l'est également dans le domaine de la libre circulation des personnes (accords de Schengen) et des marchandises entre les États membres de l'Union, ainsi qu'en matière de protection de l'environnement. Par ailleurs, l'Union européenne a mis en place une monnaie unique, l'euro, et poursuit une politique de coopération (Convention de Lomé) avec quelque soixante-dix pays en voie de développement de la zone Afrique, Caraïbes, Pacifique (ACP) ainsi qu'avec les pays d'Europe orientale et ceux du bassin méditerranéen.

Les différentes déclarations des droits de l'homme

I. Un programme politique : la Déclaration des droits de l'homme et du citoyen

• La Déclaration des droits de l'homme et du citoyen est adoptée le 26 août 1789 par les députés de la première Assemblée nationale française, quelques semaines après la prise de la Bastille. Elle est le fruit des réflexions philosophiques et politiques du siècle des Lumières.
• Dans la Déclaration des droits de l'homme et du citoyen, on retrouve affirmées trois des grandes valeurs de la République. La liberté d'abord, dont l'article 4 donne une définition large : elle « consiste à pouvoir faire tout ce qui ne nuit pas à autrui ». De ce principe découlent les lois. L'égalité n'a pas ici le sens d'égalité économique mais d'égalité des droits : tous sont soumis à la même justice et à la même loi. Enfin, la fraternité est synonyme de solidarité. Les membres de la société française sont solidaires, dans le sens où chacun contribue à la vie de la nation. C'est ce qu'affirment les articles 12 et 13. Chacun bénéficie d'une sécurité assurée par une force publique financée par l'ensemble des citoyens.
• La Déclaration des droits de l'homme et du citoyen est placée en préambule de la Constitution de la Ve République. Cela signifie que la Constitution, toutes les lois et l'ensemble des règlements, en France, reposent sur ses principes.

II. Un programme social et universel : la Déclaration universelle des droits de l'homme

• La Seconde Guerre mondiale et la découverte des crimes de guerre et contre l'humanité obligent une partie de la communauté internationale à travailler sur une nouvelle affirmation des droits de chaque être humain. En 1948, les Nations unies adoptent une déclaration universelle voulant rassembler les droits fondamentaux de chaque homme sur Terre. Les 30 articles déclinent : la défense physique et morale de la personne ; la protection juridique ; les droits et libertés fondamentales (circulation, résistance à l'oppression...) ; les droits sociaux tels que l'éducation, la santé, les loisirs...
• Au niveau international, cette déclaration n'a pas de valeur contraignante. Elle doit servir d'objectif pour l'ensemble de l'humanité.

III. D'autres déclarations des droits sous la Révolution

La Déclaration des droits de l'homme et du citoyen de 1789 est encore en vigueur aujourd'hui. Mais, sous la Révolution, un certain nombre de déclarations ont tenté de compléter, préciser ou modifier ces droits.
– En 1791, Olympe de Gouges rédige une Déclaration des droits de la femme et de la citoyenne calquée sur la Déclaration de 1789. C'est un véritable manifeste réclamant l'égalité juridique et politique entre les hommes et les femmes. Ces dernières ne disposaient pas du droit de vote.
– En 1793, une nouvelle Déclaration est rédigée insistant particulièrement sur l'idée d'égalité. Elle ne fut jamais appliquée.
– En 1795, la Déclaration de l'an III de la République revient aux principes de 1789 en affirmant de façon plus marquée la notion de devoirs des citoyens.

Le statut juridique de l'enfant

I. La Convention internationale des droits de l'enfant

En 1959, l'Assemblée générale des Nations unies proclame une Déclaration des droits de l'enfant. Mais celle-ci a peu de portée. Il faut attendre 1989 pour que la Convention internationale des droits de l'enfant (CIDE) donne une véritable reconnaissance aux droits des mineurs. La CIDE est un traité international ratifié par la quasi-totalité des États membres de l'ONU. Seuls les États-Unis et le Soudan du Sud n'ont pas adopté officiellement cette convention.
La CIDE promeut l'intérêt supérieur de l'enfant. Aux droits accordés à tous les humains dans la Déclaration universelle des droits de l'homme de 1948 s'ajoutent des dispositions particulières visant à protéger les mineurs.
La CIDE comporte 54 articles répartis en trois parties.
La première partie annonce clairement les droits qui doivent être octroyés à tous les enfants. En tant que mineurs, ils ne peuvent être condamnés à la peine de mort. Les enfants se voient reconnaître le droit de jouer, de bénéficier d'activités récréatives (article 31), le droit de vivre avec leurs parents (articles 7 et 9).
Une deuxième partie détaille les actions à mettre en place et les organes chargés de suivre le respect de cette convention ainsi que la promotion des principes des droits de l'enfant.
La troisième partie évoque les règles juridiques imposées aux États signataires afin que la convention soit appliquée.

II. Le statut juridique de l'enfant en France

En France, le mineur est la personne âgée de moins de dix-huit ans. Considéré comme citoyen, il ne dispose pas de tous les droits et devoirs d'un citoyen majeur du fait de son « immaturité ». La protection de l'enfant relève de la responsabilité de l'État.
L'enfant est placé sous la responsabilité de ses parents qui doivent lui apporter tous les soins nécessaires à sa santé, sa sécurité ou sa moralité. Les parents sont aussi responsables des actes de l'enfant. En échange, la loi leur reconnaît l'autorité : le pouvoir de commander et de se faire obéir. En cas de défaillance des parents (absence, mise en danger de l'enfant...), l'État est dans l'obligation de prendre des dispositions afin de protéger l'enfant (placement provisoire, par exemple).
Au fur et à mesure de sa croissance, de sa maturité, l'enfant reçoit de plus en plus de droits. À six ans, il a le droit d'être scolarisé. À quatorze ans, il peut, selon les conditions fixées par la loi, conduire un cyclomoteur...
Il est aussi responsable de ces actes devant la justice. Depuis 1945, les mineurs disposent d'une justice aux règles spécifiques : la justice des mineurs. Si l'enfant est âgé de moins de treize ans, le juge ne peut que le réprimander et demander la réparation des dommages commis ; il ne peut prononcer de sanctions pénales. Entre treize et dix-huit ans, l'adolescent peut faire l'objet d'une condamnation à de la prison pour les infractions les plus graves.

La justice : principes et fonctionnement

La justice recouvre l'ensemble des principes, des règles, des acteurs et des institutions chargés de protéger chacun des membres de la société et de sanctionner ceux ne se soumettent pas aux lois établies.

I. Sanctionner et protéger

Sous l'Ancien Régime, le duel constituait un moyen de « se faire justice » : en utilisant une forme de violence, les deux parties s'affrontaient pour régler des différends. On parle parfois à ce propos de « justice privée » : elle ne concernait pas la société et avait pour unique objectif de départager deux personnes. En dehors de cette justice privée, il existait une justice publique, confiée notamment aux représentants du pouvoir royal.

Dans une société démocratique, la justice repose sur la souveraineté du peuple. Le peuple ou ses représentants décident des lois, des faits interdits et condamnables, des sanctions (amendes, emprisonnement...). Le pouvoir judiciaire est confié à des magistrats (juges, procureurs...) indépendants chargés de faire appliquer la loi.

Les lois fixent les limites à la liberté et rejettent le recours à la violence. La justice repose sur ce qui est légal (autorisé par la loi) et tient compte des circonstances (la légitimité : ce qui peut être expliqué, reconnu comme « juste »).

II. Les principes de la justice

Les principes de la justice apparaissent dans la Déclaration des droits de l'homme et du citoyen (1789). La justice a pour but :

- de prévenir les atteintes aux libertés et de protéger les autres membres de la société ;
- de réparer les fautes commises et dédommager éventuellement les personnes reconnues comme victimes ;
- de condamner les personnes enfreignant la loi.

Dans notre démocratie, la justice repose sur de grands principes énoncés dans la Déclaration universelle des droits de l'homme de 1948. Ces principes visent à rendre une justice sereine dont les décisions ne peuvent être remises en cause par les différentes parties s'affrontant lors d'un procès.

Ainsi, chaque justiciable (victime, présumé coupable...) est jugé selon la même loi et doit être traité dignement. Une personne est présumée innocente tant qu'elle n'a pas été condamnée à l'issue d'un procès équitable.

Enfin, dans la plupart des cas, toute décision judiciaire peut faire l'objet d'un appel : l'affaire est jugée une deuxième fois.

La culpabilité et la condamnation d'un individu passent par la reconnaissance, par un tribunal :

- d'aveux de la part de l'accusé ;
- de preuves apportées par les enquêteurs ou les experts ;
- de témoignages vérifiés.

III. Les acteurs de la justice en France

De multiples acteurs interviennent pour rendre une justice la plus équitable possible.
Dans les cours d'assises (juridiction compétente pour juger les crimes), le juge est accompagné de juges assesseurs, de jurés (citoyens tirés au sort sur les listes électorales) et doit tenir compte et faire preuve d'équité sans favoriser les parties civiles (l'accusation) ou la défense (l'accusé). Les avocats assurent la défense de l'accusation ou de l'accusé.
La justice se divise en différents tribunaux et instances en fonction des problèmes posés. Un grand nombre d'institutions (école, monde du travail...) possèdent leurs propres organes pour rendre la justice.

Exemples

- Monde professionnel : tribunal des prud'hommes.
- Collège et lycée : conseil de discipline.
- Infractions routières : tribunal de police.

Cette division permet à chaque justiciable de voir examiner son cas par des juges ou personnalités spécialisées.

IV. Justice et droit au collège

La justice et le droit au sein du collège reposent sur les mêmes principes et les mêmes règles que la justice pour les adultes et le reste de la société. Mais ses représentants sont différents.
La loi est ici incarnée par le règlement intérieur. Mais ce règlement découle lui-même des principes juridiques de la société. Ainsi, chaque élève est soumis aux mêmes règles comme chaque citoyen est soumis aux mêmes lois. Le règlement intérieur est rédigé par des représentants du personnel (enseignants, vie scolaire, personnels techniques...), des élèves (délégués de classe, représentants des élèves au conseil d'administration...) et des parents d'élèves, et ce sous l'autorité du chef d'établissement. Des organes de contrôle, comme l'inspection d'académie, veillent au respect des principes républicains et démocratiques et à la légalité des dispositions prises dans le règlement.
En cas d'infraction grave ou répétée, le conseil de discipline peut prononcer une sanction envers un élève. Plusieurs dispositions permettent de respecter les principes de la justice. Ainsi, tout élève a droit à :

- un « procès » équitable : l'élève comparaît devant des représentants des élèves, des parents, des membres du personnel. Il peut être représenté et accompagné par des adultes ;
- faire appel : l'élève condamné peut faire appel de la décision du conseil de discipline.

Les principes de la démocratie

La démocratie est une forme de gouvernement qui garantit l'égalité et la liberté des citoyens. Quelles sont les valeurs de ce système politique qui s'est imposé peu à peu ? Quels sont les enjeux actuels du débat démocratique ?

I. Les origines de la démocratie

1. L'invention de la démocratie dans la Grèce antique

La démocratie a été inventée dans la Grèce du Ve siècle av. J.-C. Pour l'historien Thucydide, la démocratie est un régime politique où « les choses dépendent non pas du petit nombre mais de la majorité ». C'est ce qu'on a appelé le **gouvernement du peuple** (du plus grand nombre) **par le peuple** (par la majorité). Dans la démocratie grecque, cependant, ni les femmes ni les esclaves ne possédaient de droits civiques.

2. Le développement de la démocratie

- Forme de gouvernement propre aux cités grecques, la démocratie réapparaît dans la Rome antique puis dans la Venise du Moyen Âge et dans l'Angleterre et les Pays-Bas de l'époque moderne. Il s'agit dans chacun de ces cas d'une démocratie oligarchique, c'est-à-dire d'un régime politique où un petit nombre de citoyens privilégiés détient l'essentiel des pouvoirs et des richesses.
- Ce n'est qu'à la fin du XVIIIe siècle qu'une véritable démocratie se développe, tant aux États-Unis que dans la France révolutionnaire. Depuis cette date, la démocratie n'a cessé de gagner du terrain, au point de devenir aujourd'hui la **forme dominante de gouvernement**.

II. Les valeurs de la démocratie

1. L'égalité civique

La démocratie implique tout d'abord l'égalité civique. Dans une démocratie, les citoyens sont tous soumis aux mêmes lois et ne se distinguent les uns des autres que par leur mérite. La pauvreté ne doit donc empêcher personne de prendre part à la vie de la cité. Le but n'est pas d'assurer les mêmes ressources à tous les citoyens mais de garantir **l'égalité de tous devant la loi** grâce à l'impartialité de la justice. C'est ce qu'on appelle **l'État de droit**.

2. La séparation des pouvoirs

La démocratie implique aussi la liberté. C'est la liberté reconnue et assurée de tous les citoyens, même les plus modestes, qui garantit l'existence d'un espace démocratique dans la cité. Assurer les libertés fondamentales de l'individu est donc l'une des conditions de l'existence de la démocratie. C'est le but de la **séparation des trois pouvoirs** : le pouvoir de faire les lois (**législatif**), le pouvoir de les appliquer (**exécutif**) et le pouvoir de les faire respecter (**judiciaire**). Si deux de ces pouvoirs se confondent, comme c'était le cas sous la monarchie, la liberté des citoyens, et la démocratie, peuvent se trouver menacées. C'est pourquoi la démocratie dispose d'organismes de contrôle tels que le Conseil constitutionnel en France.

3. Le pluralisme politique

La démocratie implique enfin que la vie politique soit organisée de façon à permettre l'expression de toutes les opinions : c'est le pluralisme politique. Il s'exprime par la tenue d'**élections libres** au cours desquelles le peuple élit ses représentants au moyen du vote ou suffrage universel, égal et secret. C'est le système de la **démocratie représentative**.

III. Les enjeux actuels du débat démocratique

1. La défense de la démocratie

La démocratie est fragile. Elle est sans cesse à défendre et à consolider, comme en témoignent aujourd'hui des sujets aussi importants que le **cumul des mandats électifs** ou la **corruption dans les partis politiques** ; car la démocratie ne peut s'accommoder de la concentration de tous les pouvoirs entre les mains de quelques « spécialistes » de la politique ni du détournement de l'argent public à des fins privées ou politiques. Une autre question, peut-être encore plus grave, est celle de **l'indépendance des juges** à l'égard du pouvoir : les juges sont les garants des libertés et de l'égalité devant la loi ; si un gouvernement peut ralentir ou étouffer un procès, c'est que la démocratie ne fonctionne pas encore parfaitement.

2. L'extension de la démocratie

La démocratie doit aussi sans cesse s'étendre car son principe est l'émancipation du genre humain. Hier, on accordait le droit de vote aux femmes (France, 1944) ; aujourd'hui, on souhaite imposer un nombre égal de femmes et d'hommes parmi les représentants du peuple.

Hier on abaissait l'âge de la majorité civile à 18 ans (France, 1974) ; aujourd'hui, on parle de donner le droit de vote aux jeunes de 16 ans pour les élections municipales.

Hier, on admettait que les ressortissants d'autres pays de l'Union européenne votent sur le territoire français pour les élections européennes ou municipales, aujourd'hui, certains plaident pour qu'on permette à tous les citoyens étrangers de voter aux élections municipales.

Le combat pour la démocratie durera tant que les **droits de l'homme** ne seront pas respectés partout et par tous.

La laïcité

I. La laïcité : les principes

La laïcité recouvre plusieurs aspects. Elle caractérise d'abord le fait d'être neutre et indépendant vis-à-vis des religions ou confessions. Elle constitue aussi le principe par lequel l'État et les institutions religieuses sont séparés : l'un ne peut avoir de pouvoir sur l'autre.
Dans une société laïque, aucune coutume religieuse ne peut être supérieure ou se substituer aux lois établies par l'État. Ainsi, chaque citoyen est, de fait, soumis à la même loi qu'il soit croyant ou non. La laïcité est donc avant tout fondée sur le principe de l'égalité. Inversement, quelle que soit l'opinion religieuse du croyant, celui-ci a l'assurance d'être traité à l'égal des autres citoyens.
La laïcité est aussi une base de la liberté. Elle permet à chacun de croire ou de ne pas croire. Chaque citoyen a l'assurance de pouvoir pratiquer librement sa religion à la condition de se soumettre à la loi de l'État.

II. La laïcité : une brève histoire

En France, la laïcité est associée à la IIIe République. Ce régime politique imposa d'abord l'école laïque par les lois de Jules Ferry (1882). Le but était de soustraire l'enseignement aux congrégations religieuses et à l'influence de la religion catholique. Dans le même temps, l'école laïque devait forger une culture et une éducation communes, pour tous les Français, indépendantes de leurs convictions religieuses.
Une nouvelle étape est franchie par la loi de 1905. Celle-ci, à l'initiative du député Aristide Briand, entérine la séparation de l'Église et de l'État. Cette loi est fondatrice car elle définit et organise la laïcité en France.
Les deux premiers articles en posent les principes. La république laïque assure la liberté de conscience et autorise l'exercice des cultes. Parallèlement, elle ne privilégie, ne salarie, ni ne subventionne aucun d'entre eux. La loi de 1905 rassemble donc les deux définitions de la laïcité : la neutralité de l'État vis-à-vis des religions, mais aussi l'affirmation de la liberté de conscience et de religion.
Les institutions de l'État dialoguent avec les représentants des différentes religions organisées dans leurs propres structures, comme le CFCM pour l'islam, la Conférence des évêques de France pour l'Église catholique ou le CRIJF pour le judaïsme.

III. La laïcité en pratique aujourd'hui : l'exemple de l'école

En 2004, une nouvelle loi est promulguée. Afin de respecter l'école comme un lieu ouvert à toutes les croyances (ainsi qu'au fait de ne pas croire), mais aussi comme un lieu neutre religieusement, elle y interdit le port ostensible (visible) des signes religieux.
La problématique religieuse au sein de la République, laïque, demande à s'interroger de façon régulière. Ainsi, ces dernières années, les tribunaux ont-ils été confrontés à la question religieuse dans les cantines : le droit à un repas respectant les principes de telle ou telle religion est-il compatible avec la laïcité ? Les opinions continuent de s'affronter.

Le fonctionnement de la Ve République

I. Le pouvoir exécutif

Sous la Ve République, le pouvoir exécutif est partagé, principalement, entre deux acteurs.

1. Le président de la République

Le président de la République représente la nation et assure la continuité de l'État ; il veille au respect de la Constitution et à l'indépendance de la justice. Chef des armées et responsable des orientations de la politique étrangère de la France, il garantit l'indépendance nationale, l'intégrité du territoire et le respect des traités. Lui seul peut décider de l'utilisation de l'arme nucléaire.

Chargé d'assurer le fonctionnement régulier des institutions, le président de la République nomme le gouvernement, préside le Conseil des ministres, promulgue les lois et signe les décrets et les nominations aux emplois publics.

Le président de la République peut convoquer le Parlement en session extraordinaire, dissoudre l'Assemblée nationale, saisir le Conseil constitutionnel et consulter directement le peuple par référendum sur des sujets bien précis (organisation des pouvoirs publics, politique économique et sociale, services publics, ratification d'un traité).

Arbitre de la vie politique, le président de la République est le personnage central des institutions ; il tire directement sa légitimité de son élection au suffrage universel direct. Son mandat est de cinq ans renouvelables.

2. Le gouvernement

Dirigé par un Premier ministre, le gouvernement est composé de ministres et de secrétaires d'État. Chef du gouvernement, le Premier ministre réside à l'hôtel Matignon ; il est choisi par le président de la République et partage, avec lui, le pouvoir exécutif. Le Premier ministre est chargé de conduire la politique de la République et de veiller à l'application des lois ; il a l'initiative législative et exerce le pouvoir réglementaire, c'est-à-dire celui d'édicter des règlements qui permettent l'application des lois.

La Ve République est un régime parlementaire. Le gouvernement est responsable devant l'Assemblée nationale, qui peut le renverser en votant une motion de censure. Dans les faits, c'est presque toujours le président qui met fin aux fonctions du Premier ministre.

II. Le pouvoir législatif

Dans une démocratie, le pouvoir législatif représente celui du peuple souverain. Les assemblées auxquelles ce pouvoir est délégué sont au nombre de deux : l'Assemblée nationale et le Sénat, qui constituent le Parlement bicaméral. En France, le Parlement est placé au troisième rang dans la hiérarchie des pouvoirs, après la présidence de la République et le gouvernement. De fait, le pouvoir législatif, sous la Ve République, est souvent plus orienté vers l'examen des projets du gouvernement que vers la proposition de textes nouveaux. Le Parlement discute et vote également le budget de l'État. Enfin, c'est le Parlement, réuni en Congrès au château de Versailles, qui ratifie les révisions de la Constitution proposées par l'exécutif.

1. L'Assemblée nationale

L'Assemblée nationale siège au Palais-Bourbon et compte 577 députés élus au suffrage universel direct.
L'Assemblée nationale exerce un pouvoir de contrôle sur la politique du gouvernement : elle dispose de la motion de censure, pose des questions écrites ou orales au gouvernement (séances télévisées hebdomadaires) et a la possibilité de mettre en place des commissions d'enquête parlementaires.

2. Le Sénat

Le Sénat siège au palais du Luxembourg ; il compte 348 membres en 2017, élus au suffrage universel indirect. Son fonctionnement est identique à celui de l'Assemblée nationale, mais ses pouvoirs sont moins étendus : il ne peut proposer de motion de censure, il dispose de moins de temps que l'Assemblée pour examiner le budget de l'État et doit s'incliner devant elle en cas de désaccord sur une loi.
Son président assure l'intérim du président de la République en cas de démission ou de décès (Alain Poher a ainsi remplacé Charles de Gaulle en 1969 et Georges Pompidou en 1974).

Le citoyen engagé dans la vie démocratique

La démocratie et son fonctionnement reposent sur le citoyen qui, par ses actions, s'engage et la fait vivre. Son engagement peut prendre diverses formes et peut s'étendre bien au-delà du droit de vote dont il use pour la désignation de ses représentants.

I. Militer dans un parti politique

Les partis politiques sont un des fondements de la démocratie. Ce sont des associations libres d'individus qui poursuivent les mêmes buts.
Les effectifs des partis les plus importants se comptent par dizaines de milliers d'adhérents. Parmi les militants, qui paient une cotisation, peu sont réellement actifs. Quelques-uns seulement participent aux réunions dans les permanences du parti ou aux campagnes électorales (collage d'affiches, distribution de tracts, etc.). Chaque parti compte également un certain nombre de membres permanents, salariés et plus ou moins hiérarchisés. Les dirigeants, qui peuvent être aussi des élus, locaux ou nationaux, constituent le sommet de cette hiérarchie.
Le but poursuivi par un parti politique est d'obtenir la possibilité d'intervenir dans la vie de la cité ; il recherche donc le pouvoir par le succès de ses dirigeants aux élections locales ou nationales. Cette stratégie impose un effort de sélection et de formation des futurs dirigeants. Les partis politiques jouent donc un rôle fondamental dans l'organisation du jeu démocratique.
La quête du pouvoir passe, en effet, par une pratique du débat d'idées, que ce soit dans les assemblées ou par l'intermédiaire des médias. Les militants ont ainsi pour mission d'expliquer à l'opinion les données du débat politique.
Les partis politiques doivent lutter contre l'idée, parfois partagée par les électeurs et certains militants, qu'ils n'existent que pour tenter de gagner des élections. Afin que les militants se sentent jouer un rôle dans le choix des candidats et dans la définition des programmes, les partis multiplient donc les consultations directes auprès de leurs adhérents (référendums internes, élection du président ou premier secrétaire).

II. Être membre d'une association

La France compte plus de 800 000 associations, dont les adhérents représentent, en nombre, près de la moitié de la population française.
Les associations ont été autorisées en France par la loi du 1er juillet 1901. Une association repose sur une convention librement consentie entre plusieurs personnes physiques (individus) ou morales (autres associations, entreprises). Le but d'une association ne doit pas être contraire aux lois et doit être non lucratif : si l'association peut réaliser des bénéfices, ceux-ci ne peuvent être utilisés qu'au développement de ses activités et non à l'enrichissement de ses membres.
Si certaines associations (surtout les plus grandes) emploient de façon permanente des salariés, la plupart ne recourent au salariat que de façon

temporaire ou occasionnelle – l'essentiel des tâches de l'association étant assurées bénévolement par des membres.
Le fonctionnement d'une association implique des ressources financières. Elles sont en effet indispensables pour rétribuer éventuellement un ou plusieurs salariés, payer le loyer et les charges des locaux utilisés, acheter et entretenir du matériel, etc. Une association peut recevoir des droits d'entrée, des cotisations et des amendes dont le plafond est fixé par la loi.
Elle peut également recevoir des dons d'un montant limité ou organiser des activités payantes (bals, ventes, etc.).

III. L'action syndicale

Les syndicats français sont anciens et jouent un rôle social fondamental. Ce sont des associations organisées sur une base professionnelle. Officiellement reconnus en France depuis la loi de 1884, ils ont pour but la défense d'intérêts communs (salaires, retraites, etc.). Ils sont indépendants et ne peuvent être dissous par une décision administrative ou de justice. L'adhésion à un syndicat est un droit garanti par la Constitution. La plupart des syndicats sont affiliés à des fédérations nationales. Les fédérations les plus importantes (CGT, CFDT, FO, CFTC, CGC), respectant les cinq critères de représentativité nationale (loi de 1950), peuvent négocier et signer des accords dans tous les secteurs d'activité.
Le rôle traditionnel des syndicats est de négocier avec le patronat, dans chaque entreprise et branche par branche. Ils n'hésitent pas, le cas échéant, à recourir aux grèves et aux manifestations. Depuis 1945, les syndicats sont également des interlocuteurs officiels pour les pouvoirs publics. Ils participent dorénavant à l'élaboration des lois sociales et en surveillent l'application.
Depuis la mise en place de la sécurité sociale, après la Seconde Guerre mondiale, les syndicats sont devenus cogestionnaires des organismes sociaux. À l'échelle nationale, ils participent à la gestion des caisses de retraite et des caisses de sécurité sociale ; à l'échelon local, ils participent au travail des comités d'entreprise.

Le rôle des médias

La libre circulation des opinions et des informations est à la fois l'enjeu et la condition de toute vie démocratique. Comment les médias exercent-ils cette fonction ? Doit-on redouter les manipulations de l'information ?

I. Le combat pour la liberté d'expression

- La liberté d'expression fait partie des droits fondamentaux de la personne humaine. Elle a été revendiquée par les journalistes dès le XVIIe siècle, avant tout pour des raisons économiques. En effet, la **presse écrite,** et les **médias** en général, ont besoin pour vivre de toucher un public le plus vaste possible et de le fidéliser en lui offrant ce qu'il désire ; ils ne peuvent donc s'accommoder d'une censure quelle qu'elle soit.
- En France, la liberté de la presse est définitivement reconnue par la **loi du 29 juillet 1881**, toujours en vigueur aujourd'hui. À partir de cette date, la presse écrite ne joue plus seulement le rôle de contre-pouvoir, elle devient un **« quatrième pouvoir »**, prenant en charge l'information des citoyens et l'exercice du débat démocratique.
- De véritables « empires » s'édifient dans le secteur de la presse écrite, bientôt relayés et concurrencés par les grandes chaînes de radio et de télévision (principe de la **liberté de communication audiovisuelle** reconnu par la loi du 29 juillet 1982). Les progrès techniques permettent une transmission des informations de plus en plus rapide et complète. De nouvelles formes de journalisme apparaissent, fondées sur l'objectivité et le respect scrupuleux de l'information.

II. Les manipulations de l'information

- Depuis le XIXe siècle, les journaux, comme les chaînes de radio et de télévision, sont devenus de véritables **entreprises économiques.** Les médias sont soumis aux lois du marché et recourent de plus en plus à la **publicité** pour se financer. Cette recherche de l'autonomie financière est la condition de leur liberté ; mais elle peut aussi se transformer en course au profit et entraîner bien des abus.
- Pour attirer un plus large public, certains médias n'hésitent pas à publier les informations ou les images les plus spectaculaires. Ils se lancent dans la **chasse aux scoops,** allant, dans certains cas, jusqu'à les forger de toutes pièces. Ils recherchent enfin les informations à caractère privé et confidentiel concernant telle ou telle célébrité et tombent parfois sous le coup de la loi pour atteinte à la vie privée ou diffamation.
- L'irruption d'**Internet** dans la diffusion de l'information a bouleversé le paysage médiatique. En accélérant la vitesse de circulation de l'information, Internet provoque des « courts-circuits journalistiques » dès que survient un événement particulièrement médiatisé. Pour ne pas paraître dépassés dans cette compétition, les grands médias sont tentés de publier tout ce qui leur « tombe sous la main », sans toujours prendre le temps de vérifier l'information. La chaîne éditoriale est alors rompue au profit des manipulateurs et des « chasseurs de scoop ».

III. Le droit à l'information et la démocratie

• Les abus de quelques journalistes ne doivent cependant pas faire perdre de vue le travail d'information et d'entretien du lien social assuré par l'ensemble des médias. Les journalistes disposent de **codes déontologiques** et, pour la plupart, ils s'y tiennent. Le Conseil supérieur de l'audiovisuel (CSA), créé en 1989, veille au respect de ces règles par les chaînes de radios et de télévision. En effectuant un tri dans la masse des informations proposées et en orientant le débat public, la presse écrite et électronique demeure le **premier auxiliaire de la démocratie.**

• En France, comme dans les autres pays développés, ce ne sont pas la censure ou la répression qui menacent le droit à l'information. En fait, la presse perd peu à peu de son indépendance financière au profit de **grands groupes de communication.** Ces liens avec le monde des affaires, associés à la fascination qu'éprouvent parfois les journalistes pour les milieux politiques, font redouter à certains observateurs une manipulation de l'information plus dangereuse car plus difficile à déceler. La presse peut-elle continuer à jouer son rôle si elle n'est plus réellement indépendante ?

L'ONU et la coopération internationale

La coopération internationale s'accroît tout en revêtant des formes de plus en plus complexes. De la réduction de la misère à la préservation de la paix, quelles sont les modalités de la coopération internationale ? Comment s'adapte-t-elle à l'évolution de la situation internationale ?

I. Le rôle des Nations unies : préserver la paix et favoriser le développement

L'ONU a été créée pour promouvoir les valeurs de la démocratie et pour assurer le maintien de la paix et de la sécurité internationales. Elle cherche tout d'abord à limiter la course aux armements et les risques de crise en ayant recours à la diplomatie (recommandations, médiation, négociation), à l'envoi de casques bleus (détachements de soldats des forces armées de pays membres placés sous l'autorité des Nations unies) pour accompagner la mise en œuvre d'un accord et, en dernier recours, à la force armée, par l'intermédiaire des États membres.
L'ONU fonctionne selon le principe de l'égalité entre tous les États membres. L'Assemblée générale réunit les représentants des États membres (193 en 2017). C'est elle qui vote le budget, discute des résolutions et examine les demandes d'admission. L'Assemblée élit, pour cinq ans, le secrétaire général des Nations unies.
L'organe de décision des Nations unies est le Conseil de sécurité ; il se compose de dix membres élus pour deux ans et de cinq membres permanents qui ont le droit de veto : il s'agit des États-Unis, de la Russie, de la France, du Royaume-Uni et de la Chine. Grandes puissances économiques, mais vaincues en 1945, ni l'Allemagne ni le Japon n'y figurent. C'est le Conseil de sécurité qui décide d'appliquer des sanctions économiques, d'autoriser l'usage de la force et d'envoyer des casques bleus.
C'est le Conseil économique qui est chargé de mettre en place les actions de coopération afin de favoriser le développement. Il travaille en accord avec seize institutions spécialisées et quatorze organes subsidiaires, dont quelques-uns se consacrent au développement et à l'aide humanitaire. Il faut citer la FAO (Organisation pour l'alimentation et l'agriculture), l'UNESCO (Organisation des Nations unies pour l'éducation, la science et la culture), l'OMS (Organisation mondiale de la santé), l'UNICEF (Fonds des Nations unies pour l'enfance), le HCR (Haut-Commissariat des Nations unies pour les réfugiés) et le PNUD (Programme des Nations unies pour le développement).

II. La coopération entre États

La coopération bilatérale, entre un État riche et un État pauvre, est la plus ancienne forme de coopération. Elle est le plus souvent économique, mais peut également prendre une forme politique, culturelle ou militaire. Cette aide accordée aux pays pauvres par les pays riches n'est pas toujours aussi importante que le prévoient les accords internationaux (0,7 % du PNB) ;

elle est souvent « intéressée » et n'est pas toujours adaptée aux situations locales.
Depuis une trentaine d'années, les accords de coopération multilatéraux se multiplient ; certains ont un objectif d'aide au développement (par exemple, accord entre l'Union européenne et plus de soixante-dix pays d'Afrique, des Caraïbes et du Pacifique), d'autres ont pour but de créer des zones de libre-échange (ASEAN, ALENA, APEC, MERCOSUR, etc.).

III. Le rôle des organisations non gouvernementales (ONG)

L'instabilité de la situation internationale rend de plus en plus nécessaire l'existence d'associations non gouvernementales indépendantes. Celles-ci peuvent intervenir partout où l'aide bilatérale ou multilatérale est insuffisante, aussi bien que dans des situations où le devoir de non-ingérence freine l'action des Nations unies.
Ces organisations internationales sont près de deux mille. Elles se spécialisent dans des interventions d'urgence, mais peuvent aussi mener des actions à long terme, en partenariat avec les États ou avec les Nations unies. Une grande spécialisation, une utilisation optimale des ressources et une meilleure connaissance des situations leur permettent d'intervenir avec une grande efficacité lors des crises les plus graves (cyclones, tremblements de terre, famines, guerres, etc.).
Les plus importantes de ces organisations, dans les domaines de l'aide au développement, de l'aide humanitaire et de la défense des droits de l'homme, sont, entre autres, Amnesty International, Médecins sans frontières, Médecins du monde, Pharmaciens sans frontières. Reconnues sur le plan international, les ONG remettent en cause aujourd'hui les règles qui régissaient les relations entre les États, les grandes entreprises et les organisations internationales économiques et financières en posant la question du « droit d'ingérence humanitaire ».

La défense et le citoyen

La défense nationale fait partie des missions des pouvoirs publics. Quelles sont les attributions des différents pouvoirs en matière de défense ? Quel rôle l'administration joue-t-elle dans l'organisation de la défense nationale ? Comment les armées sont-elles organisées ? Quelle est l'attitude actuelle de la République française en matière de défense ?

I. L'organisation de la défense nationale

1. Le rôle du pouvoir exécutif

Que la défense nationale soit un des fondements de la République est attesté par le rôle attribué dans la Constitution au président de la République. Selon les articles 5 et 15 de celle-ci, « le président de la République est le garant de l'indépendance nationale, de l'intégrité du territoire, du respect des traités [... Il] est le chef des armées. Il préside les conseils et les comités supérieurs de la Défense nationale ». Le président est le seul à pouvoir décider de l'engagement des forces nucléaires.

La défense nationale fait donc partie du « domaine réservé » du président de la République, mais il ne saurait être question qu'il décide seul en cas de crise, même avec l'aide de l'état-major. Le pouvoir politique intervient en effet à tous les niveaux pour permettre la mise en œuvre de la défense nationale. Le Parlement fixe le budget et l'organisation de cette dernière en votant des lois de programmation militaire ; c'est lui qui peut autoriser la déclaration de guerre. Le Premier ministre est responsable de la Direction générale de la défense nationale ; il est assisté d'un Secrétariat général de la défense et de la sécurité nationale.

2. Le rôle de l'administration

La politique de défense nationale est globale ; elle nécessite, dans sa phase active, la participation d'un grand nombre d'agents administratifs. Le principal intervenant est le ministère de la Défense, qui met à exécution la politique de défense. Tout ce qui concerne l'organisation, l'emploi, l'équipement et l'instruction des armées est de son ressort.

Le ministère est assisté d'une Direction générale pour l'armement, qui est chargée de fournir les armées en matériels. Le ministre de la Défense est en contact permanent avec tous les autres ministères. Ceux-ci ont chacun un rôle à jouer dans la politique de défense nationale. Ainsi, le ministère de l'Intérieur est chargé du maintien de l'ordre et de la protection civile.

3. L'état-major et les armées

Le président de la République et le Premier ministre choisissent et nomment ensemble un chef d'état-major qui coordonne les forces armées : l'armée de terre, la marine, l'armée de l'air et la gendarmerie. Chacun de ces corps dispose de son propre état-major qui est chargé de l'emploi et de l'instruction en temps de paix et de l'organisation des opérations militaires en temps de guerre. L'état-major des armées est assisté d'un service de santé des armées et d'un service des essences des armées.

II. Les missions de la défense nationale

1. Des missions confiées aux citoyens

Le thème de la défense nationale est inséparable de celui de la défense de la République. La République française a été fondée en 1792, au moment où l'Assemblée législative déclarait la « patrie en danger ». Depuis cette date, la défense de la nation, c'est-à-dire celle du peuple et de son territoire, représente une priorité pour le régime républicain.
C'est la prise de conscience du lien existant entre citoyenneté et défense nationale qui a conduit les représentants du peuple à adopter le service militaire universel et obligatoire pour les hommes en 1872. À la fin du XIXe siècle, la plupart des jeunes Français passaient trois ans dans les casernes de la République pour acquérir une pratique militaire ; entre 1914 et 1918, 1,4 million d'entre eux ont donné leur vie pour la défense de la patrie. Dans la République française, la défense nationale est donc, en principe, l'affaire des citoyens, qui ont un devoir égal envers elle.

2. Garantir l'indépendance nationale

La défense nationale est plus qu'un principe républicain ; c'est aussi une nécessité pratique pour tout État indépendant. Elle a pour but de garantir l'indépendance de la nation, l'intégrité du territoire national, la sécurité et la liberté des citoyens, le bon fonctionnement des institutions, le respect des alliances, des traités et des accords internationaux et la protection des intérêts et des ressortissants français à l'étranger.
Depuis 1960, la France est une puissance nucléaire. La possession de l'arme atomique lui a permis d'avoir recours au principe de dissuasion pour défendre son territoire. Aucune charge nucléaire n'ayant été utilisée au cours d'un conflit depuis 1945, la dissuasion a surtout joué un rôle géostratégique (dans les relations entre les États). Elle a aussi accentué le caractère permanent de la défense nationale et, par là même, le contrôle du pouvoir politique sur la hiérarchie militaire.

3. Des missions renouvelées

La fin de la guerre froide a fait définitivement entrer la défense nationale dans une ère nouvelle. Les risques d'agression s'étant diversifiés et disséminés (prolifération des armes de destruction massive, terrorisme, guerres civiles ou localisées mettant en jeu la sécurité de ressortissants français, etc.), la dissuasion demeure un axe fondamental de la politique de défense, mais elle ne suffit plus. Le nouveau concept stratégique élaboré en 1994 y ajoute les trois principes de prévention, de protection et de projection.

III. Le citoyen et la défense aujourd'hui

La première conséquence de cette évolution est que si la défense nationale reste du devoir de chaque citoyen, le principe de protection de la nation ne peut plus être garanti par une armée de citoyens. En effet, le maintien du service militaire universel coûterait trop cher, au moment où l'armée a besoin de former des professionnels. Le service militaire a donc disparu progressivement et a été remplacé en 2000 par un rendez-vous citoyen d'une journée (la journée Défense et Citoyenneté) pour les garçons et les filles âgés de dix-huit ans.

Les progrès scientifiques et leurs conséquences

En cette fin de millénaire, la science a réalisé des progrès considérables. Plus que jamais, l'avenir paraît ouvert mais aussi, formidablement complexe. Quels sont les domaines où la science a le plus progressé ?

I. Une accélération du progrès scientifique

• Les progrès les plus spectaculaires ont été réalisés dans le **domaine médical.** Pour cela, il a fallu mettre en place une véritable politique d'investissement et de recherche à moyen et long terme et, surtout, recourir à l'expérimentation. De nombreuses réussites dans le **traitement des maladies virales ou génétiques** ont été obtenues grâce aux expériences menées avec des volontaires, mais les recherches les plus prometteuses aujourd'hui sont celles que l'on pourrait mener sur les cellules-souches des embryons. En chirurgie, il a fallu encourager les dons d'organes et de cellules. L'**assistance médicale à la procréation,** enfin, a fait d'énormes progrès avec la fécondation in vitro.
• Les progrès réalisés en **biologie** et en **génétique** ont permis d'augmenter les rendements dans l'agriculture par la sélection des semences les mieux adaptées ; ils ont également rendu possibles les **manipulations du patrimoine génétique des plantes** pour améliorer leur résistance ou leurs qualités nutritives (organismes génétiquement modifiés ou OGM). Dans l'élevage, la recherche a permis de perfectionner les techniques de croisement entre les variétés d'une même espèce mais aussi, d'améliorer les espèces en modifiant leurs caractéristiques génétiques. Le premier **clonage** réussi a été réalisé en 1997 (la brebis « Dolly ») et il n'est pas exclu que cette opération fasse prochainement partie des techniques usuelles de l'élevage. Certains scientifiques souhaitent expérimenter l'emploi de cette technique pour le traitement de maladies chez l'homme (clonage thérapeutique), voire pour la reproduction humaine.

II. Les procédures de contrôle

• Si certains domaines de recherche ont pu, des années durant, demeurer sans contrôle de la part des pouvoirs publics, les choses ont bien changé. C'est qu'aujourd'hui, la recherche médicale et biologique touche à des domaines qui concernent la sécurité et l'avenir de la collectivité. Un **Comité consultatif national d'éthique** pour les sciences de la vie et de la santé (CCNE) a été mis en place en 1983 ; il prend part à l'élaboration des lois et participe à l'encadrement de la recherche scientifique.
• Au nom du principe de la dignité de l'être humain, la loi prévoit déjà l'**interdiction du commerce des organes humains** et impose l'anonymat des dons d'organes ; elle exige le consentement et l'assurance du patient en cas d'expérimentation médicamenteuse et, surtout, elle réglemente, très strictement, la procréation médicalement assistée. Les lois du 29 juillet 1994 dites **lois de bioéthique** réservent l'assistance médicale à la procréation aux couples sans enfants, en âge de procréer, mariés depuis au moins deux ans. En 2021, elle est ouverte à toutes les femmes.

D'après ces lois, les embryons non utilisés (dits « surnuméraires ») doivent être détruits ; toute expérimentation est donc interdite.

• Mais la loi doit pouvoir être adaptée de façon à tenir compte des nouvelles possibilités techniques tout en continuant de préserver la dignité humaine. Pour garantir cet équilibre complexe, les lois de bioéthique sont périodiquement révisées. La **première révision (loi du 6 août 2004)** a ainsi autorisé l'expérimentation en matière de cellules-souches sur les embryons surnuméraires, sous un contrôle strict et pour une durée limitée (sept ans). En revanche, elle interdit tout clonage humain (y compris thérapeutique).

• Dans le domaine des **OGM**, la position des pouvoirs publics n'est pas encore totalement arrêtée. En France, des **cultures expérimentales,** destinées justement à mesurer les dangers potentiels des OGM, sont autorisées sous contrôle – ce sont ces cultures qui sont parfois victimes de « fauchages » de la part d'adversaires des OGM. L'importation de produits agricoles transgéniques pour le marché n'est autorisée que pour quelques cultures. Pour les autres, l'Union européenne a imposé jusqu'en 2004 un **moratoire** (délai pendant lequel aucune décision d'autorisation ne peut être prise). Ce moratoire ayant expiré, les autorisations redeviennent possibles, mais sont souvent bloquées par les désaccords entre États européens. La France est en général opposée à de nouvelles autorisations.

III. La société face au progrès scientifique

• Les gouvernements ne peuvent tout seuls répondre aux multiples questions que pose l'accélération du progrès scientifique. Ils font appel aux **conseils d'experts** médicaux et scientifiques mais aussi de ceux des personnalités, de tous les horizons, qui font partie de comités comme le CCNE. En effet, quelques affaires comme celle du « sang contaminé » ou celle de la « vache folle » ont montré les limites de l'expertise scientifique.

• Sur certaines questions, la décision doit être avant tout politique car elles mettent en jeu la sécurité de la collectivité (ex : interdiction d'importer du bœuf britannique susceptible d'être contaminé par la maladie de la « vache folle »). De plus en plus, il est fait alors appel au **« principe de précaution »**. Sur d'autres questions, ni les experts, ni les politiques ne disposent d'éléments suffisants pour pouvoir trancher. Il s'agit, en règle générale, de problèmes qui engage l'avenir de la société tout entière (ex : le clonage humain) et qui ne peuvent être abordés que d'un point de vue moral.

• La plus grande prudence prévaut aujourd'hui. Aux comités d'experts, on a ajouté le principe de **révision des textes de loi tous les cinq ans**. On tente à présent de permettre aux associations et aux citoyens de prendre part au débat.

• Une difficulté importante en matière de contrôle vient du fait que les règles sont le plus souvent nationales (et, parfois seulement, européennes), de sorte que ce qui est autorisé en France (recherche sur les cellules-souches) est interdit ailleurs (en Allemagne), tandis que ce que la France interdit (clonage thérapeutique) peut faire l'objet de recherches ailleurs (au Royaume-Uni). Il existe certes une **Déclaration universelle sur le génome humain et les droits de l'homme (11 novembre 1997)**. Elle n'est cependant pas interprétée de la même façon par tous les États et, parce qu'elle n'est pas un traité, n'a pas de force obligatoire.

L'égalité entre les hommes et les femmes

Le principe de l'égalité entre les hommes et les femmes a été reconnu depuis peu. Par quelles voies y est-on parvenu ? Ce principe est-il respecté aujourd'hui ? La parité permettra-t-elle de faire avancer les choses ?

I. La conquête de l'égalité juridique et civique

• Il a fallu attendre la Révolution française pour voir émerger la revendication d'une égalité civique entre les hommes et les femmes. Mais cette revendication fut lente à se traduire dans les faits. En 1804, le Code civil reconnaît aux femmes des droits successoraux ; en 1880, les lois scolaires de Jules Ferry leur accordent l'**accès à l'enseignement secondaire.** En 1907, les femmes obtiennent le droit de disposer de leur salaire, puis de bénéficier de congés de maternité. Entre 1919 et 1938, elles obtiennent la possibilité de passer le baccalauréat, puis le droit de s'inscrire à l'université sans l'autorisation de leur père ou de leur mari.
• La conquête décisive est l'**obtention du droit de vote et de l'éligibilité** en 1944. La France est le 26e pays du monde à accorder le droit de vote aux femmes, 51 ans après la Nouvelle-Zélande, 26 ans après l'Angleterre, 11 ans après la Turquie, 7 ans après le Pakistan, etc. Aux élections législatives de 1945, les partis présentent 10 % de candidates et 33 femmes sont élues.
• Toutefois, l'émancipation des femmes n'est pas encore acquise. C'est seulement en 1965 qu'elles obtiennent le droit d'exercer une profession et d'ouvrir un compte en banque sans l'autorisation de leur mari. Dans les années 1970, les mères de famille reçoivent le droit d'exercer l'autorité parentale, puis celui de transmettre la nationalité à leurs enfants et enfin, celui de demander le **divorce par consentement mutuel.** Ces dispositions sont complétées en 1985 par le principe d'égalité entre les époux pour la gestion des biens et l'éducation des enfants, en 2004 par l'égalité dans la transmission du nom de famille (les parents peuvent choisir de transmettre celui du père, de la mère ou les deux).

II. Des inégalités subsistent

Si les femmes ont obtenu en un peu plus d'un siècle de se voir reconnaître une personnalité juridique et civique, ainsi que d'accéder à l'éducation, « l'égalité des chances » entre hommes et femmes est loin d'être acquise.
• Depuis 1967, deux lois décisives ont permis aux femmes de mieux gérer maternité et vie professionnelle. Il s'agit de la loi libéralisant la **contraception** (1967) et de la loi autorisant l'**interruption volontaire de grossesse** ou IVG (1975). Cependant, ces textes n'ont pas suffi ; il a fallu y ajouter l'interdiction de licencier une femme enceinte (1980) et deux autres lois sanctionnant, l'une, le harcèlement sexuel (1992) et, l'autre, le délit d'entrave à l'IVG.
• Malgré le principe d'égalité de salaire à travail égal (1972) et le **principe d'égalité professionnelle** entre hommes et femmes (1983), les femmes sont loin de bénéficier des mêmes opportunités professionnelles que les hommes. Leurs salaires sont inférieurs de 25 %, en moyenne, par rapport

à ceux des hommes et elles sont beaucoup moins nombreuses à accéder à des postes de direction.

III. Le débat sur la parité

- Si le combat pour l'égalité professionnelle se poursuit, la place des femmes dans la vie politique n'a que peu augmenté depuis 1945. Il a fallu attendre 1997 pour que le seuil de 10 % de femmes élues à l'Assemblée nationale soit franchi ; la même année, la proportion de femmes ministres au sein du gouvernement atteint 30 %.
- Le principe d'une **représentation paritaire** entre les hommes et les femmes tend à s'imposer dans le discours politique et dans l'opinion. Les divergences portent sur les moyens de parvenir à cette parité. Les partisans de la loi sur la parité estiment qu'il faut contraindre les partis politiques à désigner autant de candidates que de candidats. Les adversaires de la parité la perçoivent comme une forme de « différenciation ». Introduire une différence entre les sexes dans la Constitution, c'est, à leurs yeux, compromettre le principe démocratique de représentation selon lequel un élu représente tout le monde quel que soit son sexe ou son origine.
- Le 28 juin 1999, le Congrès (réunion de l'ensemble des deux Chambres) a voté une **modification de l'article 3 de la Constitution** qui stipule désormais que « la loi favorise l'égal accès des femmes et des hommes aux mandats électoraux et aux fonctions électorales ». La loi du 6 juin 2000 applique ce principe en imposant que, dans les élections au scrutin de liste (municipales, régionales, européennes, sénatoriales dans certains départements), les listes comptent autant d'hommes que de femmes. Aux élections au scrutin uninominal (vote pour un seul candidat comme aux législatives, aux cantonales), la parité est plus difficile à réaliser, mais la loi prévoit des pénalités financières (réduction du financement par l'État) pour les partis qui présenteraient une trop faible proportion de candidates.

Sujet de métropole, juin 2023

Situation pratique : L'engagement citoyen des jeunes

Document 1 *: Le conseil municipal des jeunes de Reims (département de la Marne, région Grand Est)*

Le conseil municipal des jeunes est ouvert à tous les collégiens qui habitent à Reims ou qui y sont scolarisés. Dès la sixième et jusqu'à la troisième, chaque jeune peut ainsi devenir acteur au sein de sa ville.

Accompagnés tout au long de l'année scolaire, les jeunes conseillers ont pour objectif de développer leurs propres idées en matière de citoyenneté autour de thématiques variées : environnement, culture, sports/loisirs, solidarité, santé... Ponctuellement, ils participent également à des actions solidaires et durables portées par la ville de Reims ou différents partenaires associatifs.

Les réunions de travail ont lieu les mercredis après-midi (hors vacances scolaires) à la direction de la Jeunesse. C'est lors de ces temps privilégiés que les jeunes échangent sur leurs idées qui pourront, pour certaines, devenir de véritables projets.

Source : Site Internet de la mairie de Reims, 2022

Document 2 *: Affiche pour le conseil municipal des jeunes de Margencel (département de la Haute-Savoie, région Auvergne-Rhône-Alpes)*

Source : Site Internet de la mairie de Margencel

Document 1

1. Indiquez deux conditions qui permettent de participer au conseil municipal des jeunes de la ville de Reims.

2. Citez deux thématiques dans lesquelles les actions du conseil municipal des jeunes de la ville de Reims doivent s'inscrire.

Document 2

3. « Présente-toi ou vote pour élire tes représentants » : montrez que ce slogan fait du conseil municipal des jeunes une instance démocratique.

Documents 1 et 2

4. Vous décidez de candidater pour devenir membre du conseil municipal des jeunes de votre commune. Rédigez un discours dans lequel vous présentez vos motivations et vous développez une proposition d'action citoyenne qui vous tient à cœur.

> Conseil : Les réponses aux questions précédentes peuvent vous aider à détailler vos motivations. Votre discours peut évoquer l'importance de l'élu comme représentant des citoyens. Présentez, ensuite, un projet particulier dans les domaines de l'environnement, de la santé, des loisirs, etc. Ce projet doit être un objectif commun partagé par le plus grand nombre et respecter l'intérêt collectif.

1. Pour participer au conseil municipal des jeunes, il faut habiter ou être scolarisé dans la commune de Reims. Il faut aussi être collégien.

2. Le conseil municipal des jeunes propose des projets en rapport avec :
- l'environnement,
- la culture,
- les loisirs (notamment le sport),
- la santé.

3. Le slogan « Présente-toi ou vote pour élire tes représentants » évoque trois principes démocratiques.
La désignation des conseils municipaux des jeunes se fait par le vote et l'élection. À Margencel, l'élection se déroule en deux tours. Chacun des jeunes citoyens est invité à choisir librement ses représentants.
Le conseil municipal des jeunes est ouvert à tous ; l'affiche invite les mineurs de la commune âgés de 9 à 15 ans à se présenter.
Enfin, le conseil municipal des jeunes permet à chaque citoyen d'exercer des responsabilités pour améliorer la vie de tous.
La représentativité, l'égalité entre citoyens et la liberté de choix sont donc les principes démocratiques mis en œuvre au conseil municipal des jeunes.

4. Être membre du conseil municipal des jeunes, c'est avant tout porter des projets pour tous, au service de tous.
Si je viens à être élu(e), j'attends vous représenter et mettre en avant les projets que vous me confierez. Dans les domaines de la santé, de la culture ou des loisirs, les collégiens doivent aussi apporter leurs idées.
Pour ma part, conscient(e) des enjeux environnementaux et du réchauffement climatique, je souhaite présenter au conseil municipal un projet visant à réduire la pollution et les nuisances liées à nos déplacements. Aussi, je propose donc que les moins de 18 ans de notre commune puissent bénéficier de la gratuité des transports en commun tous les jours de l'année. Au-delà de l'aspect écologique, cette mesure permettra à chacun de devenir plus autonome dans ses déplacements.

Sujet de métropole, juin 2022

Situation pratique : L'exercice des valeurs et des principes de la République dans la commune

Document 1 : Créer un média par établissement scolaire

Hélène Paumier, professeure de français, explique l'importance pour elle d'apprendre aux élèves à produire et à publier des contenus médiatiques.

C'est en produisant des contenus médiatiques (qu'ils aient pour support la radio, la presse écrite, la vidéo ou le web) qu'on devient un lecteur, un auditeur, un téléspectateur averti [(1)]. Qui a fait de la radio une fois ne l'écoute plus jamais de la même oreille : il sait qu'un micro-trottoir est le résultat d'un choix, d'un angle, que les recherches doivent être sérieuses, validées et que l'information se vérifie et se replace dans son contexte.

Et cette leçon s'étend à d'autres situations : elle permet de comprendre qu'on ne doit pas, sur les réseaux sociaux, répercuter sans vérifier, s'indigner sans savoir qui parle.

Hélène Paumier, article extrait du journal © *Le Monde*, publié le 21 février 2019.

Document 2 : Extrait de la Déclaration des droits de l'Homme et du Citoyen de 1789

Article 11. La libre communication des pensées et des opinions est un des droits les plus précieux de l'Homme : tout Citoyen peut donc parler, écrire, imprimer librement, sauf à répondre de l'abus de cette liberté dans les cas déterminés par la Loi.

Questions

Document 1

1. Indiquez deux raisons pour lesquelles la professeure pense qu'une éducation aux médias est nécessaire pour les collégiens.

2. Expliquez le passage souligné.

Document 2

3. Nommez la valeur de la République à laquelle fait référence l'article 11 de la Déclaration des droits de l'Homme et du Citoyen et précisez par quoi elle est limitée dans ce même article.

1. Averti : un citoyen informé qui fait preuve d'un esprit critique face à l'information.

Document 1 et 2

4. Vous êtes membre du conseil de la vie collégienne (CVC) et vous avez décidé avec des camarades de créer un média pour le collège. Vous rédigez un texte expliquant ce que l'on doit respecter quand on produit ou diffuse des informations pour ce média, au moment où les réseaux sociaux sont de plus en plus utilisés.

> Cette dernière question demande d'apporter une réponse développée. Vous pouvez vous appuyer sur votre expérience personnelle si vous avez déjà participé à l'élaboration d'un média (journal, radio…) dans le cadre de votre scolarité. Sinon, reprenez les thèmes des trois premières questions. Évoquez les notions de liberté (de la presse, des opinions, de l'expression,) mais aussi les limites (diffamations, informations mensongères ou fake news…).

1. Pour Hélène Paumier, professeure, l'éducation aux médias est nécessaire pour devenir un citoyen disposant d'un esprit critique face à l'information. L'E.M.I. (Éducation aux Médias et à l'Information) est aussi indispensable pour comprendre l'importance de vérifier une information avant de la partager sur les réseaux sociaux ou d'exprimer une opinion.

2. Toute information (écrite, photographie, vidéo...) doit être vérifiée par plusieurs sources afin d'en mesurer l'importance. C'est aussi un moyen de confronter les différentes versions apportées par différents médias. La connaissance du contexte permet de mieux appréhender l'objectivité (ou neutralité) de l'information ou de savoir si elle constitue le reflet d'une opinion.

3. L'article 11 de la Déclaration des droits de l'Homme et du Citoyen fait référence à la liberté. Cependant comme toute liberté, la liberté de « communication des pensées et des opinions » est régie par la loi qui en définit les abus.

4. Le journal du collège que nous envisageons de créer doit respecter certaines règles.

Nous ne publierons que des informations dont nous citerons les sources. Nous devrons mentionner aussi le contexte dans lequel s'inscrit l'information, les photographies afin que nos lecteurs soient correctement informés. Nous devrons respecter la vie privée de chacun. Notre journal sera aussi un média d'expression. Aussi nous devrons donner la parole à chacun, car chacun possède le droit de s'exprimer et d'avoir une opinion. Notre journal se basera sur les faits qui peuvent être vérifiés. Enfin, nous ne devons pas nous livrer à l'insulte, à la diffamation ou aux mensonges. Cela est condamné par la loi.

Sujet de métropole, juin 2019

Situation pratique : L'engagement des citoyens dans la vie de leur commune

Document

Dépliant de présentation des budgets participatifs de la ville de Floirac

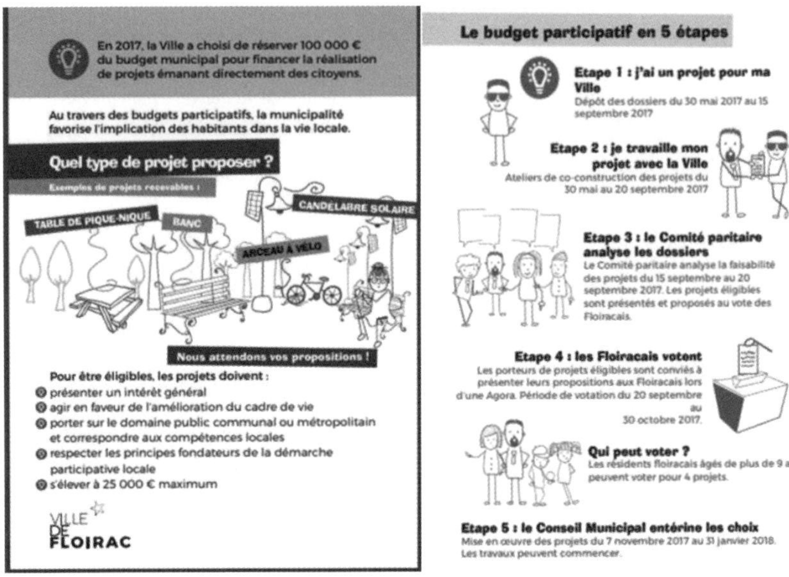

Source : http://www.ville-floirac33.fr/la-democratie-participative

Questions

1. Identifiez la source et les destinataires de ce dépliant.
2. Qui peut proposer des projets ? Qui peut voter ?
3. Expliquez quel est l'objectif recherché par la ville de Floirac.
4. Citez deux autres formes d'engagement des citoyens dans la vie démocratique.

> Cette question fait appel à vos connaissances et expériences. Évoquez les autres formes de participation qui sont offertes au citoyen dans un pays démocratique au sein des associations, partis politiques, syndicats…

5. Vous allez à la rencontre des habitants de votre quartier pour qu'ils s'engagent dans la vie de la commune. Rédigez un texte pour les convaincre. (Votre réponse ne comportera aucune information d'identité ou de signature, ni le nom de votre commune.)

1. Le dépliant provient du site Internet de la ville de Floirac (www.ville-floirac33.fr). Il s'adresse aux résidents floiracais et aux citoyens de la commune.

2. Les habitants et citoyens de la commune de Floirac peuvent proposer des projets pour le budget participatif. Ce sont tous les habitants de la commune, âgés de plus de 9 ans, qui peuvent voter pour les projets à retenir.

3. La ville de Floirac cherche à approfondir le lien entre les responsables de la commune et les citoyens (étapes 2 et 3). Elle permet à chaque citoyen de s'engager dans la vie de la commune en proposant un projet pour améliorer le cadre de vie (étape 1). Enfin, cette initiative permet à chaque citoyen de participer plus directement à la gestion du budget municipal (étapes 4 et 5).

4. Au sein d'une commune, les citoyens peuvent adhérer à une association en tant que bénévole, par exemple. Membres d'une association locale (sportive, culturelle…), ils décideront des actions à mener, désigneront leurs représentants, dialogueront avec les habitants et les responsables de la commune. Un citoyen peut aussi adhérer à un syndicat afin de défendre les intérêts communs au sein du monde professionnel.

5. Chaque habitant d'une commune peut s'engager dans la vie collective. Pour cela, chacun est invité lors des élections municipales à choisir ses représentants qui mèneront des projets et géreront la commune. Les habitants français comme étrangers disposant de la citoyenneté européenne ont aussi la possibilité de se présenter aux élections municipales afin de faire avancer leurs projets et idées. Les associations locales sont des acteurs importants dans la vie de la commune. Adhérer ou participer à ces associations constituent un moyen de s'engager et d'animer la vie d'une commune. Enfin, certaines municipalités, comme celle de Floirac, réservent une partie du budget municipal à la réalisation de projets proposés et choisis par les citoyens.

Il est important pour chaque habitant de s'engager dans la vie de la commune. L'intérêt général, le cadre de vie sont des biens communs sous la responsabilité de tous. Chacun participe au budget de la commune en payant ses impôts. Il est donc normal qu'en élisant les responsables municipaux, en proposant des projets aux élus, le citoyen donne son avis afin de défendre l'intérêt collectif. Participer à la vie de la commune est donc un moyen de faire vivre la démocratie au niveau local.

Physique-chimie

Les états de la matière et les changements d'état

I. Description des états de la matière

• La **matière** qui nous entoure peut se présenter sous **trois états physiques différents** : on distingue les solides, les liquides et les gaz. Par exemple, on représente sur l'image ci-dessous les **trois états de l'eau à l'échelle microscopique** : eau solide (glace), eau liquide, vapeur d'eau.

Les trois états de l'eau

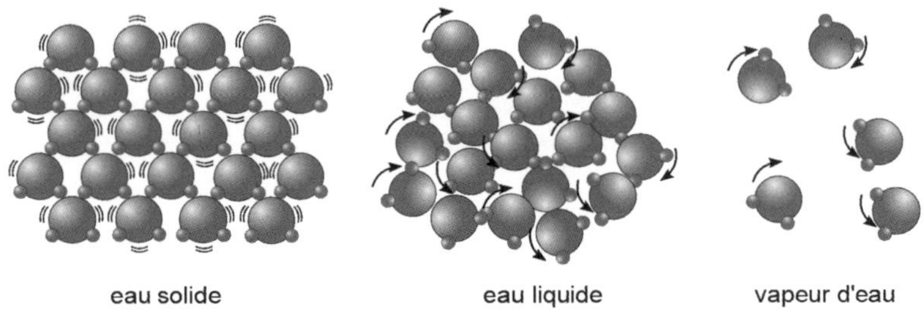

• Dans l'état solide, les molécules de la matière sont **liées** les unes aux autres et **organisées** pour former une **structure compacte et ordonnée**. Dans l'état liquide, les molécules sont **moins liées** : elles se déplacent mais restent sous forme d'un **ensemble compact**. Dans l'état gazeux, les molécules sont **indépendantes** les unes des autres : elles occupent tout l'espace disponible. L'état gazeux est **totalement désordonné**.

II. Changements d'état

• Un changement d'état est le **passage d'un état physique à un autre** (voir schéma) sous l'effet d'un changement de **température** ou de **pression**. Par exemple, le passage du solide au gaz est appelé sublimation.

Les changements d'état

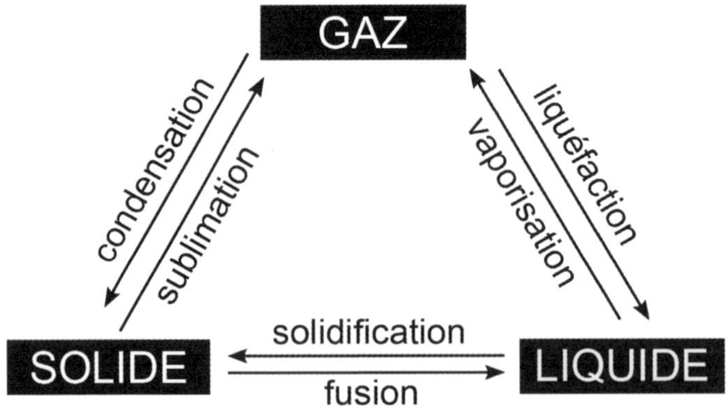

• Un changement d'état physique se produit à une température particulière appelée **température de changement d'état**. Par exemple, pour faire fondre un glaçon d'eau à pression atmosphérique, il faut dépasser la température de fusion de l'eau de 0 °C. Pour faire bouillir de l'eau (eau liquide → vapeur d'eau), on se place à la température d'ébullition de l'eau : 100 °C.

III. Propriétés d'un changement d'état

• Lorsqu'on réalise un changement d'état :
- il y a **conservation de la masse** ;
- le **volume ne se conserve pas** (il est modifié).

• Exemple : on place une bouteille d'eau au congélateur (à moins de 0 °C). L'eau liquide se solidifie sous forme de glace. Si on remplit la bouteille jusqu'au bord, la glace déborde de la bouteille. La glace occupe donc un plus grand volume que l'eau liquide, même si la masse reste la même. La **masse volumique** change, puisque le volume change.

Le changement de volume lors d'une solidification

Avant congélation : eau liquide (volume = 1 L)

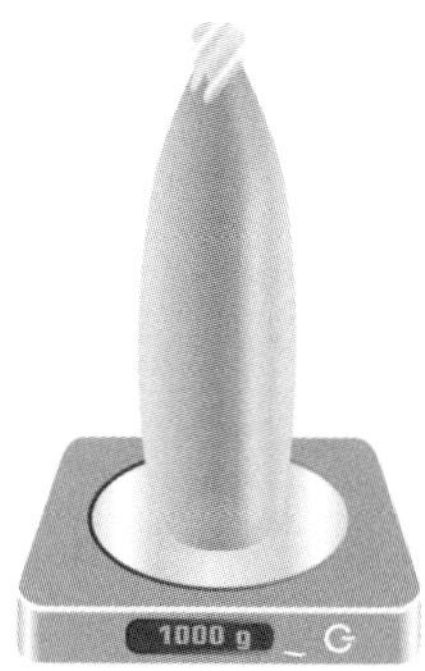

Après congélation : eau solide (volume = 1,09 L)

Les corps purs et les mélanges

I. Différence entre corps pur et mélange

- Un **corps pur** est un matériau constitué d'une seule **espèce chimique**, contrairement au **mélange** qui en comporte plusieurs. Un **corps pur simple** est constitué d'un seul type d'atomes (exemples : fer, Fe ; dioxygène, $O_{2(g)}$ ...). Un **corps pur composé** est constitué de plusieurs types d'atomes (exemples : sel, $NaCl_{(s)}$; sucre, $C_6H_{12}O_{6(s)}$ ...).
- On différencie les corps purs notamment grâce à leurs **températures de changement d'état** (fusion, ébullition...), à leur **masse volumique** (qui change selon l'état physique), à leur **solubilité** dans différents solvants.

II. Mélange homogène, mélange hétérogène

- Il existe deux types de mélanges :
- les **mélanges homogènes** : on ne peut pas distinguer les constituants à l'œil nu après agitation du mélange ;
- les **mélanges hétérogènes** : on observe plusieurs **phases** après agitation.
- Un mélange homogène liquide est appelé **solution chimique**. Une substance solide qu'on dissout dans un **solvant** liquide est appelée **soluté** (exemple : le sucre qui se dissout dans le solvant eau).
- Pour évaluer la **solubilité** d'un soluté dans un solvant, on mesure la masse maximum de soluté qu'on réussit à dissoudre dans un litre de solution.
- La **masse totale se conserve** lorsqu'on effectue un mélange.

Nature des espèces mélangées → Aspect du mélange ⇓	Soluté + solvant (Solide + liquide)	Solvant + solvant (Liquide + liquide)
Homogène	Le soluté est **soluble** dans le solvant. Exemple : sel dans l'eau.	Les solvants sont **miscibles**. Exemple : sirop et eau.
Hétérogène	Le soluté **n'est pas soluble** dans le solvant. Exemple : craie et eau.	Les solvants **ne sont pas miscibles.** Exemple : huile et vinaigre.

III. Analyse d'un mélange homogène

- Pour analyser les constituants d'un **mélange homogène**, on réalise une **chromatographie sur couche mince** :
- on dépose une goutte du mélange sur une plaque (papier-filtre) ;
- on place la plaque dans la cuve : l'**éluant** monte par **capillarité**, en entraînant avec lui les constituants du mélange ;
- les constituants **migrent** à des vitesses différentes : ils se séparent.

La chromatographie

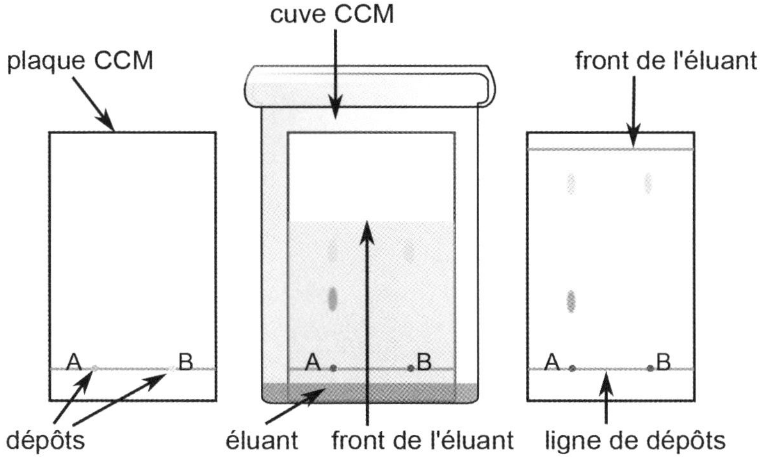

La masse volumique

I. Définition

• La **masse volumique** d'un liquide ou d'un solide est la **masse de matériau par unité de volume**. Elle est notée μ (« mû ») ou ρ (« rhô ») et est déterminée par la relation : $\rho = \frac{m}{v}$.

• L'unité de ρ dépend des unités choisies pour la masse m et le volume V :
– m en kilogramme et V en litre : ρ en kg/L ;
– m en gramme et V en millilitre : ρ en g/mL.

• On peut également écrire, à l'aide d'un produit en croix, l'expression de la masse : $m = \rho \times V$.

II. Mesure de la masse volumique d'un matériau

• Pour un liquide : on mesure la masse d'un certain volume de liquide. Pour cela, on place sur une balance une **éprouvette graduée** contenant le liquide. Grâce à la **balance**, on mesure la **masse m** (penser à **tarer** la balance). Grâce à l'**éprouvette graduée**, on mesure le **volume V**. On en déduit la masse volumique ρ par le calcul.

Exemple

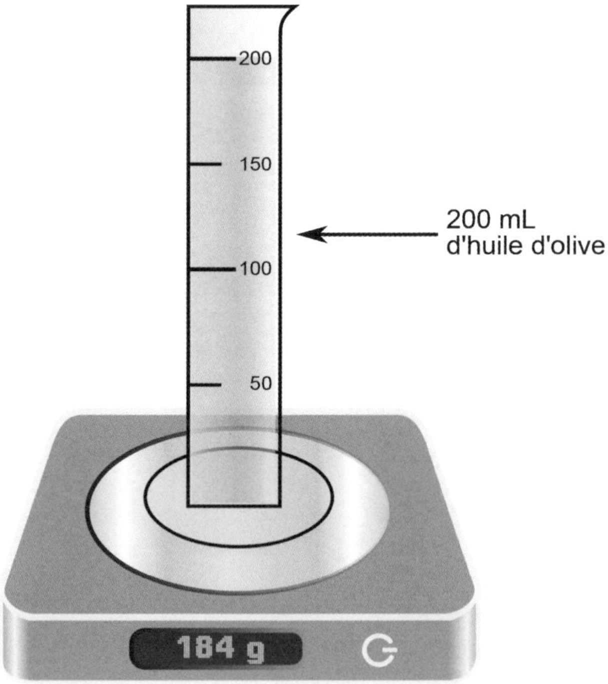

On mesure m = 184 g et V = 200 ml, soit $\rho = \frac{m}{v} = \frac{184}{200} = 0{,}92 g\,/\,\text{mL}$.

• Pour un solide : on détermine le volume V du solide, puis on mesure sa masse m à l'aide d'une balance.

Exemple

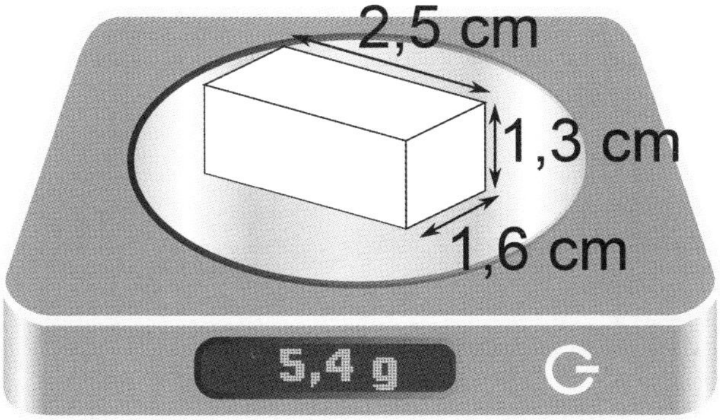

On mesure le volume du parallélépipède rectangle :
V = longueur × largeur × hauteur = 2,5 × 1,6 × 1,3 = 5,2 cm^3 et m = 5,4 g, soit
$\rho = \frac{m}{v} = \frac{5{,}4}{5{,}2} = 1{,}04 g\,/\,\text{cm}^3$.

III. Utilité

• Tous les matériaux ont des masses volumiques différentes, ce qui permet de les **caractériser** et de les différencier. Par exemple, si on mesure pour un matériau inconnu une masse volumique ρ = 2 300 kg/m^3, on en déduit d'après des **tables de données** qu'il s'agit de béton.

Matériau	**Exemples de solides**				**Exemples de liquides**	
	Or	**Acier**	**Béton**	**Bois acajou**	**Lait**	**Eau de mer**
Masse volumique (kg/m^3)	19 300	7 850	2 300	700	1 030	1 000

La composition de l'air

I. Composition de l'air

• L'air qui nous entoure est **inodore** et **incolore**. Et pourtant, il nous permet de respirer, notamment grâce aux **molécules de dioxygène** (et non « d'oxygène » comme on le dit souvent) qui le constituent. L'air contient environ **21 % de dioxygène O_2** et **78 % de diazote N_2** (+ 1 % d'autres gaz : argon, dioxyde de carbone CO_2 ...).

II. Pression

• L'air est une matière gazeuse : les molécules qui le composent sont en **mouvement désordonné** et occupent tout le volume disponible. Les interactions entre molécules sont négligeables. En revanche, les molécules exercent une **action sur les parois du contenant** où elles se trouvent : cette **force surfacique** est appelée **pression** et s'exprime en **pascals (Pa)** ou en **bars (1 bar = 105 Pa).**
• Lorsqu'on ferme un récipient contenant de l'air et qu'on appuie sur les parois (par exemple, en poussant sur une seringue), on force les molécules à se rapprocher les unes des autres et cela demande un effort physique : c'est la **compression**. On augmente la pression du gaz. De même, lorsqu'on écarte les parois d'un récipient contenant un gaz en équilibre (par exemple en tirant sur une seringue), cela demande un effort physique : c'est la **dilatation**. On diminue la pression du gaz.

Cas d'équilibre

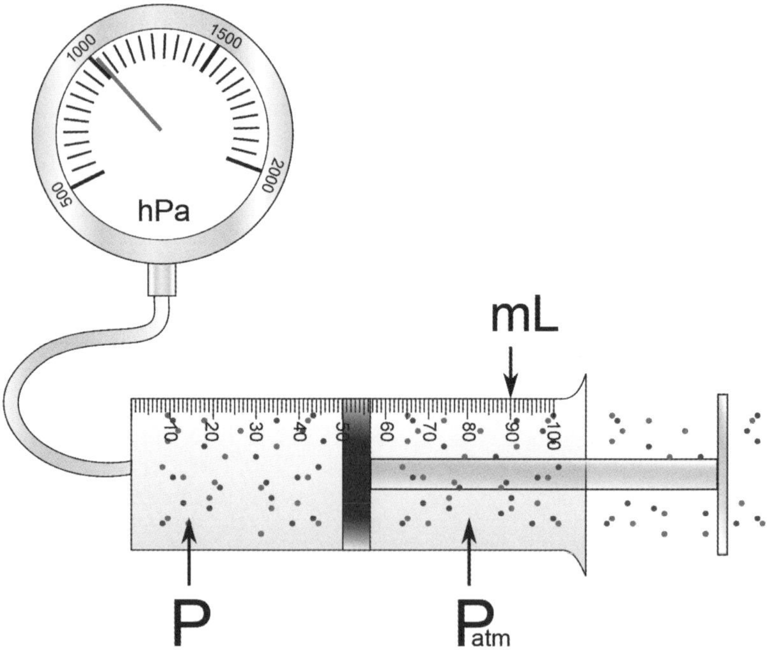

Compression

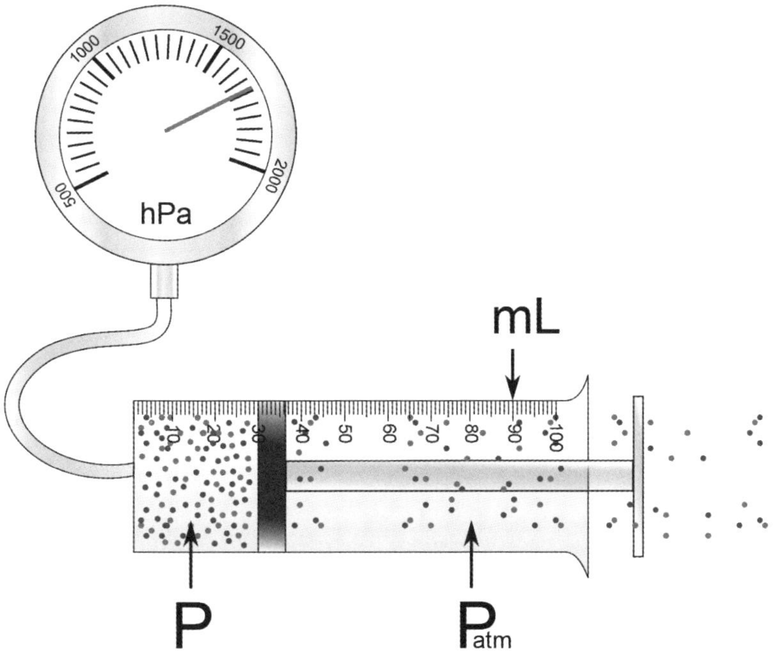

Dilatation

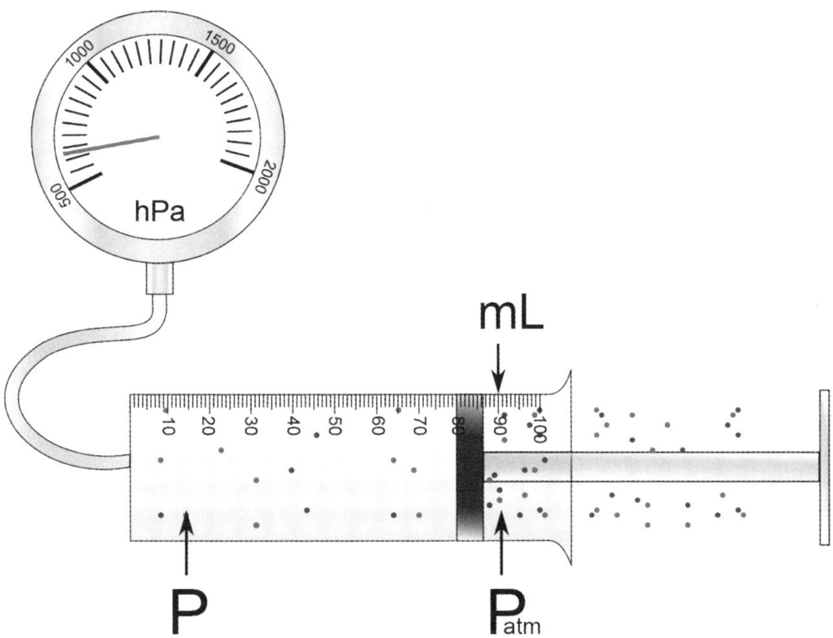

• À la surface de la Terre, les molécules de l'air sont en équilibre (au repos) lorsqu'elles sont à la **pression atmosphérique** (P_{atm} = 1 013 hPa).

III. Évolution de la température de changement d'état avec l'altitude

• Lorsqu'on se déplace en altitude, la pression de l'atmosphère diminue. C'est pourquoi les bouteilles d'eau vides ont tendance à **gonfler**, car la pression intérieure **tend à s'équilibrer** avec la pression extérieure.

La pression dans une bouteille

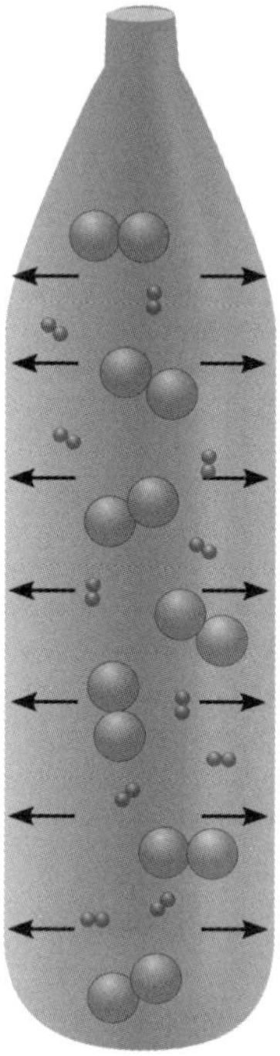

• Autre conséquence : la **température d'ébullition de l'eau est plus faible quand l'altitude augmente**. Si on voulait faire cuire des pâtes au sommet de l'Everest, il faudrait attendre longtemps, car à cette altitude l'eau bout aux alentours de 70 °C… mais cela ne cuit pas les aliments !

Les solutions acido-basiques et le pH

I. Solutions acides et basiques - pH

• Une **solution aqueuse** contient en majorité des molécules d'eau H_2O. Elle contient également les **ions hydrogène H^+** et les **ions hydroxyde HO^-** en plus ou moins grande quantité. C'est la quantité de ces ions qui détermine notamment une sensation macroscopique d'acidité ou encore un caractère corrosif.

• Une solution de pH = 7 est **neutre**. Elle contient autant d'ions H^+ que HO^-.

Une solution de pH < 7 est **acide**. Elle contient davantage d'ions H^+ que HO^-.

Une solution de pH > 7 est **basique**. Elle contient davantage d'ions HO^- que H^+.

• On évalue le pH d'une solution grâce au nuancier d'un **papier pH** (il suffit de déposer une ou deux gouttes de la solution à tester sur un morceau de bandelette). On peut le mesurer grâce à un **pH-mètre**.

Le nuancier du papier pH

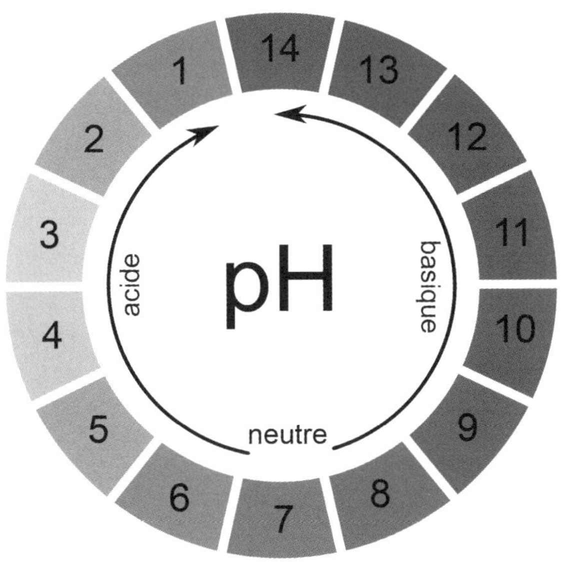

II. Effet d'une dilution sur le pH

• Plus une solution est acide, plus son pH est faible. Exemple : le jus de citron est plus acide que le vinaigre : pH(citron) = 2,2 et pH(vinaigre) = 2,4. De même, plus une solution est basique, plus son pH est grand.

• Lorsqu'on dilue une solution acide, elle devient un peu moins acide et **son pH se rapproche de 7**. Attention : la solution ne devient pas basique, car on ne rajoute pas d'ions HO^-. Lorsqu'on dilue une solution basique, son pH se rapproche également de 7.

pH de quelques produits courants

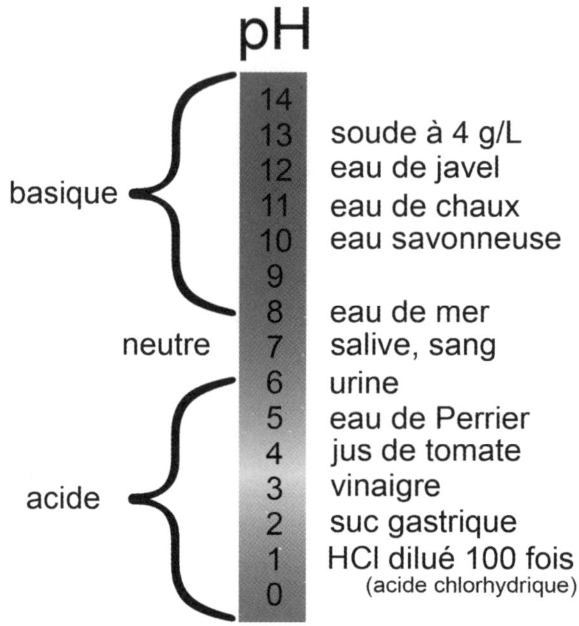

III. Sécurité

- Les solutions acides et basiques sont **corrosives**, elles peuvent entraîner des **brûlures** graves de la peau, des muqueuses et des yeux. Particulièrement les solutions **concentrées**.

Exemples de réactions acido-basiques

- Les espèces acides et basiques peuvent réagir entre elles pour former un mélange soit acide, soit basique, soit neutre.
- Exemples de réactions acido-basiques :

$H^{+}_{(aq)} + HO^{-}_{(aq)} \rightarrow H_2O_{(l)}$;

$HCO_3^{-}{}_{(aq)} + H^{+}_{(aq)} \rightarrow CO_{2(aq)} + H_2O_{(l)}$.

La transformation chimique

I. Différence entre transformation chimique et transformation physique

• Une **transformation physique** est le passage d'un corps d'une **forme physique** à une autre, sans modification de la nature des molécules mises en jeu. Exemples : **changement d'état**, modification de la **température** du **système chimique**, de sa **pression**, de son **volume** ...

La transformation de la glace en eau

État physique initial : eau solide (glace)

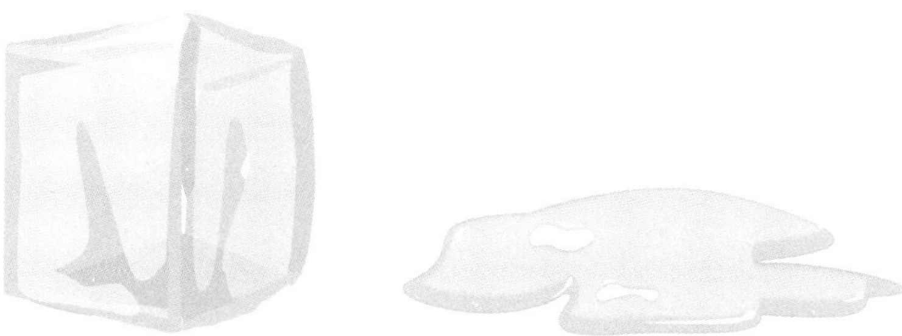

État physique final : eau liquide

La température du système chimique a augmenté, provoquant la fusion du glaçon et la réduction du volume occupé par l'eau. Toutefois, il y a les mêmes molécules dans l'état initial et l'état final (molécules d'eau H_2O).

• Une **transformation chimique** s'accompagne d'une **modification des espèces chimiques** présentes dans l'état initial. Les atomes présents dans les molécules de départ sont **redistribués** afin de former de nouvelles molécules.

Exemple : la transformation chimique liée à la combustion

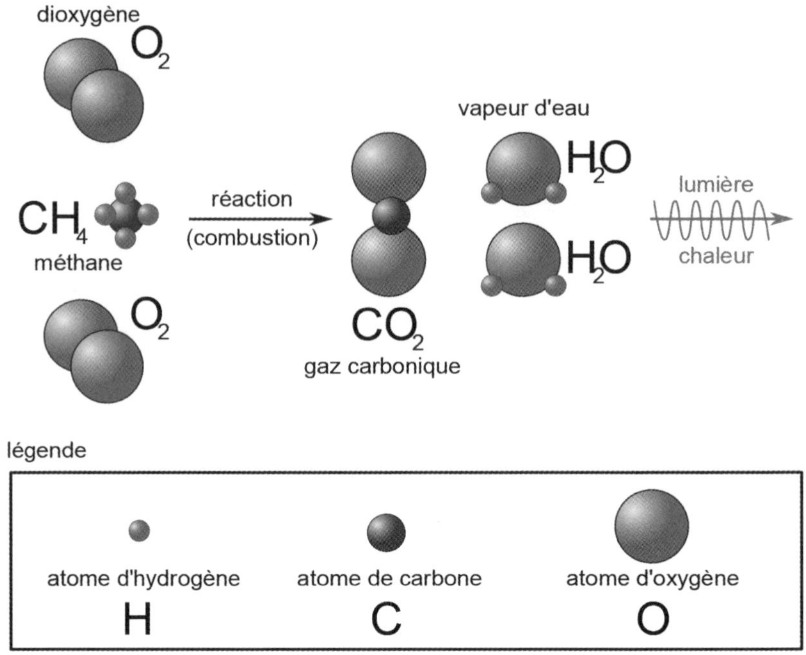

- On compte autant d'atomes dans l'état initial que dans l'état final. Ainsi, **la masse est conservée au cours d'une réaction chimique**.

II. Comment décrire une transformation chimique ?

- Pour écrire une transformation chimique, on représente deux **cadres**, l'un décrivant **l'état initial** et l'autre **l'état final** de la **transformation**. On y indique les espèces présentes (**réactifs** et **produits**) ainsi que les **paramètres physiques** connus. Exemple pour la transformation précédente :

État initial	État final
Dioxygène $O_{2(g)}$	Dioxyde de carbone $CO_{2(g)}$
Méthane $CH_{4(g)}$	Vapeur d'eau H_2O
Pression atmosphérique	Pression atmosphérique
Température : 25 °C	Température : 2 400 °C

Équilibrer une équation de réaction chimique

Pour **équilibrer** *une équation de réaction chimique, il faut s'assurer de placer les bons* **coefficients stœchiométriques** *devant les molécules de l'équation, pour qu'il y ait autant d'atomes à gauche qu'à droite de la flèche.*

I. Réaction de combustion

La combustion

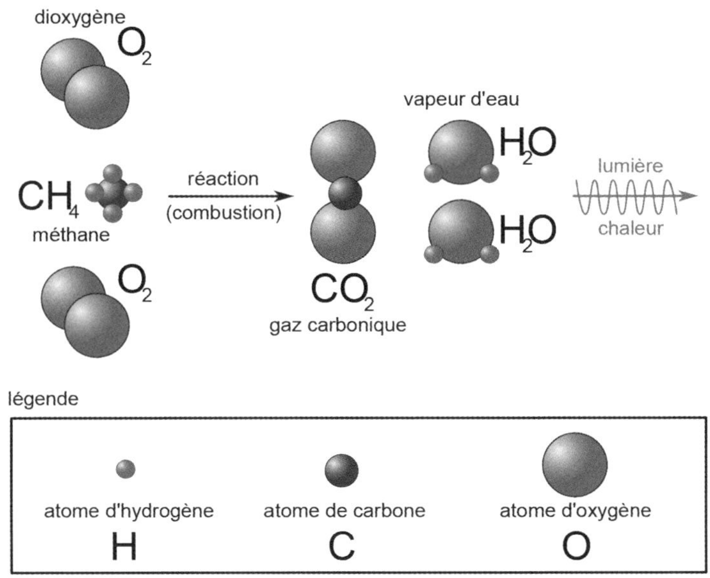

• Exemple avec la réaction de combustion complète du méthane : du méthane CH_4 réagit avec du dioxygène O_2 pour former du dioxyde de carbone CO_2 et de la vapeur d'eau H_2O.

Équation provisoire : $CH_4 + O_2 \rightarrow CO_2 + H_2O$.

Étape 1 : on pense à préciser les **états physiques** des différents constituants :

$CH_{4(g)} + O_{2(g)} \rightarrow CO_{2(g)} + H_2O_{(g)}$.

Étape 2 : on compte **le nombre d'atomes de carbone** à droite et à gauche de la flèche et on ajuste les coefficients stœchiométriques si besoin :

$$\underbrace{CH_{4(g)} + O_{2(g)}}_{1 \text{ atome C}} \longrightarrow \underbrace{CO_{2(g)} + H_2O_{(g)}}_{1 \text{ atome C}}$$

Rien à modifier.

Étape 3 : on compte **le nombre d'atomes d'hydrogène** à droite et à gauche de la flèche et on ajuste les coefficients stœchiométriques si besoin :

$$\underbrace{CH_{4(g)} + O_{2(g)}}_{\text{4 atomes H}} \longrightarrow \underbrace{CO_{2(g)} + H_2O_{(g)}}_{\text{2 atomes H}}$$

Il faut donc 2 molécules d'eau à droite pour avoir 4 atomes H à droite :

$$CH_{4(g)} + O_{2(g)} \longrightarrow CO_{2(g)} + \mathbf{2}\,H_2O_{(g)}$$

Étape 4 : on compte **le nombre d'atomes d'oxygène** à droite et à gauche de la flèche et on ajuste les coefficients stœchiométriques si besoin :

$$\underbrace{CH_{4(g)} + O_{2(g)}}_{\text{2 atomes O}} \longrightarrow \underbrace{CO_{2(g)} + 2\,H_2O_{(g)}}_{\text{2 atomes O}}$$

Ici, l'équation chimique est bien équilibrée.

Étape 5 : on **équilibre les charges** quand cela est nécessaire.

II. Réaction entre un acide et un métal

- Le fer solide $Fe_{(s)}$ réagit avec l'acide chlorhydrique $H^+_{(aq)} + Cl^-_{(aq)}$:

– **test de l'allumette** : on en déduit qu'il s'est formé du dihydrogène gazeux $H_{2(g)}$ au cours de la réaction ;
– **test au nitrate d'argent** : on en déduit la présence d'ions chlorure $Cl^-_{(aq)}$;
– **test à la soude** : on en déduit la présence d'ions $Fe^{2+}_{(aq)}$.

Le test d'identification du fer

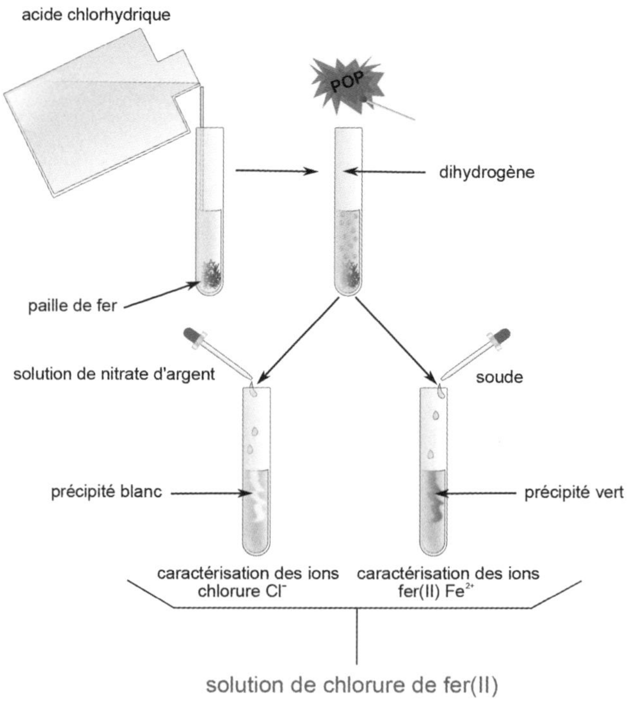

- Équation de la réaction :

$Fe_{(s)} + 2H^+_{(aq)} + Cl^-_{(aq)} \rightarrow H_{2(g)} + Fe^{2+}_{(aq)}. + Cl^-_{(aq)}$.

Remarque : on vérifie que les **charges soient bien équilibrées** : ici, 2 + à gauche de « → » et 2 + à droite : c'est bon.

- Les ions Cl^- n'ont pas été transformés : on les appelle « **ions spectateurs** » et on peut se passer de les faire apparaître dans l'équation.

La structure de l'Univers

I. De l'infiniment petit à l'infiniment grand

• L'**Univers** est un vaste espace contenant des **objets gigantesques** comme les **galaxies.** Mais en zoomant sur la matière, on constate que tous les objets autour de nous, petits ou grands, sont constitués des mêmes **briques élémentaires** de la matière : les **atomes**. Ils obéissent aux **mêmes lois physiques** en tout point de l'Univers.

• Pour décrire les objets de l'Univers, on a recours à plusieurs **échelles** et donc plusieurs **unités adaptées** :

– **échelle microscopique** (l'infiniment petit) : **micromètre** (1 μm = 10^{-6} m), **nanomètre** (1 nm = 10^{-9} m) ;

– **échelle macroscopique** (l'infiniment grand) : **mégamètre** (1 Mm = 10^{6} m), **gigamètre** (1 Gm = 10^{9} m), **unité astronomique UA, année-lumière**.

II. Évolution de l'Univers

L'Univers n'a pas toujours eu la forme que nous lui connaissons aujourd'hui. Selon certaines théories, il serait en **expansion** depuis sa **création lors du Big Bang** (assimilable à une gigantesque explosion) il y a environ 13,8 milliards d'années. En se refroidissant, l'Univers a vu apparaître de nouveaux **éléments chimiques** : légers (hydrogène, hélium) puis lourds (oxygène, carbone, fer, silicium...).

• Ces éléments se sont peu à peu assemblés pour constituer des **amas de roches ou de gaz**, eux-mêmes regroupés par **gravité** pour former les **étoiles** et **planètes** que nous connaissons. Notre système solaire s'est formé il y a 4,6 milliards d'années : il est relativement « jeune » par rapport à l'Univers.

La structure du Système solaire

I. Principaux éléments du Système solaire

• Le Système solaire est constitué d'une **étoile** centrale (le Soleil), autour de laquelle gravitent huit **planètes**.

Le Système solaire

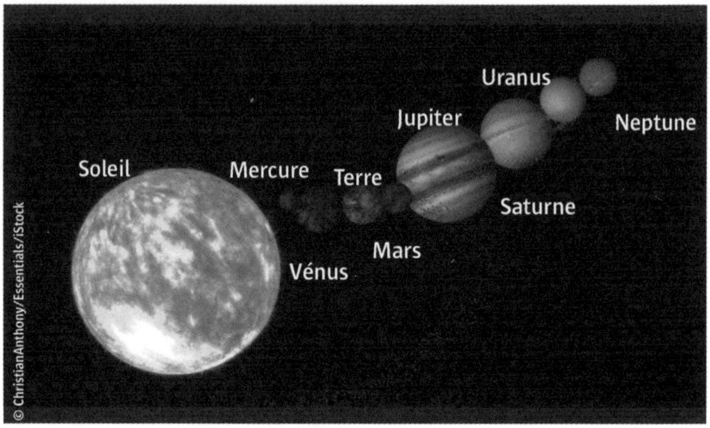

• On distingue :

– quatre planètes telluriques (Mercure, Vénus, la Terre, Mars) : essentiellement constituées de roches, elles sont d'assez petite taille ;

– quatre planètes géantes (Jupiter, Saturne, Uranus, Neptune) : composées de gaz ou de glace, elles sont de grande dimension. Pluton n'est plus considérée comme une planète depuis 2006, c'est désormais une planète naine.

Les planètes telluriques et les planètes gazeuses sont séparées par une **ceinture d'astéroïdes**. Au-delà des grandes planètes est présente une autre ceinture d'astéroïdes appelée **ceinture de Kuiper**.

• Autour de certaines planètes orbitent des **satellites** naturels. Par exemple : la Lune est l'unique satellite de la Terre. Ganymède et Europe sont deux satellites parmi les 67 satellites de Jupiter.

II. Les autres éléments

Dans le Système solaire évoluent d'autres éléments :

– des **comètes**, composées de glace et de poussières (*exemple : comète de Halley*) ;

– des satellites artificiels, tels que les **sondes** envoyées par l'homme pour **explorer** le système solaire (Spoutnik, Pioneer, Voyager...) ou les satellites météorologiques, GPS...

III. Notre système solaire : seul et unique ?

Non, il y a des milliers de systèmes solaires dans l'Univers ! La Nasa recherche activement des **exoplanètes** habitables, comme celles du système de TOI 700.

Le mouvement d'un objet

I. Qu'est-ce que le mouvement ?

• Un mouvement est le **déplacement** d'un objet ou d'une personne. Il est décrit par deux informations : la **vitesse** et la **trajectoire**. La trajectoire est l'ensemble des **positions successives** empruntées par l'objet qui se déplace. La vitesse permet de savoir si l'objet mettra plus ou moins de temps à parcourir une certaine distance.

II. Différents types de mouvements

• Différents adjectifs sont attribués au mouvement, selon la **nature de la trajectoire** et **l'évolution de la vitesse**. Ces adjectifs sont regroupés dans le tableau ci-dessous :

La vitesse… / La trajectoire est…	… augmente	… reste constante	… diminue
… une droite	Mouvement rectiligne accéléré* sens du mouvement	Mouvement rectiligne uniforme sens du mouvement	Mouvement rectiligne décéléré ou ralenti** sens du mouvement
… un cercle	Mouvement circulaire accéléré* sens du mouvement	Mouvement circulaire uniforme	Mouvement circulaire décéléré** sens du mouvement

** Les points marquant la trajectoire sont séparés par le **même intervalle de temps**. Or, on voit sur le schéma qu'ils sont de plus en plus **espacés** : cela signifie que l'objet parcourt une **plus grande distance** pendant une durée donnée : l'objet se déplace donc à **plus grande vitesse**.*
*** On voit sur le schéma que les points sont de plus en plus **rapprochés** : cela signifie que l'objet parcourt une **plus petite distance** pendant une durée donnée : l'objet se déplace donc à **plus petite vitesse**.*

III. Relativité du mouvement

• Pour observer un mouvement, il est nécessaire de **se référer** à un objet qui serve de **point de repère** : le **référentiel**. En effet, le mouvement n'est pas le même selon le référentiel. Exemple : un passager avance à vitesse constante dans un train qui accélère :

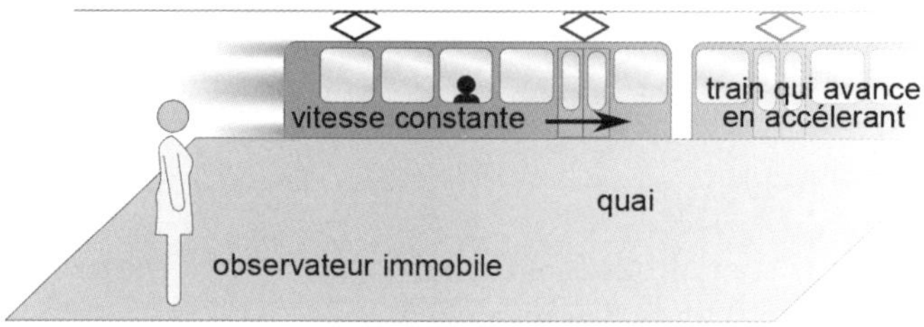

– par rapport au train, le passager a un mouvement **rectiligne uniforme** ;
– par rapport à un observateur immobile sur le quai, le passager a un mouvement **rectiligne accéléré**.

La vitesse d'un objet

I. Définition

• La vitesse est représentée par une flèche, appelée **vecteur vitesse**, qui donne plusieurs informations :
– la **direction** de la flèche est tangente au mouvement à chaque instant et indique l'orientation du mouvement ;
– le **sens** de la flèche indique de quel côté s'effectue le mouvement ;
– la longueur de la flèche indique la **valeur** de la vitesse (petite ou grande).

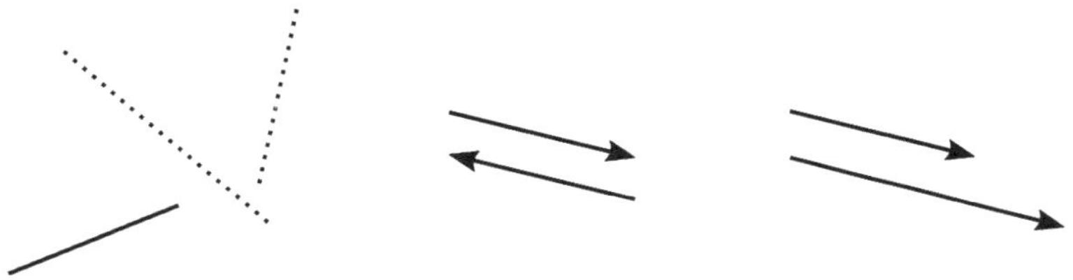

différentes directions différents sens différentes valeurs

• La vitesse sert à préciser le mouvement :
– si la vitesse augmente au cours du temps : **mouvement accéléré** ;
– si la vitesse diminue : **mouvement décéléré ou ralenti** ;
– si la vitesse reste constante : **mouvement uniforme**.

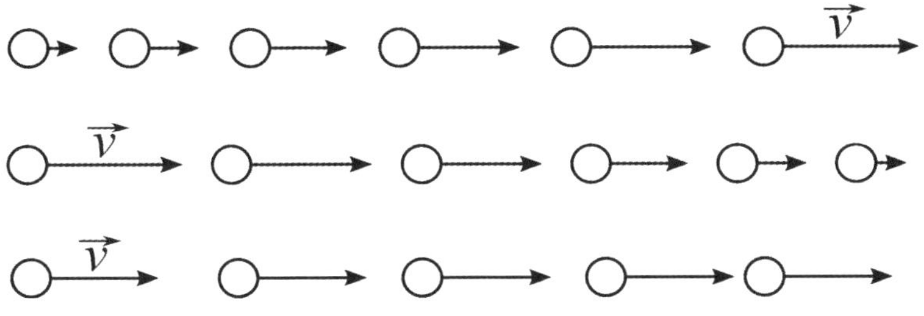

II. Lien entre vitesse, durée, distance

• La vitesse, la distance et la durée sont liées par la relation : $v = \frac{d}{t}$.

v = vitesse (unité : m/s).
d = distance parcourue (unité : m).
t = durée du parcours (unité : s).
Remarque : autres unités possibles : v en km/h, d en km et t en h.
• Exemples :
– je cours 100 m en 12 secondes : je vais donc à la vitesse
$v = \frac{d}{t} = \frac{100}{12} = $ 8,3 m/s ;

– je parcours en voiture 60 km à la vitesse de 130 km/h : mon trajet va durer $t = \frac{d}{v} = \frac{60}{130} = 0,46\ \mathrm{h} \approx 28\ \mathrm{minutes}$;

– je roule à vélo pendant 45 minutes (soit 0,75 h) à la vitesse de 32 km/h : je parcours la distance $d = v \times t$ = 32 × 0,75 = 24 km.

• Comment passer d'une unité à l'autre ?

Conversion km/h → m/s :

Quand on va à la vitesse de 60 km/h, on parcourt par définition 60 km en 1 h :

60 km/h ↔ 60 km en 1 h.

Or, 1 km = 1 000 m donc 60 km = 60 000 m.

De plus, 1 h = 3 600 s.

Bilan : on parcourt donc 60 000 m en 3 600 s, soit une vitesse de $\frac{60000}{3600} = 17\mathrm{m/s}$.

Conversion m/s → km/h :

Quand on va à la vitesse de 3 m/s, on parcourt par définition 3 m en une seconde.

3 m/s ↔ 3 m en une seconde.

Or, 1 m = 0,001 km donc 3 m = 0,003 km.

Bilan : on parcourt 0,003 km en une seconde. Donc en 1 h (3 600 s), on parcourt une distance beaucoup plus grande. Ce qui donne la vitesse suivante : 0,003 × 3 600 = 11 km/h.

Les forces

I. Qu'est-ce qu'une force et comment la représenter ?

• Une force est une **interaction** entre deux **systèmes physiques** (objets ou personnes). On distingue :
– les actions de contact. Exemples : force exercée quand je pousse quelqu'un sur une balançoire, force de tension d'un fil, force de rappel d'un ressort...
– les actions à distance. Exemples : aimant qui attire une bille métallique, force gravitationnelle...
• On représente une force par un **vecteur force** déterminé par :
– son **point d'application** : en quel point s'exerce la force ;
– sa **direction** ;
– son **sens** ;
– sa **valeur**.

Le vecteur force

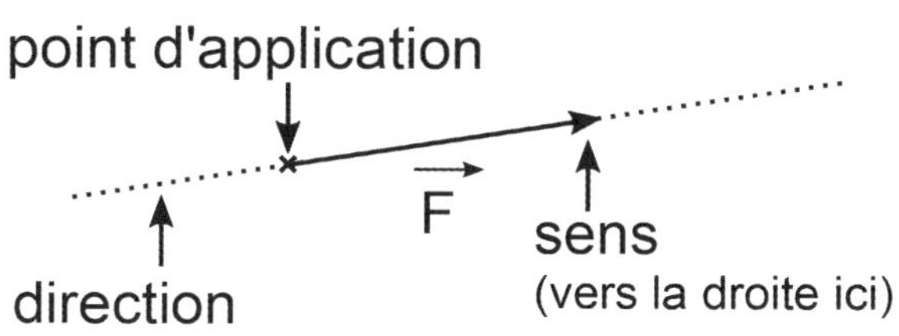

Exemples de représentations de forces

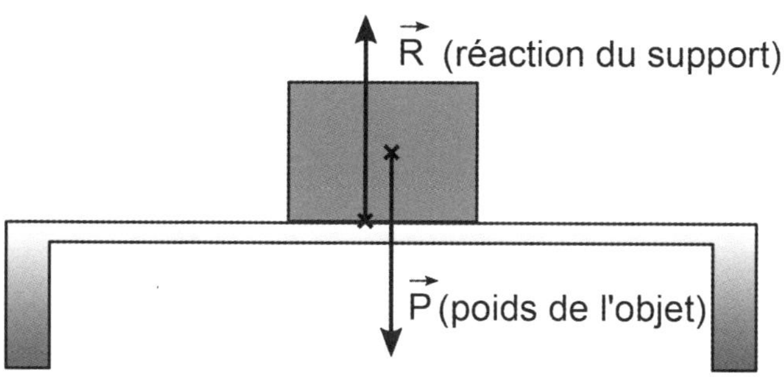

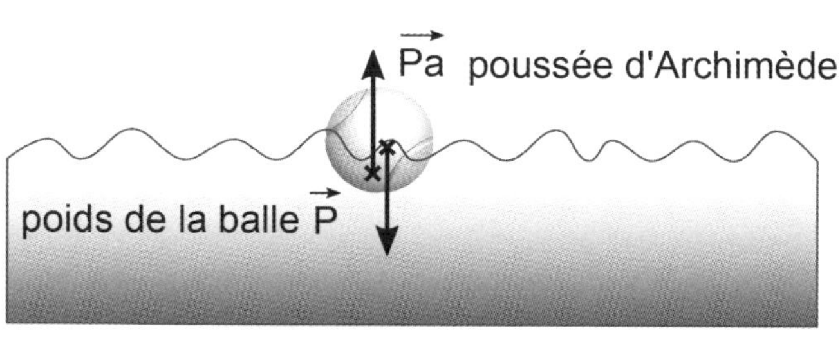

II. Diagrammes objet-interaction

- On représente un **diagramme objet-interaction** à l'aide de bulles, dans lesquelles on fait figurer : au centre le **système physique** et autour les objets qui entrent en **interaction** avec ce système physique. On symbolise par une double flèche l'interaction appliquée entre le système et les autres éléments (**trait plein** pour une action de contact, **trait en pointillés** pour une action à distance). On ajoute le nom de la force appliquée.
- Exemple d'une balle qui rebondit sur la raquette d'un tennisman : la balle entre en contact avec la raquette. Elle subit également un léger frottement de l'air (qui reste négligeable) et l'attraction de la Terre à distance.

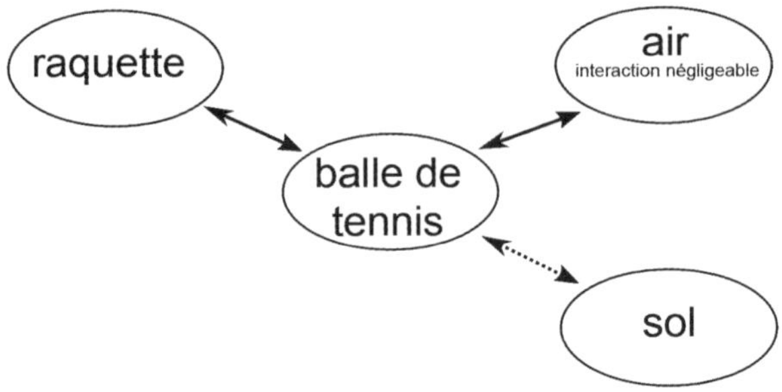

- Exemple dans la situation suivante : on tire un chariot sur un sol rugueux. Le chariot est porté par le sol, subit des frottements, est tiré par la corde et interagit avec la Terre.

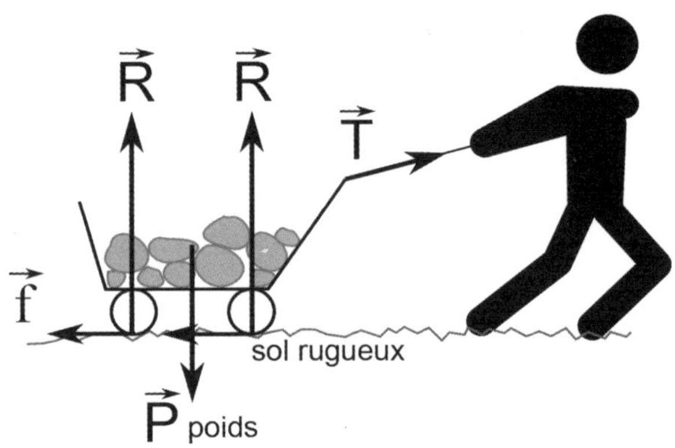

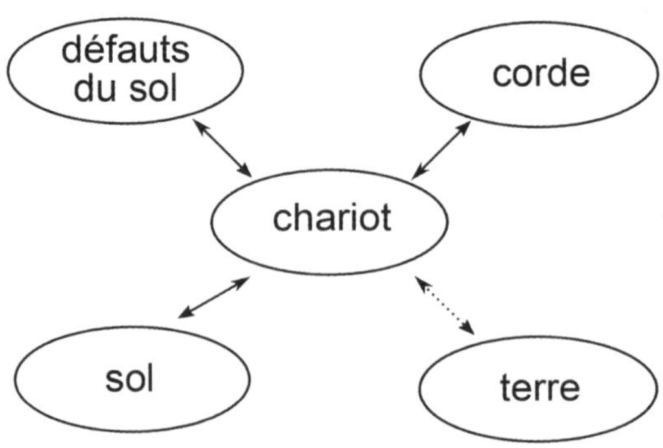

III. Forces et mouvement

- Les forces ont **plusieurs effets** sur le mouvement. Elles permettent :
- de **mettre en mouvement** un système ou de l'arrêter ;
- de **modifier la vitesse ou la trajectoire** d'un système.
- Il existe quelques cas particuliers où les effets des forces appliquées **se compensent** (sont égales et opposées) :
- situations **d'équilibre statique** ;
- mouvements **rectilignes uniformes**.

Le repos et le mouvement du palet de hockey

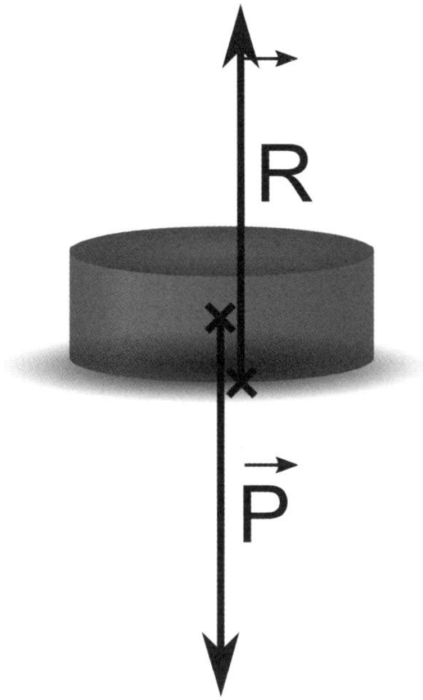

Palet de hockey soumis à son poids et à la réaction du support (absence de frottement) :
→ repos
ou
→ mouvement rectiligne à vitesse constante.

Le poids et la masse d'un objet

I. Définitions

- Le **poids** est une **force d'attraction gravitationnelle** exercée par un astre (comme la Terre) sur un objet ayant une **masse**.
- **Il ne faut pas confondre** le poids et la masse : le poids est une **force** et s'exprime en **Newton (N)** alors que la masse est une **caractéristique** propre à chaque objet, liée à sa composition en atomes, qui s'exprime en **kilogramme (kg)**.

II. Lien entre le poids P et la masse m

- Pour connaître la correspondance entre le poids (terrestre) et la masse d'un objet, on réalise l'expérience suivante :

Dynamomètre et masselotte

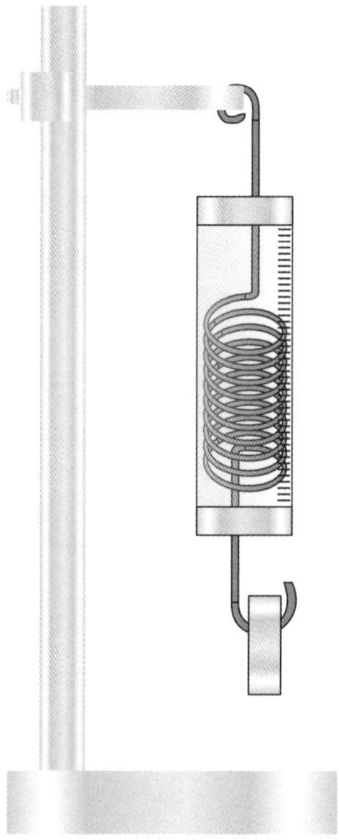

Masselotte à peser

Pour plusieurs masselottes différentes, on relève la masse m indiquée sur la balance ainsi que la force P exercée sur le **dynamomètre**. On regroupe les valeurs sur le graphique suivant :

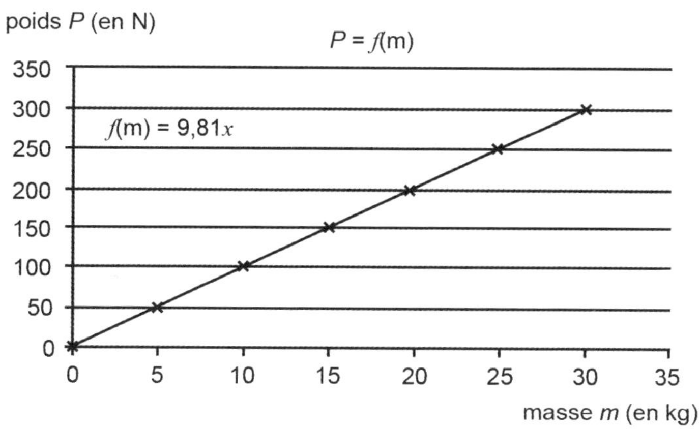

On constate que la fonction $P = f(m)$ est **linéaire** puisque la droite passe par l'origine. Le coefficient directeur est ici 9,81 : la relation entre le poids et la masse est donc $P = 9{,}81 \times m$.

• Le coefficient directeur est appelé accélération de la pesanteur (ou **intensité de la pesanteur**) et il est noté g. Sur la Terre, **g = 9,81 m/s² (autre unité : N/kg).**

III. Pesanteur

• L'accélération de la pesanteur dépend des dimensions et de la masse de l'astre sur lequel on mesure le poids d'un objet. Par exemple : sur la Terre : $g_{(Terre)}$ = 9,81 N/kg et sur la Lune : $g_{(Lune)}$ = 1,62 N/kg. La pesanteur sur la Lune est six fois moindre que sur la Terre !

• Si on prend un objet de masse 50 kg, c'est son poids (et non sa masse !) qui diminue lorsqu'on le transporte de la Terre à la Lune. En effet :

– Poids sur la Terre : $P_T = m \times g_{(Terre)} = 50 \times 9{,}81 = 491$ N ;

– Poids sur la Lune : $P_L = m \times g_{(Lune)} = 50 \times 1{,}62 = 81$ N.

La loi de la gravitation universelle

I. Loi de la gravitation universelle

Au XIX e siècle notamment, plusieurs scientifiques comme Tycho Brahe, Johannes Kepler et Isaac Newton ont essayé d'expliquer le mouvement des astres célestes, à la suite de Nicolas Copernic. Kepler et Newton ont également proposé des lois physiques **modélisant** le mouvement des astres. **Newton** publie d'ailleurs en 1687 sa loi de la **gravitation universelle**, qui décrit la gravitation comme une **force** responsable du mouvement des planètes et des satellites, et plus généralement comme l'**attraction à distance** entre deux corps qui ont une **masse**.

- Cette force s'exprime par la relation suivante : $F_{(A/B)} = G \times \frac{m_A \times m_B}{d^2}$.

$F_{A/B}$: force d'attraction gravitationnelle exercée par le corps A sur le corps B (unité : Newton N).
G : constante de gravitation universelle (G = 6,67 × 10^{-11} N.m/kg^2).

Exemple : l'attraction entre la Terre et la Lune

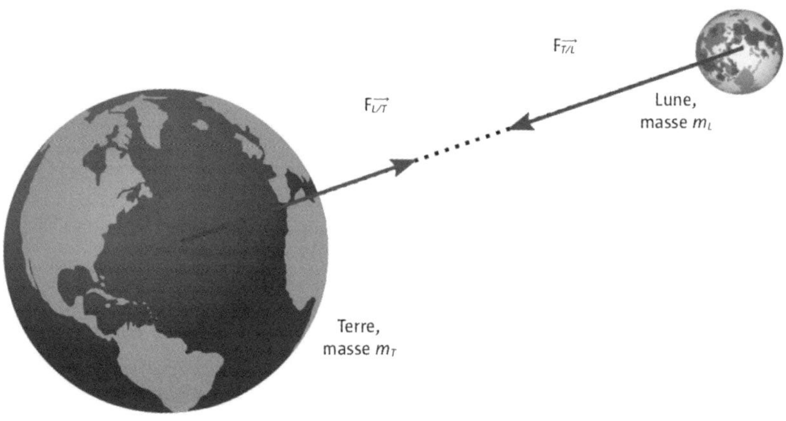

Ici, $F_{(T/L)} = \mathrm{G} \times \frac{m_T \times m_L}{d^2}$.

On remarque que si la masse m_A (ou m_B) des corps augmente, alors l'attraction est **d'autant plus forte** entre les corps. C'est logique ! Entre la Terre et le Soleil, la force d'attraction est plus grande qu'entre un ballon et le sol terrestre sur lequel il est posé... De même, on constate que la force $F_{A/B}$ est **inversement proportionnelle à la distance** séparant les corps au carré : en effet, il est raisonnable de penser que plus les corps sont **éloignés**, moins la force d'attraction qui s'exerce entre eux sera grande. Enfin, $F_{A/B} = F_{B/A}$.

- Autre exemple : calculons la force d'attraction exercée par la Terre (m_T = 6 × 10^{24} kg) sur une pomme (m_P = 0,2 kg). La distance les séparant est environ le rayon de la Terre R_T = 6,4 × 10^3 km = 6,4 × 10^6 m.

$$F_{T/P} = 6,67 \times 10^{(-11)} \times \frac{6 \times 10^{24} \times 0,2}{(6,4 \times 10^6)^2} \approx 2\text{N}\ .$$

II. Force de pesanteur

- La force d'attraction gravitationnelle est une force exercée entre deux corps qui ont une masse (par exemple, entre vous et ce livre…). Dans le cas où l'un des deux corps est un astre (une planète, un satellite…), on appelle aussi cette force la « **force de pesanteur** » : c'est le **poids** $P = m \times g$.
- On retrouve le fait que le poids d'une pomme sur la Terre soit égal à la force d'attraction gravitationnelle exercée par la Terre sur la pomme : $P = m_p \times g$ = 0,2 × 9,81 $\approx$ 2 N.

Les sources et formes d'énergie

I. Qu'est-ce que l'énergie ?

• L'**énergie** est une grandeur assez **abstraite** et pourtant quand on en manque, on prend la mesure de son **utilité** ! L'énergie peut être définie comme une grandeur physique qui indique la capacité d'un système à fournir du **travail** ou de la **chaleur**.

II. L'énergie sous toutes ses formes

• Il existe différents types d'énergie. En voici quelques-uns, illustrés d'une situation :

Type d'énergie	Description de l'énergie et situation exemple
Énergie cinétique	Une masse d'air en mouvement possède une énergie cinétique qui peut être transférée aux pales d'une éolienne. Cette énergie est liée à la vitesse du système : $E = \frac{1}{2} m \times v^2$.
Énergie potentielle de pesanteur	Une pomme accrochée en haut d'un arbre possède une énergie potentielle de pesanteur.
Énergie chimique	Une barre chocolatée possède une énergie chimique « potentielle » (disponible du fait de la constitution des molécules contenues dans la barre), susceptible d'être libérée par combustion dans l'organisme.
Énergie thermique	Lorsqu'on plonge un glaçon dans un verre de jus d'orange, le jus d'orange (corps « chaud ») transfère sa chaleur au corps le plus froid (le glaçon). Grâce à ce transfert thermique, le jus d'orange se refroidit.
Énergie nucléaire	La fission de certains noyaux (comme l'uranium dans les centrales nucléaires) libère de l'énergie. La fusion des noyaux d'hydrogène ou d'hélium du Soleil produit de l'énergie lumineuse et thermique
Énergie lumineuse	En s'allongeant au soleil sur la plage, on se réchauffe car les rayons du soleil nous procurent de l'énergie par rayonnement.
Énergie électrique	Une pile peut permettre à une montre de fonctionner, en lui fournissant de l'énergie électrique.

III. D'où provient l'énergie ?

• L'énergie provient de deux types de **sources** :
– les énergies dites « **renouvelables** » proviennent de sources qui se **régénèrent assez rapidement** ou qui sont **inépuisables** à l'échelle humaine. Elles sont en **quantité illimitée** : Soleil, vent utile aux éoliennes, eau des barrages, la terre (dont la chaleur est utile en géothermie)... ;
– les énergies dites « **non renouvelables** » proviennent de sources qui se régénèrent très lentement à l'échelle humaine. C'est le cas de l'uranium, du pétrole, du charbon (ressources fossiles).
• Aujourd'hui, on ne sait pas comment **stocker l'énergie**. C'est une ressource précieuse qu'il faut consommer intelligemment en **limitant les pertes** et les effets néfastes (**effet de serre**, **pollution**, **épuisement des ressources** ...) afin de trouver un équilibre entre l'énergie consommée et l'énergie disponible : c'est l'enjeu du **développement durable**.

Les conventions en électricité

I. Qu'est-ce qu'un circuit électrique ?

• Un circuit électrique est l'assemblage de plusieurs **dipôles** reliés entre eux par des **fils de connexion**. On distingue :
– les **dipôles actifs (générateurs)** : ils peuvent **produire** l'énergie électrique (générateur, pile...) ;
– les **dipôles passifs (récepteurs)** : ils **reçoivent** l'énergie électrique (interrupteur, résistance, lampe, DEL, moteur...).
• On peut associer les dipôles :
– **en série** : une maille unique ;
– **en dérivation** (en « parallèle ») : deux mailles au moins, comportant plusieurs branches et nœuds.

Exemples de circuits en série

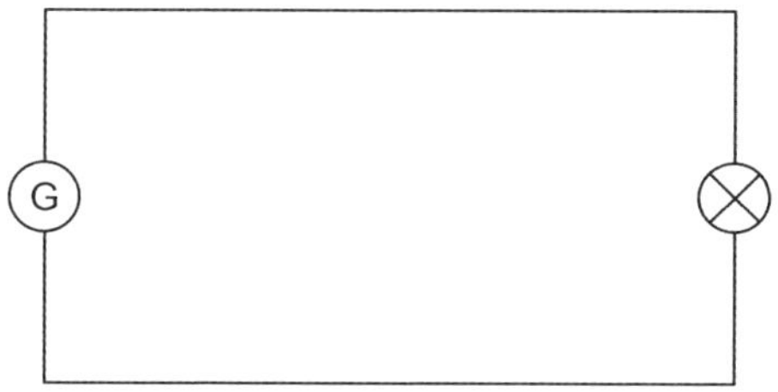

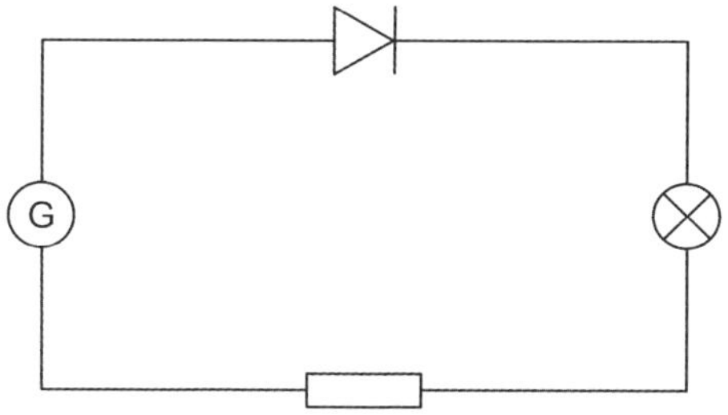

Exemple de circuit en dérivation

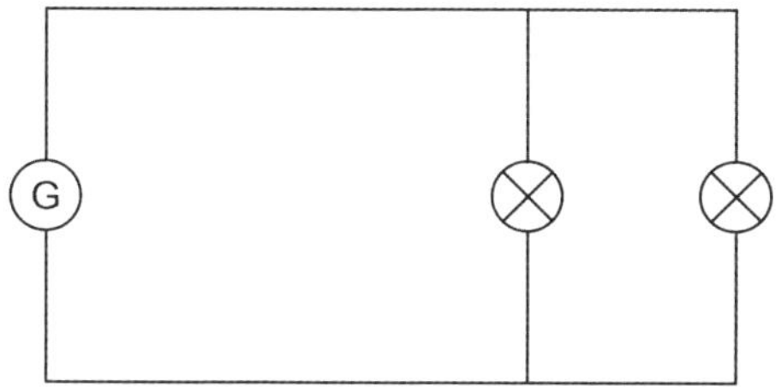

II. Symboles normalisés de dipôles

• Pour représenter de façon simple les dipôles d'un circuit électrique, on utilise les symboles suivants :

Pile	Générateur	Fil conducteur	Interrupteur		Résistance	Lampe	Diode	Diode électro-luminescente (DEL)	Moteur
			ouvert	fermé					
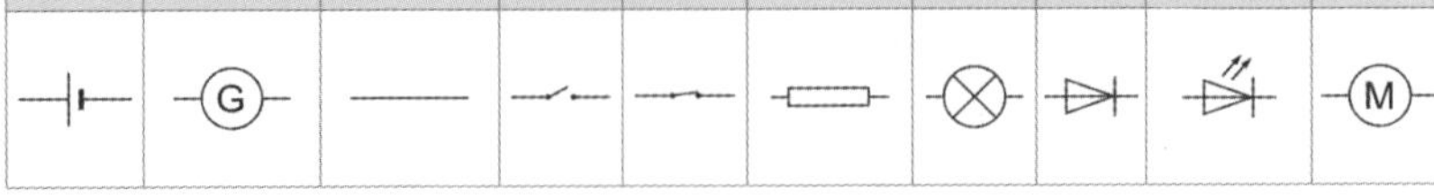									

III. Courant électrique

• Le courant électrique est lié au **déplacement des électrons** dans les différents matériaux **conducteurs** du circuit. Les électrons, de charge négative, sont émis par la borne négative du générateur. Ces particules se déplacent ensuite dans le circuit pour regagner la borne positive du générateur. Par convention, le courant effectue le déplacement inverse : **le courant va du + vers le – à l'extérieur du générateur** :

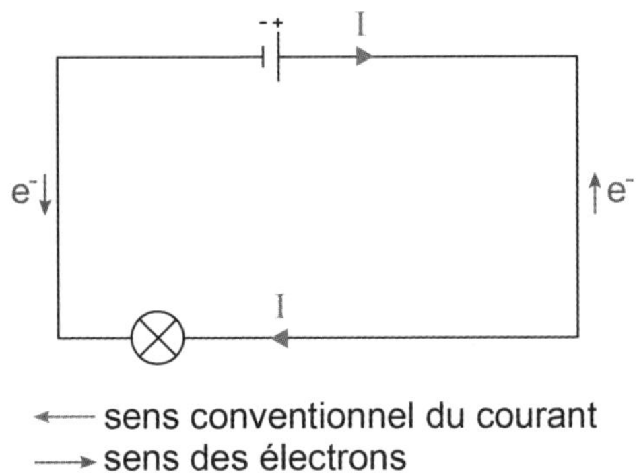

• Si la boucle formée par les éléments du circuit électrique en série est ouverte (par exemple : **ouverture de l'interrupteur**), aucun courant électrique ne peut circuler dans le circuit : on dit que le circuit est **ouvert**. Si le circuit est **fermé**, un courant électrique peut alors circuler. C'est pourquoi il est important que les appareils branchés sur le réseau électrique domestique soient reliés en dérivation et non en série. Sinon on devrait tout allumer en même temps !

• Dans un montage en dérivation, le courant circule dans les mailles fermées mais pas dans les mailles ouvertes :

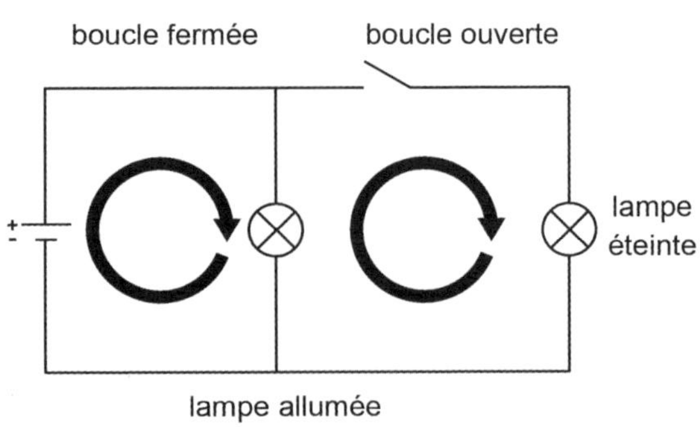

L'intensité électrique

I. Définition et représentation

• L'intensité est la grandeur associée à la **circulation du courant électrique** (flux d'**électrons**) dans un circuit. Elle se note I et son unité est l'**ampère (A)**.

Représentation de l'intensité dans un montage en dérivation

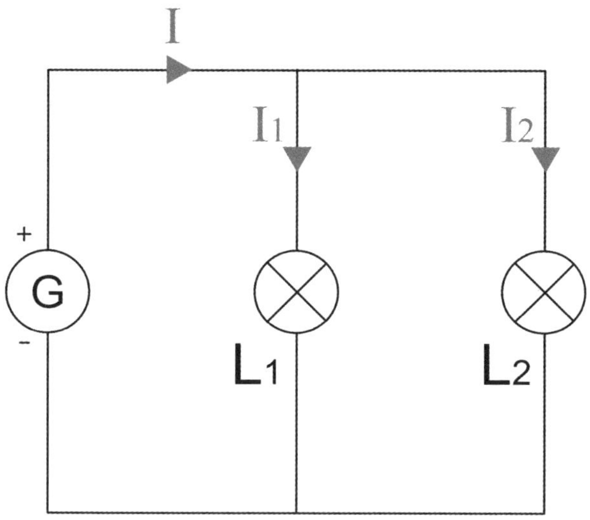

I est l'intensité délivrée par le générateur, I_1 est l'intensité traversant la première lampe, I_2 est l'intensité traversant la deuxième lampe.

II. Loi d'additivité des intensités (loi des nœuds)

• Dans un montage en dérivation, la somme des intensités qui arrivent à un nœud est égale à la somme des intensités qui en repartent.

Exemple

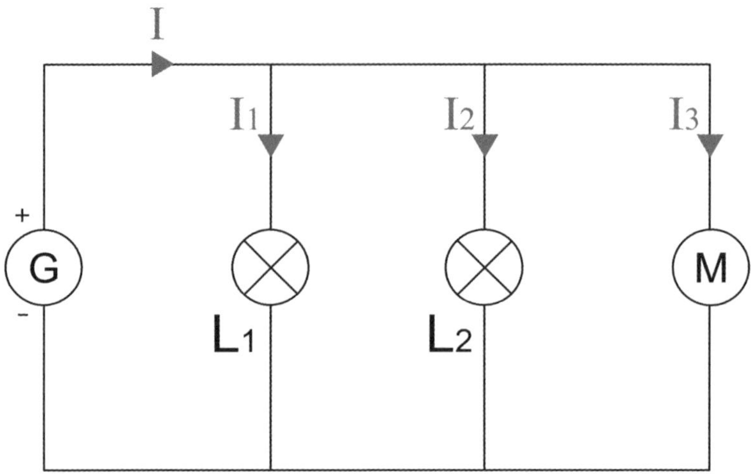

$I = I_1 + I_2 + I_3$.

III. Loi d'unicité des intensités

- Dans un circuit en série, l'intensité du courant électrique est la même en tout point.

Exemple

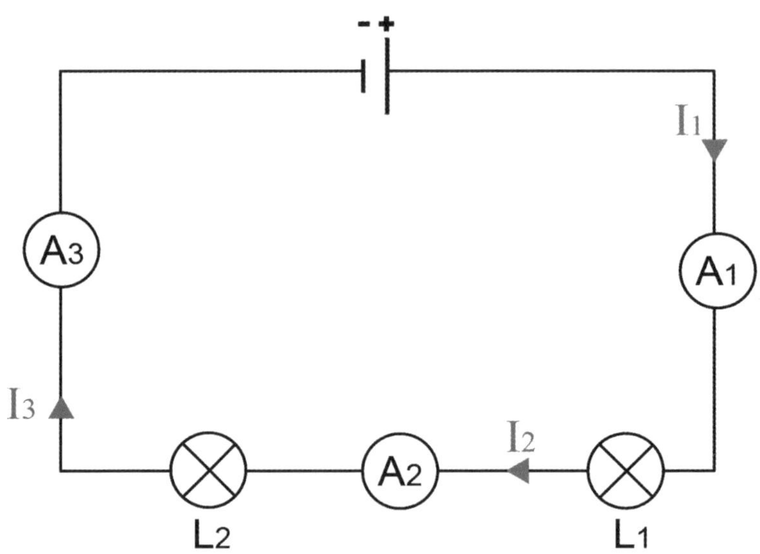

$I_1 = I_2 = I_3$.

- **L'ordre des dipôles** n'a pas d'incidence sur le fonctionnement des dipôles.

Exemple

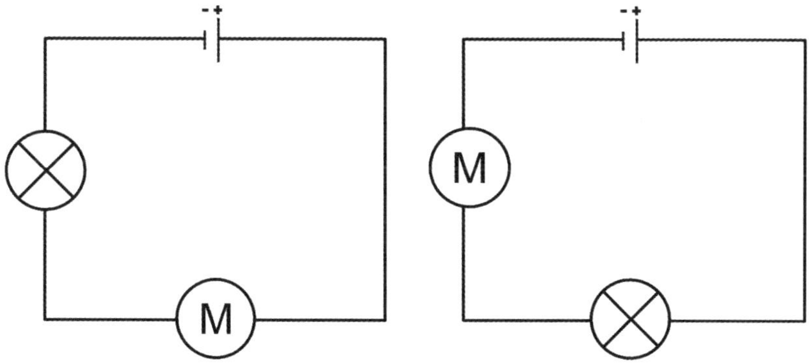

La lampe et le moteur fonctionnent de la même façon dans chaque cas.

IV. Mesure de I

• Pour mesurer l'intensité qui circule dans un dipôle, on branche un **ampèremètre en série** à côté de ce dipôle.

Appareil	Grandeur mesurée et unité	Symbole de l'appareil	Branchement et bornes
Ampèremètre	Intensité I (ampère A ou milliampère mA)	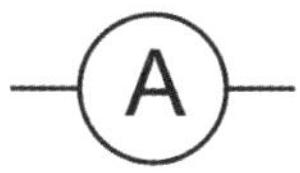	En série : – borne « 10 A » ou « mA » du côté du + du générateur ; – borne Com du côté du – du générateur. 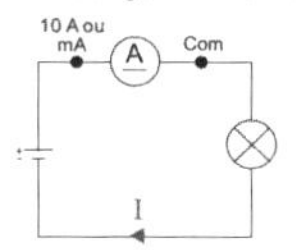

• Attention, avant toute mesure, il faut veiller à choisir le **calibre adapté**. On commence par évaluer la grandeur mesurée en choisissant le plus grand calibre, afin de **ne pas endommager l'appareil**. Puis on diminue progressivement le calibre afin de **gagner en précision** : il faut se placer au calibre immédiatement supérieur à la mesure. Si le chiffre « 1 » s'inscrit à gauche de l'écran, le calibre choisi est trop petit et cela peut endommager l'appareil. Si le signe « – » apparaît sur l'écran, cela veut dire que les deux bornes ont été inversées.

La tension électrique

I. Définition et représentation

- La tension est égale à la **différence de potentiel** entre deux pôles d'un dipôle. Elle est à l'origine de la circulation du courant électrique dans un dipôle. Elle se note U et son unité est le **volt (V)**.
- On note plus précisément U_{AB} la tension aux bornes du dipôle *AB* et on dirige la flèche de B vers A

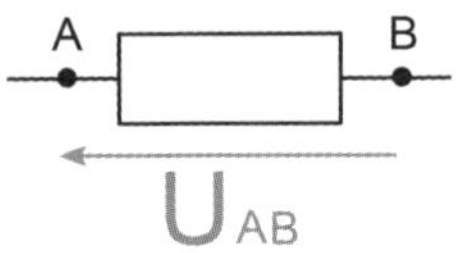

$$U_{AB} = V_A - V_B$$

- Remarque : on peut mesurer une tension non nulle dans un circuit en même temps qu'une intensité nulle.

II. Loi d'additivité des tensions (loi des mailles)

- La tension aux bornes d'un ensemble de récepteurs branchés en série est égale à la somme des tensions aux bornes de chacun d'eux.

Exemple

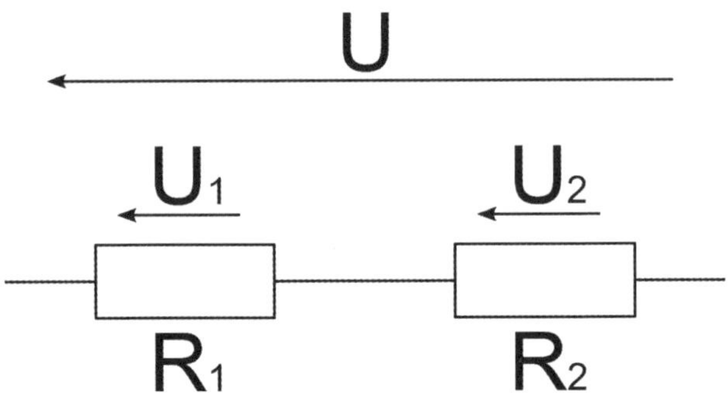

$U = U_1 + U_2$.

- Dans un circuit en série, la tension aux bornes du générateur est égale à la somme des tensions aux bornes des dipôles récepteurs.

Exemple

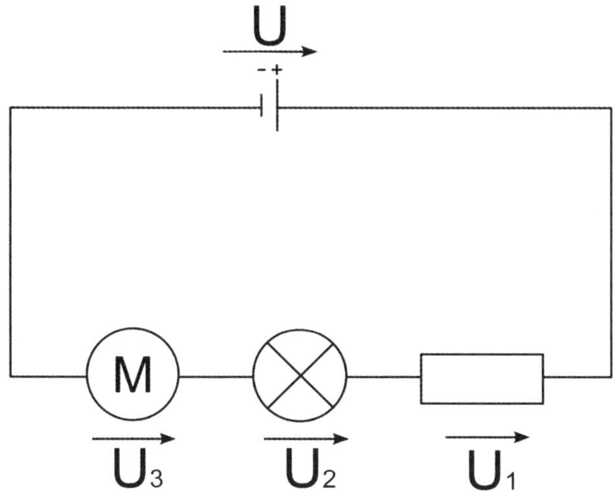

La tension U délivrée par la pile est égale à la somme des tensions U_1 délivrée par la résistance, U_2 délivrée par la lampe et U_3 délivrée par le moteur : $U = U_1 + U_2 + U_3$.

III. Loi d'unicité des tensions

• Lorsque les dipôles d'un circuit (ou d'une portion de circuit) sont branchés en dérivation, la tension à leurs bornes est la même :

Exemple

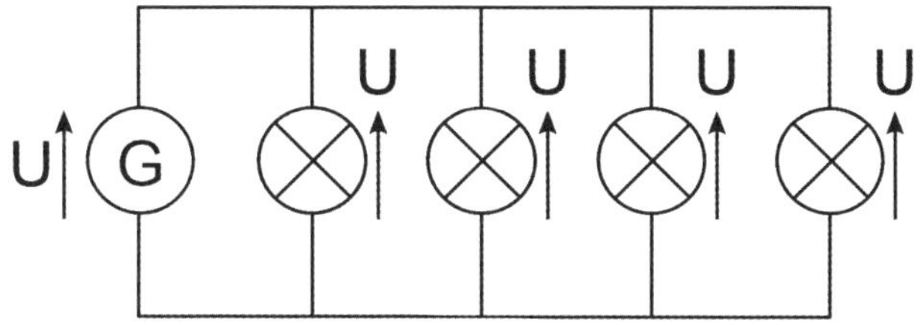

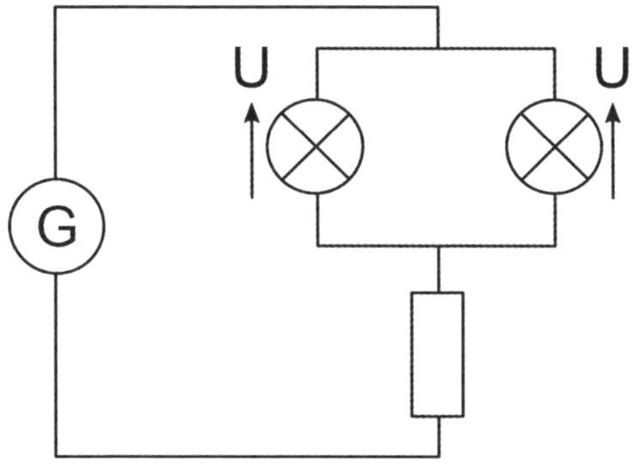

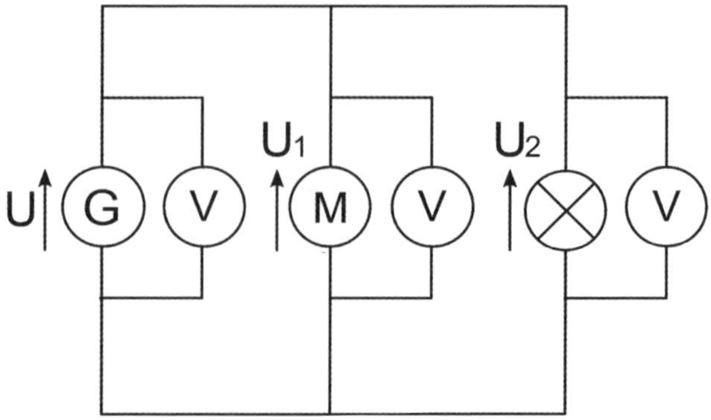

On vérifie à l'aide de voltmètres que la tension U délivrée par le générateur est égale à la tension U_1 aux bornes du moteur ainsi qu'à la tension U_2 aux bornes de la lampe : $U = U_1 = U_2$.

IV. Mesure de U

• Pour mesurer la tension aux bornes d'un dipôle, on branche un **voltmètre en dérivation** sur ce dipôle.

Appareil	Grandeur mesurée et unité	Symbole de l'appareil	Branchement et bornes
Voltmètre	Tension U (volt V)		En dérivation : – borne « V » du côté du + du générateur ; – borne COM du côté du – du générateur. 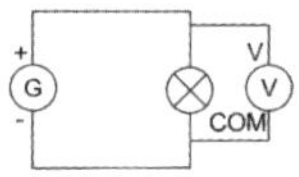

• Pour le choix du **calibre**, on tiendra compte des précautions mentionnées dans la fiche sur l'intensité.

La relation tension-intensité : la loi d'Ohm

I. Énoncé de la loi d'Ohm

• La **loi d'Ohm** est le lien entre la valeur R d'une résistance, la tension U à ses bornes et l'intensité I qui la traverse. Elle a été nommée ainsi en référence au physicien allemand qui l'a énoncée en 1827 et qui a également laissé son nom à l'**unité** de la résistance électrique : **Georg Simon Ohm**. Elle s'écrit : $\mathbf{U = R \times I}$.
U = tension aux bornes de la résistance, en volt (V).
I = intensité qui traverse la résistance, en ampère (A).
R = valeur de la résistance, en Ohm (Ω).

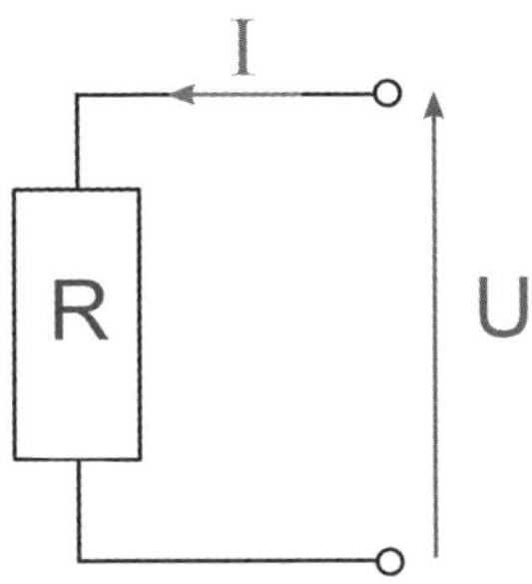

U = R I

II. Utilisations de la loi d'Ohm

• À partir de la loi d'Ohm, on peut calculer :
- U (connaissant I et R) : $U = R \times I$;
- I (connaissant U et R) : $I = \dfrac{U}{R}$;
- R (connaissant U et I) : $R = \dfrac{U}{I}$.

Exemple

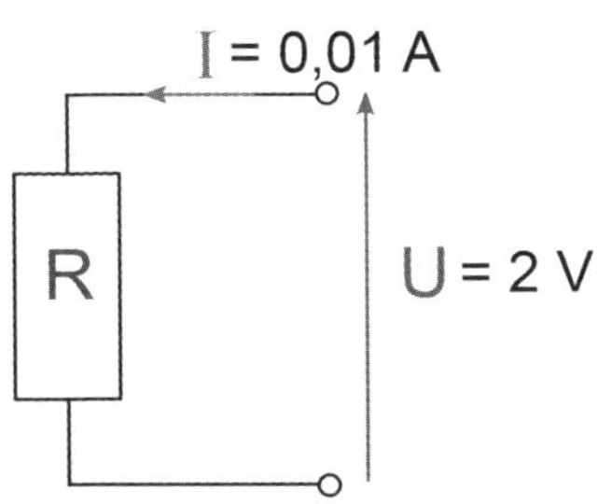

Valeur de la résistance R : $R = \dfrac{U}{I} = \dfrac{2}{0{,}01} = 200\ \Omega$.

III. Conséquences de la loi d'Ohm

- La valeur de la résistance R d'un dipôle est liée à la **capacité de ce dipôle à résister au passage du courant électrique**.

Exemple 1

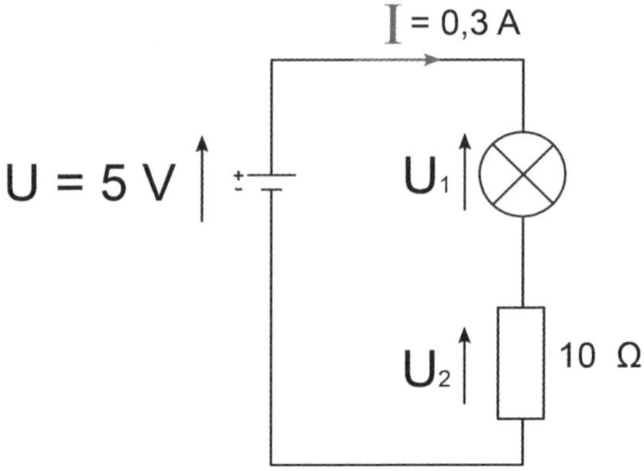

I = 0,3 A et R_1 = 10 Ω. Donc d'après la loi d'Ohm : U_2 = 3 V.
D'après la loi d'additivité des tensions : $U_1 = U - U_2$ = 5 − 3 = 2 V.
La lampe brille.

Exemple 2

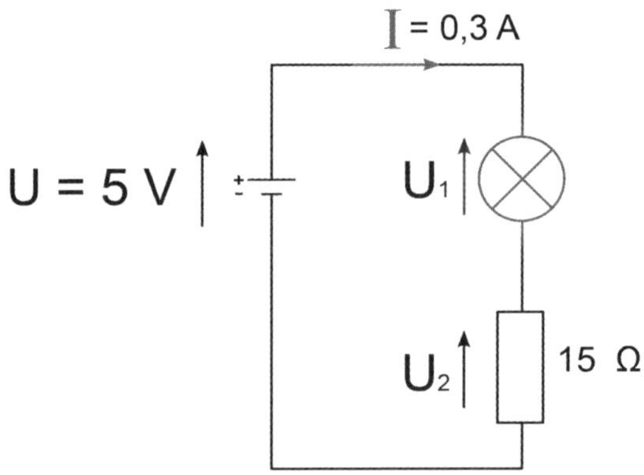

I = 0,3 A et R_2 = 15 Ω. Donc d'après la loi d'Ohm : U_2 = 4,5 V.
D'après la loi d'additivité des tensions : $U_1 = U - U_2$ = 5 − 4,5 = 0,5 V.
La lampe brille beaucoup moins.

- La **résistance d'un fil de connexion** étant à peu près **nulle**, on peut considérer que la **tension** à ses bornes est **négligeable** par rapport aux autres tensions du circuit. La résistance des connexions n'est cependant pas négligeable lorsqu'on se place dans le cas du transport du courant électrique à travers des **lignes à haute tension** (fils épais et longs de plusieurs kilomètres).
- Lorsqu'un dipôle de grande résistance est parcouru par un courant électrique, il subit un **échauffement** : c'est ce qu'on appelle **l'effet Joule**. Lors de cet échauffement, le dipôle perd la puissance $P = U \times I$. Soit, d'après la loi d'Ohm, $P = R \times I^2$.

La puissance électrique

I. Définition de la puissance électrique

• Dans un circuit électrique, certains dipôles libèrent de l'**énergie** alors que d'autres la reçoivent. Pour quantifier cette énergie, on définit la puissance électrique P : c'est **l'énergie reçue ou cédée par un dipôle par unité de temps**. La puissance s'exprime en **watt (W)**.
• Plus la puissance fournie à un dipôle récepteur est grande, plus le fonctionnement de ce dipôle est **efficace**. Exemple : si on fournit 5 W à une lampe, elle brillera davantage que si on lui fournit 4 W.

II. Lien entre puissance, intensité et tension

• La puissance électrique échangée par un dipôle, l'intensité qui le traverse et la tension à ses bornes sont liées par la relation : $P = U \times I$.
P = puissance en watt (W).
U = tension en volt (V).
I = intensité en ampère (A).
• D'après la loi d'Ohm, on peut écrire les équivalences : $P = R \times I^2$ et $P = \dfrac{U^2}{R}$.

Exemple : comparaison de la luminosité des lampes dans deux cas de figure

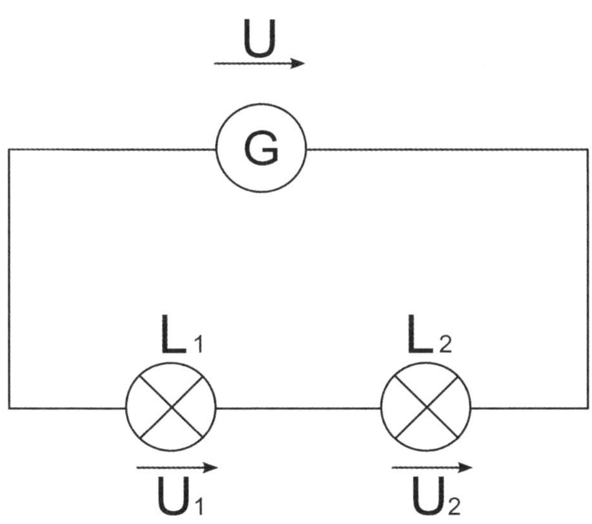

$U = U_1 + U_2$
Si les lampes sont toutes identiques :
$U_1 = U_2 = \dfrac{U}{2}$
Les lampes brillent bien.

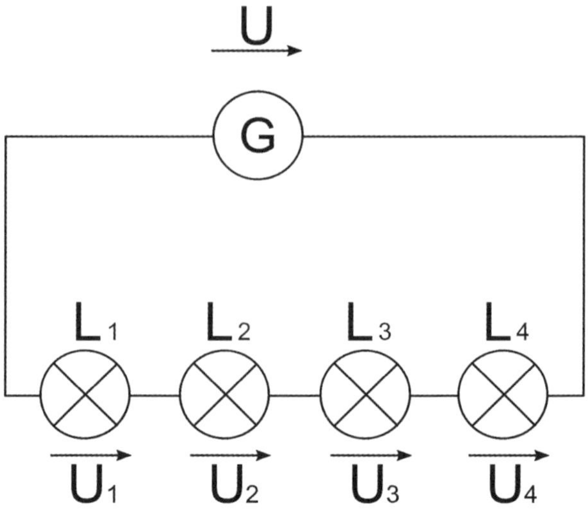

$U = U_1 + U_2 + U_3 + U_4$
Si les lampes sont toutes identiques :

$$U_1 = U_2 = U_3 = U_4 = \frac{U}{4}$$

Les lampes brillent peu.

- On remarque que les lampes brillent moins lorsque le nombre de dipôles du circuit augmente. D'après la loi d'unicité des intensités, les lampes sont toutes traversées par la même intensité I. Mais d'après la loi d'additivité des tensions, les dipôles doivent se « partager » la tension fournie par le générateur. Par conséquent, la puissance $P = U \times I$ disponible pour chaque dipôle sera d'autant plus faible que le nombre de dipôles sera élevé.

III. Lien entre puissance, énergie et temps

- La puissance électrique est égale à l'énergie électrique échangée (reçue ou cédée) par un dipôle par unité de temps : $P = \frac{E}{t}$.

P = puissance en watt (W).
E = énergie en joule (J).
t = temps en seconde (s).

- On peut écrire l'équivalence :

E = P × t : l'énergie reçue (ou cédée) par un dipôle dépend de la **puissance consommée (ou créée)** par ce dipôle et de la **durée de fonctionnement** du dipôle. Exemple : on fait fonctionner pendant 15 minutes (soit 900 secondes) un sèche-cheveux de puissance 2 200 W. L'appareil va consommer l'énergie $E = P \times t = 2200 \times 900 \approx 2 \times 10^6 \text{J}$.

- Remarque : dans la vie courante, on parle de l'énergie électrique en termes de **kilowattheure (kWh)**. C'est l'énergie consommée par un appareil de puissance 1 kW (1 000 W) pendant 1 h (3 600 s), soit $E = 3{,}6 \times 10^6$ J = 3,6 MJ (mégajoules).

Les signaux lumineux

I. Sources lumineuses

- On distingue deux types de **sources** de lumière :

– les **sources primaires**, qui produisent leur propre lumière (étoile, lampe, télévision, laser...) ;

– les **sources secondaires**, qui réfléchissent ou diffusent la lumière environnante, ce qui les rend visibles *(exemples : la Lune, un meuble, la Terre...)*.

- Attention, un **miroir** ou une **lentille** ne sont pas considérés comme des sources de lumière.

Modèle du rayon lumineux

On **modélise** le trajet de la lumière par une droite imaginaire appelée **rayon lumineux**. On y indique par une flèche le sens de propagation de la lumière.

II. Caractéristiques de la lumière

- La lumière se propage en ligne droite **dans le vide** : on parle de **propagation rectiligne** de la lumière.
- La lumière se propage à la vitesse c = 300 000 km/s. C'est la plus grande vitesse de l'univers. C'est pourquoi on l'utilise pour mesurer facilement des distances infiniment grandes (entre deux galaxies par exemple). On définit **l'année-lumière** par la distance parcourue par la lumière en un an :

Soit ici : $d = c \times t$ = 300 000 × (nombre de secondes en 1 an) ;

d = 300 000 × 31 557 600 = 9,5 × 10^{12} km.

- La lumière est une **onde**, c'est-à-dire un **transport d'énergie sans transport de matière**. Elle permet de **transporter un signal** donc une information (exemple : lumière présente dans une fibre optique). Il existe plusieurs types de rayonnements :

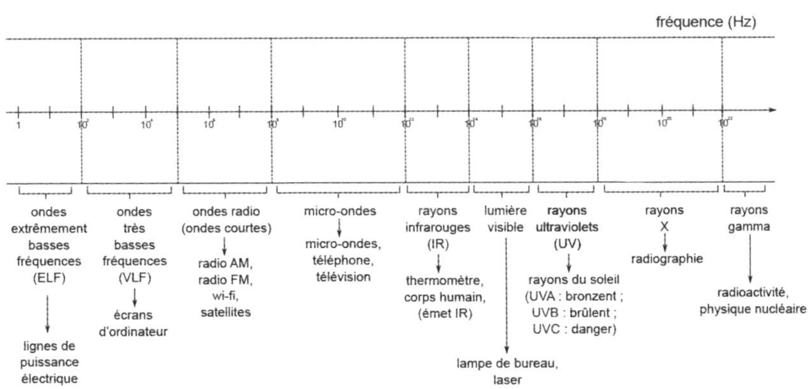

Les signaux sonores

I. Qu'est-ce que le son ?

- Le son est la propagation d'une **vibration longitudinale** des molécules situées entre le **système émetteur** et le **système récepteur**.

II. Représentation du son

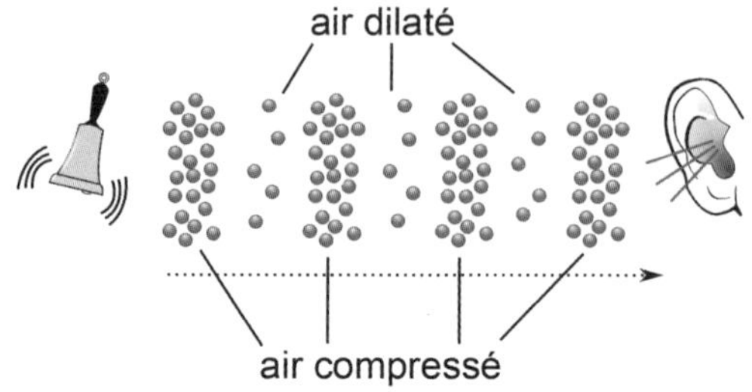

Une vibration va agiter les molécules des matériaux environnants et se propager dans l'espace sous la forme d'un « son ».
- Le son nécessite donc un milieu matériel pour se propager : il n'y a **pas de son dans le vide**. Admettons que vous ayez la possibilité de crier dans l'espace : aucun son ne sortira de votre bouche, car votre voix a besoin d'air pour être transportée.
- Comme le son se propage, il peut donc servir de support au **transport d'un signal** donc d'une information.

II. Vitesse de propagation d'un son

Dans l'air, le son se propage à la vitesse $v = 340$ m/s. C'est bien inférieur à la vitesse de la lumière ! C'est pourquoi, lorsque la foudre tombe pendant un orage, le tonnerre retentit quelques secondes après qu'on ait vu l'éclair. En une seconde, le son parcourt en effet la distance : $d = v \times t = 340 \times 1 = 340$ m. Si on attend 5 secondes l'arrivée du tonnerre, le son aura donc parcouru la distance : $d = 340 \times 5 = 1{,}7$ km.

Le son se propage moins vite que la lumière

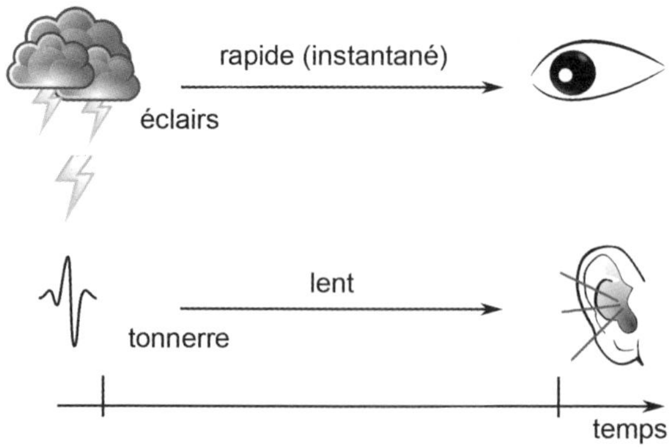

III. Fréquence d'une onde sonore

- Le son est une onde **périodique**, c'est-à-dire une **vibration** qui se reproduit **identique à elle-même** au bout d'un certain temps appelé **période**, notée T et exprimée en seconde. Exemple : le battement de cœur est un phénomène répétitif. Un électrocardiogramme représente donc un signal périodique :

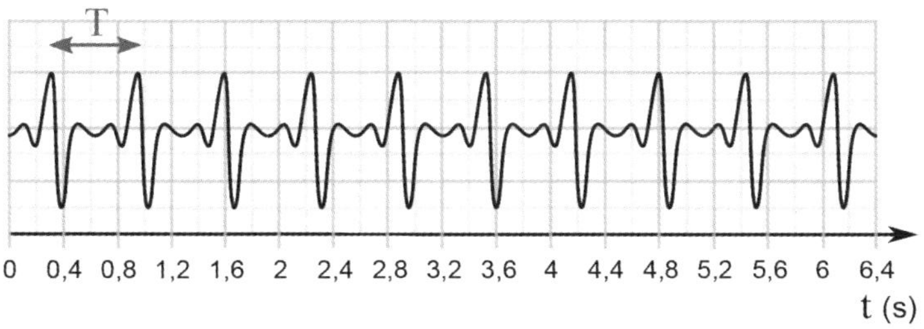

- On lui associe une autre grandeur : la **fréquence** notée f et exprimée en **hertz (Hz)**.

– un son de grande fréquence vibre avec beaucoup d'énergie : c'est un **son aigu**. Les sons trop aigus pour être audibles sont appelés **ultrasons** (f > 20 000 Hz) ;

– un son de faible fréquence vibre avec moins d'énergie : c'est un **son grave**. Les sons trop graves pour être audibles sont appelés **infrasons** (f < 20 Hz).

La fréquence des ondes sonores

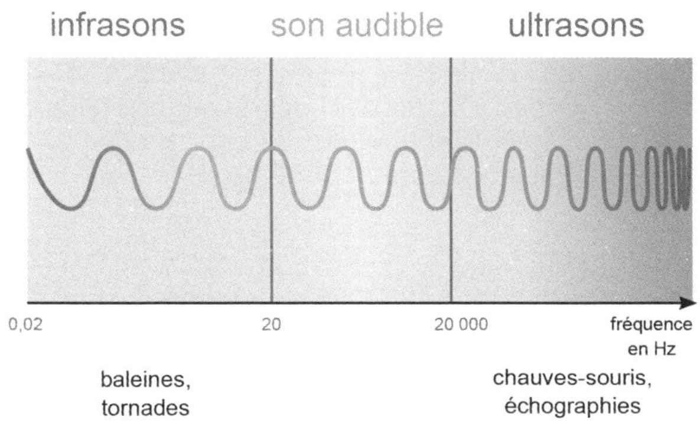

Sujet de métropole, juin 2023

Globalement, le niveau marin moyen* a augmenté d'environ 15 cm entre 1900 et 2000, puis cette hausse s'est accélérée. La dilatation thermique** de l'eau de mer, conséquence du réchauffement de l'océan, explique environ la moitié de la hausse, l'autre moitié étant due à la fonte des glaciers continentaux.
Sous l'effet de l'augmentation globale du niveau marin, de plus en plus de zones côtières sont exposées aux inondations. En l'absence d'efforts d'adaptation, la fréquence de ces inondations augmentera, ce qui pourrait générer des infiltrations d'eau de mer dans les eaux souterraines, détériorant ainsi la qualité de l'eau et entraînant potentiellement des problèmes de santé et une destruction des récoltes.
D'après Océan et Cryosphère – OCE

* Niveau marin moyen : hauteur moyenne de la surface de la mer, par rapport à un niveau de référence.
** Dilatation thermique : augmentation du volume sous l'effet d'une augmentation de la température.

1. Citer deux conséquences de l'augmentation du niveau marin moyen.

> Pour ce type de question, il est nécessaire d'aller relire l'introduction du sujet qui présente la thématique abordée. « Citer » sous-entend que les éléments de réponse sont écrits dans le document.

L'eau de mer contient, au moins en petites quantités, de nombreux éléments chimiques. Parmi ceux-ci, le sodium est présent sous forme d'ion dans le chlorure de sodium. On donne ci-dessous un extrait de la classification périodique des éléments chimiques qui les regroupe par ordre croissant de numéro atomique (nombre de protons dans le noyau de l'élément considéré).

Extrait de la classification périodique des éléments

Hydrogène $^{1}_{1}H$	Nomdre de nucléons → A ; Numéro atomique → Z ; $^{A}_{Z}X$ ← Symbole de l'élément						Hélium $^{4}_{2}He$
Lithium $^{7}_{3}Li$	Béryllium $^{9}_{4}Be$	Bore $^{11}_{5}B$	Carbone $^{12}_{6}C$	Azote $^{14}_{7}N$	Oxygène $^{16}_{8}O$	Fluor $^{19}_{9}F$	Néon $^{20}_{10}Ne$
Sodium $^{23}_{11}Na$	Magnésium $^{24}_{12}Mg$	Aluminium $^{27}_{13}Al$	Silicium $^{28}_{14}Si$	Phosphore $^{31}_{15}P$	Soufre $^{32}_{16}S$	Chlore $^{35}_{17}Cl$	Argon $^{40}_{18}Ar$

2. a. Donner le symbole de l'élément sodium.

> Pour ce type de question, il faut se référer à l'extrait de la classification périodique des éléments où sont écrits les symboles des atomes. (La notation symbolique fait apparaître le symbole : lettre(s) écrite(s) à droite)

2. b. Donner le nombre de protons contenus dans le noyau d'un atome de sodium.

> Pour ce type de question, il faut faire appel aux connaissances du cours et aux données du tableau de la classification périodique.

2. c. Indiquer le nombre de neutrons contenus dans le noyau d'un atome de sodium. Expliquer la démarche.

> Pour ce type de question, il faut faire appel aux connaissances du cours et aux données du sodium de la question 2. a.

Mise en évidence expérimentale de la dilatation thermique de l'eau

De l'eau, initialement placée dans un réfrigérateur à une température de 5 °C, est mise dans un ballon surmonté d'un bouchon, d'un thermomètre et d'un tube en verre. Le niveau de l'eau dans le tube est indiqué sur le schéma ci-contre.
Le dispositif est placé sur une balance pendant plusieurs heures, dans une pièce à la température de 25 °C. La masse de l'ensemble reste constante.

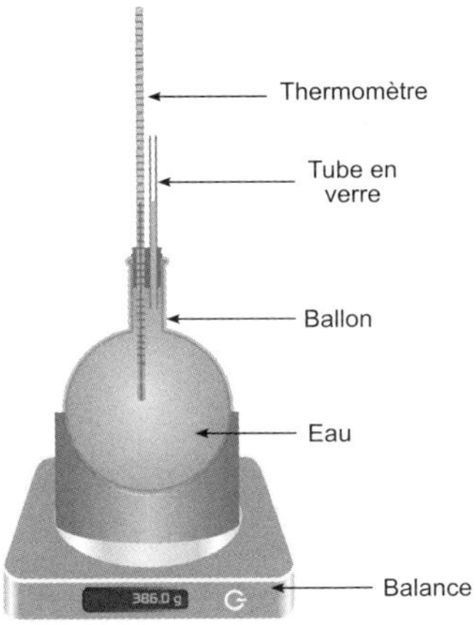

Graphique de l'évolution de la masse volumique de l'eau en fonction de la température

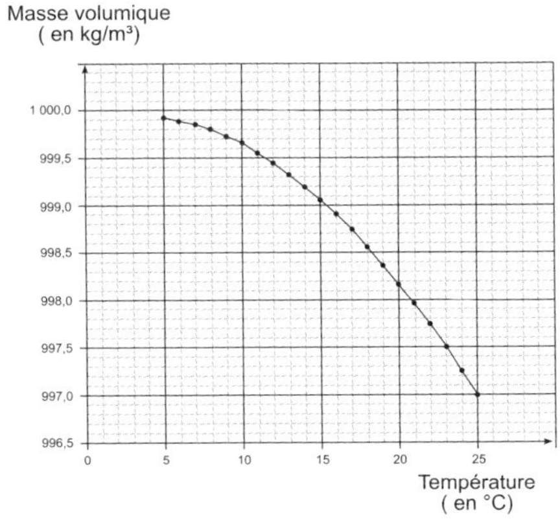

D'après *https://webphysique.fr/masse-volumique-eau/*

3. a. Indiquer, à l'aide du graphique, la valeur de la masse volumique de l'eau à la température initiale de 5 °C.

Pour ce type de question, il faut utiliser le graphique donné dans le sujet, qui représente l'évolution de la masse volumique en fonction de la température, et voir que l'axe des ordonnées correspond à la masse volumique (valeur demandée dans la question) et que l'axe des abscisses est celui de la température (axe sur lequel on va repérer la valeur de 5 °C).

3. b. À partir du graphique, expliquer sans calcul pourquoi le niveau de l'eau dans le tube de l'expérience monte lorsque la température de l'eau augmente. Détailler précisément le raisonnement.

Pour ce type de question, il faut lier « l'évolution de la masse volumique » (graphique) à la formule vue en cours qui permet de calculer celle-ci.

Mission Sentinel-6A

Depuis 1992, des satellites permettent de déterminer avec précision le niveau marin ; ils évoluent sur une orbite à une altitude de 1 336 km. Afin d'assurer la continuité de ces observations, capitales dans le contexte du réchauffement climatique, un nouveau satellite, *Sentinel-6A*, a été lancé fin 2020. Il embarque le radar altimètre *Poseidon-4*.

D'après CNES, Sentinel-6

Principe de l'altimétrie radar par satellite

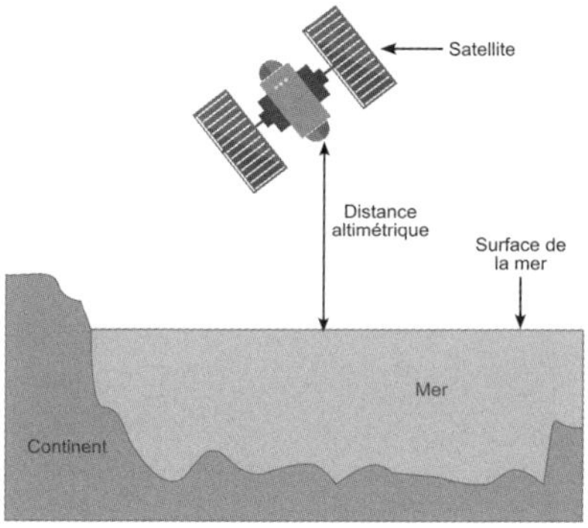

Afin de déterminer le niveau marin, le satellite mesure la distance altimétrique, c'est-à-dire la distance entre le satellite et la surface de la mer. Un radar, embarqué sur le satellite, émet verticalement des ondes radio, sous forme de signaux de très courte durée. Ces signaux, qui se propagent à la vitesse de 300 000 km/s, se réfléchissent sur la surface de la mer, reviennent jusqu'au satellite et sont détectés par l'antenne du radar. La durée mise par un signal radio pour faire l'aller-retour permet de déterminer la distance altimétrique.

D'après Planète Terre, ENS Lyon

4. Déterminer la valeur de la distance altimétrique mesurée par le satellite *Sentinel-6A* lorsque le signal met 8,9 ms (soit 0,0089 s) pour effectuer l'aller-retour entre le satellite et la surface de la mer. Expliquer la démarche. Préciser la relation utilisée et commenter le résultat obtenu. Toute démarche, même partielle, sera prise en compte.

Pour ce type de question, il faut faire appel à la formule de la vitesse (vue en cours) et bien comprendre le principe de la mesure (l'onde parcourt un aller-retour). Attention aux unités à employer dans le calcul de la distance.

1. Les deux conséquences de l'augmentation du niveau marin sont :
- qu'il y a de plus en plus de zones côtières exposées aux inondations ;
- qu'il y a des infiltrations d'eau de mer dans les eaux souterraines.

2. a. Le symbole de l'élément sodium est Na.

2. b. Par définition, le numéro atomique d'un atome correspond à son nombre de protons. Le noyau de l'atome de sodium contient 11 protons, car il a pour numéro atomique 11 (nombre en bas à gauche).

2. c. Par définition, le nombre de nucléons A est égal à la somme du nombre de protons (Z) et du nombre de neutrons (N).
On a donc la relation A = N + Z. D'après l'extrait de la classification, on sait que le noyau de l'atome de sodium contient 23 nucléons (nombre en haut à gauche), c'est-à-dire de 23 protons et neutrons. Comme le noyau possède 11 protons (cf. question 2. b.), il doit donc contenir un nombre de neutrons N = A - Z = 23 - 11 = 12 neutrons. Le noyau de l'atome de sodium contient 12 neutrons.

3. a. Se placer sur la valeur de 5 °C sur le graphique (axe des abscisses en bas qui correspond au paramètre variable, ici la température). À cette valeur correspond une valeur sur l'axe des ordonnées (paramètre mesuré, ici la masse volumique) qui est le point d'intersection (cf. schéma).
D'après le graphique, on peut lire que la masse volumique de l'eau à 5 °C vaut 999,9 kg/m³.

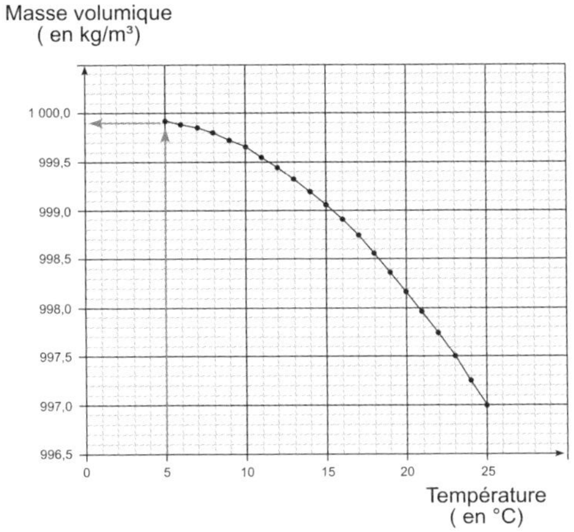

3. b. D'après le graphique, on voit que quand la température de l'eau augmente, la masse volumique de l'eau diminue (fonction décroissante). Or, d'après le cours, on sait que la masse volumique se calcule par la formule :

$$\rho = \frac{m}{V}$$

avec :
ρ = masse volumique de l'eau en kilogrammes par mètre cube (kg/m³)
m = masse de l'eau en kilogrammes (kg)
V = volume de l'eau en mètres cubes (m³)

On en déduit que puisque la masse volumique diminue alors que la masse, elle, ne varie pas (elle reste constante), le volume occupé par l'eau est de plus en plus grand (en effet, d'après la formule, on sait que ρ et V sont inversement proportionnels). Par conséquent, puisque l'eau prend de plus en plus de place, le niveau de l'eau augmente dans le tube.

4. Dans le document, il est annoncé que la vitesse des ondes radio est de 300 000 km/s, c'est-à-dire 300 000 000 m/s (conversion nécessaire pour le calcul).

Le signal radio met 8,9 ms, c'est-à-dire 0,0089 s (conversion donnée dans le document), à parcourir la distance aller-retour entre le satellite et la surface de l'eau. Pour calculer une vitesse, il faut utiliser la formule :

$$\mathbf{v} = \frac{d}{t}$$

Avec :
v = vitesse de déplacement en mètres par seconde (m/s)
d = distance parcourue en mètres (m)
t = temps de parcours en secondes (s)

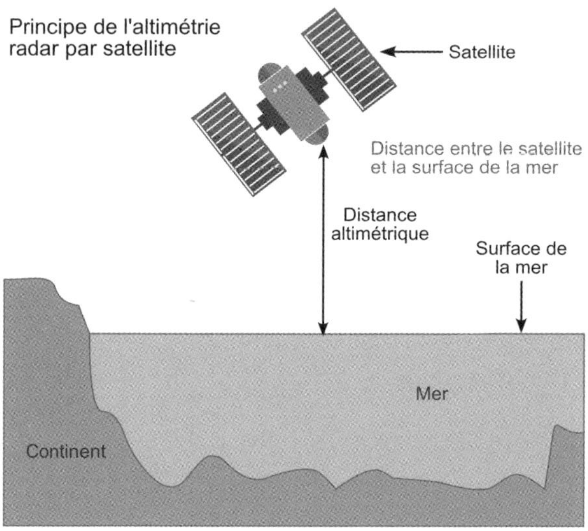

On en déduit que pour calculer une distance, on utilise la formule (nécessité de transposer) :
d = v × t = 300 000 000 × 0,0089 = 2 670 000 m, soit 2 670 km.

Ici, la distance parcourue correspond à un aller-retour, c'est-à-dire à 2 fois la distance altimétrique (cf. schéma), donc la distance altimétrique vaut la moitié de la distance parcourue.

La distance altimétrique (distance entre le satellite et la surface de l'eau) est de 2 670/2 = 1 335 km.

Or, il est dit que les satellites évoluent sur une orbite à une altitude de 1 336 km. Le résultat obtenu est donc proche de l'altitude des satellites.

Sujet de métropole, juin 2021

Le réchauffement climatique est la principale cause de la fonte et de la régression des glaciers de montagne dans le monde.
(D'après Futura sciences)

Les causes de la fonte des glaciers

L'augmentation de la température de l'air est responsable d'une fonte plus importante des glaciers de montagne. Cette augmentation de la température est liée à l'excédent de gaz à effet de serre (vapeur d'eau H_2O, dioxyde de carbone CO_2, méthane CH_4...) libérés dans l'atmosphère par les activités humaines. Les chercheurs estiment que le manteau neigeux naturel des Alpes pourrait diminuer de 70 % d'ici la fin du siècle si les émissions de gaz à effet de serre se poursuivent à l'identique. Un deuxième phénomène responsable de la fonte des glaciers de montagne est la diminution des précipitations. En effet, les apports en neige de l'hiver ne compensent plus la fonte naturelle des glaciers l'été.

1. a) En vous appuyant sur l'introduction, citer deux causes essentielles responsables de la fonte des glaciers de montagne.

> Il s'agit ici d'une question de compréhension de documents (analyse/extraction d'informations) où vous devez aller chercher la réponse dans le texte.

b) Donner le nom et le nombre des atomes présents dans la molécule de méthane.

> Pour rappel, une molécule est constituée d'un ensemble d'atomes eux-mêmes représentés de façon symbolique par une lettre majuscule.

c) Le méthane, constituant principal du gaz naturel et du biogaz, intervient aussi en tant que réactif dans des combustions servant aux activités humaines. On obtient du dioxyde de carbone et de l'eau à l'issue d'une combustion complète. Choisir parmi les équations chimiques suivantes celle qui modélise la combustion complète du méthane. Justifier ce choix.

$CH_4 + 2\ O_2 \rightarrow CO_2 + 2\ H_2$
$CH_4 + 2\ O_2 \rightarrow 2\ CO_2 + H_2O$
$CH_4 + 2\ O_2 \rightarrow CO_2 + 2\ H_2O$

> Cette question porte sur une notion de cours qu'est la combustion. Vous choisissez parmi trois possibilités celle qui est la bonne. Il faut donc procéder par élimination au vu des connaissances personnelles, mais aussi des éléments d'informations donnés dans la question.

Fonte des glaciers de montagne et hydroélectricité

Les eaux de fonte des glaciers contribuent à alimenter des lacs de retenue et participent au fonctionnement de centrales hydroélectriques dont le schéma de principe est donné ci-dessous.

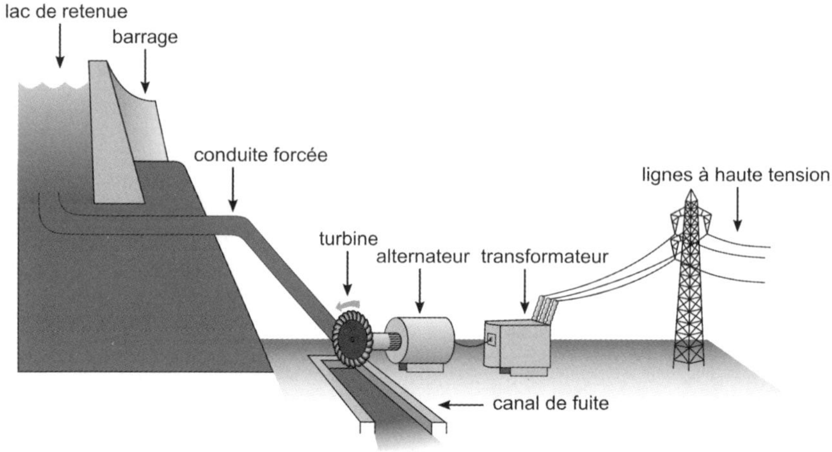

Schéma d'après www.edf.fr.

2. a) Citer la forme d'énergie emmagasinée au niveau du lac de retenue parmi les suivantes : énergie nucléaire, énergie cinétique, énergie potentielle, énergie chimique, énergie thermique.

> Il s'agit ici d'une question portant sur les connaissances de cours.

b) On considère l'alternateur de la centrale hydroélectrique. Sans recopier le diagramme de conversion d'énergie ci-dessous, affecter à chaque numéro une forme d'énergie en choisissant parmi les groupes de mots suivants : énergie électrique, énergie chimique, énergie cinétique, énergie lumineuse, énergie thermique.

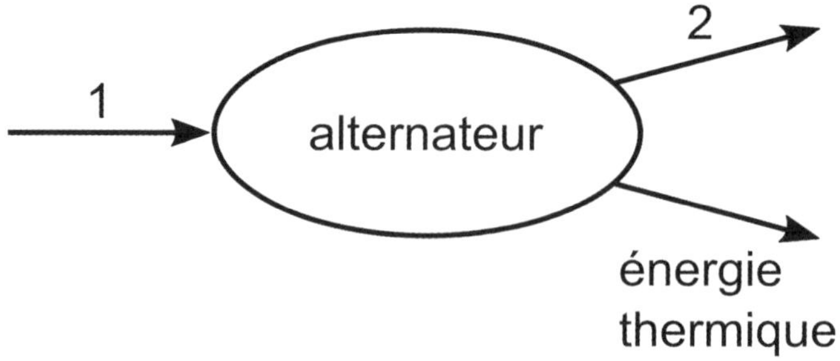

> Il s'agit encore d'une question portant sur les connaissances de cours ainsi que sur l'analyse du schéma précédent.

Évolution au cours du temps de l'épaisseur en un point de la Mer de Glace (un glacier de montagne des Alpes)

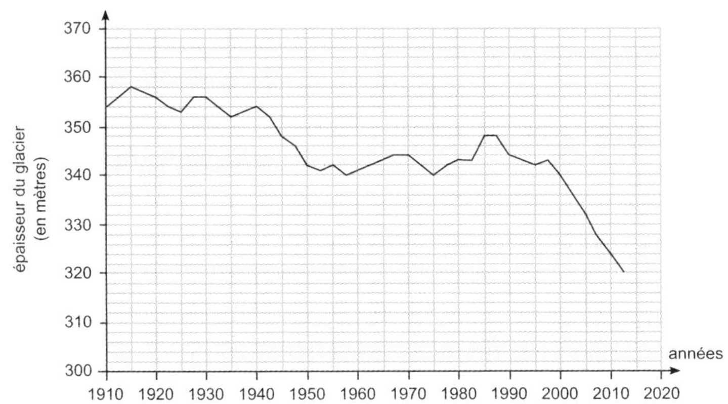

D'après www.ecologie.gouv.fr

3. a) À l'aide du document ci-dessus, on montre que la diminution de l'épaisseur du glacier entre les années 1990 et 2000 est de 4 mètres. Déterminer la diminution de l'épaisseur du glacier entre les années 2000 et 2010. Justifier la réponse.

> Cette question porte sur un graphique. Il faut en premier lieu analyser celui-ci en regardant quelles sont les grandeurs représentées sur chaque axe (en ordonnée l'épaisseur de la glace en mètre et en abscisse le temps en années).
>
> Il faut donc lire pour chaque année demandée dans la question (2000 et 2010) l'épaisseur de la glace, puis faire la différence entre ces deux valeurs pour trouver de combien elle a diminué.

b) Comparer les deux diminutions obtenues pour une durée de dix ans, puis commenter. Quelle hypothèse peut-on formuler à propos du réchauffement climatique ?

> Le candidat est libre de choisir une autre période de 10 ans. Vous devez à nouveau déterminer la diminution de l'épaisseur de la glace sur cette période, puis la comparer à celle de la question 3. b). Pour finir on vous demande de faire une analyse et de proposer des hypothèses quant au réchauffement climatique.

Vitesse d'écoulement de la glace de la Mer de Glace dans les Alpes

Un glacier de montagne n'est pas immobile. Une fois la glace formée, elle s'écoule lentement vers l'avant de la pente, comme un fleuve. Une première estimation de la vitesse d'écoulement de la Mer de Glace a été établie il y a déjà presque deux siècles : une échelle abandonnée par le physicien alpiniste Horace Benedict de Saussure en 1788 a été retrouvée 4 370 mètres en aval en 1832.

4. Établir le raisonnement permettant de calculer la vitesse d'écoulement de la glace de la Mer de Glace. Effectuer le calcul et exprimer le résultat en mètre par an.

> La notion ici est celle de la vitesse. Cette grandeur a été travaillée au programme et vous devez connaître la formule $v = d/t$. Pour déterminer la vitesse d'écoulement de la glace, on va alors utiliser cette formule reliant la vitesse, la distance et le temps.

1. a) D'après l'introduction, l'augmentation de la température de l'air, elle-même liée à l'excédent de gaz à effet de serre, ainsi que la diminution des précipitations de neige sont deux causes essentielles responsables de la fonte des glaciers de montagne.

b) D'après l'introduction, la formule du méthane est CH_4. La lettre C symbolise l'atome de carbone et la lettre H celui de l'hydrogène.
Par conséquent dans la molécule de méthane il y a 1 atome de carbone et 4 atomes d'hydrogène.

c) Tout d'abord il est dit dans l'énoncé que du dioxyde de carbone ($C0_2$) et de l'eau (H_2O) sont obtenus. La 1re équation n'est donc pas possible, car on ne retrouve pas ces deux formules après la flèche. Seules les deux dernières restent possibles. Pour finaliser le choix, il faut regarder si les équations sont « équilibrées ». En effet, la combustion étant une transformation chimique, elle doit respecter la loi de conservation de la matière : le nombre d'atomes au niveau des « réactifs » est le même que le nombre d'atomes au niveau des « produits ».
Il faut alors vérifier qu'il y ait le même nombre d'atomes de chaque type (ici C, H et O).
Du côté des réactifs (à gauche de la flèche), grâce aux nombres stochiométriques (coefficients devant les molécules) on a :
1 atome de carbone
4 atomes d'hydrogène
$2 \times 2 = 4$ atomes d'oxygène
L'équation chimique qui correspond à la combustion complète du méthane est donc la dernière :
$CH_4 + 2\ O_2 \rightarrow CO_2 + 2\ H_2O$.
En effet on retrouve bien ce même dénombrement du côté des produits (à droite de la flèche).
Pour info dans la 2e équation, le nombre d'atomes « avant » et « après » réaction n'est pas le même (2 C,$2 \times 2 + 1 = 5$ O et 2 H).

2. a) L'eau dans le lac est située en hauteur, l'énergie emmagasinée par cette eau est donc de l'énergie potentielle ou énergie de position.

b) On a vu à la question précédente que l'énergie était stockée sous forme d'énergie potentielle dans le lac de retenue. Lors du passage de l'eau dans la conduite forcée, l'énergie est convertie en énergie cinétique lors de la descente.
L'eau en bas de la conduite fait tourner la turbine qui entraîne l'alternateur et convertit alors l'énergie cinétique (1) en énergie électrique (2) et en énergie thermique (pertes).

3. a) D'après ce graphique, lorsqu'on se place en abscisses à l'année 2000, et qu'on se reporte à la courbe, on lit en ordonnées une épaisseur de 340 mètres. De la même manière, pour une abscisse de l'année 2010, l'ordonnée est une épaisseur de 324 mètres.
Calcul de la diminution de l'épaisseur du glacier entre 2000 et 2010 : $340 - 324 = 16$.
Entre 2000 et 2010, le glacier a perdu 16 mètres d'épaisseur.

b) Si on choisit par exemple la dizaine d'années de 1990 à 2000, le glacier a perdu une épaisseur de 4 mètres (en effet par lecture graphique on passe de 344 m à 340 m, puis sur la dizaine suivante, de 2000 à 2010, on vient de montrer que le glacier a perdu 16 mètres, soit 4 fois plus durant la même durée.

On constate donc que le réchauffement climatique s'accélère fortement. On peut alors supposer que la diminution de l'épaisseur des glaciers ne va faire qu'accélérer sur les années à venir.

4. On connaît le temps (en années) qui s'est écoulé entre le moment où le physicien alpiniste Horace Benedict a abandonné son échelle et celui où on l'a retrouvée.

On connaît la distance parcourue par la glace (en mètres), qui, comme c'est expliqué dans l'énoncé, « s'écoule lentement vers l'avant de la pente ».

On peut donc en déduire la vitesse d'écoulement de la glace. Calcul de la vitesse d'écoulement de la glace de la Mer de Glace :

On utilise la relation v = d/t avec :

t = 1832-1788

t = 44 ans.

soit v = d/t = 4370/44

v = 99,32 mètres/an.

La vitesse d'écoulement de la glace de la Mer de Glace est de 99,32 mètres/an.

Sciences de la vie et de la Terre

Les séismes et le risque sismique

I. La manifestation d'un séisme

• Un séisme est une secousse qui a pour particularité de déformer le paysage et de causer des dégâts en surface. L'étendue de ces dégâts en surface est mesurée par l'intensité du séisme. La magnitude, elle, mesure l'énergie libérée par le séisme, calculée en fonction de la déformation du paysage. Les ondes sismiques des séismes sous-marins peuvent également provoquer des raz-de-marée, qui déferlent sur les côtes.

II. L'enregistrement d'un séisme

• Un séisme a lieu lorsqu'il y a une rupture de roches en profondeur. Cette rupture est causée par un mouvement de terrain, et est donc présente au niveau des frontières de plaques.
• La rupture, au foyer sismique, libère de l'énergie sous forme d'ondes sismiques. La projection du foyer sismique en surface marque l'épicentre du séisme. C'est à cet endroit que les secousses sont les plus importantes.
• Les ondes sismiques qui se propagent sont enregistrées par des sismographes. Le sismographe est un instrument de mesure qui permet de déterminer l'amplitude d'un séisme. À partir de la vitesse des ondes et de l'heure d'arrivée dans les stations, il est possible d'établir le lieu exact de la rupture des roches et donc l'épicentre du séisme.
• Les mouvements de terrain provoquant un séisme se produisent le long d'une faille. Il existe plusieurs types de failles. Les failles normales sont formées par des mouvements de dilatation alors que les failles inverses sont liées à une compression.

Les deux types de failles

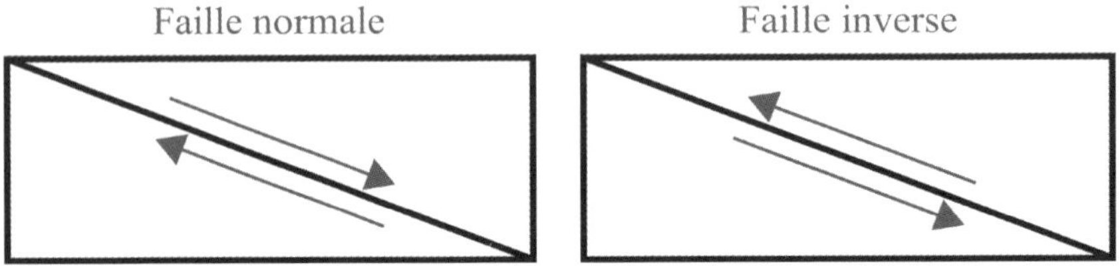

III. Prévoir un séisme

• Si un séisme est difficile à prévoir, il est tout de même possible d'évaluer le risque sismique dans un lieu particulier. Le risque sismique est établi en fonction de l'aléa sismique, du degré de vulnérabilité et du site.
• L'aléa sismique représente la possibilité d'une région de subir un séisme, selon la localisation des failles.
• Le degré de vulnérabilité est évalué selon la densité de la population et la qualité des constructions, en fonction de leur adaptation aux secousses sismiques.
• Le site aussi est important, puisqu'il prend en compte la propriété du sol, à savoir sa capacité à amplifier les ondes sismiques ou, au contraire, à les propager.

Les volcans et le risque volcanique

I. La manifestation du volcanisme

• Le volcanisme se manifeste à la surface de la Terre par des éruptions volcaniques de lave, c'est-à-dire de roches fondues. Selon le type de volcan, la lave peut être fluide ou visqueuse, et accompagnée ou non de nuages de cendres et de nuée ardente.

II. Les volcans effusifs

• Les volcans effusifs se situent notamment au niveau des dorsales océaniques. Ils sont caractérisés par un écoulement de laves fluides, pauvres en gaz.

III.Les volcans explosifs

• Les volcans explosifs se situent principalement en zone de subduction. L'éruption est bien plus dangereuse : le dôme, un assemblage de roches qui bouche le cratère, explose. Lors de l'éruption du volcan, les fragments de roches sont envoyés en l'air et une lave visqueuse, riche en gaz, s'écoule. S'y ajoutent des nuages de cendres, une avalanche de débris et une nuée ardente, mélange de gaz brûlant et de cendres.

IV. Prévoir l'éruption d'un volcan

• Le risque volcanique, comme le risque sismique, dépend de l'impact possible sur la population et de la situation géographique, qui constitue l'aléa.
• Contrairement au séisme, il est plus facile de surveiller l'activité d'un volcan en mesurant la température des fumerolles, émissions de gaz qui précèdent l'éruption volcanique.

Les deux types de volcanisme

ÉRUPTION VOLCANIQUE EFFUSIVE

Exemple : piton de la Fournaise

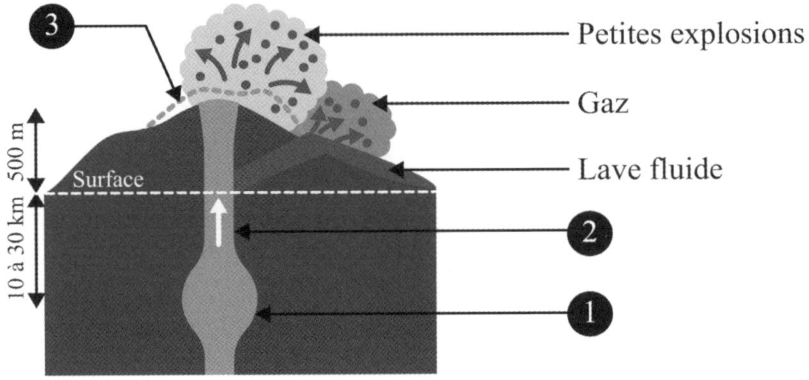

ÉRUPTION VOLCANIQUE EXPLOSIVE

Exemple : mont Saint Helens

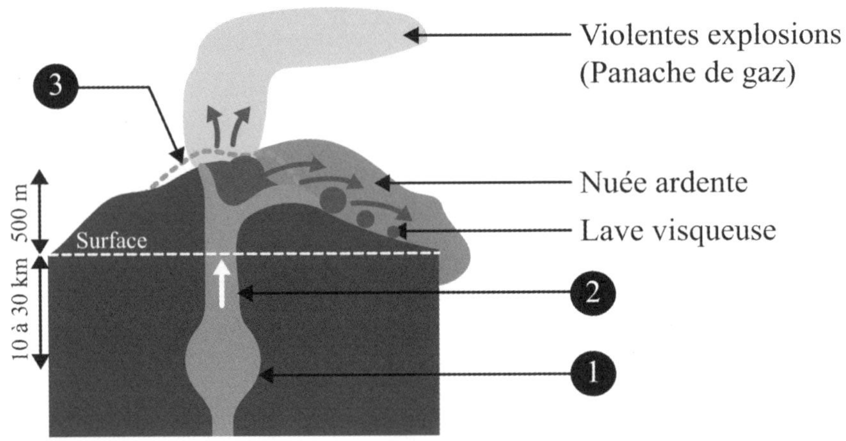

Légende :
1. Chambre magmatique
2. Remontée du magma
3. Séismes et gonflements du volcan

La dynamique des masses d'eau et d'air

I. Les zones climatiques

- Le globe se découpe en trois zones climatiques. Aux pôles se trouvent les zones polaires, où la température est la plus basse. La zone chaude est située autour de l'équateur et la zone intermédiaire correspond à la zone tempérée.
- Cette zonation est liée à la forme ronde de la Terre, supposant une répartition inégale de l'énergie solaire à sa surface.
- La différence de répartition de la température sur le globe terrestre est à l'origine des dynamiques des masses d'eau et des masses d'air.

II. La dynamique des masses d'air

- Les mouvements des masses d'air de surface s'effectuent des zones les plus froides vers les zones les plus chaudes. Ils sont à l'origine des vents.
- L'air se réchauffe à l'équateur et remonte en altitude. Lorsque les vents d'altitude atteignent des zones à températures plus basses, l'air se refroidit et retombe à la surface.
- Les masses d'air suivent donc un cycle constant, ramenant les vents de surface des zones tempérées à l'équateur.

Les masses d'air froid et d'air chaud

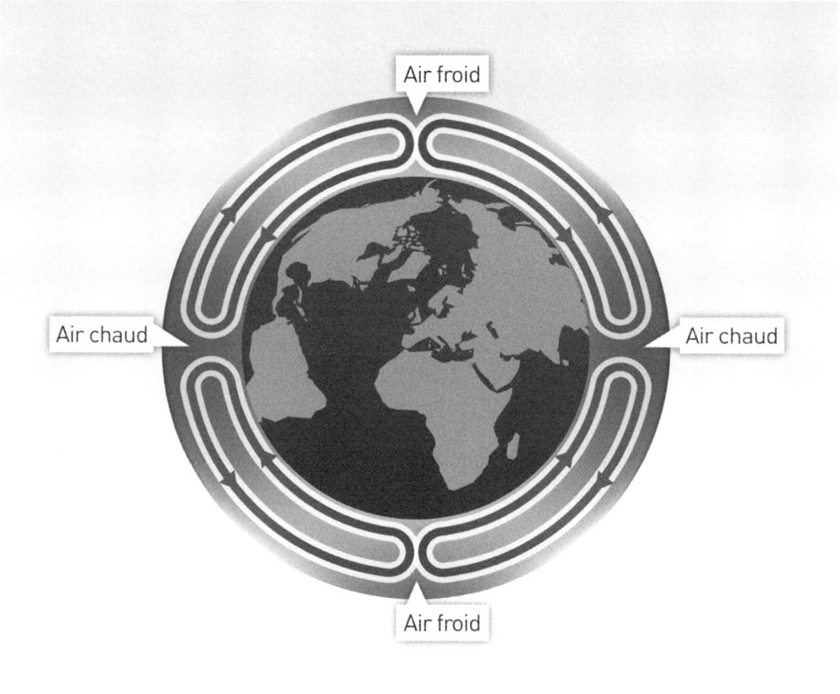

III. La dynamique des masses d'eau

- Les masses d'eau à la surface de l'océan sont mises en mouvement par les vents et sont à l'origine des courants marins de surface.
- Lorsque l'eau atteint les zones à température chaude, elle s'évapore et est transportée par les vents. Elle retombe sous forme de précipitations dans les zones à température plus basse. L'eau ruisselle depuis les reliefs jusqu'aux océans. C'est le cycle de l'eau.
- En profondeur, l'eau réchauffée est moins dense que l'eau refroidie. L'eau chaude remonte donc vers la surface alors que l'eau froide descend en profondeur.

Le cycle de l'eau

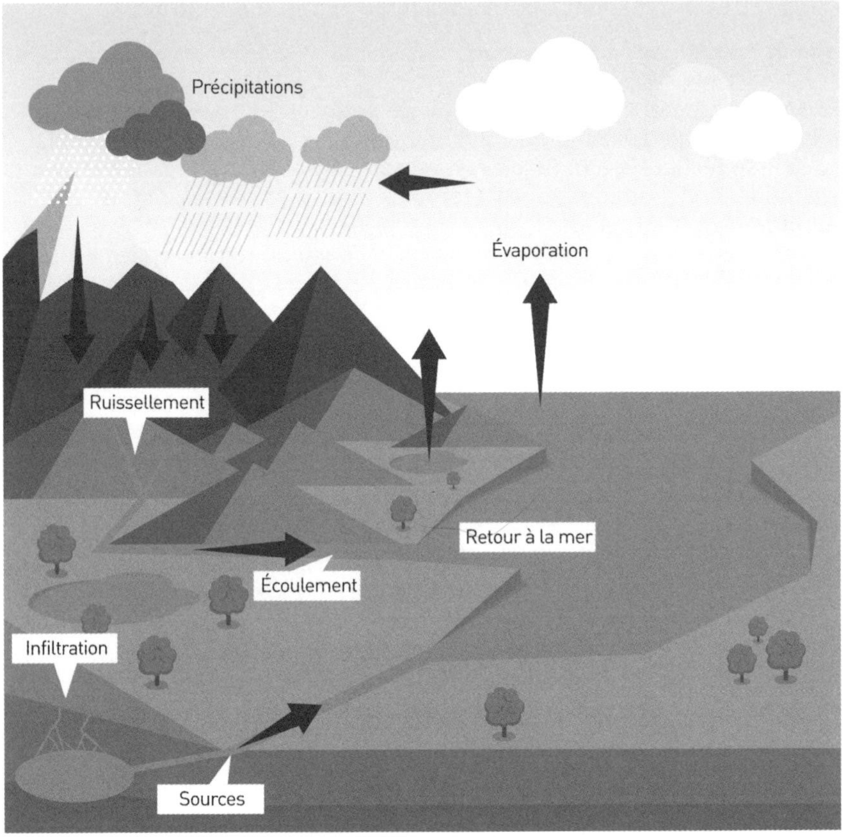

Les ères géologiques

I. L'apparition de la Terre et des premières formes de vie

• La Terre s'est formée il y a 4,6 milliards d'années. Elle était alors recouverte de lave et la température avoisinait les 1 000 °C. La vie y était impossible. Des transformations et des événements géologiques ont permis le refroidissement de la Terre, la création de l'atmosphère et la formation des océans. Les premières formes de vie, les cyanobactéries, sont apparues il y a 3,5 milliards d'années. Elles ont joué un rôle essentiel dans le rejet de dioxygène dans l'air, permettant l'apparition de nouvelles formes de vie.

II. Événement géologique et découpage du temps

• D'autres événements géologiques (activités volcaniques intenses, chutes de météorites) ont affecté la surface de la Terre depuis son origine, modifiant les milieux et les conditions de vie.
• Les modifications de l'environnement marquent des crises de la biodiversité où le renouvellement des espèces est important. Certaines espèces apparaissent et se diversifient alors que d'autres régressent et disparaissent en masse.
• Le renouvellement des espèces peut être retracé grâce aux roches sédimentaires renfermant des fossiles : restes d'os et de squelettes, empreintes de pas ou de feuilles, plumes, coquilles...
• Les transformations géologiques depuis l'origine de la Terre permettent de proposer un découpage du temps en ères, elles-mêmes découpées en périodes.

III. La crise Crétacé-Tertiaire

• La crise Crétacé-Tertiaire est la plus connue puisqu'elle est responsable de l'extinction de grands groupes, dont les dinosaures, il y a 65 milliards d'années. Elle correspond à une crise majeure de la biodiversité, suivie d'une période de diversification importante liée à la libération des milieux écologiques, qui diminue la compétition entre les espèces.
• Durant cette période, une activité volcanique importante libère de grandes quantités de lave et de gaz. On suppose également l'impact d'une météorite, créant des nuages opaques. Ces événements modifient la température terrestre et perturbent la photosynthèse des plantes en cachant le soleil. Les plantes ne peuvent donc pas survivre, les herbivores n'ont alors plus rien à manger et meurent. En raison de la pénurie d'herbivores, les carnivores disparaissent à leur tour.

Les principaux événements de l'histoire de la Terre

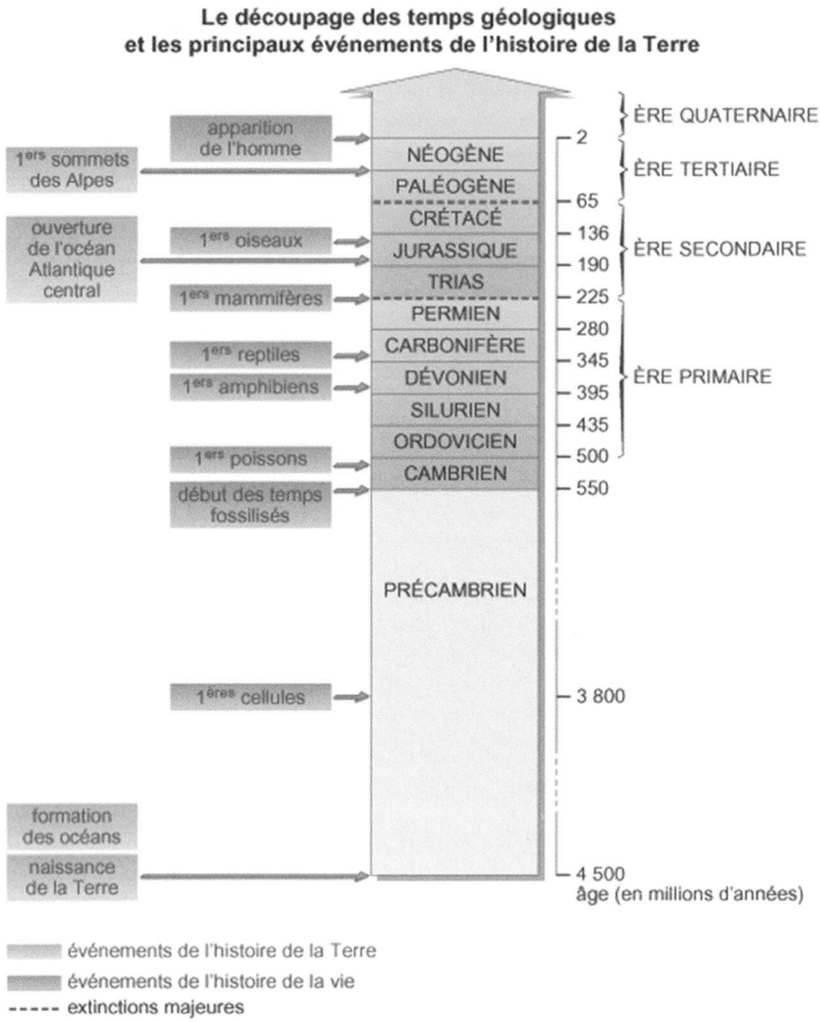

Les mécanismes de l'évolution des espèces

I. L'évolution

- L'évolution est le processus par lequel des espèces ou groupes d'espèces apparaissent, se diversifient, s'éteignent ou se maintiennent.
- Au sein d'une espèce, l'évolution correspond aux modifications partielles de l'information génétique (ADN), qui entraînent l'apparition de caractères héréditaires nouveaux. Cette modification, ou mutation aléatoire, se produit de manière imprévisible et pourra être transmis aux descendants.

II. Des théories construites au cours du temps

- Diverses théories ont été proposées au cours du temps pour expliquer l'évolution des espèces, dont celles de Jean-Baptiste Lamarck, Georges Cuvier et Charles Darwin. Lamarck (1744-1829) propose une théorie du transformisme, en prenant pour exemple l'allongement du cou des girafes : un ancêtre à cou court a dû étirer son cou pour atteindre les feuilles hautes. Georges Cuvier (1769-1832) soutient une théorie fixiste, où chaque espèce nouvellement créée ne se modifie pas au cours du temps. La théorie de Charles Darwin (1809-1882) propose une évolution basée sur la sélection naturelle. Le milieu scientifique retient cette théorie.

III. La sélection naturelle

- Selon la théorie de la sélection naturelle, les individus qui présentent des caractères avantageux à la survie dans un milieu spécifique voient leur population augmenter. De nouveaux caractères peuvent apparaître à la suite d'une modification spontanée de l'information génétique. Ces mutations aléatoires sont responsables de la diversité génétique des individus.
- Lorsqu'un nouveau caractère apparaît, deux finalités sont possibles :

– soit le caractère présente un avantage pour l'espèce dans un milieu donné et sera sélectionné. Par exemple, dans un milieu pollué où les troncs d'arbres sont foncés, un papillon qui a connu une mutation « couleur noire » sera moins visible pour les prédateurs. Cette mutation est sélectionnée et l'information génétique est transmise aux descendants ;

– soit le caractère présente un désavantage pour l'espèce et la fera disparaître. La mutation « couleur noire » du papillon dans un milieu sans pollution où les troncs d'arbres restent clairs le rend visible pour les prédateurs. Les papillons sont alors mangés et ne peuvent se reproduire pour transmettre le caractère « couleur noire » à leurs descendants.

IV. La dérive génétique

- La dérive génétique est un processus dynamique basé sur une modification aléatoire de la fréquence des caractères au cours du temps dans une population. Un caractère qui n'apporte aucun avantage ou aucun inconvénient aux individus d'une espèce sera transmis au hasard si l'individu porteur de ce caractère se reproduit. Par exemple, si le nombre de papillons bleus se reproduisant est plus élevé que celui des papillons jaunes, alors le nombre de papillons bleus dans une population peut être plus important. Ce processus est totalement aléatoire et n'est lié ni à un caractère avantageux ni à l'environnement.
- La dérive génétique se produit de façon plus marquée lorsque l'effectif de la population est faible.

Les relations de parenté et la place de l'espèce humaine

I. La classification des êtres vivants

• Les espèces vivantes (animales, végétales...) sont aujourd'hui classées selon leurs attributs.
• Les êtres vivants possédant des caractères en commun peuvent être regroupés ensemble dans une « boîte » pour former un groupe emboîté. Plusieurs groupes peuvent posséder un autre caractère qu'ils partagent et appartenir à un nouveau groupe emboîté. On parle alors de classification en groupes emboîtés.

II. Parenté des espèces et évolution

• La comparaison des espèces apparues et disparues au cours du temps permet de reconstituer les liens de parenté entre espèces, qui expliquent l'évolution.
• Il est aussi possible d'établir un arbre phylogénétique à partir de la classification en groupes emboîtés pour représenter plus précisément les liens de parenté entre espèces vivantes. L'arbre phylogénétique est une représentation schématique d'un arbre avec au bout de chaque branche une espèce actuelle.
• Ces branches s'insèrent sur le « tronc » fictif au niveau des nœuds. Ces nœuds représentent l'ancêtre commun à tous les êtres vivants partageant les mêmes caractères que ce dernier. Ces êtres vivants conservent les caractères ancestraux d'une espèce antérieure dont ils sont issus, et possèdent aussi des caractères nouveaux apparus grâce à des mutations.

III. La place de l'espèce humaine dans le monde vivant

• L'espèce humaine peut être classée parmi les animaux selon les caractères qu'elle partage avec d'autres espèces. La cellule est, par exemple, un caractère ancestral présent chez toutes les espèces et qui fonde l'unité du vivant.
• On peut ainsi dire que l'Homme est apparu sur Terre en s'inscrivant dans le processus de l'évolution puisqu'il résulte, comme les autres espèces, d'une série de transformations, en l'occurrence à partir d'un ancêtre commun partagé avec les chimpanzés.
• L'espèce humaine possède également des caractères nouveaux propres à son espèce, qu'on ne trouve pas chez d'autres, comme la parole ou la bipédie.

La place de l'Homme au sein des primates

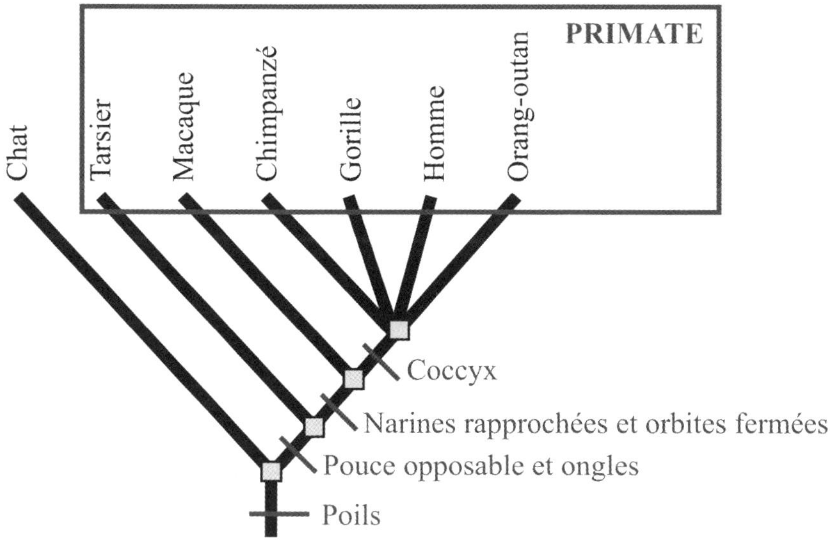

La localisation de l'information héréditaire

I. L'information génétique

• Chaque individu présente des caractères propres à son espèce et des caractères individuels qui font de lui un être unique et différent de tous les autres.

• Ces caractères sont déterminés par l'information génétique. On les dit héréditaires lorsqu'ils se retrouvent dans des générations successives.

II. La localisation de l'information génétique

• Tous les êtres vivants sont composés d'au moins une cellule. L'Homme est pluricellulaire, c'est-à-dire qu'il est composé de plusieurs cellules. L'information génétique se trouve dans le noyau de la cellule. Elle est portée par les chromosomes. Il y a chez l'être humain 23 paires de chromosomes, soit 46 chromosomes. L'une des paires de chromosomes diffère selon le sexe de l'individu. Ce sont les chromosomes sexuels (XX chez la femme et XY chez l'homme).

• Toutes les cellules d'un individu contiennent la même information.

La cellule animale

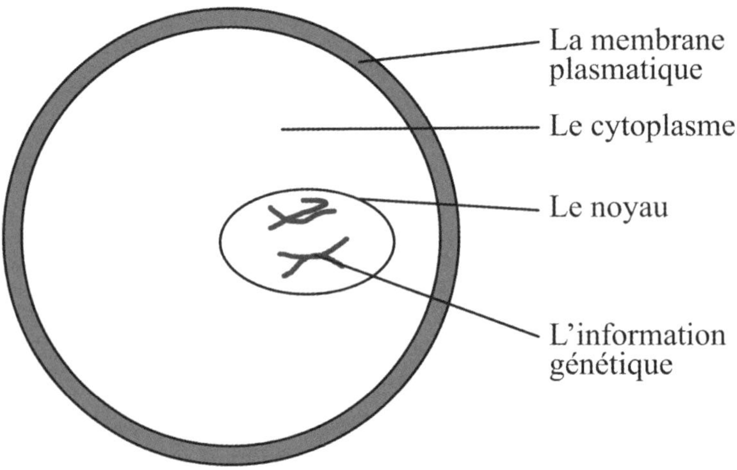

III. L'ADN et sa structure

• Un chromosome est composé d'ADN, qui contient l'information génétique déterminant les caractères héréditaires.

• La molécule d'ADN présente la même structure chez tous les êtres vivants : elle est composée de deux chaînes de nucléotides enroulées en une double hélice. Un nucléotide contient l'une des quatre bases azotées (adénine, thymine, cytosine et guanine). Les bases azotées sont associées par des liaisons au centre de la molécule d'ADN.

L'ADN

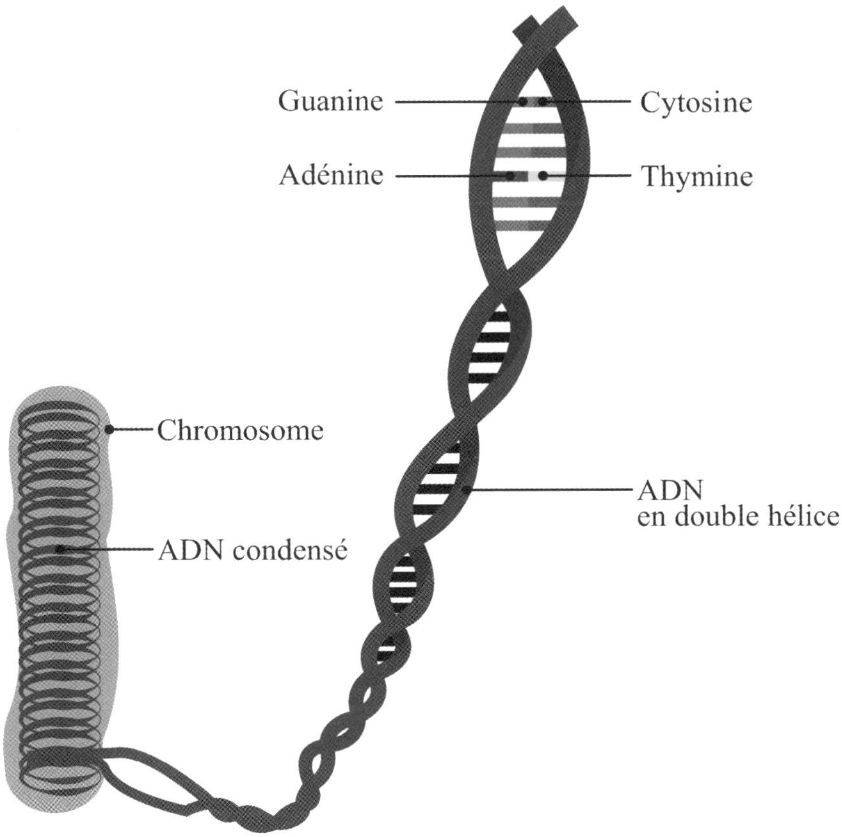
Guanine
Cytosine
Adénine
Thymine
Chromosome
ADN
en double hélice
ADN condensé

La diversité génétique des individus : brassage et mutation

La diversité génétique des individus est due au brassage des allèles, lors de la méiose et lors de la fécondation.

I. Le brassage des allèles lors de la méiose

• Lors de la production des gamètes, les paires de chromosomes de la cellule initiale sont séparées au cours de la méiose. Cette séparation est un processus aléatoire qui peut aboutir à diverses combinaisons : on parle alors de brassage.

• Chacun des futurs parents produit des gamètes (spermatozoïdes chez l'homme et ovule chez la femme) qui ne contiennent que la moitié de l'information génétique de départ, soit 22 chromosomes et 1 chromosome sexuel, X ou Y.

Le comportement des chromosomes lors de la formation des gamètes

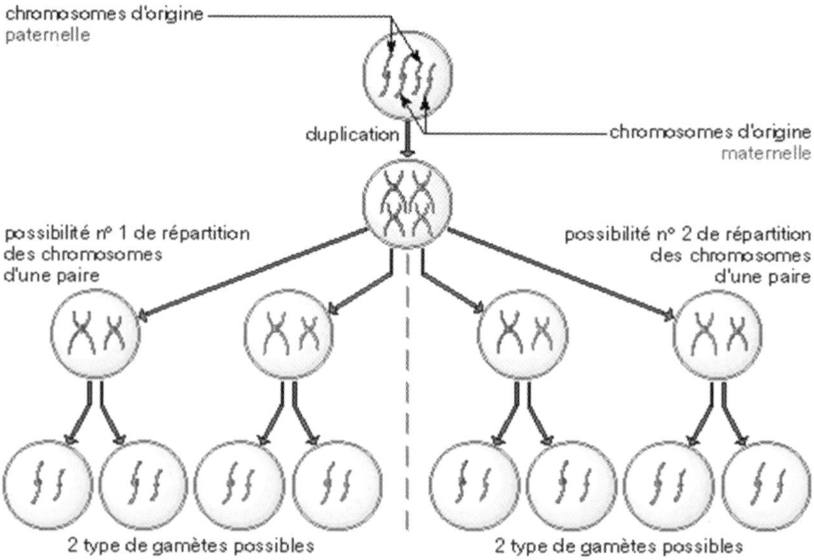

Cette représentation simplifiée avec 4 chromosomes montre comment les chromosomes maternels et paternels se répartissent au hasard dans les différents gamètes. Chaque gamète ne détient qu'un seul des deux chromosomes d'une paire.

• La mère peut donc donner 2 gamètes différents porteurs de :
- soit l'allèle A (pour le chromosome 9) et le chromosome X ;
- soit l'allèle O (pour le chromosome 9) et le chromosome X.

• Le père fournit 4 gamètes différents :
- soit l'allèle B (pour le chromosome 9) et le chromosome X ;
- soit l'allèle B (pour le chromosome 9) et le chromosome Y ;

- soit l'allèle O (pour le chromosome 9) et le chromosome X ;
- soit l'allèle O (pour le chromosome 9) et le chromosome Y.

II. Le brassage des allèles lors de la fécondation

• Lors de la reproduction sexuée, l'union du gamète mâle (23 chromosomes) et du gamète femelle (23 chromosomes) forme une cellule œuf de 23 paires de chromosomes, soit 46 chromosomes. C'est l'étape de la fécondation. La cellule œuf hérite donc d'une seule combinaison parmi toutes celles possibles. On peut déterminer cette combinaison avec un échiquier de croisement (sont représentées ci-dessous uniquement deux paires de chromosomes sur les 23).

Gamète mère Gamète père	**Chromosome 9, Allèle A Chromosome X**	**Chromosome 9, Allèle A Chromosome X**	**Chromosome 9, Allèle O Chromosome X**	**Chromosome 9 Allèle O Chromosome X**
Chromosome 9, Allèle B Chromosome X	2 chromosomes 9, Allèle A et Allèle B 2 chromosomes X	2 chromosomes 9, Allèle A et Allèle B 2 chromosomes X	2 chromosomes 9, Allèle O et Allèle B 2 chromosomes X	2 chromosomes 9, Allèle O et Allèle B 2 chromosomes X
	Fille de groupe sanguin AB		Fille de groupe sanguin B	
Chromosome 9, Allèle O Chromosome Y	2 chromosomes 9, Allèle A et Allèle O 1 chromosome X et 1 chromosome Y	2 chromosomes 9, Allèle A et Allèle O 1 chromosome X et 1 chromosome Y	2 chromosomes 9 avec l'allèle O 1 chromosome X et 1 chromosome Y	2 chromosomes 9 avec l'allèle O 1 chromosome X et 1 chromosome Y
	Garçon de groupe sanguin A		Garçon de groupe sanguin O	
Chromosome 9, Allèle O Chromosome X	2 chromosomes 9, Allèle A et Allèle O 2 chromosomes X	2 chromosomes 9, Allèle A et Allèle O 2 chromosomes X	2 chromosomes 9 avec l'allèle O 2 chromosomes X	2 chromosomes 9 avec l'allèle O 2 chromosomes X
	Fille de groupe sanguin A		Fille de groupe sanguin O	
Chromosome 9, Allèle B Chromosome Y	2 chromosomes 9, Allèle A et Allèle B 1 chromosome X et 1 chromosome Y	2 chromosomes 9, Allèle A et Allèle B 1 chromosome X et 1 chromosome Y	2 chromosomes 9, Allèle O et Allèle B 1 chromosome X et 1 chromosome Y	2 chromosomes 9, Allèle O et Allèle B 1 chromosome X et 1 chromosome Y
	Garçon de groupe sanguin AB		Garçon de groupe sanguin B	

Dans l'exemple ci-dessus, il y a donc 8 combinaisons différentes possibles pour deux chromosomes, conduisant à 8 génotypes différents.

Les besoins des cellules chlorophylliennes

I. Organisation de la cellule chlorophyllienne

• Chaque cellule chlorophyllienne est constituée d'une paroi cellulaire, d'une membrane plasmique, d'un noyau, d'un cytoplasme, d'un compartiment aux fonctions multiples - la vacuole -, qui peut changer de forme et de taille, et de chloroplastes, essentiels à la production de matière organique utilisée par la plante.

La cellule végétale

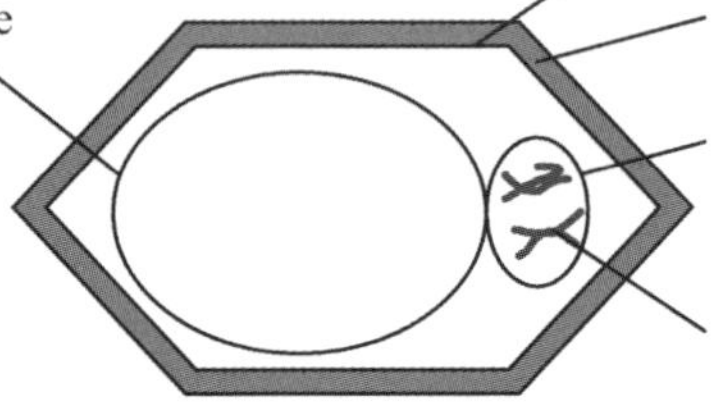

II. La production de matière organique par la plante chlorophyllienne

• Les plantes chlorophylliennes, aussi appelées plantes vertes, réalisent la photosynthèse. Ce processus, qui consiste à produire du dioxygène (O_2) et de la matière organique, a lieu dans les chloroplastes de la cellule chlorophyllienne. La photosynthèse s'effectue au niveau des feuilles, en présence de dioxyde de carbone (CO_2), d'eau (H_2O) et de lumière. Cette lumière ne participe pas directement à la réaction, mais lui fournit l'énergie nécessaire à sa réalisation.

$$\text{dioxyde de carbone + eau} \xrightarrow{\text{lumière}} \text{matière organique + dioxygène}$$

• La surface inférieure de la feuille, ou la surface la moins éclairée, présente des stomates, par lesquels le dioxyde de carbone entre dans l'organisme, puis atteint les chloroplastes des cellules. L'eau et les sels minéraux sont absorbés par les poils absorbants des racines. Ces éléments constituent la sève brute, qui circule par un système de transport jusqu'aux feuilles.

• La matière organique produite au niveau des feuilles constitue la sève élaborée, qui circule par un système de transport différent de celui de la sève brute, jusqu'aux autres parties de la plante. Cette sève est ensuite soit utilisée par la plante comme source d'énergie pour sa respiration, soit stockée dans les chloroplastes ou dans des organes de réserve, comme les tubercules.

III. La respiration des plantes vertes

• On dit que chaque cellule végétale « respire ». Ce processus consiste à produire de l'énergie, que la cellule va utiliser pour se développer, à partir de la matière organique et du dioxygène issus de la photosynthèse.

Anatomie et fonctionnement de l'appareil reproducteur masculin

I. Acquisition de la fonction de reproduction à la puberté

- Lors de la puberté, des transformations physiques et anatomiques rendent l'individu apte à procréer.
- Chez l'homme, ces transformations sont marquées par l'apparition de caractères sexuels secondaires comme la mue de la voix, l'apparition de poils, l'accélération de la croissance et le développement de la musculature. Au niveau anatomique, la masse de l'organe reproducteur, le testicule, se développe. Enfin, le garçon commence à produire des gamètes, les spermatozoïdes.

II. Anatomie de l'appareil reproducteur masculin

- L'homme a un organe génital externe, le pénis, et deux gonades externes, les testicules.
- À partir de la puberté, et ce de façon continue tout au long de la vie de l'individu, les gonades fabriquent, au sein des tubes séminifères, de nombreux spermatozoïdes. Ces gamètes sont stockés dans le testicule au niveau de l'épididyme.
- Lors d'une éjaculation, les spermatozoïdes quittent le testicule et circulent dans les voies génitales internes. Ils passent par le canal déférent, puis s'assemblent avec le liquide séminal produit par la vésicule séminale et la prostate. Ce liquide séminal a pour fonction de nourrir les spermatozoïdes et de permettre leur mobilité une fois dans les voies génitales de la femme.
- Le sperme ainsi formé emprunte l'urètre pour sortir du pénis.

L'appareil reproducteur masculin

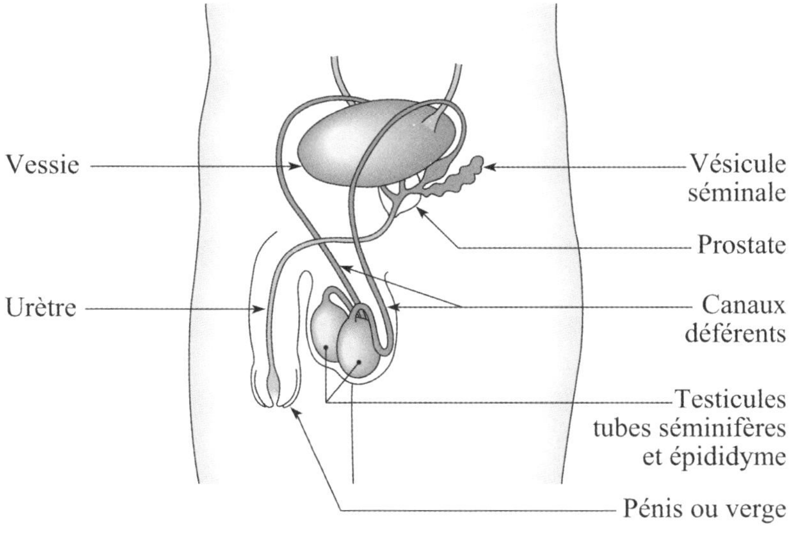

III. Fonctionnement hormonal de l'appareil reproducteur

- L'appareil reproducteur fonctionne sous l'action d'hormones, des substances chimiques circulant dans le sang. Une hormone cérébrale est produite dans une zone du cerveau et agit sur les testicules. Le testicule synthétise alors une hormone sexuelle, la testostérone.
- La testostérone est responsable de l'apparition et du maintien des caractères sexuels secondaires et aide à la production des spermatozoïdes.

Anatomie et fonctionnement de l'appareil reproducteur féminin

I. Acquisition de la fonction de reproduction à la puberté

• Chez la femme, les transformations dues à la puberté correspondent à l'apparition de caractères sexuels secondaires, comme les poils pubiens, l'accélération de la croissance, le développement des seins et l'élargissement du bassin.
• Au niveau anatomique, les deux organes reproducteurs, l'utérus et les ovaires, se développent.
• Enfin, la fille a ses premières menstruations et commence à expulser des gamètes, les ovules.

II. Anatomie de l'appareil reproducteur féminin

• L'ovaire contient, dès la naissance, un stock important, mais limité d'ovules. À partir de la puberté, un ovule est expulsé par l'ovaire lors de chaque cycle menstruel. Un cycle menstruel dure environ 28 jours, pendant lequel ont lieu deux cycles : un cycle ovarien et un cycle utérin.
• Le cycle utérin se divise en deux grandes phases, lorsqu'il n'y a aucune fécondation :
– une phase de règles, qui dure plus ou moins 5 jours. Le premier jour des règles est le premier jour du cycle. La muqueuse utérine, ou endomètre, régresse et devient fine ;
– une phase d'épaississement de la muqueuse utérine, préparant l'éventuelle implantation d'un œuf fécondé. S'il n'y a pas fécondation, la muqueuse utérine régresse à nouveau et un nouveau cycle commence. S'il y a fécondation, il y a absence de règles.
• Le cycle ovarien est divisé en deux phases, séparées par une ovulation :
– une phase folliculaire de 14 jours, où le follicule contenant l'ovule arrive à maturation.
– l'ovulation : l'ovule sort du follicule aux alentours du quatorzième jour ;
– une phase lutéale de 14 jours, où l'ovule passe dans la trompe utérine. Le follicule rompu reste dans l'ovaire et se transforme en corps jaune. S'il n'y a pas fécondation de l'ovule, le corps jaune dégénère dans les derniers jours du cycle.
• Lors de la reproduction, les spermatozoïdes sont expulsés dans le vagin. Pour atteindre l'ovule, ils passent par le col de l'utérus pour atteindre l'utérus. L'utérus se sépare en deux trompes utérines aboutissant aux pavillons puis à l'ovaire. Le spermatozoïde doit circuler dans une des trompes pour arriver jusqu'à l'ovule. Lorsque le spermatozoïde pénètre dans l'ovule, il y a fécondation.

L'appareil reproducteur féminin

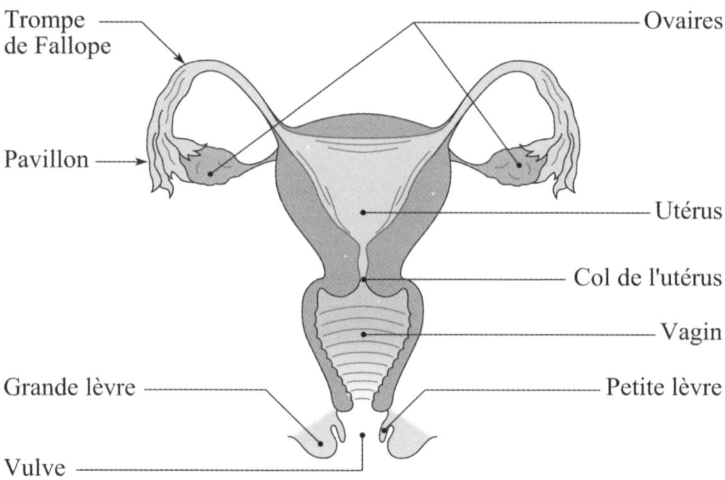

Les besoins nutritifs des cellules animales et des organes

I. Cellule, tissu et organe

- Tous les êtres vivants sont constitués d'une ou plusieurs cellules. L'Homme est pluricellulaire, c'est-à-dire qu'il possède plusieurs cellules.
- La cellule est formée d'une membrane plasmique, d'un cytoplasme et d'un noyau contenant l'information génétique.
- Toutes les cellules ayant une même organisation et une même fonction sont rassemblées pour former le tissu. Chaque tissu a un rôle bien défini. Ainsi, le rôle principal du tissu musculaire est de pouvoir se contracter pour assurer le mouvement.
- L'ensemble des tissus ayant la même fonction forme l'organe, comme le muscle.

II. Le besoin en énergie des organes

- Pour pouvoir fonctionner, les organes ont besoin d'énergie. Le muscle, par exemple, a besoin de cette énergie pour permettre sa contraction et donc son fonctionnement. L'énergie dont a besoin l'organe est produite au niveau des cellules du tissu.

III. Produire l'énergie

- L'énergie est produite par une réaction chimique entre le glucose (un nutriment) et le dioxygène. Cette réaction libère non seulement de l'énergie, mais également du dioxyde de carbone.

glucose (nutriment) + dioxygène → dioxyde de carbone + autres déchets (dont l'urée) + énergie

- Les organes, dont les muscles, prélèvent le dioxygène et les nutriments dans le sang entrant dans l'organe. Ils rejettent le dioxyde de carbone (produit par la réaction chimique) dans le sang sortant de l'organe. On dit que les organes effectuent des échanges avec le sang.
- Le dioxygène présent dans le sang provient de la respiration. Le glucose, quant à lui, provient de l'alimentation.

IV. À l'effort

- Lors d'un effort, les organes ont besoin d'une énergie plus importante et, de ce fait, d'une quantité plus élevée de dioxygène et de nutriments. C'est le cas par exemple du muscle lors d'une activité sportive.

Les besoins nutritifs des cellules animales

Le système cardiovasculaire

C'est par le sang que le dioxygène, le dioxyde de carbone et les nutriments sont acheminés vers les organes, au moyen des vaisseaux sanguins. Le cœur est l'acteur principal du cheminement du sang dans tout le corps.

I. Anatomie et fonctionnement du cœur

- Le cœur est une pompe active, cloisonnée en deux parties distinctes, le cœur droit et le cœur gauche. Le cœur gauche reçoit le sang oxygéné qui arrive par les veines pulmonaires. Le sang passe ensuite dans l'oreillette gauche, puis dans le ventricule gauche, et est renvoyé jusqu'aux organes par l'artère aorte. Le cœur droit reçoit le sang non oxygéné arrivant des organes par le biais des veines caves, qui débouchent sur l'oreillette droite. Le sang est ensuite propulsé jusqu'aux poumons par l'artère pulmonaire pour être à nouveau oxygéné.
- Le passage du sang des oreillettes vers les ventricules et des ventricules vers les artères n'est possible que lorsque les valvules s'ouvrent ou se ferment sous la pression. Les sons issus des battements du cœur correspondent à la fermeture de ces valvules.

Coupe en long d'un cœur

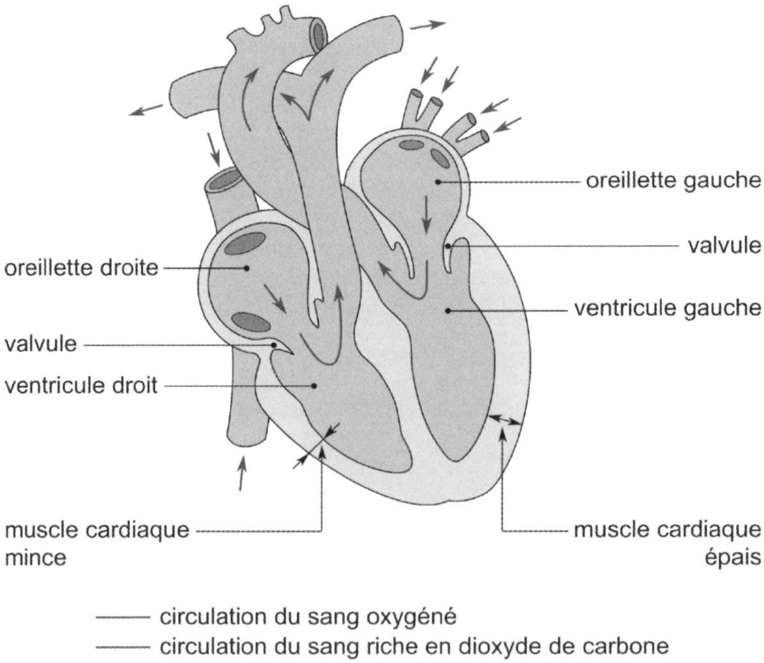

II. Circulation sanguine

• Il y a deux circulations sanguines distinctes. La première circulation consiste à acheminer le sang non oxygéné par l'artère pulmonaire jusqu'aux poumons, pour y être oxygéné et renvoyé au cœur par les veines pulmonaires. C'est la circulation pulmonaire. La deuxième circulation envoie le sang oxygéné vers les organes par l'artère aorte et reçoit, par les veines caves, le sang non oxygéné produit par les cellules des organes. C'est la circulation générale.

III. Effort physique et dopage

• Lors d'une activité physique, la fréquence cardiaque augmente pour apporter une quantité plus importante de dioxygène et de nutriments présents dans le sang et répondre aux besoins accrus du muscle.
• Le dopage améliore les performances physiques des sportifs. L'érythropoïétine, EPO, est une substance qui augmente le nombre de globules rouges porteurs du dioxygène dans le sang. Cependant, le dopage peut avoir des effets néfastes sur la santé, comme augmenter le risque d'accident cardiovasculaire.

Schéma simplifié de la circulation sanguine

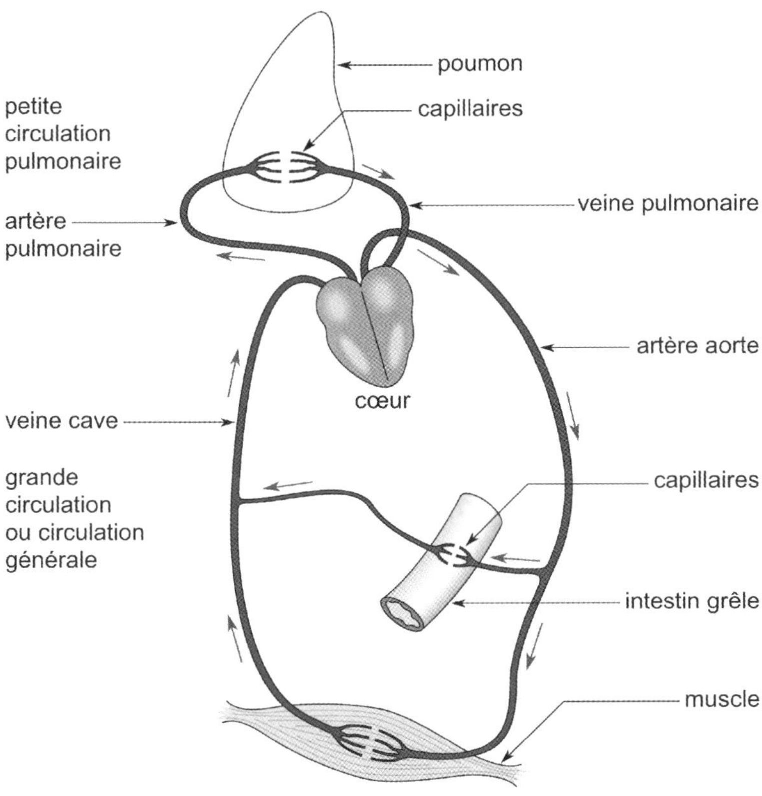

Le système nerveux

I. L'intégration des informations

• Notre environnement stimule les organes des sens (oreilles, nez, yeux, peau...). Ces stimulations prennent la forme de messages nerveux sensitifs. Ces messages sont envoyés au cerveau par l'intermédiaire de nerfs.

• Le message nerveux est transmis au cortex cérébral. Ce cortex est une zone du cerveau bien précise, divisée en aires cérébrales. Chacune de ces aires reçoit un type d'information (auditive, visuelle...). Une fois réceptionnées, les informations sont ensuite traitées simultanément. On dit que le cerveau réalise une intégration. Cette intégration aboutit à la retranscription de l'environnement.

II. La communication du système nerveux

• Pour traiter simultanément les informations, une communication entre les zones cérébrales est nécessaire. Cette communication se fait par l'intermédiaire de neurones, des cellules nerveuses par lesquelles passe l'information.

• Le neurone est constitué d'un corps cellulaire, contenant le noyau, d'un axone par lequel passe le message, et se termine à son extrémité par des synapses.

• Le message nerveux est réceptionné par les dendrites au niveau du corps cellulaire du neurone. Il est acheminé le long de l'axone jusqu'à la synapse. Le message est alors véhiculé par des neurotransmetteurs libérés dans la fente synaptique. Les dendrites d'un second neurone possèdent des récepteurs à ces neurotransmetteurs. Le message nerveux traverse ensuite le second neurone et ainsi de suite.

III. La perturbation du système nerveux

• L'activité cérébrale peut être perturbée par divers facteurs, comme le manque de sommeil. Une exposition prolongée ou soudaine à un son peut altérer l'audition (les concerts trop bruyants par exemple). L'ingestion de drogues ou d'alcool peut modifier la perception de l'environnement.

La transmission du message nerveux

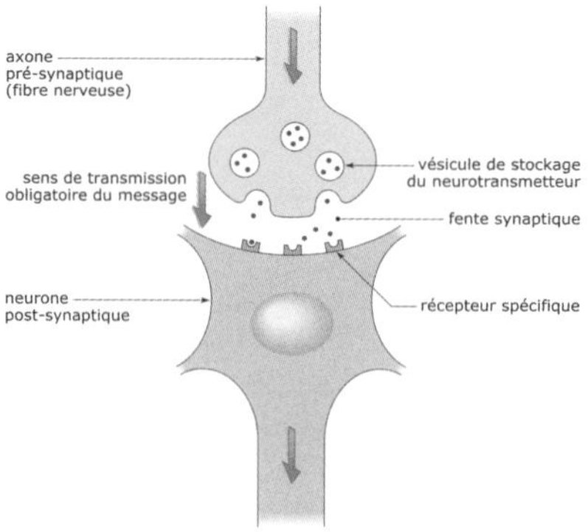

Le système immunitaire : une réaction rapide

I. De la contamination à l'infection

• La peau et les muqueuses (nasale, buccale, intestinale...) sont constituées de couches de cellules qui forment une barrière naturelle difficile à franchir par les micro-organismes pathogènes.
• Malgré ces protections, le micro-organisme peut franchir les barrières naturelles, en raison d'une plaie par exemple, et ainsi pénétrer dans l'organisme. C'est la contamination.
• Il y a infection lorsque les micro-organismes trouvent des conditions favorables à leur développement dans l'organisme contaminé et arrivent à se multiplier. Cette infection se manifeste par l'apparition de gonflement ou de rougeur sur une zone localisée et peut être accompagnée d'une fièvre.

II. Lutter contre la contamination et l'infection

• Il est possible de prévenir la contamination et l'infection par diverses pratiques.
• L'asepsie vise à éviter tout contact avec les micro-organismes par la stérilisation des objets et le lavage des parties du corps, notamment les mains, en contact avec les aliments ou un autre organisme. L'utilisation de préservatifs lors des rapports sexuels évite toute contamination par les micro-organismes responsables des infections sexuellement transmissibles (IST) comme le sida.
• Un antiseptique a pour rôle de limiter la multiplication des micro-organismes, ou de les tuer, et donc de limiter l'infection après leur entrée dans l'organisme.
• Enfin, en cas d'infection, la prise d'antibiotique élimine les bactéries et lutte contre l'infection. Les antibiotiques n'agissent que sur les bactéries.

III. La phagocytose, une réaction rapide

• Si l'infection a lieu, l'organisme réagit rapidement par l'intermédiaire de phagocytes, des cellules immunitaires spécialisées qui réalisent la phagocytose.
• Les phagocytes arrivent sur le lieu de l'infection et reconnaissent les agents pathogènes qu'ils englobent puis digèrent grâce à des enzymes.

La phagocytose

La phagocytose

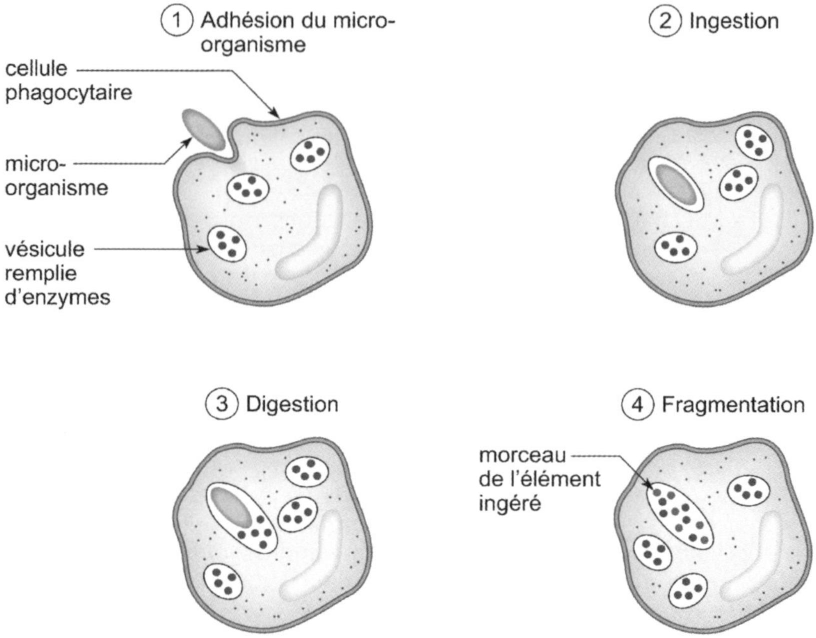

La phagocytose est un enchaînement d'événements aboutissant à la digestion des micro-organismes :
1) les prolongements cytoplasmiques des cellules phagocytaires enrobent le micro-organisme ;
2) le micro-organisme est intégré ;
3) et 4) les enzymes contenues dans les vésicules cytoplasmiques digèrent le micro-organisme et le fragmentent.

Le système immunitaire : une réaction lente

I. Les lymphocytes

- Tout comme les phagocytes, les lymphocytes B et T sont des leucocytes, autrement dit des globules blancs spécialisés dans la reconnaissance de micro-organismes pathogènes.
- Les lymphocytes sont produits par la moelle osseuse et se différencient par la suite en lymphocyte B et lymphocyte T.

II. Mode d'action des lymphocytes B

- Les bactéries possèdent des antigènes à leur surface. Des lymphocytes B présents dans le sang vont reconnaître les antigènes et se multiplier. Ils produisent ensuite des anticorps spécifiques pour cet antigène.
- Le rôle des anticorps est de neutraliser les antigènes par la formation de complexe anticorps-antigène afin de favoriser la phagocytose.

III. Mode d'action des lymphocytes T

- Les cellules infectées par un virus portent à leur surface des fragments antigéniques du virus reconnus par d'autres lymphocytes, les lymphocytes T. Ces lymphocytes ont pour fonction de détruire par contact direct la cellule infectée.

IV. La mémoire immunitaire

- Après un premier contact avec un antigène ou une cellule infectée, des lymphocytes B et T à mémoire sont produits. Lors du deuxième contact, la réaction immunitaire est bien plus rapide que la première fois, car l'antigène et la cellule infectée sont reconnus plus facilement. C'est la mémoire immunitaire.
- Cette mémoire immunitaire est mise à contribution lors de la vaccination. Il s'agit ici d'injecter au patient des agents infectieux tués ou peu virulents afin de favoriser la production de lymphocytes à mémoires.

La réponse immunitaire spécifique

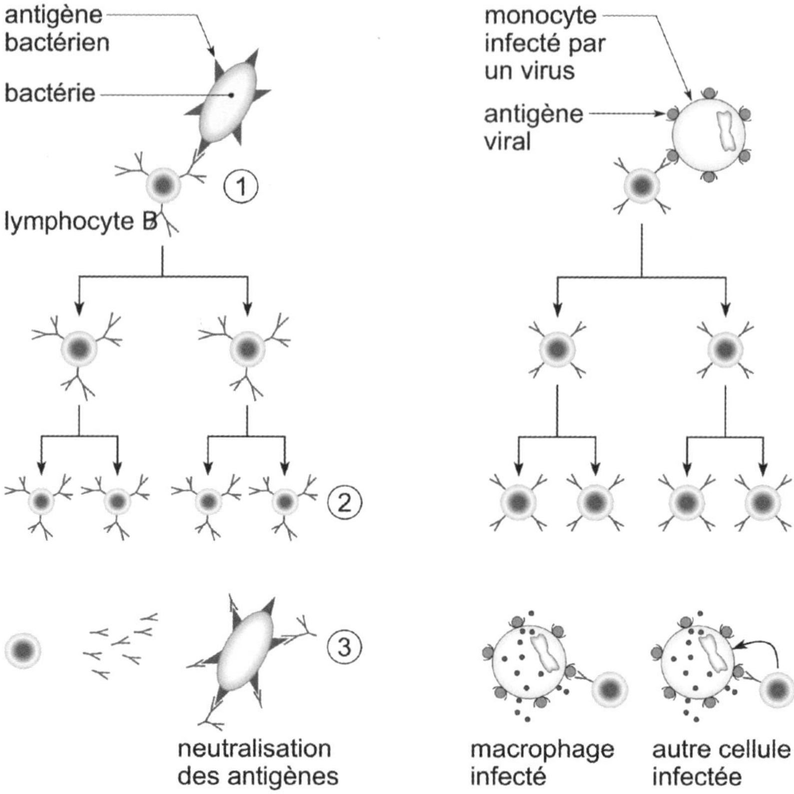

La réponse immunitaire spécifique est un enchaînement d'événements qui conduisent à la neutralisation des antigènes :

1) l'antigène est reconnu par un lymphocyte B ;
2) les lymphocytes spécifique à cet antigène se multiplient ;
3) les lymphocytes B sécrètent des anticorps qui neutralisent l'antigène.

Sujet de métropole, juin 2023

Des chercheurs viennent récemment de mettre en évidence le rôle d'un petit crustacé (l'idotée) dans la reproduction d'une algue rouge marine, la gracilaire. On appelle ce crustacé l'« abeille des mers ».

Document 1

Reproduction sexuée chez l'algue rouge

L'algue rouge forme de longs rameaux. Il existe des pieds mâles et des pieds femelles. Lors de la reproduction, le pied mâle libère dans l'eau des cellules sexuelles mâles incapables de se déplacer par elles-mêmes. Les ovules sont fixés sur les rameaux du pied femelle. La fécondation correspond à la fusion de deux cellules sexuelles, l'une mâle et l'autre femelle, pour donner une cellule-œuf formant un renflement sur le pied femelle.

1. À partir des informations du document 1, indiquer, sur votre copie, quel schéma (A ou B) correspond à la rencontre des cellules sexuelles chez l'algue rouge.

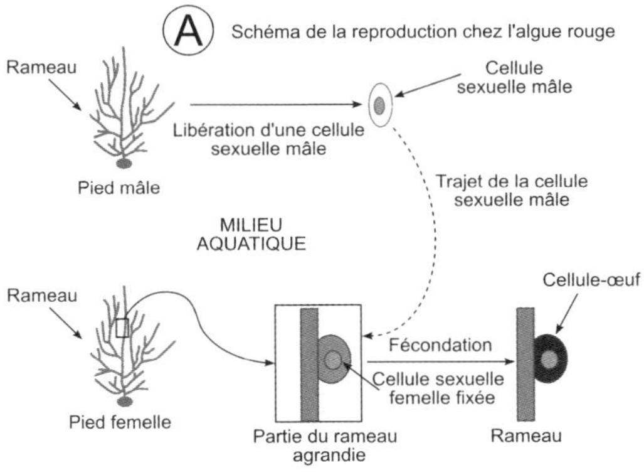

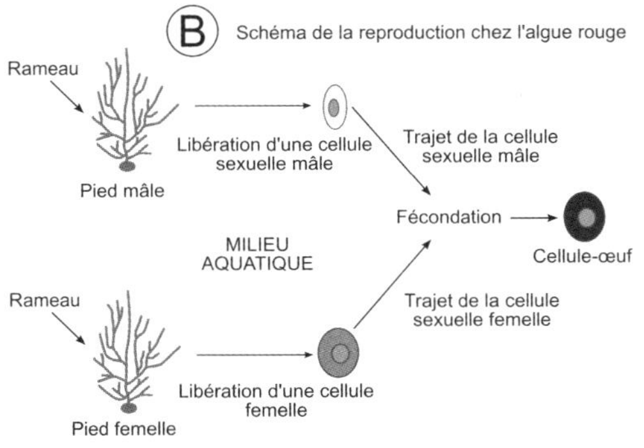

Les schémas A et B diffèrent par la libération dans l'eau des cellules sexuelles femelles. Il convient de vérifier cette information dans le document 1.

Document 2

Rôle de l'idotée dans la reproduction de l'algue rouge

L'idotée se déplace d'une algue rouge à l'autre pour se nourrir. Les chercheurs, ayant observé au microscope l'idotée, ont découvert que de nombreuses cellules sexuelles mâles de l'algue rouge étaient collées sur son corps. Ils ont voulu comprendre le rôle de ce petit crustacé dans la reproduction de l'algue rouge.

2. Parmi les 3 propositions ci-dessous, recopier sur votre copie l'hypothèse choisie par les chercheurs.
Justifier votre choix en prélevant deux informations des documents 1 et 2.

L'idotée joue un rôle dans la reproduction de l'algue rouge, en transportant :
1. les cellules sexuelles mâles vers les cellules sexuelles femelles.
2. les cellules sexuelles femelles vers les cellules sexuelles mâles.
3. les cellules sexuelles mâles et femelles les unes vers les autres.

> Il s'agit de faire le lien entre la mobilité des cellules sexuelles et leur présence sur le corps des idotées.

En laboratoire, les chercheurs ont mis au point des expériences afin de comprendre quel rôle joue l'idotée dans le succès de la reproduction de l'algue rouge.

Document 3

Montage expérimental et résultats obtenus d'une expérience réalisée par les chercheurs du CNRS-Sorbonne Université de la Station biologique de Roscoff.

Montage expérimental de l'expérience réalisée par les chercheurs

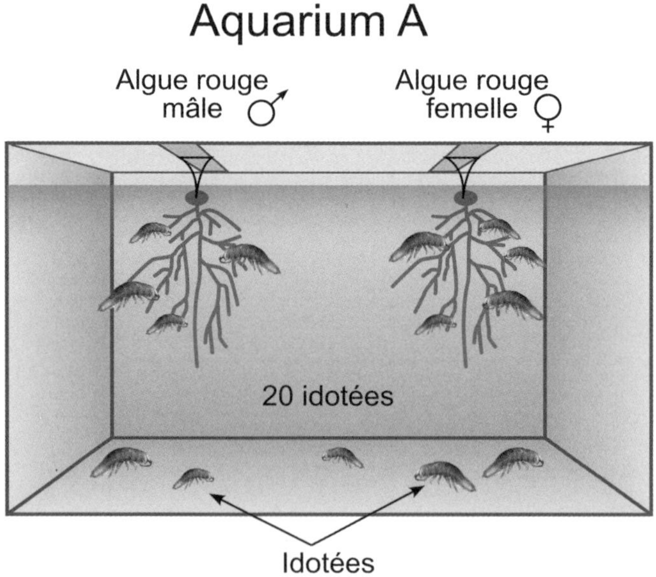

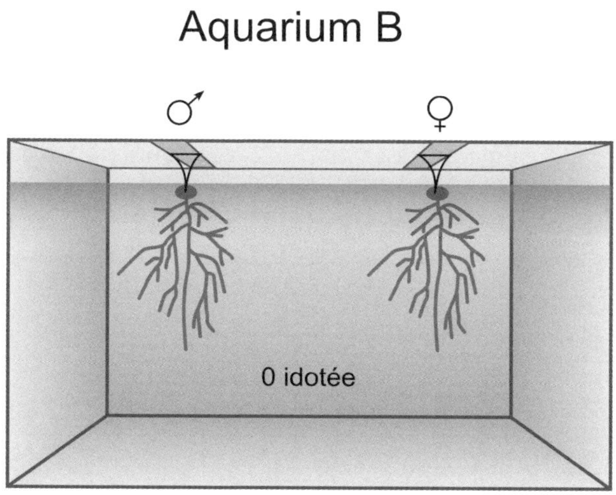

(Source : Lavaut et al. /Science 2022)

Graphique des résultats obtenus

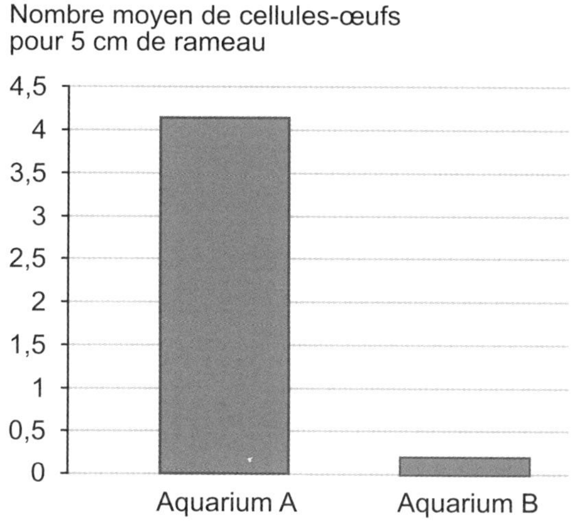

(Source : Lavaut et al. Sciences 2022)

3. Parmi les 3 propositions ci-dessous, choisir la conclusion des chercheurs puis recopier celle-ci sur votre copie. Justifier votre réponse à partir du document 3, en citant des valeurs chiffrées.

La fécondation de l'algue rouge :
1. ne dépend pas de l'idotée.
2. est favorisée par la présence de l'idotée.
3. ne peut avoir lieu qu'en présence de l'idotée.

> Comparez les résultats obtenus dans l'aquarium A et l'aquarium B en indiquant des données chiffrées sans en oublier l'unité.

Document 4 : rôle des insectes pollinisateurs dans la fécondation chez les plantes à fleurs

Les animaux participent activement ou passivement au transport du pollen (cellules sexuelles mâles) des fleurs vers les ovules d'autres fleurs. Le pollen est accroché sur les plumes des oiseaux, la fourrure des mammifères ou encore sur les soies des insectes. L'abeille transporte différents pollens, notamment celui du pissenlit.

Micrographe d'une tête d'abeille réalisée avec la technique de l'empilage
Shutterstock/© Guillermo Nunez Mira

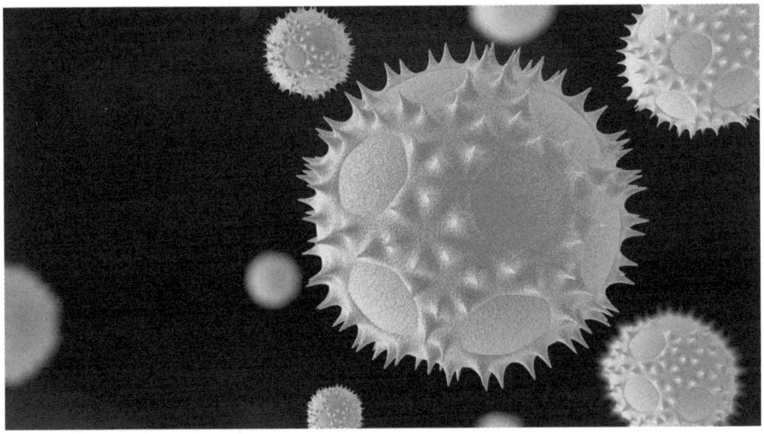

Grains de pollen au microscope électronique généré en 3D
Shutterstock/© Carlos Romero

4. En vous appuyant sur l'ensemble des documents, expliquer pourquoi les chercheurs qualifient l'idotée d'« abeille des mers ».

Le correcteur s'attend à une comparaison des rôles de l'abeille et de l'idotée dans la fécondation respectivement des fleurs et des algues rouges.

1. Le document 1 indique que « les ovules sont fixés sur les rameaux du pied femelle » et que « le pied mâle libère dans l'eau les cellules sexuelles mâles ». Or, dans le schéma B, les cellules sexuelles femelles sont libérées dans l'eau. Il faut donc choisir le schéma A.

2. Les ovules (cellules sexuelles femelles) sont immobiles, contrairement aux cellules sexuelles mâles (document 1). L'idotée est un petit crustacé qui se déplace d'algue en algue et sur le corps duquel des cellules sexuelles mâles d'algue se retrouvent collées (document 2). Donc l'idotée joue un rôle dans la reproduction de l'algue rouge, en transportant les cellules sexuelles mâles vers les cellules sexuelles femelles.

3. Le nombre moyen de cellules-œufs pour 5 centimètres de rameau est plus important dans l'aquarium A (environ 4,1 pour 5 cm) que dans l'aquarium B (environ 0,2 pour 5 cm). On sait que 20 idotées ont été placées dans l'aquarium A alors qu'il n'y en a aucune dans l'aquarium B (document 3). Cependant, on trouve quand même quelques cellules-œufs dans l'aquarium B, donc la fécondation de l'algue rouge ne dépend pas totalement de l'idotée, mais elle est largement favorisée par sa présence (réponse 2).

4. Le pollen (cellules sexuelles mâles) du pissenlit, une fleur, possède des ornements lui permettant de s'accrocher plus facilement sur les soies de l'abeille et d'être ainsi transporté vers les cellules sexuelles femelles (document 4). Comme pour la fleur, les cellules sexuelles femelles des algues rouges sont fixées (document 1) et les cellules sexuelles mâles sont collées sur le corps des idotées, puis transportées d'algue en algue vers les cellules sexuelles femelles (document 2). L'abeille et l'idotée facilitent donc la fécondation (document 3) de la même manière, en accrochant des cellules reproductrices mâles sur leur corps en les transportant vers les femelles, d'où la qualification d'« abeille des mers » pour l'idotée.

Sujet de métropole, juin 2022

Situés dans la zone intertropicale dans des eaux peu profondes et chaudes, les récifs coralliens couvrent moins de 0,2 % de la surface des océans, mais offrent un potentiel économique et une source de nourriture à plus de 500 millions de personnes, soit 8 % de la population mondiale.

On constate actuellement que l'augmentation de la température des eaux de surface des océans due au réchauffement climatique provoque le blanchissement des coraux.

Photographies de coraux sains, en cours de blanchissement et complètement blancs. (Marinesavers, 2016)

Document 1

Le corail, une association symbiotique entre des animaux et des algues

Les récifs coralliens sont construits par des animaux qui fabriquent un squelette calcaire. Ces animaux marins, appelés polypes, hébergent à l'intérieur de leurs cellules des algues microscopiques : les zooxanthelles responsables en partie de leur couleur.

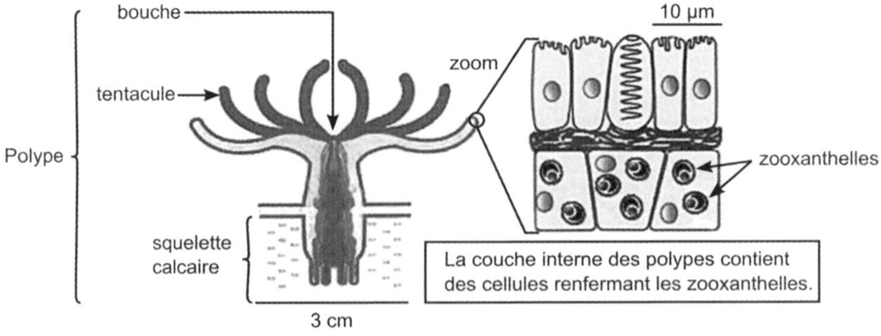

Schéma d'une coupe longitudinale d'un polype. (NOAA, s.d)

Grâce à la photosynthèse, les zooxanthelles apportent des molécules riches en carbone et du dioxygène aux polypes. Les zooxanthelles bénéficient d'un environnement protégé du broutage par les prédateurs et des conditions stables pour leur multiplication. Elles utilisent les déchets azotés et phosphatés du polype comme source d'éléments minéraux.

1. Sachant qu'une symbiose est une association à bénéfices réciproques, justifier que le corail est une association symbiotique. (4 points)

> On cherche à démontrer le bénéfice réciproque de chacun des êtres vivants qui constituent l'association bénéfique.

La température est un paramètre environnemental primordial, car elle agit sur la photosynthèse, la respiration et la croissance des coraux.

Document 2

Nombre de zooxanthelles dans les polypes en fonction de la température de l'eau

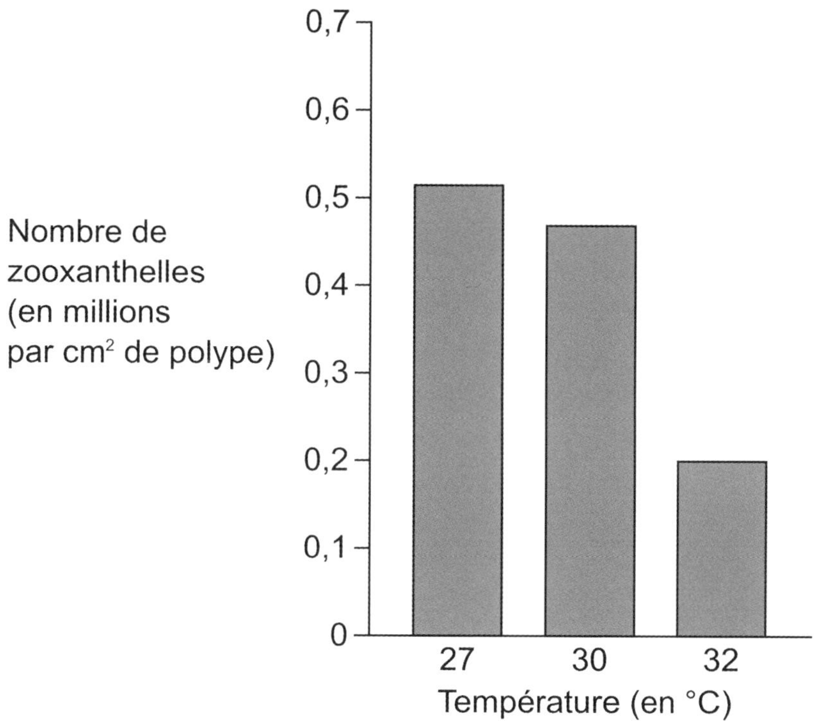

(Hoegh-Guldberg & Smith, 1989)

2. En vous aidant du graphique du document 2, établir le lien entre la quantité de zooxanthelles et la température de l'eau de mer. Votre réponse sera justifiée par des valeurs. (6 points)

> Il est très important de donner des unités pour chaque valeur indiquée. On les retrouve sur le graphique pour chaque axe.

Les zooxanthelles sensibles à l'élévation de température meurent, ce qui entraîne la mort des polypes et le blanchissement des coraux.
On cherche à sélectionner des coraux résistant à une température de 32 °C afin de les multiplier et de les réintroduire dans l'environnement.

Document 3

Matériel disponible pour réaliser les expériences :

- coraux hébergeant des zooxanthelles d'espèce A ;
- coraux hébergeant des zooxanthelles d'espèce B ;
- coraux hébergeant des zooxanthelles d'espèce C ;
- aquariums ;
- eau de mer ;
- bains thermostatés (conservant une température constante) ;
- thermomètres.

Durée des expériences : Les résultats des expériences ne seront visibles qu'au bout de quelques semaines, car le blanchissement des coraux n'est pas immédiat.

3. En vous aidant du document 3, proposer un protocole expérimental pour sélectionner des coraux résistant à une température des eaux de surface de 32 °C. Votre réponse sera présentée sous forme d'un texte ou/et d'un schéma légendé. (6 points)

> On attend ici que le mode de sélection des coraux soit expliqué.
> Le témoin avec une autre température plus basse est ici inutile puisqu'on cherche à réaliser « une sélection des coraux résistants à 32 °C » et non pas à savoir « si la température de 32 °C agit sur coraux ». Dans cette dernière nuance, le témoin à une température plus basse est indispensable puisqu'il permet de comparer la résistance des coraux entre deux températures.

On s'intéresse aux services rendus par les récifs coralliens pour les 8 millions d'humains vivant à leur proximité.

Document 4

Les récifs coralliens de l'île de la Réunion, des écosystèmes marins d'une grande valeur

Aspects socio-économiques	Aspects environnementaux
Les ressources marines sont limitées, les récifs constituent des zones de pêche privilégiées. La pêche est la ressource principale des familles les plus démunies. Environ un demi-million de touristes visitent l'île chaque année en moyenne. Plus de 80 % des touristes passent au moins une journée ou plus à la plage pendant leur séjour. L'ensemble des touristes dépense en moyenne 350 millions d'euros chaque année sur l'île. Les activités récréatives de sports côtiers (voile, plongée, surf, kayak) représentent plus de 80 000 pratiquants par an. Des dizaines de clubs de plongées vivent directement des activités en lien avec les récifs. L'utilisation pharmacologique potentielle des différentes espèces marines constitue un réservoir naturel susceptible de constituer les médicaments de demain.	Les récifs coralliens protègent les côtes de la houle et évitent la dégradation des habitats du littoral. L'érosion des plages est ralentie par la barrière de corail qui diminue l'énergie de la houle. 1/3 des espèces marines connues vivent dans les récifs : les récifs sont un réservoir de biodiversité. Les récifs constituent une zone de frayère et de nurserie pour de très nombreuses espèces de poissons notamment des poissons pêchés. Des espèces rares et menacées vivent de manière protégée dans les récifs. Le carbone est séquestré dans le squelette calcaire des coraux.

4. À partir de l'ensemble des documents, montrer comment un changement à l'échelle de la planète peut influencer la biodiversité locale et les activités humaines sur l'île de la Réunion.
On attend au moins deux exemples qui associent obligatoirement ces trois éléments : activités humaines, biodiversité et climat. (9 points)

> La question doit bien être comprise. Il ne s'agit pas ici de parler des conséquences des activités humaines sur l'environnement ou le réchauffement climatique, mais bien de l'influence du changement climatique sur la biodiversité et les activités humaines à l'île de la Réunion.

1. Les zooxanthelles sont des algues microscopiques situées dans les cellules des polypes (animaux marins).
Elles fabriquent grâce à la photosynthèse du dioxygène et des molécules riches en carbone qu'elles fournissent en partie aux polypes.
Les polypes, quant à eux, protègent les zooxanthelles du broutage des prédateurs et leurs apportent un environnement stable pour leur multiplication ainsi qu'une source d'éléments minéraux (déchets azotés et phosphatés).
Comme chaque être vivant apporte un bénéfice à l'autre, on peut parler d'association symbiotique chez le corail constitué des polypes et des zooxanthelles.

2. On observe sur le graphique du document 2 que plus la température de l'eau de mer augmente, plus le nombre de zooxanthelles présentent dans cette eau diminuent.
En effet, pour une température de 27 °C (degrés Celsius), il y a 0,5 million de zooxanthelles par centimètre carré et seulement 0,2 million de zooxanthelles par centimètre carré lorsque la température est à 32 °C (soit 0,3 million de zooxanthelles par centimètre carré de moins lorsque la température de l'eau de mer augmente de 5 °C).

3. On cherche à sélectionner des espèces de coraux résistantes à une température des eaux de surface de 32 °C.
- Prendre 3 bains thermostatés réglés sur 32 °C.
- Remplir d'un même volume d'eau les 3 cuves (ou aquarium) des bains thermostatés.
- Accrocher un thermomètre dans chaque cuve afin qu'il soit totalement immergé.
- Placer le même poids de coraux hébergeant des zooxanthelles dans chaque cuve de façon qu'ils soient totalement recouverts d'eau. On différenciera une cuve par espèce de zooxanthelles (cuve 1 avec l'espèce A, cuve 2 avec l'espèce B et cuve 3 avec l'espèce C).
- Attendre quelques semaines.
- Observer les coraux. Si les coraux ont blanchi, cela signifie que les zooxanthelles et les coraux meurent. On sélectionnera donc les coraux non blanchis qui ont résisté à une température de 32 °C.

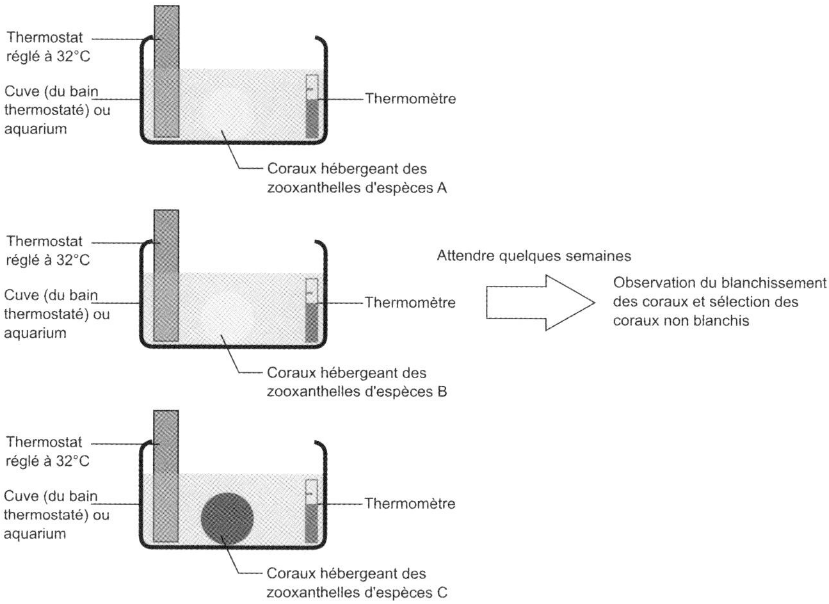

4. Le document 2 indique que plus la température de l'eau de mer augmente, plus le nombre de zooxanthelles diminue. Or les zooxanthelles s'associent aux polypes pour survivre (document 1) et forment les récifs coralliens. Une augmentation de la température des eaux de mer à l'échelle de la planète détruit les récifs coralliens par la mort des coraux (blanchissement) puisque les zooxanthelles ont du mal à survivre en haute température (32 °C).

La mort des coraux agit sur la biodiversité marine locale (document 4).

- Les espèces marines ainsi que les espaces rares et menacées vivant dans les récifs ne sont plus protégées. On peut donc supposer que leur nombre va diminuer.
- Les espèces (et notamment les espèces de poissons pêchés) se servant des récifs coralliens comme frayères et nurseries se reproduiront moins ou auront moins de descendants qui arriveront à maturité puisqu'ils ne seront plus protégés.

La baisse de la biodiversité locale aura alors des conséquences sur les activités humaines.

- La pêche, qui est la ressource principale des familles les plus démunies, sera moins fructueuse puisque moins de reproduction des poissons protégés par les récifs.
- L'utilisation pharmacologique des différentes espèces vivant dans les coraux sera alors limitée.
- En plus de diminuer le nombre d'espèces rares et menacées vivant dans les récifs, les plages s'érodent et le littoral n'est plus protégé de la houle ce qui réduit les zones de pêche et diminue les activités touristiques (les activités récréatives de sports côtiers, l'accès aux plages...) et donc est néfaste pour l'économie locale.

Technologie

La démarche de projet et l'énoncé du besoin

I. La démarche de projet

• Pour construire et mener à bien un **projet**, de l'idée jusqu'à la fabrication de **l'objet technique**, il y a plusieurs étapes cruciales.

1. Analyser le besoin et les éléments du milieu extérieur.
2. Établir le cahier des charges fonctionnel.
3. Imaginer l'objet, trouver des solutions techniques aux fonctions et aux contraintes, imaginer sa fabrication.
4. Planifier les tâches, tout au long de la conception.
5. Créer une représentation 3D et simuler ses comportements.
6. Créer/valider un prototype et lancer la fabrication de l'objet.

II. L'étude du besoin

• **L'énoncé d'un besoin** est le point de départ de la conception d'un objet technique.Pour affiner le projet et connaître au mieux les utilisateurs et leurs besoins, il faut réaliser une **enquête** et en **analyser les données**. Pour bien identifier le besoin, il est possible d'utiliser un **diagramme type « bête à cornes »**

Exemple : l'hoverboard.

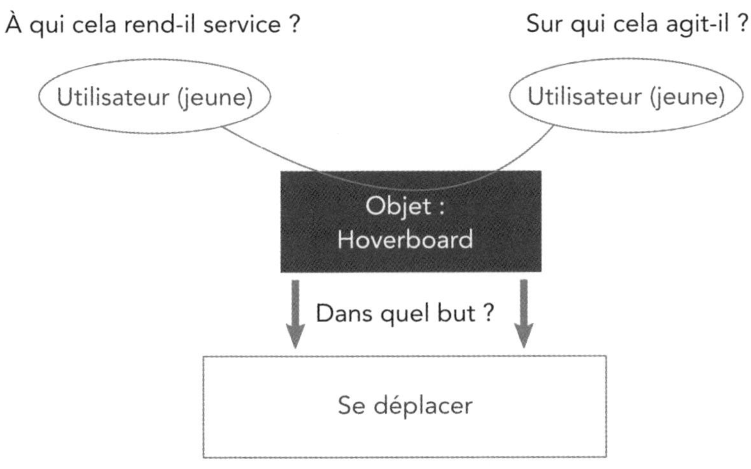

III. Éléments du milieu extérieur

• Pour bien concevoir un objet, il convient de **bien analyser son milieu extérieur**. Pour tout objet, les **éléments du milieu extérieur** sont **au minimum** les suivants : **l'utilisateur, l'environnement, les énergies utilisées, l'ergonomie, l'esthétique, les éléments en contact, les normes** (pas toujours précisées, mais obligatoires).

En effet, l'objet ne sera pas toujours conçu de la même manière puisqu'on prendra en compte son futur environnement : milieu rural ou citadin, utilisation en intérieur ou extérieur, climat chaud ou pays froid, etc. Ainsi, un hoverboard conçu pour le tout-terrain et le sable ne sera pas identique à un hoverboard citadin : il aura des roues plus larges, des pneus crantés, une étanchéité renforcée à l'eau et à la poussière...

Le cahier des charges fonctionnel

I. Le contenu du cahier des charges fonctionnel

• Après avoir analysé le besoin, trouvé les éléments du milieu extérieur, il faut rassembler toutes les fonctions que l'objet doit assurer et toutes les contraintes liées à son fonctionnement dans le cahier des charges fonctionnel.

II. La fonction principale et les foncions secondaires

• Un objet technique a toujours **une fonction principale** provenant d'une étude de besoin (exemple : déplacer un utilisateur), puis d'autres **fonctions secondaires** (exemple : jouer la musique de l'utilisateur).

III. Les contraintes

• Un objet technique agit sur les **éléments du milieu extérieur** par ses fonctions, mais est aussi lié à ces éléments par des **contraintes**. Ces contraintes peuvent être principalement rassemblées en cinq types :
- **contraintes environnementales** (pollution, bruit, adaptation au milieu...) ;
- **contraintes d'usage**, d'ergonomie (prise en main, vitesse, transport...) ;
- **contraintes d'estime**, d'esthétique (couleur, lumière, design...) ;
- **contraintes économiques** (prix, durée de vie...) ;
- **contraintes énergétiques** (type d'énergie, autonomie...).

IV. Le diagramme « pieuvre »

• Toutes ces fonctions et contraintes sont rassemblées dans un **diagramme « pieuvre »**, liant l'objet technique, au centre, avec les **éléments du milieu extérieur**, puis détaillées dans un tableau reprenant les **critères d'appréciation** et le **niveau d'exigence**.

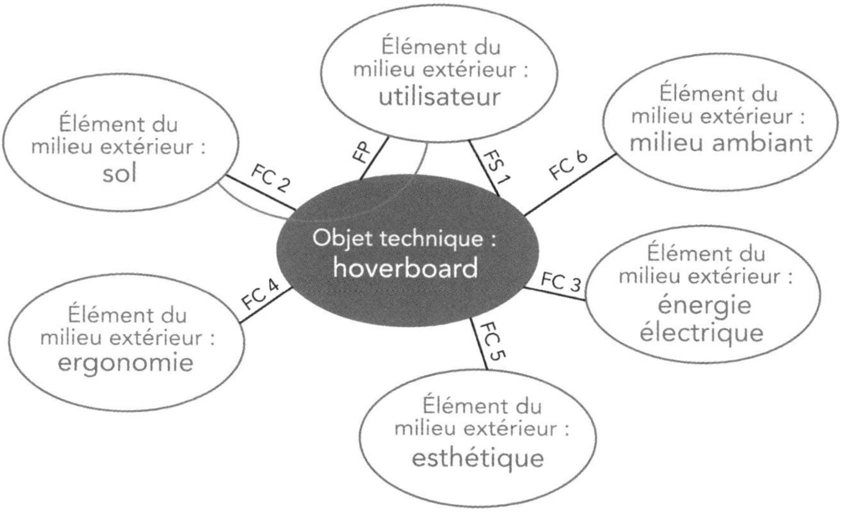

La démarche de projet

I. La définition

• La démarche de projet est l'organisation et la gestion des étapes successives qui mènent à la concrétisation d'un projet. Elle est totalement liée au **cycle de vie** de l'objet.

II. Les étapes de la démarche de projet

• Une démarche de projet suit chronologiquement les étapes suivantes :
1. Constitution des groupes de travail et du planning
2. Analyse du besoin
3. Cahier des charges fonctionnel
4. Écoconception : solutions techniques
5. Écoconception : étude de fabrication
6. Prototypage / simulation
7. Validation des solutions
8. Fabrication
9. Distribution

• À partir de ces étapes, un **planning** est établi et, pour le respecter, des **revues de projet** sont organisées à chaque moment clé du projet.

III. Les groupes de travail et la gestion du travail

• Le projet est dirigé par un chef de projet et l'équipe est constituée de membres choisis pour leurs compétences et leurs spécialités.
• Le travail peut être **collaboratif** (réalisé en groupe sans division des tâches) ou **coopératif** (réparti selon les compétences de chacun, puis mis en commun).

IV. La revue de projet

• Le groupe de travail établit un planning détaillant les tâches à effectuer. Des indicateurs permettent d'évaluer l'avancement de chaque tâche : la revue de projet les analyse pour prévoir des ajustements en cas de retard ou, au contraire, valider la tâche et lancer les tâches suivantes dépendantes de celle-ci.
• Méthode pour réaliser une revue de projet.
— Définir les tâches/objectifs qui devaient être réalisées/atteints à ce jour et choisir les membres participant à la revue.
— Définir une durée pour chaque présentation (10 minutes) et un temps d'échange avec les membres du groupe (10 minutes).
— Préparer des modes de présentation clairs et visuels : diaporama, diagrammes, tableaux et graphiques.
— Consigner par écrit toutes les décisions prises pendant la revue et envoyer un compte-rendu après la réunion à tous les participants.
— Pour chaque tâche à évaluer, rappeler les objectifs et échéances à atteindre, les objectifs et résultats obtenus, la concordance avec le planning prévisionnel, les tâches qui peuvent en découler. En cas de non-respect des objectifs, analyser les causes (mauvaise répartition des tâches, antériorité d'une tâche mal évaluée...) afin de mettre en place des procédures et réajuster les tâches suivantes.

La planification des tâches et le diagramme de GANTT

I. L'identification des étapes et des tâches

- Pour établir un planning, il faut commencer par bien identifier toutes les étapes importantes et toutes les tâches principales à effectuer.

II. La création d'un planning et la répartition des tâches

- En fonction des capacités et des rôles de chacun, les tâches sont réparties entre les membres du groupe de travail. Le groupe détermine ensuite des périodes pour chacune des tâches et les liste dans l'ordre chronologique.

Planning de tâches sur l'hoverboard

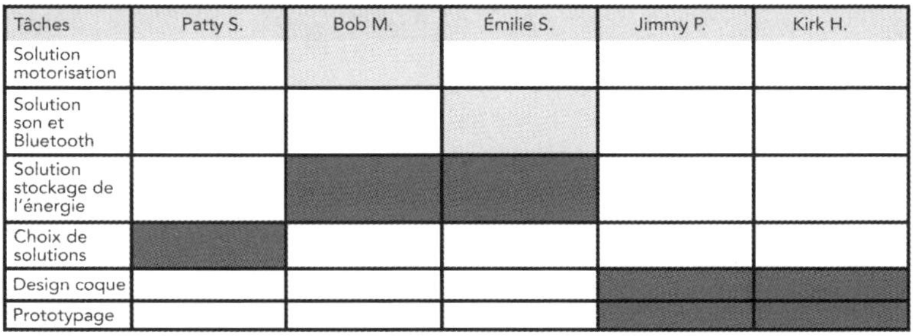

- Les tâches sont aussi attribuées à chaque membre du groupe de travail.

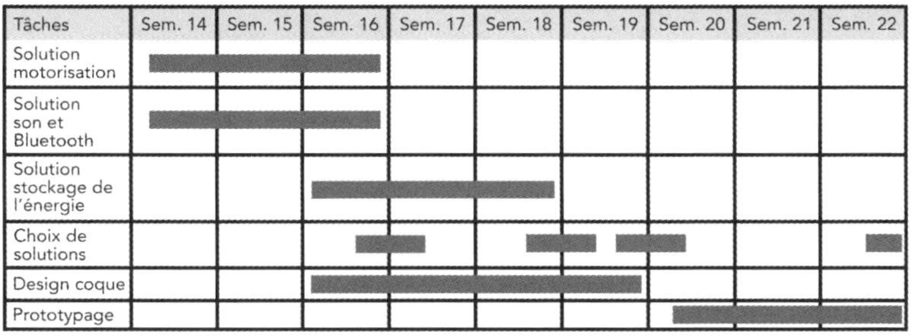

- Ces tableaux nous donnent l'ordre des tâches et renseignent sur celles qui doivent être effectuées avant d'autres. Certaines peuvent être effectuées ou commencées en parallèle.

III. Le diagramme de GANTT

- Un diagramme de GANTT permet de relier la répartition des tâches au planning, à l'antériorité, etc. Chaque ressource (personne ou groupe de personnes) se voit attribuer une tâche et un planning en fonction des prédécesseurs et des tâches ultérieures.

Des fonctions aux solutions techniques

I. La veille technologique : suivre les évolutions technologiques

• La **veille technologique** consiste à se tenir informé en continu des dernières nouveautés dans le domaine technologique recherché. Elle peut concerner tous les aspects des objets techniques.

II. Créer et imaginer des solutions techniques

• Afin d'imaginer et adapter des solutions techniques pour remplir les fonctions l'objet à fabriquer, il faut mettre en œuvre une démarche de créativité. Une fois que les solutions techniques existantes sont connues par les membres du groupe de travail, il faut passer à la phase du **brainstorming** :
— constituer le groupe de travail ;
— bien cibler les objectifs, le problème à résoudre, la fonction à réaliser ;
— noter toutes les pensées des membres du groupe sans les trier sur un tableau.
• Il faut ensuite passer à la phase de la **validation de la solution** :
— regrouper et classer les idées ;
— organiser ces idées sous forme de carte mentale ;
— comparer ces idées aux contraintes du projet ;
— valider la meilleure solution.

III. Créer et imaginer des solutions techniques

• La **carte mentale** permet de classer et de hiérarchiser les idées, par groupe et dépendances.

IV. Associer une solution technologique à une fonction technique

• Pour rassembler toutes les solutions techniques décidées pour chaque fonction de l'objet, un diagramme de type **FAST** (Function Analysis System Technique) est utilisé.
• Le diagramme **FAST** se lit et se construit de gauche à droite. Il va du « POURQUOI » au « COMMENT ». Chaque grande fonction technique est décomposée en sous-fonctions, auxquelles correspondent des solutions.

Diagramme FAST

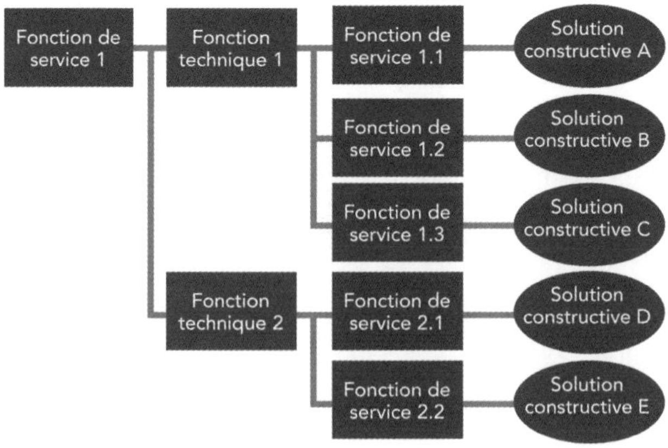

Les procédés de fabrication

I. Les deux types de procédés de fabrication

• Les **procédés de fabrication** des objets sont répartis en deux grands ensembles : les **procédés de mise en forme** et les **procédés d'assemblage**.

II. Le choix des procédés de fabrication

• Le choix des procédés dépend des **matériaux** (certains matériaux ne peuvent être mis en forme ou assemblés que selon certains procédés), des **formes à obtenir**, de la **précision** nécessaire (donnée par les **tolérances** sur les **cotes**) et de la **forme du brut**.

III. Les procédés de formage et d'usinage

• Les **procédés** de formage sont des procédés de déformation et de moulage, souvent utilisés pour donner la forme principale d'un objet, d'un carter, **sans enlèvement de matière** : pliage, moulage (par injection ou traditionnel), forgeage, thermoformage...
• Les **procédés d'usinage** sont des procédés souvent utilisés pour donner les formes secondaires et précises des objets, **avec enlèvement de matière : perçage, fraisage, tournage, ponçage, polissage...**

IV. Les procédés d'assemblage

• Le choix du mode d'assemblage s'effectue selon plusieurs critères :
– **l'assemblage doit être démontable ou non**. Ce premier critère est le plus important ;
– **les matériaux utilisés**. Ils permettent ou non l'utilisation de certains modes d'assemblages ;
– **la liaison doit être complète ou non**. Il faut savoir si un mouvement est nécessaire entre les deux pièces à assembler ou si la liaison doit être complète.
• Les assemblages démontables se font avec des vis, des écrous, des boulons, des clips...
• La rupture, au **foyer sismique**, libère de l'énergie sous forme d'ondes sismiques. La projection du foyer sismique en surface marque **l'épicentre** du séisme. C'est à cet endroit que les secousses sont les plus importantes.
• Les assemblages non démontables se font avec le collage, le soudage, le brasage, le rivetage, le sertissage...

Brasage à l'étain

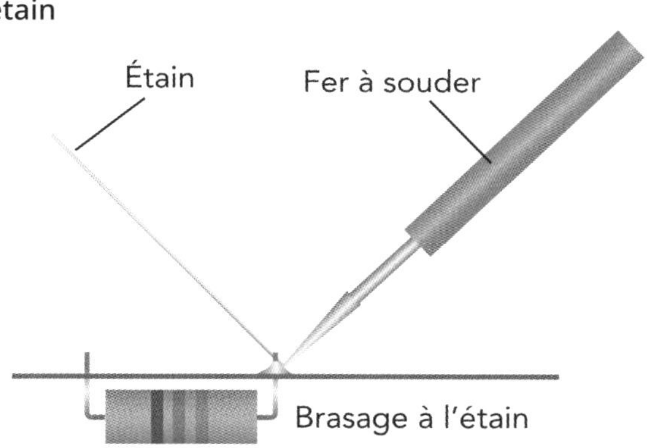

La représentation 3D et la création d'un prototype

I. L'utilité du prototypage

• Avant de lancer la production d'un objet technique et après **la simulation 3D**, il faut réaliser un **prototype** pour valider sa forme, sa résistance ainsi que des tests de certification (par exemple, les crashtests sur les voitures) permettant de vérifier que les **normes** de sécurité sont respectées.
• La fabrication d'un prototype permet donc de valider : la résistance, l'étanchéité, la correspondance aux fonctions énoncées dans le besoin, le design et l'esthétique, l'ergonomie ; le respect des normes de sécurité ainsi que des normes de pollution et environnementales, les procédés de fabrication.
• Après tous ces tests, le prototype est validé ou non, les solutions techniques sont validées ou au contraire modifiées. Il faut alors réaliser de nouveaux prototypes pour les changements de conception, effectuer à nouveau les tests et valider les solutions.

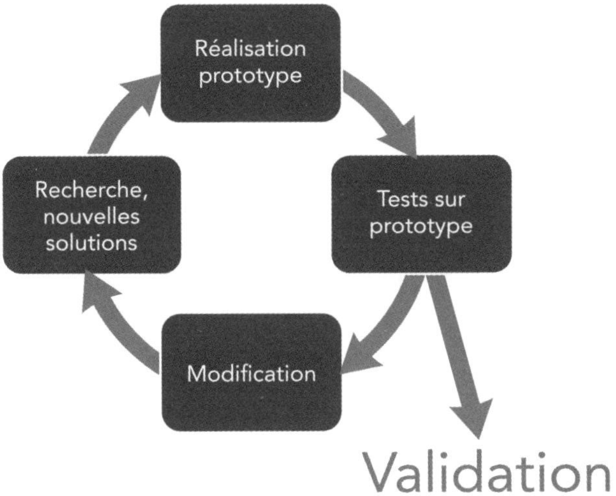

II. Les modes de prototypage

• Pour réaliser un prototype, tous les moyens sont bons, surtout des moyens peu chers. Des prototypes sont même réalisés en carton ou en mousse pour valider du design, des encombrements, etc. Souvent, les prototypes sont fabriqués en matières plastiques légères ou en bois, puis les composants sont assemblés.
• Les machines à commande numériques comme les **centres d'usinage** permettent de réaliser rapidement des prototypes. Ces dernières années, les **imprimantes 3D** se sont multipliées, car elles sont très peu chères et très faciles d'utilisation pour un prototypage rapide.

III. Les machines de prototypage rapide

- **Les centres d'usinage.**

Le modèle est dessiné en 3D sur informatique. →	Le logiciel commande la fabrication à la machine. →	Le centre d'usinage fabrique la pièce, souvent en matière légère et peu coûteuse : plastique, aluminium...

- **Les imprimantes 3D.**

1. La pièce 3D est enregistrée sous un format standard, souvent STL.
2. Le fichier est ouvert dans le logiciel de l'imprimante.
3. L'objet est positionné sur le plateau virtuel (surface plane en dessous, plutôt en position verticale qu'horizontale à cause du différentiel de refroidissement).
4. Les paramètres d'impression sont réglés : le fil, la qualité (épaisseur de la couche), le remplissage (plein, maillage fin ou grossier) et les matériaux supports (remplissage avec un fil plus fragile en cas de dévers, de pont, etc.).
5. L'impression est lancée, puis la pièce décollée du plateau en cassant le matériau support.

L'évolution des objets

I. Une fonction identique à travers le temps

- Les objets techniques évoluent au cours du temps, selon les besoins, les évolutions et inventions, selon les goûts esthétiques, pourtant ils peuvent garder la même fonction.

II. L'évolution d'une lignée

- Beaucoup d'objets nouveaux ne répondent pas à un nouveau besoin, mais sont des améliorations d'autres objets, grâce à des avancées technologiques, énergétiques ou esthétiques.
- On peut classer les objets d'une même **lignée** dans une frise chronologique et même les comparer aux inventions et innovations.

Lignée de la mobylette

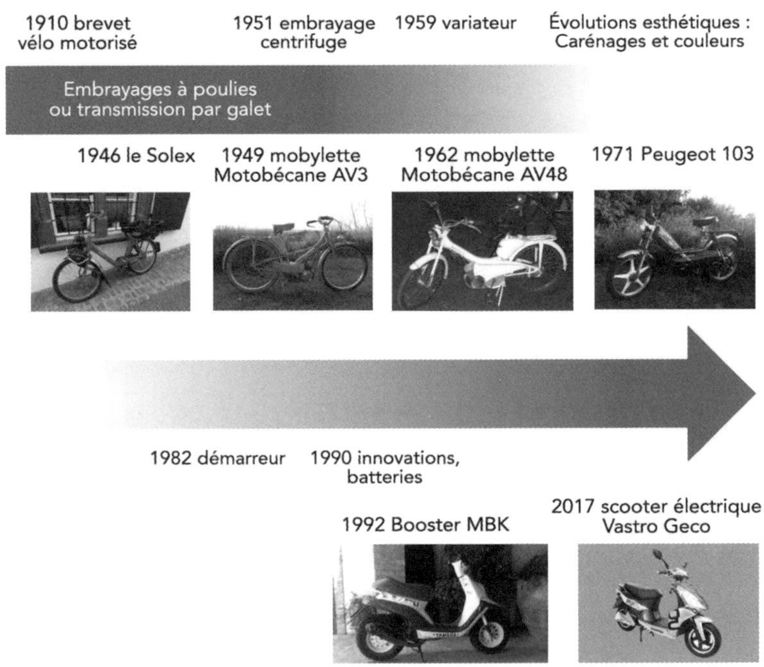

Crédits : Solex © Mattes/Wikimedia Commons, licence CC BY 2.0 DE ; Motobécane AV3 © Duke le palois/Wikimedia Commons, licence CC BY-SA 3.0 ; Motobécane AV48 © Pil56/ Wikimedia Commons, licence CC BY-SA 3.0 ; Peugeot 103 © Duke le palois/Wikimedia Commons, licence CC BY-SA 3.0 ; Booster MBK © Stefano Tezzon/Wikimedia Commons, licence CC BY 4.0 ; Vastro Geko © Droits réservés.

III. Les familles d'objet

- Les objets ayant une même fonction de service, c'est-à-dire répondant à un même besoin, mais sur des critères différents, sont d'une même **famille**.

IV. Innovation ou invention

- Au fur et à mesure de l'évolution, une succession d'inventions et d'innovations a permis d'arriver à nos objets actuels. Cette évolution est constante, c'est pour cela qu'il est nécessaire de maintenir une veille technologique. Or, les termes **« innovation »** et **« invention »** sont souvent confondus.
- Une **invention** est l'acte de développer quelque chose de nouveau (un nouveau produit, un nouveau logiciel, etc..) qui répond à un besoin. Elle provient souvent d'une découverte fondamentale (nouvelles énergies...).
- Une **innovation** est l'adaptation d'une invention à un objet technique commercialisé.

Par exemple, l'invention de l'écran tactile a conduit à l'innovation du smartphone.

Le cycle de vie des objets et l'environnement

I. Les étapes du cycle de vie

• Tout objet technique, tout bâtiment, suit le même cycle constitué de cinq étapes principales, de son imagination jusqu'à sa destruction ou son recyclage.

1. **Conception**. Un objet est tout d'abord imaginé et conçu à partir d'un besoin.
2. **Fabrication**. Ensuite, il est fabriqué, à partir de matières premières.
3. **Distribution**. L'objet est distribué dans les points de vente, où il y sera vendu (magasins, entrepôts pour vente en ligne, etc.).
4. **Utilisation**. C'est théoriquement sa plus longue phase, phase au cours de laquelle il répond au besoin.
5. **Fin de vie**. Cette phase débute lorsqu'il ne peut plus assurer le besoin pour lequel il a été conçu, fabriqué, puis acheté. Il est transporté vers les points de recyclage, destruction, revalorisation :

– **recyclage/destruction**. L'objet est démonté, puis les pièces sont triées pour pouvoir recréer des matières premières. Ce qui n'est pas réutilisable, les déchets ultimes, est incinéré pour produire de l'énergie ou stocké et enfoui ;
– **matières premières**. Les parties de l'objet réutilisables sont reconverties en matières premières, cela évite d'en extraire à nouveau ou d'en fabriquer (par exemple, les métaux, les plastiques, les verres).

Le cycle de vie des objets

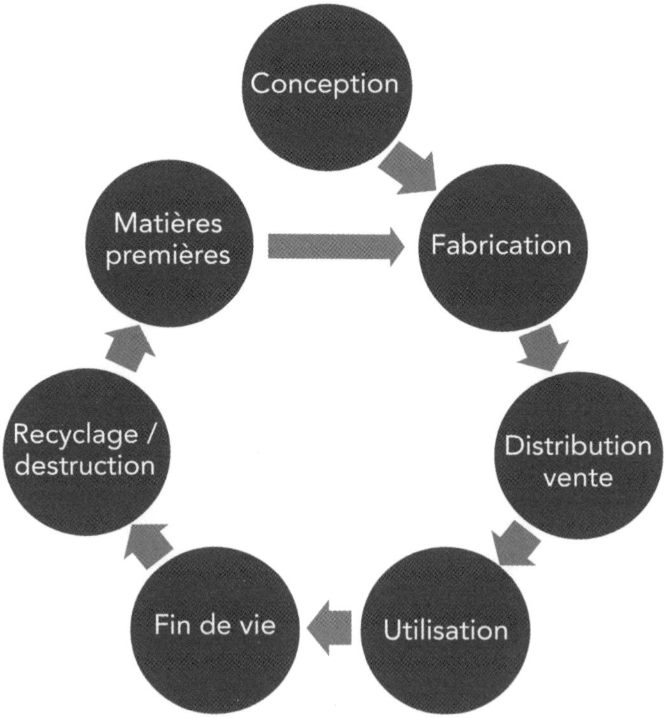

II. Le cycle de vie et l'environnement - écoconception

- On identifie souvent la pollution créée par l'utilisation d'un objet, comme les voitures, mais à chaque étape de son cycle de vie, un objet technique a un impact sur notre environnement, c'est **l'empreinte écologique**. C'est pour cela qu'il faut prendre conscience de la pollution que génère l'objet dès sa conception, c'est **l'écoconception**.
- Dès l'extraction de ses matières premières, l'objet a un **impact sur l'environnement**.
- *Par exemple, le smartphone ne pollue pas en fonctionnement (hors ondes), mais il a besoin de nombreux matériaux comme l'or, le lithium... Sa fabrication aussi a un très fort impact sur l'environnement, par la transformation des matières premières, l'énergie utilisée, le transport des différents matériaux...*

III. Le recyclage et la revalorisation

- Face à la baisse des « stocks » mondiaux de matières premières (même l'eau et le sable ne sont pas infinis), il faut changer notre mode de pensée. Le recyclage et la revalorisation des déchets ont vu le jour. Grâce à l'évolution des technologies et des mentalités, beaucoup de matériaux peuvent maintenant être réutilisés et redevenir des matières premières.
- Les objets identifiés par le symbole suivant sont recyclables :

- Beaucoup d'autres déchets ne sont pas recyclables directement mais restent revalorisables. *Par exemple, des déchets ultimes sont incinérés et l'énergie est réutilisée pour chauffer des immeubles. Les déchets alimentaires industriels sont envoyés dans des usines de méthanisation, pour au final produire de l'électricité.*

L'usage durable et raisonné des objets

I. Historique

• Depuis les années 1970, notre société est dans une ère de surconsommation : tout est jetable, interchangeable. Aussi bien en ce qui concerne la pollution, le prix des matières premières que les données informatiques, des changements s'opèrent aujourd'hui dans notre mode de vie : la notion de durable émerge à nouveau.

II. Du jetable au durable

• Les objets jetables ont envahi notre quotidien : serviettes, mouchoirs, gobelets, emballages, suremballages, sacs plastique... Tous ces objets du quotidien à usage unique engendrent un coût important, **on fabrique pour « conso-jeter »**. Le **retour au durable** a commencé : par exemple, en France, la distribution de sacs plastique à usage unique est interdite depuis 2017, sauf s'ils sont recyclables ou biodégradables.
• *Par exemple, les sacs en matière plastique sont utilisés quelques minutes, mais mettent des centaines d'années à se dégrader dans l'environnement et causent de graves dégâts à la biodiversité. En tout, plus de 700 espèces aquatiques sont impactées par les sacs plastique. Des zones d'accumulation en masse de déchets plastique ont été identifiées dans les océans, parfois appelées « continents de plastique ».*

Débris de plastique dans les eaux de surface des océans

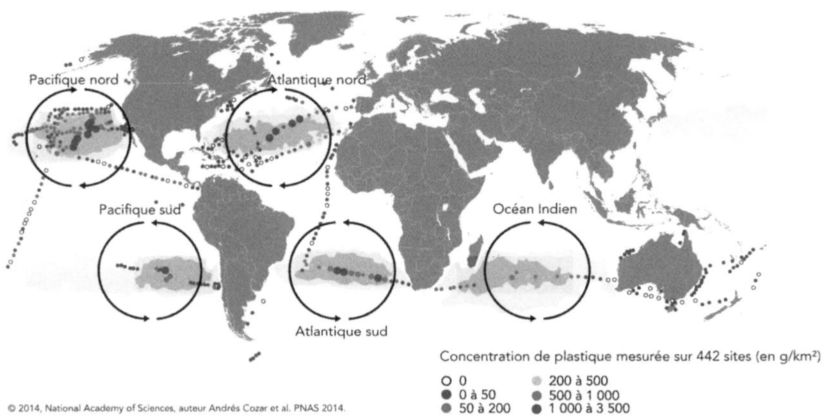

III. Les usages durables et la protection des données

• Depuis l'arrivée d'Internet, des renseignements dématérialisés, le nombre de données se multiplie. Les usagers créent des comptes en livrant leurs informations personnelles sur de nombreux sites Internet. **La loi Informatique et libertés** définit des principes à respecter par ces entreprises lors de la collecte, du traitement et du stockage de ces données.
• Ces données stockées, souvent inintéressantes, surchargent les capacités de stockage malgré la création de fermes de **serveurs** qui consomment énormément d'énergie.

IV. L'obsolescence et la surpollution

- L'**obsolescence** est le fait pour un produit d'être dépassé, et donc de perdre une partie de sa valeur d'usage en raison des évolutions techniques ou de la mode, même s'il est en parfait état de fonctionnement.
- Les magasins d'occasion et les forums « cafés bricoleurs » permettent de lutter contre ces obsolescences, en rachetant à bas prix, en réparant ou en « redesignant » ces objets.
- L'obsolescence programmée, pratiquée par nombre de fabricants *(qui changent, par exemple, les connexions de rechargement, les compatibilités d'applications... pour réduire délibérement la durée de vie d'un produit)*, est devenue un délit en France depuis 2015.

L'analyse fonctionnelle et structurelle

I. Les fonctions et sous-fonctions d'un objet

• Chaque **fonction de service** d'un objet (réponse à un besoin) se décompose en sous-fonctions ou **fonctions techniques**, qui permettent de réaliser la fonction attendue, desquelles découlent les **solutions techniques**. Pour décrire, relier et analyser les solutions et les fonctions d'un système complexe, il faut effectuer une **analyse fonctionnelle descendante**.

II. L'analyse fonctionnelle descendante

• **L'analyse fonctionnelle descendante** part toujours d'une description globale (fonction globale) du système pour descendre vers des niveaux de détails inférieurs (fonctions techniques).

• Pour représenter graphiquement la description d'un système complexe par analyse fonctionnelle descendante, il faut utiliser la démarche systémique de modélisation **SADT** (Structured Analysis and Design Technique) : le premier **niveau** de description est le **niveau A-0**, celui de l'analyse de la fonction globale du système.

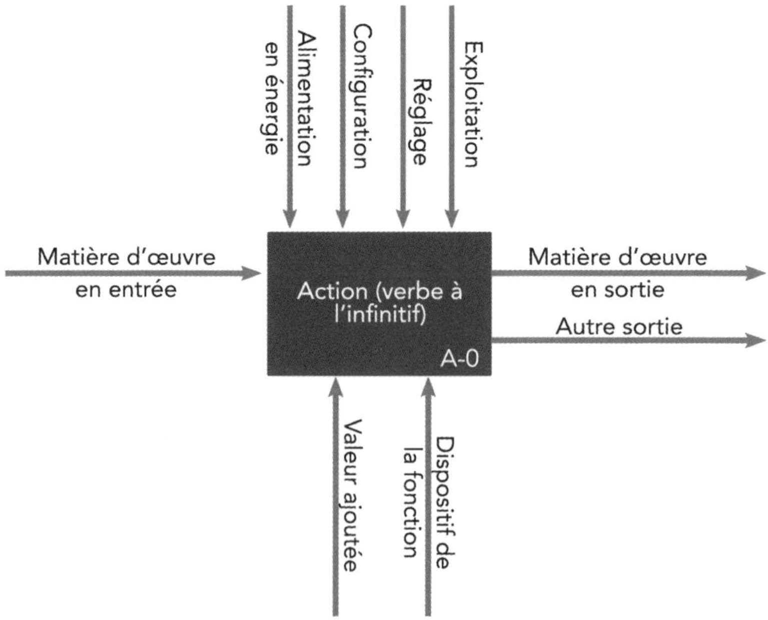

• **La matière d'œuvre** est l'élément sur lequel le système agit pour lui donner une valeur ajoutée.

• **La valeur ajoutée** est la différence entre la matière d'œuvre entrante et la matière d'œuvre sortante.

• **La fonction** permet d'obtenir la valeur ajoutée sur la matière d'œuvre.

• **Les données de contrôle, les énergies** modulent la fonction du système (informations, commandes, réglages, modes de fonctionnement...).

• Les niveaux suivants présentent les détails à l'intérieur de la fonction globale : petit à petit, l'analyse descend aux solutions technologiques, à la chaîne d'énergie et à la chaîne d'information.

III. Les diagrammes logiques – les logigrammes

• Pour décrire un enchaînement de fonctions, c'est-à-dire un cycle, il faut créer un **logigramme** plutôt qu'un long texte en respectant quelques règles d'écriture.

Logigramme d'une barrière de parking automatisée

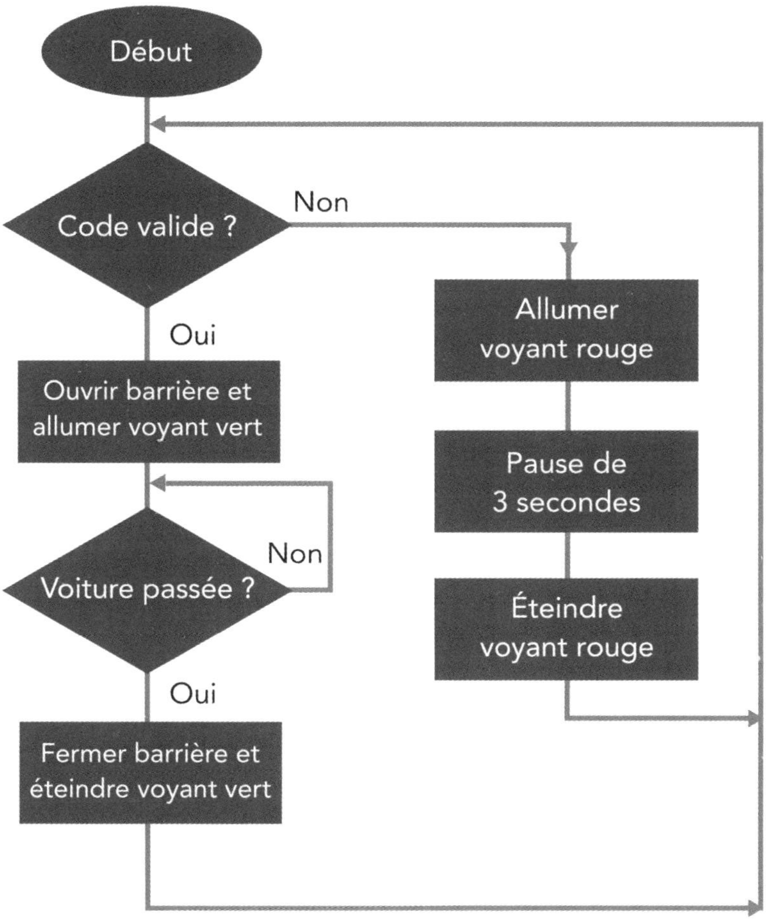

• *Une barrière de sécurité utilise un boîtier codé. Quand une voiture arrive, le conducteur doit saisir le code. S'il n'est pas bon, le système allume un voyant rouge pendant 3 secondes. Le conducteur doit ensuite ressaisir un code. Si le code saisi est bon, le système ouvre la barrière et allume un voyant vert. La barrière s'ouvre et un capteur indique au système que la voiture est passée. Le système ferme alors la barrière et éteint le voyant vert.*

Les sources d'énergie

I. Définition

- Une source d'énergie est l'ensemble des matières premières ou des ressources naturelles utilisées pour créer de l'énergie.

II. Les énergies renouvelables

- Les énergies renouvelables sont les énergies tirées de sources inépuisables comme le soleil, le vent, la chaleur de la terre, l'écoulement de l'eau ou la fermentation des végétaux. Elles sont pour la plupart non polluantes.
- **L'énergie solaire**. Le soleil est une double source d'énergie, à la fois lumineuse (utilisée par les êtres vivants, les panneaux photovoltaïques pour produire de l'électricité...) et thermique (il chauffe). → Énergie non stockable.

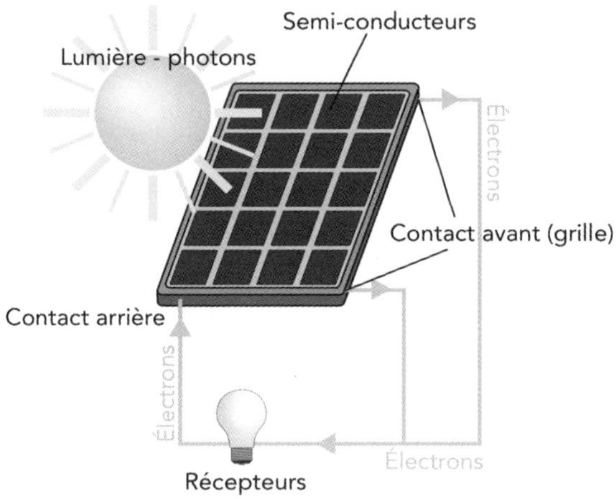

- **L'énergie éolienne** est l'énergie du vent (bateaux à voile, éoliennes...). → Énergie non stockable.

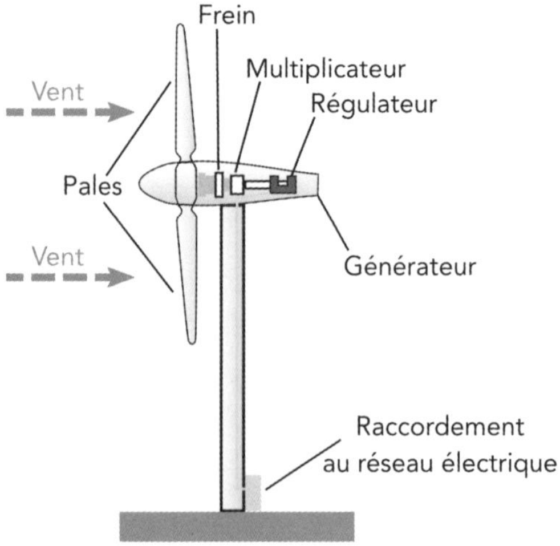

- **L'énergie hydraulique** est l'énergie de l'eau. En effet, l'écoulement des rivières, la montée et descente des marées est une énergie qui peut être très puissante selon le débit et la hauteur de chute. Cette énergie peut être récupérée grâce à des turbines pour faire de l'électricité, faire tourner des machines, etc. → Énergie stockable dans des lacs (barrages) en hauteur.
- **La géothermie**. Plus on descend en profondeur, plus la terre est chaude ; il est possible peut utiliser et accumuler cette chaleur pour chauffer des maisons ou fabriquer de l'électricité.
- **La biomasse**. Cette **énergie** permet de fabriquer de l'électricité ou de la chaleur grâce à la combustion de matières végétales, animales ou de leur décomposition (le biogaz). → Énergie stockable (bois, granulés, gaz en cuve...).

III. Les énergies non renouvelables

- Les énergies non renouvelables sont les énergies dont les réserves s'épuisent de façon irréversible, comme les énergies fossiles (pétrole, charbon, gaz) ou fissiles (fission nucléaire). Elles sont souvent très polluantes.
- **Les énergies fossiles**. Les sources d'énergie fossile proviennent de gisements : gaz, charbon, pétrole... Elles sont facilement stockables mais souvent polluantes et en voie de disparition (donc augmentation du coût). Les énergies fossiles sont utilisées dans les moteurs à explosion (véhicules essence, diesel), les centrales électriques, le chauffage (gaz, fioul).
- **Les énergies fissiles**. Ce sont les énergies à base de fission atomique, c'est-à-dire issue d'une réaction nucléaire. Elles sont utilisées dans les centrales nucléaires (électricité), pour les moteurs de sous-marins... Elles sont très puissantes, donc dangereuses, et produisent de nombreux déchets radioactifs.
- On considère que, au rythme actuel des consommations, l'humanité aura épuisé en moins de deux cents ans les réserves accumulées pendant plusieurs centaines de millions d'années, soit environ un million de fois plus vite que le temps mis par la nature pour les constituer.

Les transformateurs et les stockages d'énergie

I. Les transformateurs d'énergie

• Un transformateur d'énergie a pour fonction principale de changer une énergie en une autre, souvent pour pouvoir l'utiliser ou la stocker. Cette transformation n'est pas parfaite, il y a des **pertes**. Chaque type de transformation a un **rendement** qui la caractérise et qui rend compte de son efficacité. L'énergie se mesure en **joules (J)** ou en **kilowattheures (kWh)**. Les principaux transformateurs d'énergie sont les moteurs et les centrales électriques.

• **Les centrales électriques** transforment une **source d'énergie** en **électricité** (rotation-alternateur). Cette énergie électrique devient transportable, stockable, etc. Principalement, elles utilisent la rotation d'un alternateur (bobine-aimants) pour créer du courant. Cette rotation peut provenir d'une éolienne, d'une turbine hydraulique actionnée par de l'eau ou de la vapeur chauffée par la combustion d'un gaz, de pétrole, de charbon ou d'une réaction nucléaire.

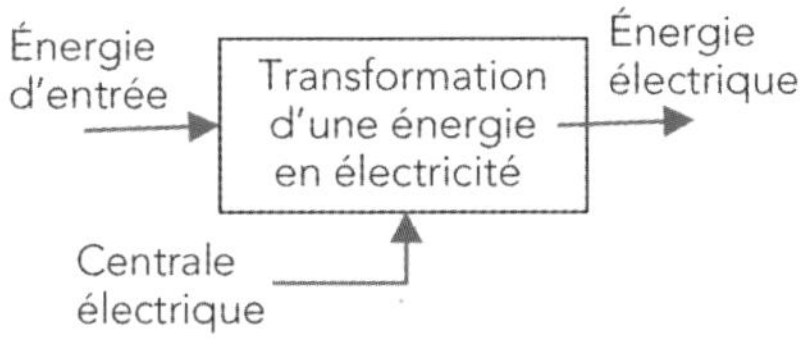

• **Les moteurs transforment** une énergie d'entrée (essence, électricité...) en un mouvement de rotation.

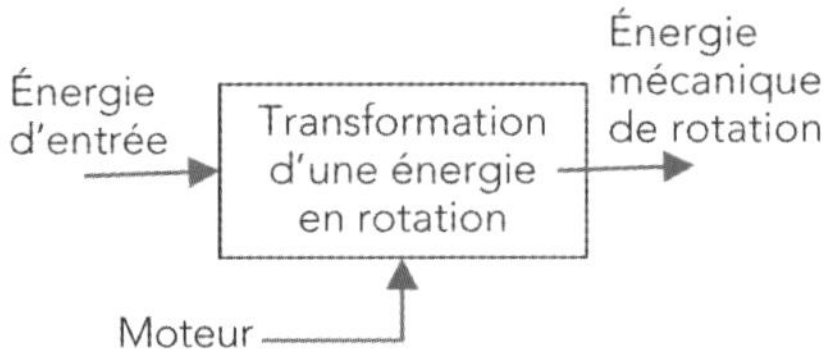

• Il existe de nombreux autres transformateurs d'énergie comme les résistances qui transforment de l'électricité en chaleur, les pompes qui transforment une rotation en énergie hydraulique, les lampes qui transforment de l'électricité en énergie lumineuse...

II. Les stockages d'énergie

• Certaines énergies ne sont **pas stockables**, comme le vent, le soleil, alors que d'autres le sont à moindre coût, c'est souvent ce qui fait qu'elles sont si utilisées. **Les énergies fossiles**, comme les dérivés de pétrole, le charbon, le gaz, sont **stockables** dans des réservoirs ; leur rechargement, le remplissage, est très rapide. Ce qui explique leur large utilisation, particulièrement pour les moyens de transport.

- L'énergie **électrique peut être stockée** dans des piles ou des batteries rechargeables. Ce stockage est fiable mais, pour des besoins de grande autonomie (véhicules), la taille des batteries reste encore importante et le temps de rechargement est long. Les barrages hydroélectriques permettent de stocker l'eau en hauteur et de la lâcher pour répondre à un pic de consommation d'électricité.
- Le **joule (J)** est l'unité d'énergie. C'est le nombre de **watts (puissance)** fournis en 1 seconde : **1 J = 1 Ws**. 1 joule étant une quantité d'énergie très faible, pour la consommation d'énergie électrique l'unité préférée est le kilowattheure, c'est-à-dire l'équivalent de 1 000 watts consommés pendant 1 heure, donc : **1 kWh = 3 600 000 J**.

La chaîne d'énergie et la chaîne d'information

I. Définitions

• Dans un **système automatisé** sont définies une **chaîne d'énergie**, depuis le stockage de celle-ci jusqu'à l'utilisation finale afin de répondre au besoin, et une **chaîne d'information**, qui recueille et traite les données pour commander les systèmes et la chaîne d'énergie. Il est possible de détailler chaque action sur ces chaînes par des **blocs fonctionnels**.

II. La chaîne d'information

• La chaîne d'information d'un système automatisé décrit l'ensemble des organes qui traitent (processeurs, cartes électroniques) et qui captent (capteurs) l'information.

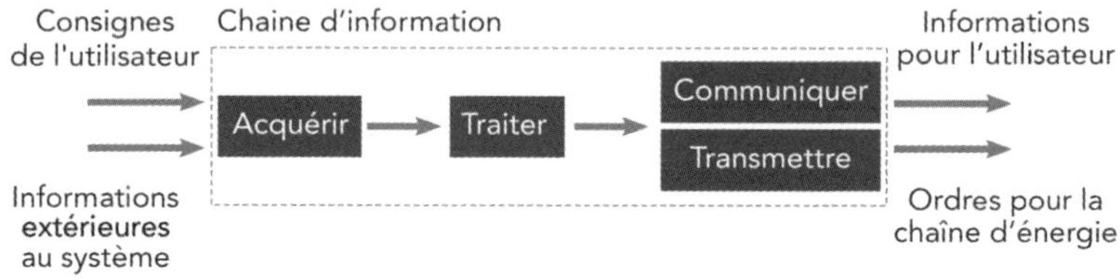

• Des informations venant d'un utilisateur ou d'un système extérieur (télécommande, liaison radio...) peuvent aussi être transmises à ces organes (gyrophare, son, écran, liaison radio...).
• Les principaux blocs fonctionnels de la chaîne d'information sont :
– **acquérir** : prélever des informations à l'aide de capteurs ;
– **traiter** : commander à l'aide d'un automate ou d'un microcontrôleur ;
– **communiquer** : assurer l'interface l'utilisateur et/ou d'autres systèmes ;
– **transmettre** : assurer l'interface avec l'environnement de la partie commande.

Chaîne d'information d'une porte de garage automatisée

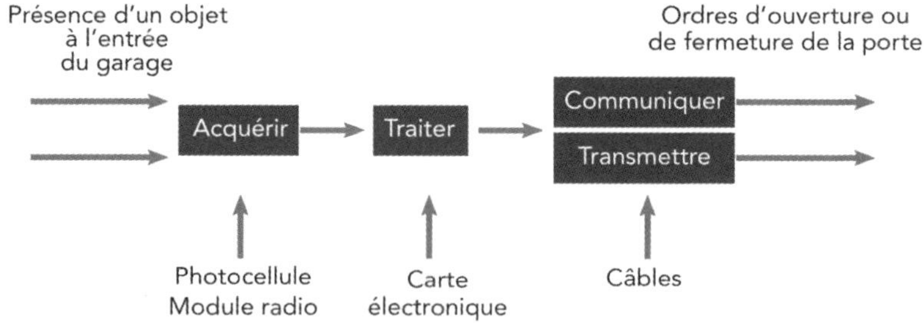

III. La chaîne d'énergie

• La chaîne d'énergie d'un système automatisé décrit l'ensemble des organes qui réalisent une action.
• Cette chaîne part du stockage ou de l'alimentation en **énergie** (électricité, essence...), puis relie chaque organe à sa fonction (distribuer par un contacteur, un carburateur...).

• Souvent, l'énergie est convertie par un moteur en énergie mécanique de rotation, puis cette énergie mécanique de rotation est transformée en translation ou en une rotation plus lente ou plus rapide.
• Les principaux blocs fonctionnels de la chaîne d'énergie sont :
– **stocker** : stocker l'énergie dans le système ;
– **alimenter** : mettre en forme l'énergie en énergie utilisable par le système ;
– **distribuer** : un distributeur ou un contacteur distribue l'énergie à l'actionneur ;
– **convertir** : transformer l'énergie (actionneur : un vérin, un moteur, une résistance…) ;
– **transmettre** : cette fonction est remplie par l'ensemble des organes mécaniques de transmission de mouvement et d'effort : engrenages, courroies, accouplement, embrayage…

Chaîne d'énergie d'une porte de garage automatisée

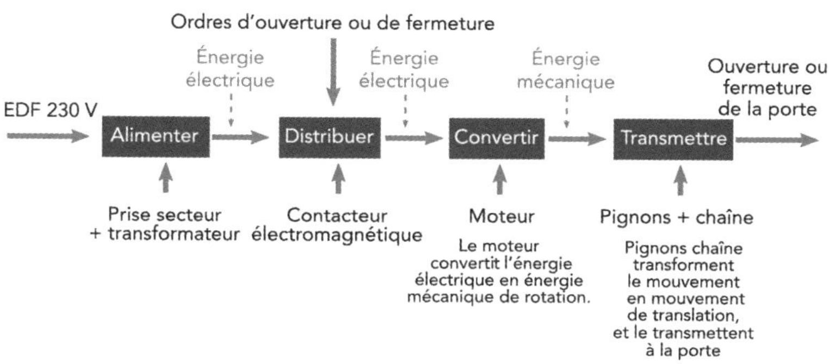

IV. Le lien entre les deux chaînes

• La chaîne d'information et la chaîne d'énergie sont liées. En effet, des organes comme les capteurs, le processeur (ou carte électronique) commandent la distribution en énergie qui permet de commander des actions. Ils peuvent aussi contrôler la transmission.

La transmission et la transformation de mouvement

I. Les transmetteurs de mouvement

• Les transmetteurs de mouvement comme les **engrenages, les poulies-courroie, les pignons-chaîne**, servent non seulement à **transmettre un mouvement de rotation**, par exemple du moteur à la roue, mais aussi à **réduire ou augmenter la vitesse** de rotation, et **réduire ou augmenter le couple** du moteur.
• Sauf quelques pertes, la **puissance est conservée**, donc **lorsque la vitesse diminue, le couple augmente** et **lorsque la vitesse augmente, le couple diminue**.
• Les engrenages : la roue A est **menante** (force motrice) et le pignon B est **mené** (réceptrice). La roue est la plus grosse, le pignon le plus petit.

Roue menante et roue menée

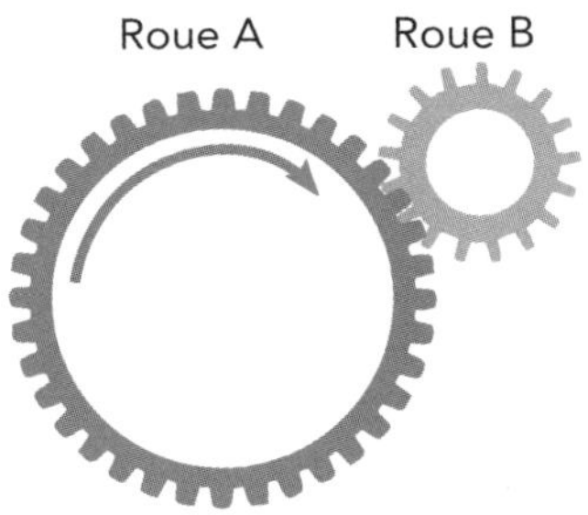

• Le sens de rotation change à chaque contact extérieur.

Contact extérieur : le sens de rotation change

Contact intérieur : le sens de rotation ne change pas

- Le rapport de réduction est : $R = \frac{Zmenante}{Zmenée} = \frac{Dmenante}{Dmenée}$, où Z = nombre de dents et D = diamètre.
- **Les vis sans fin** transmettent un mouvement perpendiculairement. Elles réduisent beaucoup la vitesse puisque la vis (souvent à un filet) équivaut à une roue à une seule dent.
- **Poulies-courroie et pignons-chaîne**

Les poulies-courroie et pignons-chaîne fonctionnent comme des engrenages. Il y a la poulie **motrice** (celle qui donne le mouvement) et la poulie **réceptrice** (qui reçoit le mouvement). Le sens de rotation ne change pas.

Pignons-chaîne

- Le rapport de réduction est : $R = \frac{Zmotrice}{Zréceptrice} = \frac{Dmotrice}{Dréceptrice}$,

où Z = nombre de dents et D = diamètre.

II. Les transformateurs de mouvement

- Les transformateurs de mouvement servent à **transformer** un mouvement de **rotation** en un mouvement de **translation**, ou inversement. En plus des roues, galets et systèmes d'enroulement, des systèmes de pignon-crémaillère (crémaillère de portail électrique) ou de vis sans fin (vérins électriques) sont principalement utilisés.

Pignon-crémaillère

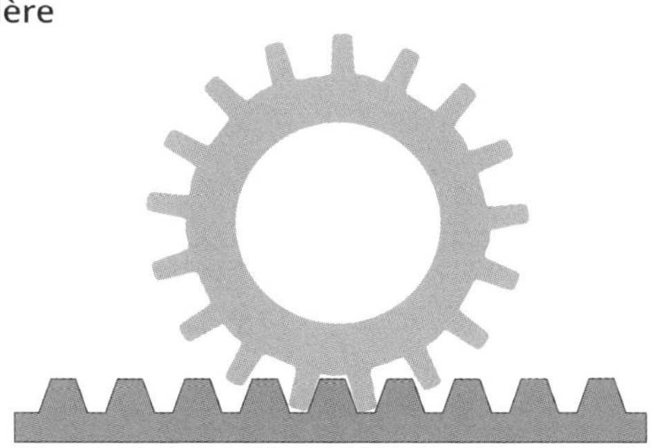

- La vitesse de translation (V) est proportionnelle à la vitesse de rotation (ω) du pignon et à son rayon (R) : $\mathbf{V = \omega - R}$.

Les signaux et les mesures de grandeur

I. Les signaux

• Les appareils de mesure et de transfert d'informations transmettent des signaux. Ces signaux peuvent être de type **analogique** ou de type **numérique**.

• Le signal **analogique** est un signal qui **varie** de façon **continue** au cours du temps. Le signal numérique est un signal composé d'une **combinaison de 0 et de 1**, appelés **bits**. Il ne peut prendre que des **valeurs définies**. Il est dit **« binaire »**.

• **Les capteurs** (de température, par exemple) mesurent une grandeur physique et la convertissent en un signal électrique proportionnel à la grandeur mesurée. C'est un **signal analogique**, il peut prendre n'importe quelle valeur dans la plage de variation.

Courbe du signal en fonction de la température (capteur thermique)

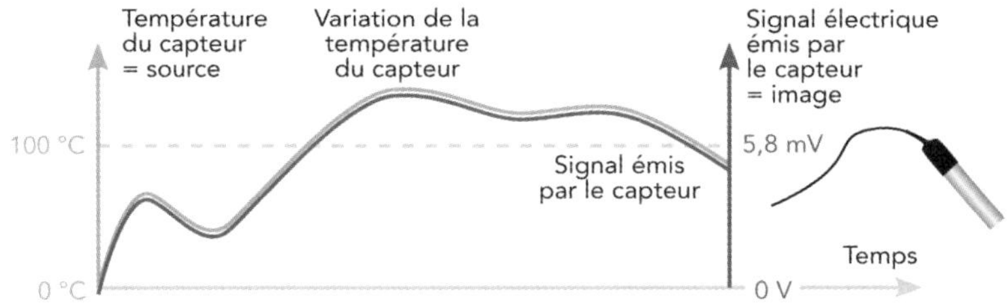

• **Les détecteurs** (par exemple, détecteur de présence) fournissent un **signal numérique** en fonction de 0 et de 1, ouvert ou fermé. Il est basé sur la réception (1) ou non (0) du signal émis.

Un détecteur optique et son signal numérique

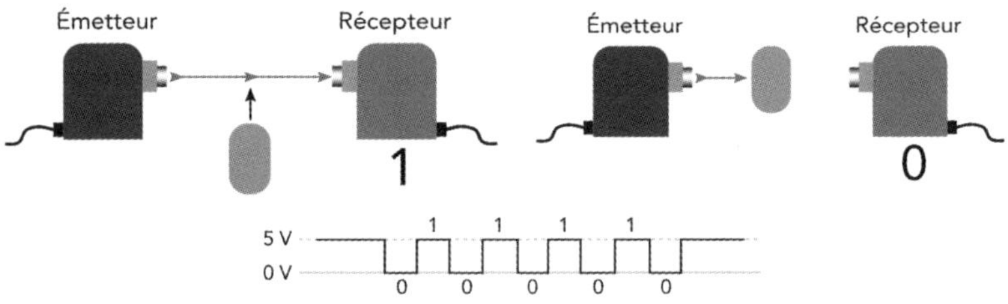

• **Les codeurs**, servant à déterminer une position, fournissent aussi un signal numérique, basé sur un code de plusieurs capteurs ouverts ou fermés. Chaque position angulaire est définie par un disque codé (trous laissant passer ou non les lasers).

II. Les outils de mesure

• Chaque grandeur physique est mesurée à l'aide d'un instrument de mesure spécifique. Il donnera cette grandeur dans une unité correspondant à cette grandeur.

Quelques exemples des instruments de mesure les plus utilisés

Instrument de mesure	Grandeur mesurée	Unité de mesure	Exemple de précision
Balance électronique	Masse	gramme (g)	milligramme (mg)
Thermomètre	Température	degré Celcius (°C)	0,1 °C
Luxmètre	Lumière, éclairement	lux (lx)	0,1 lux
Sonomètre	Son, bruit	décibel (dB)	0,1 dB
Chronomètre	Temps	seconde (s)	milliseconde (ms)
Débitmètre	Débit d'un fluide	mètre cube par seconde (m^3/s) ou litre par minute (L/min)	cm^3/min
Manomètre	Pression d'un fluide	bar (bar) ou pascal (Pa)	0,01 bar = 1 000 Pa
Mètre ou télémètre	Distance	mètre (m)	millimètre (mm)
Pied à coulisse	Distance	millimètre (mm)	0,01 mm
Multimètre	Grandeurs électriques		
Voltmètre	Tension électrique	volt (V)	millivolt (mV)
Ampèremètre	Intensité électrique	ampère (A)	milliampère (mA)
Ohmmètre	Résistance électrique	ohm (Ω)	milliohm (mΩ)

L'écriture d'un logigramme

I. L'écriture d'un logigramme en domotique

• Chaque **automate** (organe domotique) d'un bâtiment doit exécuter des actions en fonction de capteurs ou d'ordres envoyés par l'utilisateur. La domotique regroupe tous les domaines d'un habitat qui peuvent être programmés et automatisés, comme l'ouverture et la fermeture des volets, le chauffage, les portes et portails, la sécurité (alarmes incendie, gaz, intrusion...).

• Pour programmer ces **automates**, il faut réaliser un **logigramme** qui permet de créer l'**algorithme** envoyé à la **carte programmable** ou à la **centrale de commande** (ordinateur).

Par exemple, des volets de fenêtres s'ouvriront lorsqu'il fait jour et se fermer lorsqu'il fait nuit, et si l'utilisateur appuie sur la télécommande, ils s'ouvriront (bouton 1) ou se fermeront (bouton 2). Voici le logigramme qui pourrait être créé pour programmer les volets des fenêtres.

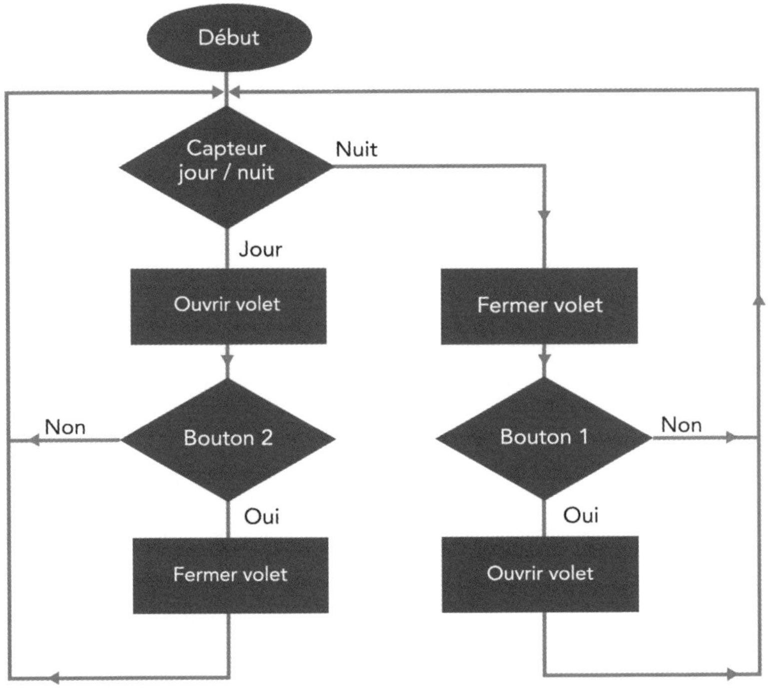

II. Les algorithmes de base

• Les fonctions de base d'un algorithme sont **« début/fin »** (représentées par un ovale) **« action »** (représentées par un rectangle) et la **« question »** (représentée par un losange), l'événement prenant deux valeurs possibles (oui/non, ouvert/fermé).

Logigramme d'une lampe à détecteur de présence

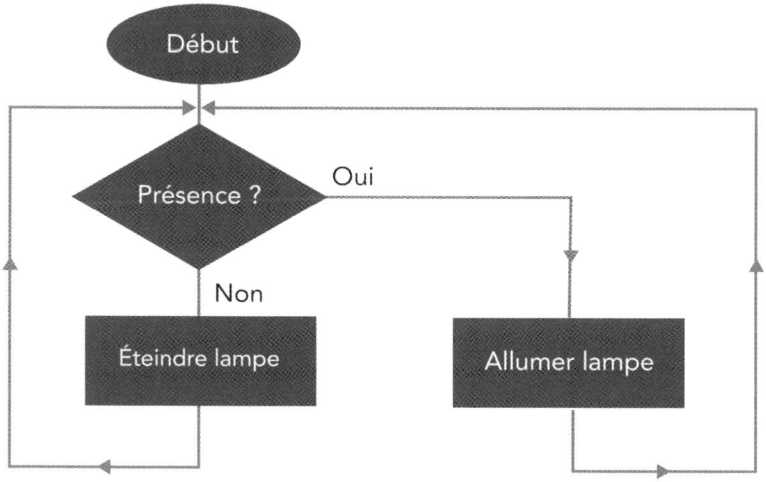

• Les fonctions ET et OU permettent de relier plusieurs « questions ». Dans le cas de la fonction ET, les deux valeurs d'entrée doivent être à 1 pour que la sortie soit 1, alors que dans celui de la fonction OU, l'une doit être à 1 et l'autre à 0 pour que la sortie soit 1.

III. L'algorithme par variables

• Pour le besoin de certains algorithmes, il faut utiliser des **variables** (sortes de boîtes). Il faut d'abord les **déclarer** : nom et contenu et les **initialiser** : valeur de départ (souvent 0), puis définir leur **évolution** (incrément de 1 à chaque passage). Ensuite, il faudra les **réinitialiser** pour recommencer leur évolution.

IV. Les sous-programmes

• L'utilisation de **sous-programmes** permet une meilleure lisibilité lors d'une succession d'actions identiques. Ce sont des algorithmes (programmes) dans l'algorithme principal. L'utilisation de sous-programmes peut aussi servir dans le cas de travail coopératif. À la place d'une « action », il faut mettre un « appel sous-programme ».

Le fonctionnement d'un réseau informatique

I. Les types de réseaux

• La plupart des ordinateurs, téléphones ou tablettes sont reliés entre eux par ce que l'on appelle des **réseaux**. Ces réseaux sont nombreux et à la fois locaux (maison, entreprise) et mondiaux (Internet). Il peut s'agir de **réseaux câblés de télécommunications** (anciens réseaux téléphoniques améliorés) ou de **réseaux par ondes (réseaux de téléphonie mobile)**.

II. La structure d'un réseau local

• Un **réseau** local, comme le réseau informatique d'un collège, relie tous les ordinateurs, les imprimantes, les antennes WiFi, etc., à un **commutateur** réseau (Switch) et au **serveur** local (ordinateur gérant le réseau local).
• C'est dans ce **serveur** que sont stockés et gérés les droits d'accès et les comptes utilisateurs, les données de sauvegarde, etc.

Exemple de configuration de réseau local

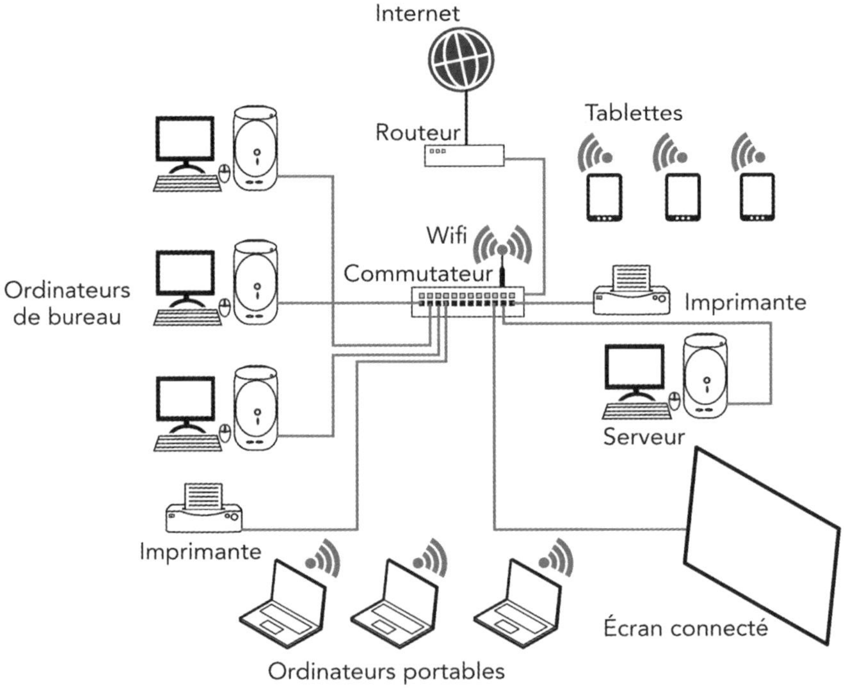

• Chaque ordinateur ou élément du réseau possède une adresse unique permettant de l'identifier et d'y accéder. C'est **l'adresse IP** (par exemple, 192.168.1.2) pour un ordinateur dans un réseau local.

III. Le réseau Internet mondial

• Pour relier un **réseau** local ou un ordinateur au réseau Internet, un routeur crée la connexion avec le réseau Internet mondial. Ce **routeur** a lui **une adresse IP** internationale (par exemple, 20.0.0.12). C'est une sorte de

passerelle pour passer d'un réseau local au réseau Internet mondial. Il est relié à des **nœuds régionaux** gérés par des **routeurs principaux**.

• Ceux-ci sont ensuite reliés entre eux au niveau mondial par des câbles de grande section en **fibre optique**.

IV. La communication entre ordinateurs et le langage binaire

• Les ordinateurs parlent entre eux en langage binaire, c'est-à-dire une succession de 0 et de 1 combinés. Un chiffre correspond à un **bit**. Un **octet** correspond à un mot de 8 bits. Par exemple, « A » se dit 01000001, il s'écrit donc avec 8 bits, soit 1 octet.

• Le **débit d'une connexion** se chiffre en **bits par seconde**, 1 Mbit/s équivaut à 1 million de bits par seconde.

V. Les moyens de connexion

• Les connexions réseau sont réalisées aujourd'hui par différentes technologies :

— **les fils de cuivre** (téléphone, câble Ethernet), dans lesquels circule un courant électrique codé en 0 et 1, soit 0 soit 5 volts ;

— **les fibres optiques**, dans lesquelles circule une lumière forte ou faible ;

— **les ondes électromagnétiques** (WiFi, Bluetooth, réseau téléphone mobile 4G) qui évoluent en fonction de l'amplitude du signal.

Sujet de métropole, juin 2022

De plus en plus de déchets flottent en mer, polluent les eaux et intoxiquent les animaux.
La collecte de ces déchets, triés puis recyclés permet d'économiser les ressources naturelles non renouvelables (pétrole, aluminium...), de limiter les émissions de gaz à effet de serre, de préserver la faune et la flore subaquatiques.
L'étude porte sur un robot collecteur de déchets se déplaçant de façon autonome sur l'eau.

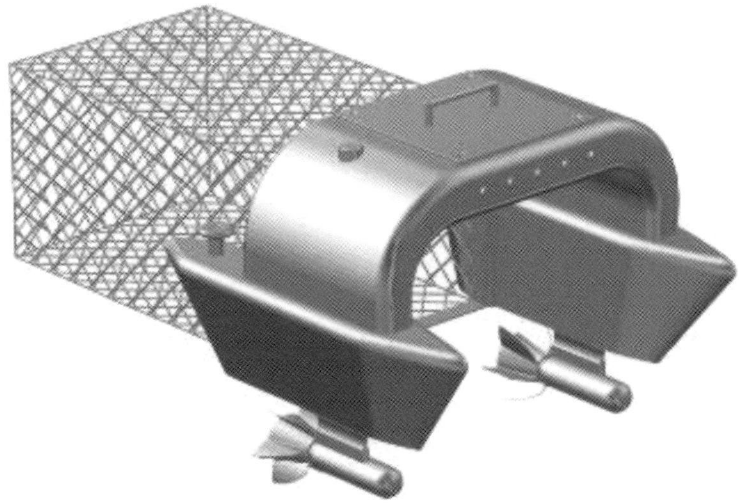

Question 1 (4 points)

Sur le document annexe 1, **donner** la fonction d'usage de ce robot. **Citer** trois éléments permettant d'expliquer l'importance de recycler les déchets collectés par ce robot.

Document 1 - principe de fonctionnement

Le déplacement du robot sur l'eau est assuré par deux hélices couplées chacune à un moteur électrique.
La consommation électrique des moteurs est proportionnelle à la quantité de déchets collectés. Le niveau de déchets collectés est estimé à l'aide d'un capteur qui effectue une mesure du courant consommé par les moteurs électriques. L'énergie électrique, nécessaire au fonctionnement du robot, est stockée au sein d'une batterie.

Un module de puissance distribue, sur ordre d'une interface programmable, l'énergie aux moteurs électriques.
Les flux d'information et de puissance sont gérés par l'interface programmable.
Un retour à la base est programmé dès lors que l'intensité lumineuse, détectée par le capteur de luminosité, est faible ou que le réservoir de déchets est plein.

Question 2 (6 points)

Sur le document annexe 1, à l'aide du document 1, **compléter** le diagramme des blocs internes en utilisant les termes suivants :
- interface programmable ;
- capteur de mesure de courant ;
- capteur de luminosité ;
- batterie ;
- moteurs électriques ;
- hélices.

> La fonction d'usage est « à quoi sert l'objet » et les trois éléments à citer sont dans le texte d'introduction.

Document 2 - algorithme du programme de gestion du retour à la base

Si la valeur mesurée par le capteur de courant est supérieure à 80 A
  Alors les DEL* d'information à destination de l'utilisateur sont allumées,
    la commande « retour base » est activée,
    le message « vider les déchets » est envoyé à tous
Sinon
  Si l'intensité lumineuse reçue par le capteur est inférieure à 50 Lux
    Alors les DEL d'information à destination de l'utilisateur sont allumées,
      la commande « retour base » est activée,
      le message « intensité lumineuse insuffisante » est envoyé à tous
Sinon le robot effectue son cycle de « déplacement ».
*DEL : diode électroluminescente

> On complète le diagramme grâce au document 1 donnant le principe de fonctionnement du robot.
> Chaque terme doit être identifié en regardant quels blocs fonctionnels il « met en liaison ».
> Par exemple le capteur de mesure de courant estime la quantité de déchets, le capteur de luminosité estime le niveau de luminosité et les deux renvoient l'information à l'interface programmable. L'énergie est stockée dans la batterie, puis le module de puissance alimente les moteurs électriques qui font tourner les hélices.

Question 3 (8 points)

Sur le document annexe 2, à l'aide du document 2, **compléter** le programme de gestion « retour à la base ».

Document 3 - caractéristiques des matériaux

matériau	aluminium recyclé	composite (fibre de carbone)
volume de la pièce	2 500 cm^3	1 800 cm^3
masse volumique du matériau	2,7 $g \cdot cm^{-3}$	1,7 $g \cdot cm^{-3}$
émission de gaz à effet de serre pour 1 kg de matière utilisée	560 g	2 600 g

Remarque : le volume de la pièce varie en fonction du matériau utilisé, car l'épaisseur de la coque est différente pour obtenir un même niveau de résistance.

Pour limiter l'impact environnemental, la coque du robot est réalisée avec le matériau qui a la plus faible émission de gaz à effet de serre.

Question 4 (7 points)

Sur le document annexe 2, à l'aide du document 3, **calculer** la masse de chaque matériau puis la quantité d'émission de gaz à effet de serre. **Déterminer** alors le matériau à utiliser pour réaliser la coque du robot. **Argumenter**.

> Pour les calculs de masse de matériau, il faut multiplier le volume de la pièce par la masse volumique. Ensuite, on divise notre résultat en gramme par 1 000 pour le convertir en kilogrammes.
>
> Pour l'émission de gaz à effet de serre, il suffit de multiplier la masse trouvée en kg par la quantité d'émission donnée, puis de comparer les deux résultats.

Document annexe 1

Question 1

Fonction d'usage du système :

....

Importance de recycler les déchets collectés :

....

....

....

Question 2

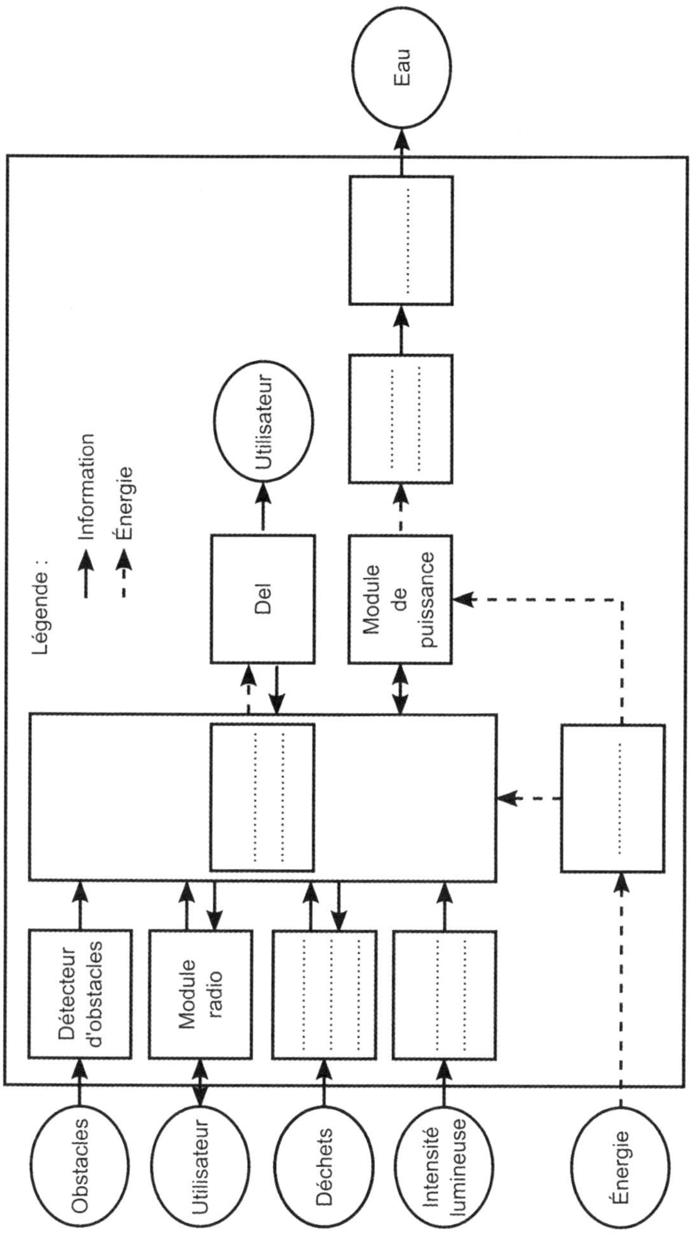
Eau
Légende :
Information
Énergie
Utilisateur
Del
Module de puissance
Détecteur d'obstacles
Module radio
Obstacles
Utilisateur
Déchets
Intensité lumineuse
Énergie

Document annexe 2

Question 3

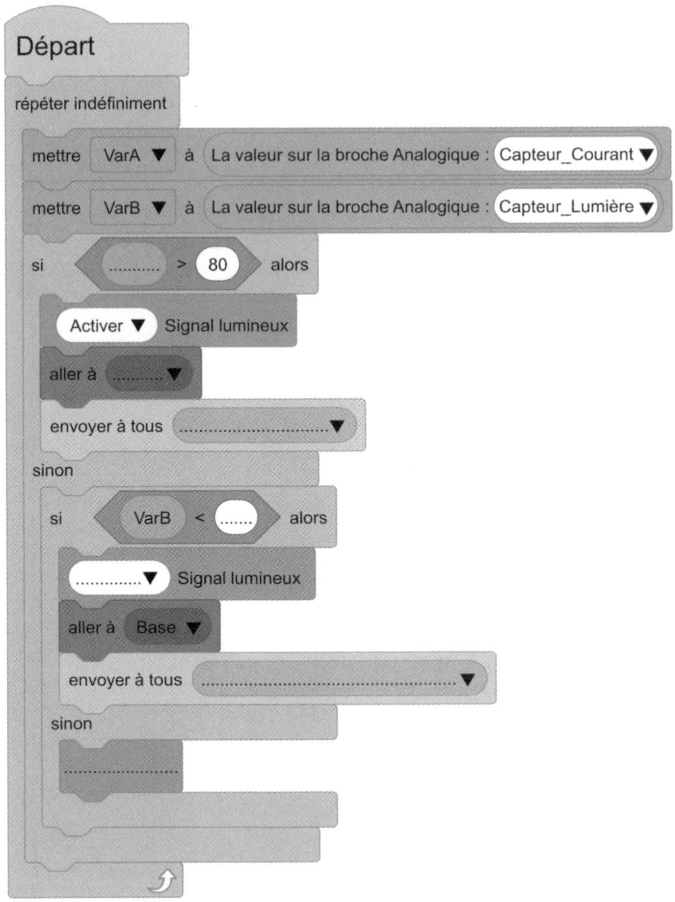

Question 4

matériau		aluminium recyclé	composite : fibre de carbone
masse du matériau	détail du calcul		
	résultat en kg		
émission de gaz à effet de serre lors du cycle de vie de la coque	détail du calcul		
	résultat en g		

Matériau choisi :

....

Argumentation :

....

....

....

Question 1

La fonction d'usage du robot est : « Collecter des déchets sur l'eau »
Voici trois éléments expliquant l'importance de recycler les déchets collectés par ce robot :

- économiser les ressources naturelles non renouvelables ;
- limiter les émissions de gaz à effet de serre ;
- préserver la faune et la flore subaquatiques.

Question 2

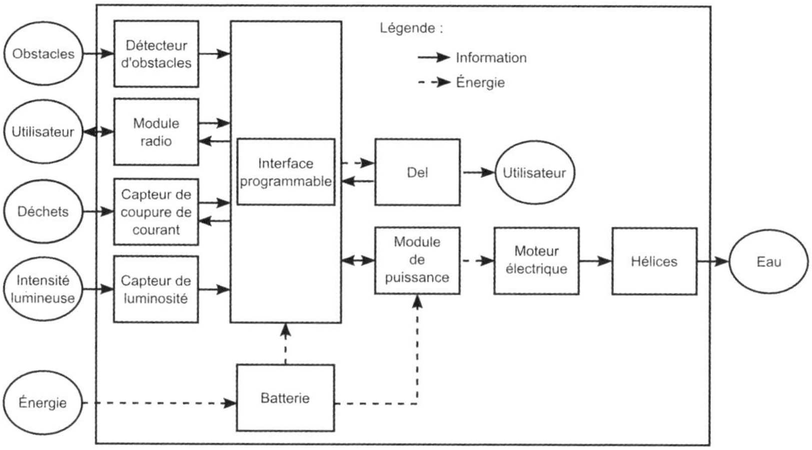

Question 3

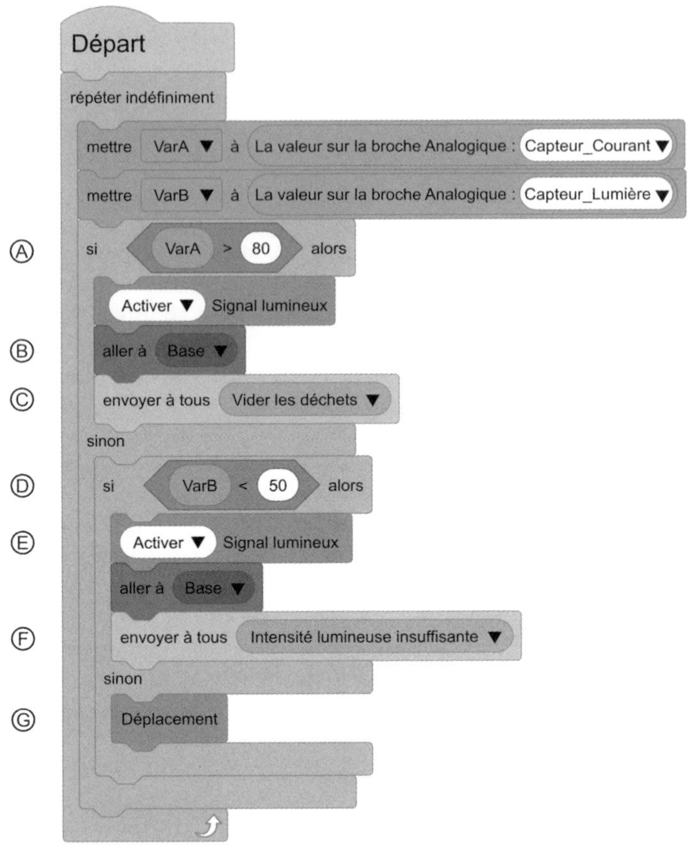

Ⓐ C'est le nom de la variable créée au-dessus pour la valeur donnée par le capteur courant

Ⓑ Ou « Retour base » comme marqué dans le document 2

Ⓒ Message envoyé à tous d'après doc 2

Ⓓ Valeur minimum (en Lux) indiquée dans le doc 2

Ⓔ Action d'activer le signal lumineux comme à la 6e ligne

Ⓕ Message envoyé à tous en cas de lumière inférieure à 50 Lux

Ⓖ Si la lumière est assez forte et le panier pas encore plein, alors le robot continue son déplacement

Question 4

matériau		aluminium recyclé	composite : fibre de carbone
masse du matériau	détail du calcul	2,7 x 2500 = 6750 g = 6,75 kg	1,7 x 1800 = 3060 g = 3,06 kg
	résultat en kg	6,75 kg	2,7 x 2500 = 6750 g = 6,75 kg
émission de gaz à effet de serre lors du cycle de vie de la coque	détail du calcul	6,75 x 560 = 3780 g	3,06 x 2600 = 7956 g
	résultat en g	3780 g	7956 g

Le matériau choisi est donc l'aluminium recyclé.
D'après nos calculs, le robot en aluminium recyclé émettrait 3 780 grammes de gaz à effet de serre, lors de son cycle de vie alors qu'en fibre de carbone il émettrait 7 956 grammes, soit plus du double.

Sujet zéro du ministère, janvier 2018

Le sirop d'érable est produit essentiellement au Canada et plus particulièrement au Québec (72 % de la production mondiale).

***La France est une grande consommatrice de ce nectar et était, il y a cinq ans, le cinquième pays importateur de sirop d'érable du Canada* (source : Global Trade Atlas, 2012).**

Pour les producteurs de sirop d'érable, il faut pouvoir le commercialiser dans les meilleures conditions afin de satisfaire le consommateur.

Un producteur souhaite revoir le conditionnement de son sirop et donc choisir un nouveau récipient pour une commercialisation dans une grande enseigne française de distribution.

Document 1

Diagramme d'exigences du récipient

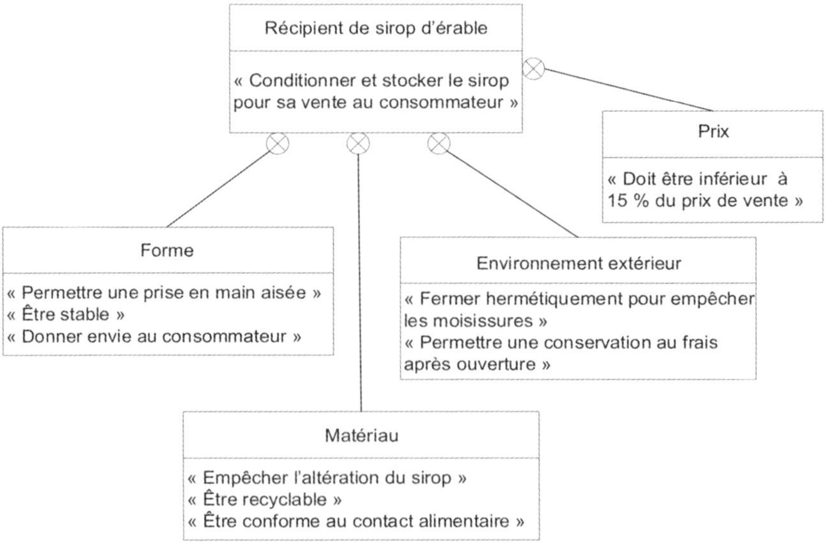

1. À l'aide du diagramme d'exigences du récipient (document 1), préciser celles des contraintes à respecter qui est sont au design.

> Le design d'un objet lie la fonction d'estime, « plaire au consommateur », à ses fonctions contraintes et techniques. Ici c'est bien dans les exigences de « Forme » que l'on retrouve la fonction « donner envie au consommateur » qui est celle liée au design.

Document 2

Prototypes de récipients

Récipient 1 (Bouchon verre)	Récipient 2 (Bouchon vissé plastique)	Récipient 3 (Ouverture mécanique)

2. À l'aide des récipients représentés (document 2) et du respect des exigences « forme » et « environnement extérieur » (document 1) :

a) déterminer la solution adéquate pour le conditionnement et le stockage du sirop d'érable ;

> Il faut bien identifier les contraintes liées aux exigences « forme » et « environnement extérieur », et uniquement celles-ci. Ensuite, on vérifie, pour chaque récipient s'il remplit toutes ces fonctions contraintes.

b) argumenter la réponse.

> Seul le récipient 2 répond à toutes les contraintes de ces deux exigences, grâce à un bouchon qui se visse et qui est donc est hermétique. Tout autre récipient qui ne répond pas au moins une des contraintes ne peut être validé.

Pour la production du sirop d'érable la température idéale à donner au sirop d'érable est de 3,5 °C de plus que la température d'ébullition de l'eau, par exemple, à 101, 3 kPa, l'eau bouillant à 100 °C, le sirop sera prêt lorsqu'il atteindra 103,5 °C.
Pour le conditionnement, les seuls matériaux envisageables sont le verre, certaines matières plastiques et le fer blanc.

Document 3

Propriétés des matériaux

Matériaux	*Avantages*	*Inconvénients*	*Prix de fabrication du contenant à l'unité*
Fer blanc	Léger Recyclable	Formage limité (rond type conserve) Opaque	0,15 ± 0,04 € (inflation des matières premières)
PolyPropylène (PP, matière plastique)	Résistant jusqu'à 120°Rigide	Difficilement recyclable	0,22 ± 0,03 € (inflation des matières premières)
Verre	Transparent Inerte Imperméable Recyclable	Fragile Lourd	0,30 €

3. Le producteur souhaite vendre son sirop d'érable au prix de 2,80 € le récipient, le prix du contenant devant être inférieur à 15 % du prix total.
À l'aide des propriétés des trois matériaux envisageables (document 3), et du diagramme d'exigences (document 1) :
a) compléter le tableau suivant ;

	Forme	**Prix maximum à l'unité**	**Propriétés du matériau**	**Environnement extérieur**
Fer blanc			*Recyclable* *Alimentaire*	*Non hermétique après ouverture*
PP	*Toute forme possible*			
Verre	*Toute forme possible*			

Chaque matériau a des caractéristiques propres et un prix. Il faut bien repérer les propriétés de chaque type de matériau données dans le tableau document 3 sous forme d'avantages ou d'inconvénients, puis les associer aux caractéristiques demandées dans le tableau.
Il y a les avantages et les inconvénients liés à la forme que l'on peut obtenir (formage du matériau), ceux liés aux caractéristiques du matériau (recyclable ou difficilement recyclable, léger ou lourd, fragile, rigide, alimentaire, transparent ou opaque), et ceux liés à l'environnement extérieur (résistant à températures de 120 ° (ici 103,5 ° nécessaire), inerte, imperméable).
Dans le document 3, on nous donne les prix de base avec « plus ou moins » quelques centimes, car le prix des matières premières peut augmenter ou diminuer durant le temps de la commande. Pour calculer le prix au maximum, on ajoute bien la hausse maximum pour chacun, c'est-à-dire + 0,04 € pour le fer (donc 0,15 + 0,04 = 0,19 €) et + 0,03 € pour le plastique (donc 0,22 + 0,03 = 0,25 €).
Le verre ne varie pas car le prix du sable est très stable.

b) proposer en argumentant le matériau qui convient le mieux.

Le producteur souhaite vendre à 2,80 € le total et le récipient doit avoir un prix inférieur à 15 % de ce prix. Il faut donc trouver 15 % de 2,80 € pour connaître le prix maximum du récipient : (15/100 × 2,80).

Choix du matériau

Le fer blanc n'a qu'un formage limité (rond type conserve) donc ne peut pas créer un récipient de type « récipient 2 », celui choisi en question 2. Le PP n'est pas recyclable, il ne respecte donc pas la contrainte « Être recyclable ».
Le verre correspond à toutes les exigences et contraintes données dans le diagramme d'exigences. Seul le bouchon sera en plastique.
Lors de la vente des produits de consommation en grande surface, l'implantation d'un code à barres sur le récipient est obligatoire. Tous les exemplaires du même produit ont un code à barres unique permettant de l'identifier lors du passage en caisse. Le code barre est également associé à un prix défini au sein d'une base de données.

Document 4

Le code à barres à 13 chiffres (norme GS1 EAN 13)

Les codes à barres au format international GS1 (anciennement EAN) sont composés d'une série de 13 chiffres numériques et d'une représentation graphique sous forme de barres et d'espaces.
Les 13 chiffres du code à barres suivent une règle d'identification afin de créer un code à barres en fonction du produit identifié, c'est-à-dire :

Les trois premiers chiffres du préfixe entreprise représentent le code du pays de l'entreprise qui a apposé le code à barres sur le produit.
Extraits de la liste des codes « pays » :

00000	Unused to avoid collision with GTIN-8
00001 - 00009 001 - 009	GS1 US
020 - 029	Used to issue restricted circulation numbers within a geographic region (MO defined)
....	
300 - 379	GS1 France
380	GS1 Bulgaria

383	GS1 Slovenija
....	
746	GS1 Republica Dominicana
750	GS1 Mexico
754 – 755	GS1 Canada
759	GS1 Venezuela
760 – 769	...

Source : www.gs1.fr

L'enseigne de distribution souhaite indiquer aux consommateurs le pays d'où provient le produit créé par l'entreprise lorsque le code barre est lu à l'aide d'une borne en libre-service.

4. Pour le sirop d'érable, à l'aide du document 4 :

a) compléter, directement sur l'annexe ci-dessous, le programme permettant d'identifier le pays de provenance et d'afficher l'information sur l'écran LCD ;

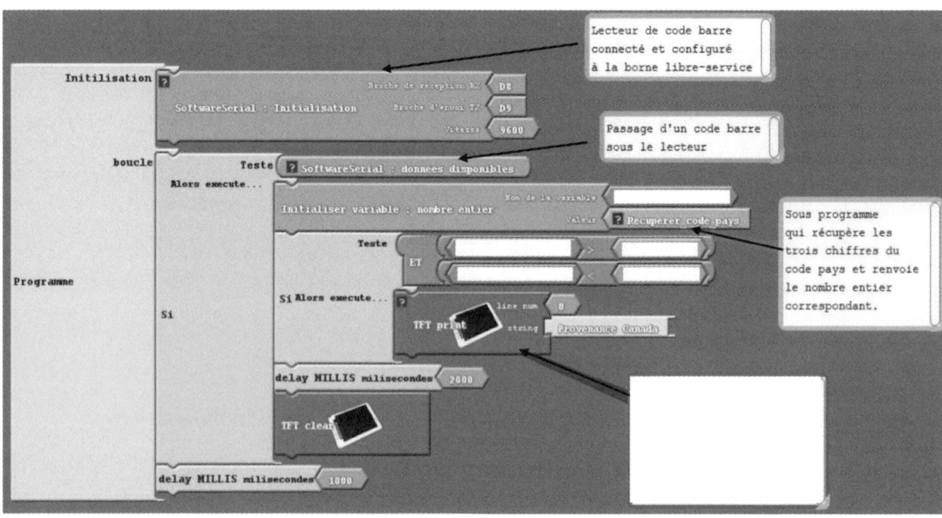

b) préciser au sein de la case « commentaire » la fonction de l'instruction fléchée.

> Avant d'utiliser une variable dans un programme, il faut la nommer. Ici on prendra le nom « pays ». Elle devra ensuite porter toujours exactement le même nom pour être bien identifiée par le programme.
> Dans la condition « si », on donne les valeurs minimum et maximum de cette variable « pays » à tester (valeurs strictement supérieures ou inférieures, donc l'entier précédent ou suivant).
> Puis si la valeur de « pays » est bien 754 ou 755, alors la fonction « TFT print » permet d'afficher à l'écran une chaîne de caractère donnée par « string » (ici : « Provenance Canada ») à la ligne précisée par « line » (ici « 0 » donc la première ligne de l'écran).

1. Le design est associé à l'exigence « Forme » dans le diagramme et influe plus particulièrement sur l'attrait du consommateur.
La réponse attendue est donc « Donner envie au consommateur ».

2. a) Le récipient 2 est la solution adéquate, qui répond à toutes les exigences de forme et d'environnement extérieur.

b) Le récipient est stable ; grâce à son bouchon vissé, il est fermé hermétiquement ; il permet une conservation facile au réfrigérateur. Le récipient 1 n'est pas hermétique et le récipient 3 ne permet pas de conserver le sirop au réfrigérateur une fois ouvert.

3. a)

	Forme	Prix maximum à l'unité	Propriétés du matériau	Environnement extérieur
Fer blanc	**Type conserve**	0,19 € < 0,42 €	*Recyclable* *Alimentaire*	*Non hermétique après ouverture*
PP	*Toute forme possible*	0,25 € < 0,42 €	**Difficile à recycler** Alimentaire Rigide	Résistant aux températures nécessaires
Verre	*Toute forme possible*	0,30 € < 0,42 €	Recyclable Alimentaire **Fragile** **Lourd**	Inerte imperméable

En gras sont indiqués les inconvénients. Pour le verre, le fait d'être fragile et lourd ne s'oppose pas aux exigences exposées.

b) 15 % de 2,80 € = 0,42 € (donc prix à 0,42 € au maximum).
Le matériau qui convient le mieux est le verre car :
- le prix répond aux exigences ;
- il n'y a pas d'altération de l'aliment même à forte température ;
- il est facilement recyclable.

4. a)

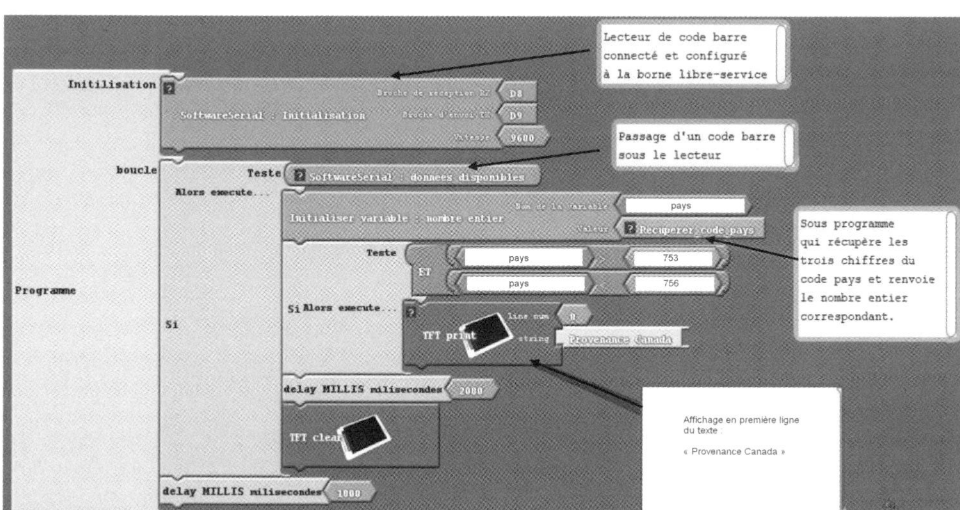

b) La fonction de l'instruction TFT print est d'afficher une chaîne de caractère qui est donnée par « string », c'est-à-dire « Provenance Canada ». Cet affichage est possible grâce à un test conditionnel effectué sur une variable nommée « pays ». La variable aurait pu être appelée « provenance » ou « origine », le nom en lui-même importe peu, mais il faut que ce nom reste le même lors de la procédure.
Le test conditionnel porte sur la valeur de la variable : si la valeur de « pays » est bien 754 ou 755, alors la condition est remplie et la fonction TFT print affiche « Provenance Canada ».

Table des matières

Français

Mathématiques

Histoire

Géographie

Enseignement moral et civique

Physique-chimie

Sciences de la vie et de la Terre

Technologie

Süße Klänge.

Welche Oper entstand mithilfe der Badewanne?

Bei der Arbeit an seiner Oper **„Parsifal"** verbrachte Richard Wagner (*1813, †1883) 1882 täglich mehrere Stunden in einem mit großen Mengen Parfüm angereicherten Bad.
Das Badewasser war für ihn stets heiß und schwer parfümiert zu halten, sodass er dessen Duft auch am Schreibtisch wahrnehmen konnte. An seinem Arbeitsplatz, an dem er in kostbarste Seiden und Pelzgewänder gehüllt saß, waren ebenfalls Flakons mit den exotischsten Düften aufgestellt.
Ohne Wagner-Freunden zu nahe treten zu wollen …
Durchweht nicht das ganze Bühnenweihfestspiel etwas Schweratmiges?